회계사 · 세무사 · 경영지도사를 위한

해커스 경영아카데미
합격 시스템

해커스 경영아카데미 인강

취약 부분 즉시 해결!
**교수님께 질문하기
게시판 운영**

무제한 수강 가능+
**PC 및 모바일
다운로드 무료**

온라인 메모장+
**필수 학습자료
제공**

* 인강 시스템 중 무제한 수강, PC 및 모바일 다운로드 무료 혜택은 일부 종합반/패스/환급반 상품에 한함

해커스 경영아카데미 학원

쾌적한 환경에서 학습 가능!
**개인 좌석 독서실
제공**

철저한 관리 시스템
**미니 퀴즈+출석체크
진행**

복습인강 무제한 수강+
**PC 및 모바일
다운로드 무료**

* 학원 시스템은 모집 시기별로 변경 가능성 있음

회계사 · 세무사 · 경영지도사 단번에 합격! **해커스 경영아카데미** cpa.Hackers.com

해커스
판례세법

머리말

/

세법판례를 왜 배워야 하는가?

어찌 보면 우둔한 질문이지만 막상 딱 한마디로 답하기도 어렵다. 기회가 된다면 책에 소개된 대법원 판례 전문을 읽어보기 바란다. 어렴풋이 그 답을 알 수 있을지도 모른다. 어쨌든 이 책을 어떻게 읽어야 하는지를 설명하는 것으로 이 질문에 대한 답을 하고자 한다.

사실관계에서 출발

이 책에 소개된 세법판례는 모두 '사실관계'를 적시하는 것으로 출발한다. 판례의 결론만 알면 된다는 생각은 위험하다. 사실관계가 조금만 바뀌어도 그 결과는 다를 수 있기 때문이다. 또한 세법실무를 제대로 경험한 바 없는 학생들은 세법의 조문만을 읽어서는 그 뜻을 제대로 헤아리기 어려운 경우가 많다. 세법실무를 익혀본 적이 없는 학생들은 '사실관계'를 꼼꼼히 읽는 것만으로도 간접적으로 실무 경험을 할 수 있는 기회를 얻을 수 있다.

쟁점 파악이 핵심

사실관계를 파악한 후에는 납세자와 과세관청의 주장이 대립되는 '쟁점'을 기술하였다. 납세자와 과세관청 사이에 다투는 사안(쟁점)이 있으니 법원까지 가게 된 것이다. 쟁점이 발생하는 이유를 몇 가지로 유형화해보면 세법조문에서의 뜻과 다른 법률이나 생활관계에서의 뜻이 달라 생기는 혼선으로 인한 경우, 세법의 취지를 헤아리지 못한 불분명한 조문상의 표현으로 인한 경우, 새로운 거래형태나 기술로 인해 입법자가 미처 생각하지 못한 경제적 현상을 세법조문에 담지 못해 발생하는 경우, 납세자의 조세회피행위로 인해 발생하는 경우 등이 있다. 이러한 쟁점들이 왜 생기는지를 파악하는 것이 자연스런 세법공부인 것이다.

입체적 세법공부

쟁점 다음에는 곧바로 법원의 판단(결론)을 소개하였다. 곧바로 결론을 확인하는 것은 자칫 아무런 논리적 판단도 없이 결론만을 암기하려고 할 수 있어 걱정되지만, 마음이 급한 수험생들을 위한 배려 차원의 불가피한 선택이었다. 어쨌든 결론에 이어서 주요근거와 관련 법령 및 유사한 사례를 적어 두었다. 판례의 결론과 함께 관련 법령 등을 입체적으로 보면 세법이 무엇인지를 점차 알게 될 것이다.

세법조문을 더욱 풍부하게

다시 처음으로 돌아와, 세법판례는 왜 배워야 하는가? 어떤 이들은 세법조문만 공부하는 것으로 충분하다고 생각할 수 있으나, 판례를 읽지 않고서는 세법조문을 명확하게 입체적으로 이해하기 어렵다. 매년 개정되는 세법조문 중 다수가 판례에서 쟁점이 되었던 사항을 반영하기 위한 것임을 생각하면 더욱 그렇다. 법원에서 지적한 사항을 반영하기 위한 개정사항도 있고, 때로는 법원의 해석이 영 마음에 들지 않아 입법자가 개정한 것들도 적지 않다. 이러한 세법의 연혁을 익히는 것도 세법조문 전체를 체계적으로 이해하기 위한 필수적인 과정이다. 적어도 세법을 평생의 '일'로 여긴다면 조문을 암기하는 것에만 집착하여서는 안 된다.

구슬이 서 말이라도 꿰어야 보배

사실, 세법판례를 정확히 이해하는 방법은 판례 전문을 읽어보는 것이다. 그러나 세무사 수험생들은 시간적 제약으로 인해 이를 제대로 시행하기 어렵다. 특히 최근 세법판례를 스스로 다 챙겨본다는 것은 더욱 어려운 일이다. 세무사 수험생들이 세법판례를 공부하는 데 도움이 될 만한 것들만 추려서 소개하였으며, 답안지에 적을 만한 내용을 함께 요약하여 적어 두었다. 높은 경지에 오른 세법전문가의 눈높이에 맞추는 것은 포기하고 세무사 시험을 준비하는 수험생이나 이제 세법전문가의 길에 들어서려는 신입 세무사나 회계사들에게 도움이 될 만한 수준으로 썼다. 구슬이 서 말이라도 꿰어야 보배이다. 처음부터 판례 전문을 다 읽는 것이 애당초 불가능하다면, 좀 더 쉽고 재미있게 읽을 수 있는 것으로 시작해도 괜찮다.

세법학 공부 방법

세법학 공부를 위해 이 책을 참고한다면 이렇게 하는 것이 좋겠다. 쟁점, 주요근거, 결론 정도를 읽고 자신이 이해한 바를 자신의 글로 다시 요약해서 써보는 것이 좋다. 저자의 글과 똑같은 것은 결코 바람직하지 않다. 자신이 스스로 정확히 이해하였다면, 글을 읽는 출제자도 반드시 이해할 수 있다. 물론 수험생은 이해한 것만으로 충분하지 않다. '중요한 내용'은 반드시 외우는 것을 결코 포기하지 말아야 한다. 만일 이해한 내용을 자신만의 글로 정리한 것이 있다면, 그보다 더 좋은 암기 노트는 없을 것이다.

마치며

이 책에 중요한 세법판례를 전부 실어 놓지는 못했지만, 최근 몇 해 동안 나온 중요한 판례는 대부분 소개하였다. 몇 해 전에 저자가 출간했던 판례집에 소개된 것 중에서 수험과 관련성이 조금 떨어지거나, 이미 세법학 시험문제에 출제된 것들은 떼어냈다. 다만, 이미 출제되었더라도 다시 반복해서 그 법리를 물어볼 수 있는 것들은 다시 실어 놓았다. 개별소비세법은 판례 이외에도 국세청 해석이나 조세심판원의 사례도 소개해 두었다. 세목의 특성상 대법원 판례가 거의 없고, 실제 출제도 해석이나 행정심판에서 출제된 바 있기 때문이다. 마지막으로 너무도 고맙게 책의 교정 작업에 흔쾌히 참여해 준 박이슬, 김주경, 김진영, 김형수, 문은영, 이승주, 이영지, 임용균, 정성준, 박종찬 세무사에게 감사의 뜻을 전한다. 여기 세무사들이 든든한 지원군이 되어 준 덕분에 책을 무사히 완성할 수 있었다.

원재훈

목차

PART 2 소득세법

PART 3 법인세법

PART 5 부가가치세법

PART 6 개별소비세법

해커스 판례세법

PART 1

국세기본법

제1장 국세기본법 총칙

01 기한의 연장
(2012두2498, 2014. 8. 26.)

사실관계

(1) X3. 2. 21. 피상속인이 사망한 후 대표상속인 甲은 상속세 신고기한 다음 날인 X3. 9. 1. 상속세 신고를 하였다.

(2) 한편, 상속세 신고기한 만료일에 근접하여 甲의 장남이 출생한 지 10여 일 만에 사망한 사실이 있다.

(3) 과세관청은 甲의 상속세 신고는 기한후신고에 해당하므로 무신고가산세를 부과하되, 그 세액의 50%를 감면하고 상속세 신고세액공제는 적용하지 않는 것으로 부과처분하였다.

(4) 甲은 X3. 9. 20. 상속재산관리인을 지정하고 상속세 신고기한이 연장되었다고 주장하였다.

쟁점

(1) 상속세 신고기한 연장이 적용되는지 여부(상속세 신고세액공제가 적용되는지 여부 포함)

(2) 가산세 부과처분이 적법한지 여부

결론

(1) 신고기한까지 신고기한 연장을 신청한 바 없으므로 신고기한은 연장되지 않는다. 따라서 상속세 신고세액공제는 적용되지 않는다.

(2) 천재지변 등 가산세 부과 배제사유가 있으므로 가산세 부과처분은 적법한 처분이 아니다.

주요근거	**1. 「상속세 및 증여세법」에 따른 신고기한의 기산일**

甲이 상속세 신고기한이 지난 이후에 상속재산관리인을 선임한 이상 상속재산관리인이 선임되어 직무를 시작하는 날부터 상속세의 신고기한이 새로이 기산된다고 할 수 없다.

2. 「국세기본법」에 따른 기한연장

신고기한 연장은 관할세무서장이 납세자의 신청에 의하여 또는 직권으로 기한연장사유가 있음을 인정함으로써 신고기한을 연장하는 결정 또는 승인을 하여야만 신고기한이 연장되는 것이고, 기한연장사유가 존재한다고 하여 당연히 신고기한이 연장되는 것은 아니다.

3. 가산세 부과

「국세기본법」은 '천재지변 등 **기한연장사유**에 해당하는 경우에는 해당 가산세를 부과하지 아니한다'고 규정하고 있다. 납세자의 동거가족이 질병으로 위중하거나 사망하여 상중인 경우는 이에 해당한다.

가산세 면제는 기한연장사유가 있으면 되는 것이고, 기한연장의 신청 여부와는 관계없이 적용된다.

상속세 신고기한	상속세 납부의무가 있는 상속인 또는 수유자는 상속개시일이 속하는 달의 말일부터 6개월 이내에 상속세의 과세가액 및 과세표준을 납세지 관할세무서장에게 신고하여야 한다.

다만, **상속세 신고기한** 내에 유언집행자 또는 상속재산관리인이 **지정**되거나 **선임**되는 경우에는 그 지정되거나 선임되는 날부터 신고기한을 기산한다.

관련 법령	## 1. 천재 등으로 인한 기한의 연장(「국세기본법」 제6조)

관할세무서장은 천재지변이나 그 밖에 대통령령으로 정하는 사유로 이 법 또는 세법
에서 규정하는 신고, 신청, 청구, 그 밖에 서류의 제출 또는 통지를 정하여진 기한까
지 할 수 없다고 인정하는 경우나 납세자가 기한연장을 신청한 경우에는 대통령령으
로 정하는 바에 따라 그 기한을 연장할 수 있다.

2. 기한연장의 사유(「국세기본법 시행령」 제2조)

법 제6조에서 "대통령령으로 정하는 사유"란 다음 각 호의 경우를 말한다.

1. 납세자가 화재, 전화, 그 밖의 재해를 입거나 도난을 당한 경우
2. 납세자 또는 그 동거가족이 질병이나 중상해로 6개월 이상의 치료가 필요하거나 사망하여 상중인 경우
3. 정전, 프로그램의 오류나 그 밖의 부득이한 사유로 한국은행(그 대리점을 포함한 다) 및 체신관서의 정보통신망의 정상적인 가동이 불가능한 경우
4. 금융회사 등(한국은행 국고대리점 및 국고수납대리점인 금융회사 등만 해당한다) 또는 체신관서의 휴무나 그 밖의 부득이한 사유로 정상적인 세금납부가 곤란하다 고 국세청장이 인정하는 경우
5. 권한 있는 기관에 장부나 서류가 압수 또는 영치된 경우
6. 납세자의 장부 작성을 대행하는 세무사(세무법인을 포함) 또는 공인회계사(회계법 인 포함)가 화재, 전화, 그 밖의 재해를 입거나 도난을 당한 경우
7. 그 밖에 제1호, 제2호 또는 제5호에 준하는 사유가 있는 경우

3. 기한연장의 기간(「국세기본법 시행령」 제2조의2)

① 제2조 각 호에 따른 기한연장은 3개월 이내로 하되, 해당 기한연장의 사유가 소멸
되지 않는 경우 관할세무서장은 1개월의 범위에서 그 기한을 다시 연장할 수 있다.
② 제1항에도 불구하고 신고와 관련된 기한연장은 9개월을 넘지 않는 범위에서 관할
세무서장이 할 수 있다.

신고에 관한 기한의 연장기간은 최초 기한연장 시 연장한 날의 다음 날부터 최장 9월
범위 내에서 관할세무서장이 그 범위를 정하여 연장할 수 있으며, 재연장하는 경우에
도 기연장기간을 포함하여 최장 9월을 초과하지 않는 범위 내에서 관할세무서장이
그 범위를 정하여 연장할 수 있다. (재조세46019-152, 2003. 4. 28.)

4. 기한연장의 신청(「국세기본법 시행령」 제3조)

법 제6조에 따라 기한의 연장을 받으려는 자는 **기한 만료일 3일 전까지** 다음 각 호의 사항을 적은 문서로 해당 행정기관의 장에게 신청하여야 한다. 이 경우 해당 행정기관의 장은 기한연장을 신청하는 자가 기한 만료일 3일 전까지 신청할 수 없다고 인정하는 경우에는 기한의 만료일까지 신청하게 할 수 있다.
1. 기한의 연장을 받으려는 자의 주소 또는 거소와 성명
2. 연장을 받으려는 기한
3. 연장을 받으려는 사유

가산세 면제

정부는 「국세기본법」 또는 세법에 따라 가산세를 부과하는 경우 그 부과의 원인이 되는 사유가 다음 중 어느 하나에 해당하는 경우에는 해당 가산세를 부과하지 아니한다.

① 천재지변 등 **기한연장사유**에 해당하는 경우
② 납세자가 의무를 이행하지 아니한 데에 대한 **정당한 사유**가 있는 경우
③ 그 밖에 위와 유사한 경우로서 대통령령으로 정하는 경우

02 종중(법인으로 보는 단체)
(2016두57014, 2017. 2. 15.)

사실관계

(1) A종중은 1981년 8월 11일에 종중의 명의로 취득한 토지를 2014년 6월 20일에 B건설회사에 협의 수용하는 방식으로 110억원에 양도하였다.

(2) A종중은 위 부동산 양도대금을 종중 계좌에 입금하여 종중의 손익으로 한 후 10억원을 제외한 100억원을 종중원에게 분배하였다.

(3) 한편, A종중은 부동산의 양도일 이후인 2014년 12년 24일에 관할세무서장으로부터 「국세기본법」상 '법인으로 보는 단체'로 승인을 받았다.

(4) A종중은 정관에 '사업연도를 매년 1월 1일부터 매년 12월 31일까지로 한다'라고 규정하였다.

(5) A종중은 토지 양도차익에 대해 양도소득세를 신고한 후 경정청구하였으나 과세관청을 이를 거부하였다.

쟁점

법인으로 보는 단체 승인 전에 토지를 양도한 경우 당해 양도소득을 당해 법인의 손익으로 보아 「법인세법」을 적용할 수 있는지 여부

결론

최초 사업연도의 개시일은 부동산의 보상금 수령일인 2014. 6. 20.이므로 부동산의 양도차익은 최초 사업연도 손익에 포함된다. 따라서 양도소득세 경정을 거부한 과세관청의 처분은 적법하지 않다.

주요근거

1. 「법인세법」 적용

(1) A종중의 최초 사업연도 개시일은 원칙적으로 '법인으로 보는 단체'의 승인을 받은 2014. 12. 24.이지만 그 전인 2014. 6. 20.에 생긴 손익이 사실상 A종중에게 귀속되었다.

(2) 특별히 조세포탈의 우려가 있다고 볼만한 사정이 없다.

(3) A종중의 정관에 의하면 종중의 사업연도는 매년 1. 1.부터 12. 31.까지인 바 2014. 6. 20.을 최초 사업연도 개시일로 보더라도 최초 사업연도는 2014. 6. 20.부터 2014. 12. 31.까지로서 그 기간이 1년을 초과하지 않는다.

2. 최초로 손익이 발생한 날

'최초 사업연도 개시일의 기준이 되는 손익'에 대해 별도로 명문의 규정이 없는 한 '최초 사업연도 개시일 전에 조세채무가 확정되지 않은 손익'으로 **축소 해석해야 할 이유가 없다.**

부과처분 취소의 이유

과세관청이 종중의 부동산 양도에 대하여 「소득세법」을 적용하여 양도소득세 경정을 거부한 처분은 위법하므로 취소되어야 한다. 따라서 비영리법인인 종중이 3년 이상 고유목적사업에 직접 사용한 부동산을 처분함으로써 발생한 이익은 「법인세법」상 각 사업연도 소득의 범위에서 제외되므로 법인세 납세의무가 없다는 종중의 주장은 더 이상 검토할 필요 없다.

관련 법령

1. 법인으로 보는 단체 등(「국세기본법」 제13조)

① 법인(「법인세법」 제2조 제1호에 따른 내국법인 및 같은 조 제3호에 따른 외국법인을 말한다. 이하 같다)이 아닌 사단, 재단, 그 밖의 단체(이하 "**법인 아닌 단체**"라 한다) **중 다음 각 호의 어느 하나에 해당하는 것으로서 수익을 구성원에게 분배하지 아니하는 것은 법인으로 보아** 이 법과 세법을 적용한다.
1. 주무관청의 허가 또는 인가를 받아 설립되거나 법령에 따라 주무관청에 등록한 사단, 재단, 그 밖의 단체로서 등기되지 아니한 것
2. 공익을 목적으로 출연된 기본재산이 있는 재단으로서 등기되지 아니한 것

② 제1항에 따라 법인으로 보는 사단, 재단, 그 밖의 단체 **외의 법인 아닌 단체 중** 다음 각 호의 요건을 모두 갖춘 것으로서 대표자나 관리인이 **관할세무서장에게 신청하여 승인을 받은 것도 법인으로 보아** 이 법과 세법을 적용한다. 이 경우 해당 사단, 재단, 그 밖의 단체의 계속성과 동질성이 유지되는 것으로 본다.
1. 사단, 재단, 그 밖의 단체의 조직과 운영에 관한 규정을 가지고 대표자나 관리인을 선임하고 있을 것
2. 사단, 재단, 그 밖의 단체 자신의 계산과 명의로 수익과 재산을 독립적으로 소유·관리할 것
3. 사단, 재단, 그 밖의 단체의 수익을 구성원에게 분배하지 아니할 것

2. 사업연도(「법인세법」 제6조)

① 사업연도는 법령이나 법인의 정관 등에서 정하는 1회계기간으로 한다. 다만, 그 기간은 1년을 초과하지 못한다.
② 제1항부터 제5항까지의 규정을 적용할 때 **법인의 최초 사업연도의 개시일** 등에 관하여 필요한 사항은 대통령령으로 정한다.

3. 사업연도의 개시일(「법인세법 시행령」 제4조)

① 법인의 최초 사업연도의 개시일은 다음 각 호의 날로 한다.
1. 내국법인의 경우에는 설립등기일. 다만, 법 제2조 제2호 다목에 따른 법인으로 보는 단체(이하 "**법인으로 보는 단체**"라 한다)의 경우에는 다음 각 목의 날로 한다.
   가. 법령에 의하여 설립된 단체에 있어서 당해 법령에 설립일이 정하여진 경우에는 그 설립일
   나. 설립에 관하여 주무관청의 허가 또는 인가를 요하는 단체와 법령에 의하여 주무관청에 등록한 단체의 경우에는 그 **허가일·인가일 또는 등록일**
② 제1항의 규정을 적용함에 있어서 **최초 사업연도의 개시일전에 생긴 손익을 사실**상 그 법인에 귀속시킨 것이 있는 경우 조세포탈의 우려가 없을 때에는 최초 사업연도의 기간이 1년을 초과하지 아니하는 범위내에서 이를 당해 법인의 최초사업연도의 손익에 산입할 수 있다. 이 경우 **최초 사업연도의 개시일은 당해 법인에 귀속시킨 손익이 최초로 발생한 날로 한다.**

제2장 | 국세부과의 원칙과 세법적용원칙

01 과세요건 명확주의 위배 여부
(2019헌바148, 2021. 10. 28.)

사실관계

(1) A세무서장은 청구인이 2011년부터 2014년까지 해외법인으로부터 외화 총 1,026,659달러(약 10억원)를 수취한 사실을 확인하고, 2017. 3. 6. 및 2017. 7. 17. 종합소득세 합계 364,428,572원을 부과하였다. 청구인은 이 사건 처분에 대하여, 자신은 「소득세법」상 납세의무자인 '거주자'에 해당하지 않는다고 주장하며 이의신청 및 조세심판원의 심판청구를 거쳐 종합소득세부과처분 취소소송을 제기하였다. 청구인의 청구는 모두 기각되었다.

(2) 청구인은 상고하는 한편, 상고심 계속 중 「소득세법」 제1조의2 제2항이 포괄위임금지원칙 등에 위반된다고 주장하며 이 사건 헌법소원심판을 청구하였다.

심판대상조항

「소득세법」 제1조의2(정의)

② 제1항에 따른 주소·거소와 거주자·비거주자의 구분은 대통령령으로 정한다.

관련 법령

1. 정의(「소득세법」 제1조의2)

① 이 법에서 사용하는 용어의 뜻은 다음과 같다.
1. "거주자"란 국내에 주소를 두거나 183일 이상의 거소를 둔 개인을 말한다.
2. "비거주자"란 거주자가 아닌 개인을 말한다.

2. 납세의무(「소득세법」 제2조)

① 다음 각 호의 어느 하나에 해당하는 개인은 이 법에 따라 각자의 소득에 대한 소득세를 납부할 의무를 진다.
1. 거주자
2. 비거주자로서 국내원천소득이 있는 개인

3. 주소와 거소의 판정(「소득세법 시행령」 제2조)

① 「소득세법」 제1조의2에 따른 주소는 국내에서 생계를 같이하는 가족 및 국내에 소재하는 자산의 유무 등 생활관계의 객관적 사실에 따라 판정한다.
② 법 제1조의2에 따른 거소는 주소지 외의 장소 중 상당기간에 걸쳐 거주하는 장소로서 주소와 같이 밀접한 일반적 생활관계가 형성되지 아니한 장소로 한다.

4. 주소와 거소의 판정(「소득세법 시행령」 제2조)

③ 국내에 거주하는 개인이 다음 각 호의 어느 하나에 해당하는 경우에는 국내에 주소를 가진 것으로 본다.
1. 계속하여 183일 이상 국내에 거주할 것을 통상 필요로 하는 직업을 가진 때
2. 국내에 생계를 같이하는 가족이 있고, 그 직업 및 자산상태에 비추어 계속하여 183일 이상 국내에 거주할 것으로 인정되는 때

5. 주소(「민법」 제18조)

① 생활의 근거되는 곳을 주소로 한다.

판단근거

1. 위임의 필요성

「헌법」 제75조는 위임입법의 근거조문임과 동시에 그 범위와 한계를 제시하고 있다. 여기서 '법률에서 구체적인 범위를 정하여 위임받은 사항'이란 법률에 이미 대통령령으로 규정될 내용 및 범위의 기본사항이 구체적으로 규정되어 있어서 누구라도 당해 법률로부터 대통령령에 규정될 내용의 대강을 예측할 수 있어야 함을 의미한다. 위임의 구체성·명확성 내지 예측가능성의 유무는 당해 특정조항 하나만을 가지고 판단할 것이 아니라 관련 법조항 전체를 유기적·체계적으로 종합하여 판단하여야 하고, 위임된 사항의 성질에 따라 구체적·개별적으로 검토하여야 하며, 법률조항과 법률의 입법취지를 종합적으로 고찰할 때 합리적으로 그 대강이 예측될 수 있는 것이라면 위임의 한계를 일탈하였다고 볼 수 없다.

「소득세법」 제1조의2 제1항에서는 납세의무자인 거주자와 비거주자를 정의하고, 제2조와 제3조에서는 거주자와 비거주자의 납세의무 및 그 범위에 관하여 규정하고 있다. 그러므로 심판대상조항에서 시행령에 위임하고 있는 주소·거소 및 거주자·비거주자의 구분은 납세의무자인 거주자·비거주자를 판정하기 위한 세부적, 기술적 사항이라고 볼 수 있다. 이는 납세의무자인 거주자 판정을 통한 과세관할의 설정과 깊은 관련이 있으므로, 국가의 과세권 확보 및 국제거래를 이용한 역외탈세의 방지라는 정책적 목적과 국민의 국외 거주이전의 자유 보장 및 외국인의 국내 투자 및 방문 활성화라는 정책적 목적에 따라 변화하는 경제 현실에 대응하여야 할 필요가 있다. 또한

위와 같은 정책적 목적 달성을 위해서는 세부적으로 매우 다양한 복수의 기준을 조합하여 사용할 필요가 있으므로, 국회가 이를 모두 구체화하여 형식적 의미의 법률로 규정할 것을 기대하기 어렵다.

2. 예측가능성

「소득세법」 제1조의2 제1항에서는 거주자와 비거주자를 정의하는바, 거주자는 국내에 주소를 두거나 183일 이상의 거소(居所)를 둔 개인을 말하고, 비거주자는 거주자를 제외한 개인을 말한다. 즉, 위 조항에서 정의하는 거주자는 주소와 거소 개념을 요소로 하고, 심판대상조항은 「소득세법」 제1조의2 제1항의 주소와 거소를 보다 구체화하기 위한 위임조항이므로, 주소와 거소에 관한 법률의 규정 및 이에 대한 해석으로부터 주소·거소와 거주자·비거주자의 구분에 관하여 시행령에 규정될 내용의 대강을 예측할 수 있다.

「소득세법」에서는 주소와 거소의 정의를 별도로 두지 않고 「민법」의 개념을 차용하고 있는데, 「민법」상 주소는 생활의 근거되는 곳으로(「민법」 제18조 제1항), 학설과 판례에 의하여 '사람의 생활관계의 중심적 장소', '사람의 생활관계의 중심지', '각 생활의 단면마다 상대적으로 문제가 된 법률관계에 가장 관련이 깊은 장소' 등으로 정의되고 있다.

그러므로 주소의 판정 혹은 거주자와 비거주자의 구분은 다양한 사실관계에 대한 종합적인 고려가 필요하며, 개인의 '생활관계의 중심적 장소'를 판정하는 주된 요소는 거주하는 장소, 생계를 같이하는 가족, 직업, 자산상태 등이 될 것이라는 점을 충분히 예상할 수 있다.

결론

심판대상조항은 조세법률주의 및 포괄위임금지원칙에 위반되지 아니한다.

02 실질과세원칙과 중간지주회사
(2015두2451, 2016. 7. 14.)

사실관계

(1) A프랑스법인을 최종 모회사로 하는 다국적 기업 T Group은 중간지주회사인 B영국법인을 C내국법인의 주주로 하여 투자하였다. 한편, 중간지주회사인 B영국법인은 전 세계 30여개의 자회사를 두고 있고, 이사회의 중요한 의사결정을 하고 있다.

(2) C내국법인은 B영국법인에 배당금을 지급하면서 한·영국 조세조약에 따라 5%의 제한세율을 적용하여 원천징수하였다. 이에 과세관청은 최종 소유자를 A프랑스법인으로 간주하고 한·프랑스 조세조약에 따라 15%의 제한세율을 적용하여 원천징수하여야 한다는 이유로 과세처분을 하였다.

쟁점

실질과세원칙을 적용하여 배당금을 수령한 법인을 모회사인 A프랑스법인으로 의제할 수 있는지 여부

결론

1. 조세회피를 위한 수단으로만 이용된 것이 아님

중간지주회사인 B영국법인은 조세회피목적 이외의 다른 사업목적이 있으며, 중간의 거래는 거래의 최종목적을 위한 수단으로만 이용되지도 않았다.

2. 배당금의 실질적 지배 관리 주체

중간지주회사인 B영국법인은 전 세계에 자회사를 두고 있으며, 이사회에서 중요한 의사결정 등이 이루어지고 있다. 따라서 중간지주회사인 B영국법인은 배당금을 실질적으로 관리·지배한다고 볼 수 있다. 따라서 한·프 조세조약을 적용한 과세관청의 처분은 적법하지 않다.

실질과세원칙 (「국세기본법」 제14조)

제1항. 실질귀속자 과세의 원칙

과세의 대상이 되는 소득, 수익, 재산, 행위 또는 거래의 귀속이 명의(名義)일 뿐이고 사실상 귀속되는 자가 따로 있을 때에는 사실상 귀속되는 자를 납세의무자로 하여 세법을 적용한다.

제2항. 실질내용 과세의 원칙

세법 중 과세표준의 계산에 관한 규정은 소득, 수익, 재산, 행위 또는 거래의 명칭이나 형식에 관계없이 그 실질 내용에 따라 적용한다.

제3항. 우회거래 및 다단계거래의 부인

제3자를 통한 간접적인 방법이나 둘 이상의 행위 또는 거래를 거치는 방법으로 「국세기본법」 또는 세법의 혜택을 부당하게 받기 위한 것으로 인정되는 경우에는 그 경제적 실질 내용에 따라 당사자가 직접 거래를 한 것으로 보거나 연속된 하나의 행위 또는 거래를 한 것으로 보아 「국세기본법」 또는 세법을 적용한다.

「국세기본법」 제14조 제3항 적용

1. 적용요건

(1) 제3자를 통한 간접적인 방법 또는 둘 이상의 행위 또는 거래를 거쳐야 한다.

(2) 선택한 거래 또는 행위의 외관 또는 형식이 경제적 실질과 다른 경우이어야 한다.

(3) 세법의 혜택을 부당하게 받기 위한 것으로 인정되는 경우이어야 한다.

> 다음의 중간거래의 경우에는 세법의 혜택을 부당하게 받기 위한 것으로 인정된다.
> ① 중간의 거래를 거치는 것에 조세회피목적 이외의 다른 사업목적이 없을 것
> ② 중간의 거래는 거래의 최종목적을 위한 수단으로서만 이용되었을 것
> ③ 중간의 거래와 관련하여 거래당사자가 아무런 경제적 위험부담이나 지위변동의 가능성이 없을 것

2. 적용효과

중간의 거래 형식 등은 무시하고 당사자가 직접 거래한 것으로 보거나 연속된 하나의 행위 또는 거래로 보아 세법을 적용한다.

해커스 편래세무사

03 소득의 귀속 주체에 관한 입증책임
(2015두55844, 2019. 10. 17.)

사실관계

(1) A법무법인의 구성원 변호사(Partner) 甲은 2006년 말경 S건설 주식회사의 대주주로부터 S건설 인수대상자 물색 등에 관한 부탁을 받아 2007. 5.경 매수인을 소개하고, S건설 대주주인 8인과 매수인 사이에 2008. 2. 27. S건설 주식 1,461,111주에 관한 매매계약과 2008. 3. 18. 그 대금 일부를 감액하는 변경계약이 체결되도록 하였다.

(2) 甲은 위 매매계약과 관련하여 인수대상자 물색, 매매대금 액수 조정, 대금지급방법 협의, 쌍방 요구사항 중재 등의 역할을 하였는데, 매도인이 대금 일부를 감액하여 주는 대신 甲에 대한 용역비를 매수인이 지급하기로 하여, 甲은 2008. 6.경부터 2009. 1.경까지 7차례에 걸쳐 매수인으로부터 합계 20억원의 용역비를 지급받았다.

(3) 용역계약서 작성 당시 甲과 S건설 대주주는 그 계약 명의자를 매수인과 A법무법인으로 정하여 기재하였다. 즉 이 사건 용역계약서 기재에 따르면 甲과 S건설 대주주는 매수인과 법인인 A법무법인을 용역계약의 당사자, 적어도 용역비 지급 및 수령주체로 정한 것으로 볼 수 있다.

(4) 과세관청은 **甲이 A법무법인의 구성원으로서 용역을 제공한 것이어서 용역비가 A법인의 소득으로 귀속됨에도 A법무법인이 그 매출을 신고에서 누락**하였다고 보아, 2012. 7. 2. A법무법인에게 2008 사업연도 법인세 및 2008년 제1기 부가가치세를 부과하는 처분을 하였다.

쟁점

소득의 명의자와 실질 귀속자가 동일한 지가 분명하지 않은 경우 소득의 귀속 주체에 관한 입증책임이 누구에게 있는지 여부

결론

과세관청이 귀속명의자를 소득의 실질귀속자로 보아 과세를 한 이상 거래 등의 귀속 명의와 실질이 다르다는 점은 그 과세처분을 받은 귀속명의자가 주장·증명하여야 한다. 따라서 과세관청의 부과처분은 적법하다.

주요근거

1. 계약의 당사자

일반적으로 계약의 당사자가 누구인지는 그 계약에 관여한 당사자의 **의사해석문제에** 해당한다. 의사표시의 해석은 당사자가 그 표시행위에 부여한 객관적인 의미를 명백하게 확정하는 것으로서, 계약당사자 사이에 어떠한 계약내용을 처분문서인 서면으로 작성한 경우에는 그 서면에 사용된 문구에 구애받는 것은 아니지만 어디까지나

객관적 의미를 합리적으로 해석하여야 하고, 이 경우 문언의 객관적인 의미가 명확하다면 특별한 사정이 없는 한 문언대로 그 의사표시의 존재와 내용을 인정하여야 한다. (2009다92487 등)

2. 귀속에 관한 실질과세

실질과세의 원칙은 소득이나 수익, 재산, 행위, 거래 등의 과세대상에 관하여 **귀속명의와 달리 실질적으로 귀속되는 자가 따로 있는 경우에는 형식이나 외관을 이유로 귀속명의자를 납세의무자로 삼을 것이 아니라 실질적으로 귀속되는 자를 납세의무자로 삼겠다**는 것이다. 따라서 **재산의 귀속명의자에게 이를 지배·관리할 능력이 없고 명의자에 대한 지배권 등을 통하여 이를 지배·관리하는 자가 따로 있는 경우** 등에는 그 재산에 관한 소득은 실질적으로 지배·관리하는 자에게 귀속된 것으로 보아 그를 납세의무자로 삼아야 할 것이나, 그러한 명의와 실질의 괴리가 없는 경우에는 소득의 귀속명의자에게 소득이 귀속된 것으로 보아야 한다. (2012두16466 등)

3. 입증책임

과세요건사실의 존부 및 과세표준에 관하여는 원칙적으로 과세관청이 증명할 책임을 부담하고, 이는 거래 등의 귀속명의자와 실질적인 귀속주체가 다르다고 다투어지는 경우에도 특별한 사정이 없는 한 마찬가지이다. 그러나 **과세관청이 귀속명의자를 소득의 실질귀속자로 보아 과세를 한 이상 거래 등의 귀속 명의와 실질이 다르다는 점은 그 과세처분을 받은 귀속명의자가 주장·증명할 필요가 생기는데**, 이 경우에 증명의 필요는 법관으로 하여금 과세요건이 충족되었다는 데 대하여 상당한 의문을 가지게 하는 정도면 족하지만, 그 증명이 상당한 의문을 가지게 하는 정도에 이르지 못한다면 귀속명의자에 대한 과세처분을 위법하다고 볼 것은 아니다. (2011두9935 등)

즉, 명의자가 납세의무에서 벗어나기 위하여 실질과세원칙을 주장하는 경우 명의자가 명의자와 실질귀속자가 다르다는 점을 상당한 수준으로 입증하여야 한다. (2011두9935 등)

➲ 일부 학설은 명의자가 실질과세를 주장하는 것은 신의성실원칙에 위배된다고 주장한다.

04 신의성실원칙의 적용
(2017두65524, 2018. 4. 12.)

사실관계

(1) A법인은 석유화학제품의 제조·판매업을 영위하는 법인으로서 정부가 2005년 부터 실시해 온 온실가스 배출 감축사업에 참여하여, 정부로부터 해당 사업을 위탁받은 에너지공단에 A법인의 온실가스 감축실적을 판매하는 형식으로 공단으로부터 지급금을 수령하였다.

(2) 한편, 정부의 온실가스 감축 사업 위탁을 받은 에너지공단은 A법인에게 보낸 공문에서 '정부에서 지급되는 보조금은「부가가치세법」에 따라 과세표준에 포함되지 않는다'고 밝혔고, A법인은 이를 신뢰하여 세금계산서를 교부하지도, 부가가치세를 신고·납부하지도 않았다.

쟁점

(1) 온실가스 배출 감축권이 재화에 해당하는지 여부

(2) 신의성실원칙이 적용되는지 여부

(3) 가산세 면제의 정당한 사유가 있는지 여부

결론

(1) 온실가스 배출 감축실적은 일정한 재산적 가치를 가지고, 감축실적에 따라 지급되는 돈이 감축실적의 양에 비례하는 점을 고려하면 해당 지급금은 재정상의 원조로 보기 어렵다.

(2) 에너지공단은 부가가치세 과세에 관한 권한이 있는 기관이 아니므로 A법인이 위 공단의 견해를 신뢰하였다고 하더라도 A법인에게 귀책사유가 없다고 보기 어렵다.

(3) A법인이 감축실적의 판매에 관하여 세법상 의무를 알지 못한 데에 정당한 사유가 있다.

주요근거

1. 재화에 해당하는지 여부

부가가치세의 과세거래인 '권리의 공급'에 해당하기 위해서는 **현실적으로 이용될 수 있고 경제적 교환가치**를 가지는 등 객관적인 재산적 가치가 인정되어 재화로서의 요건을 갖춘 권리의 양도 등이 이루어져야 한다.

A법인이 판매한 감축실적은 사업자, 거래중개 전문기관 등 사이에서 거래되거나 정부에 판매될 수 있으므로 일정한 재산적 가치를 지니고 있고, 정부가 감축실적에 대하여 지급하는 돈은 정부가 구매하는 감축실적의 양에 비례하는 등의 사정을 종합하여 보면, 해당 지급금은 사업자가 정부에 감축실적을 공급한 대가로 봄이 타당하고 감축사업의 조성 및 재정상 원조라고 보기 어렵다.

2. 신의성실원칙

에너지공단은 부가가치세 과세에 관한 권한이 있는 기관이 아닌 점, 따라서 A법인이 공단의 견해를 신뢰하였다고 하더라도 A법인에게 귀책사유가 없다고 보기 어려운 점을 고려할 때 신의성설원칙은 적용되지 않는다.

3. 정당한 사유

A법인이 지급금을 지급받을 당시 감축실적의 판매가 부가가치세 과세대상인 재화의 공급에 해당한다는 점을 판단하기 어려웠을 것으로 보이고, 주관부처로부터 사업을 위탁받아 수행하는 에너지공단이 지급금이 부가가치세 과세대상 재화의 공급인지에 관하여 적법한 판단을 내리지 못하였음을 알 수 있다. 따라서 A법인이 감축실적의 판매에 관하여 세법상 의무를 알지 못한 데에 정당한 사유가 있다.

신의성실의 원칙
➲ 과세관청

1. 「국세기본법」 제15조

납세자가 그 의무를 이행할 때에는 신의에 따라 성실하게 하여야 한다. 세무공무원이 직무를 수행할 때에도 또한 같다.

2. 적용요건

일반적으로 조세법률관계에 있어서 과세관청의 행위에 대하여 신의성실의 원칙을 적용하기 위해서는 다음의 요건이 모두 충족되어야 한다.

> ① 과세관청이 납세자에게 신뢰의 대상이 되는 **공적인 견해표명**을 하여야 한다.
> ② 과세관청의 견해표명이 정당하다고 신뢰한 데 대하여 **납세자에게 귀책사유가 없어야** 한다.
> ③ 납세자가 그 견해표명을 신뢰하고 이에 따라 **무엇인가 행위**를 하여야 한다.
> ④ 과세관청이 위 **견해표명에 반하는 처분**을 함으로써 납세자의 이익이 침해되는 결과가 초래되어야 한다.

3. 적용효과

과세관청의 행위에 대하여 신의성실의 원칙이 적용되는 경우에는 합법성의 원칙에도 불구하고 과세관청의 부과처분행위는 취소되어야 한다.

신의성실의 원칙 ➲ 납세자

1. 「국세기본법」 제15조

납세자가 그 의무를 이행할 때에는 신의에 따라 성실하게 하여야 한다. 세무공무원이 직무를 수행할 때에도 또한 같다.

2. 적용요건

납세자가 과세관청에 대하여 자기의 과거의 언동에 반하는 행위(배신행위)를 하였을 경우에 신의성실의 원칙을 적용하기 위한 요건은 다음과 같다.

> ① 납세자가 과세관청에 대하여 자기의 과거의 언동에 반하는 행위를 하여 객관적으로 모순되는 행태가 존재하여야 한다.
> ② 객관적으로 모순되는 행태는 납세자의 심한 배신행위에 기인한 것이어야 한다. 단순한 거짓말이 담세력이 될 수는 없기 때문이다.
> ③ 납세자의 심한 배신행위에 기인하여 야기된 과세관청의 신뢰가 보호받을 가치가 있는 것이어야 한다.

3. 적용효과

납세자의 행위에 대하여 신의성실의 원칙이 적용되는 경우에는 과세처분의 흠결에도 불구하고 부과처분은 적법하게 된다.

신의성실원칙 적용의 한계

조세법률관계에 있어서 신의성실의 원칙이나 신뢰보호의 원칙 또는 비과세 관행 존중의 원칙은 합법성의 원칙을 희생하여서라도 납세자의 신뢰를 보호함이 정의에 부합하는 것으로 인정되는 특별한 사정이 있을 경우에 한하여 적용되는 예외적인 법원칙이다. (2011두5940)

정당한 사유

1. 비난가능성

가산세를 면할 정당한 사유가 있는지가 문제될 때에는 가산세 부과처분의 근거가 되는 개별 법령규정의 취지를 충분히 고려하면서, 납세의무자가 그 의무를 알지 못한 것이 무리가 아니었다거나 의무의 이행을 기대하는 것이 무리라고 할 만한 사정이 있어 납세의무자가 의무이행을 다하지 못한 것을 탓할 수 없는 경우에 해당하는지 여부에 따라 판단하여야 한다.

2. 세법상 견해의 대립

단순한 법률의 부지나 오해의 범위를 넘어 세법해석상 의의(疑意)로 인한 견해의 대립이 있는 등으로 납세의무자가 의무를 알지 못하는 것을 정당한 사유가 있을 때에는 가산세를 부과할 수 없다.

제3장 | 납세의무의 성립 · 확정 · 소멸

 명의신탁과 부정한 행위
(2015두44158, 2017. 4. 13.)

| **사실관계** | (1) 망인 甲은 1992년경 A주식회사의 주식 중 일부를 乙, 丙, 丁 등에게 명의신탁하였고, A주식회사의 기업공개 후에도 명의신탁을 그대로 유지하였다. |

(1) 망인 甲은 1992년경 A주식회사의 주식 중 일부를 乙, 丙, 丁 등에게 명의신탁하였고, A주식회사의 기업공개 후에도 명의신탁을 그대로 유지하였다.

(2) 乙에게 명의신탁한 주식은 망인의 사망 전에 양도하였다.

(3) 상속인들은 丙에게 명의신탁한 주식은 상속재산에 포함하여 신고하였으나, 丁에게 명의신탁한 주식은 상속재산에 포함하지 아니하였다.

(4) 과세관청은 ① 丁에게 명의신탁한 주식을 상속재산에 포함하지 않은 것과 ② 상속인들이 상속세 신고 시 乙(명의수탁자) 명의의 계좌에서 상속개시일 전 2년 이내에 인출된 금전 중 사용처가 불분명한 부분을 상속재산에 포함하지 아니한 것에 대하여 '사기 그 밖에 부정한 행위'에 해당한다고 보아 40%의 부정과소신고가산세를 부과하였다.

쟁점

(1) 명의신탁 사실만으로 '사기나 그 밖에 부정한 행위'에 해당하는지 여부

(2) 부정과소신고가산세(40%)를 적용할 수 있는지 여부

결론

(1) 명의신탁한 주식을 상속재산에 포함하지 않은 사실만으로 사기 그 밖에 부정한 행위에 해당한다고 볼 수 없다.

(2) 명의수탁자 명의의 계좌에서 상속개시일 전 2년 이내에 인출된 금전 중 사용처가 불분명한 부분을 상속재산에 포함하지 아니한 것은 단순 누락에 불과할 뿐 부당한 방법으로 상속세 과세표준을 과소신고하였다고 볼 수 없다.

주요근거

납세자가 명의를 위장하여 소득을 얻었더라도, 명의위장이 조세포탈 목적에서 비롯되고, 허위 계약서의 작성과 대금의 허위지급, 과세관청에 대한 허위의 조세신고, 허위의 등기 · 등록, 허위의 회계장부 작성 · 비치 등과 같은 **적극적인 행위가 부가되지 않은** 한 명의위장 사실만으로 '사기 그 밖의 부정한 행위'라고 할 수 없다.

특례제척기간

납세자가 부정행위로 상속세·증여세(⑦의 경우에는 해당 명의신탁과 관련한 국세를 포함)를 포탈하는 경우로서 다음 중 어느 하나에 해당하는 경우에는 일반적인 제척기간에도 불구하고 해당 재산의 **상속 또는 증여**가 있음을 안 날부터 **1년 이내**에 상속세 및 증여세를 부과할 수 있다. 다만, 상속인이나 증여자 및 수증자가 사망한 경우와 포탈세액 산출의 기준이 되는 재산가액(다음의 어느 하나에 해당하는 재산의 가액을 합친 것을 말함)이 50억원 이하인 경우에는 그러하지 아니하다.

> ① 제3자의 명의로 되어 있는 피상속인 또는 증여자의 재산을 **상속인이나 수증자가 취득한 경우**
> ② 계약에 따라 피상속인이 취득할 재산이 계약이행기간에 상속이 개시됨으로써 등기·등록 또는 명의개서가 이루어지지 아니하고 상속인이 취득한 경우
> ③ 국외에 있는 상속재산이나 증여재산을 상속인이나 수증자가 취득한 경우
> ④ 등기·등록 또는 명의개서가 필요하지 아니한 유가증권, 서화, 골동품 등 상속재산 또는 증여재산을 상속인이나 수증자가 취득한 경우
> ⑤ 수증자의 명의로 되어 있는 증여자의 「금융실명거래 및 비밀보장에 관한 법률」에 따른 금융자산을 수증자가 보유하고 있거나 사용·수익한 경우
> ⑥ 비거주자인 피상속인의 국내재산을 상속인이 취득한 경우
> ⑦ **명의신탁재산 증여의제에 해당하는 경우**
> ⑧ 상속재산 또는 증여재산인 「특정 금융거래정보의 보고 및 이용 등에 관한 법률」에 따른 **가상자산**을 같은 법에 따른 가상자산사업자를 통하지 아니하고 상속인이나 수증자가 취득한 경우

비교판례(1)

위 사례에서 乙에게 명의신탁한 주식 관련 종합소득세 및 양도소득세 부과제척기간에 대해 논란이 된 판결이 있다. 쟁점은 비록 乙이 종합소득세나 양도소득세를 신고하더라도 실제 소유인 甲의 종합소득세나 양도소득세가 누락된 것으로 볼 수 있는데, 이때 甲에 대해 10년의 장기 제척기간이 적용될 수 있는지 여부이다. 대법원은 **기존 명의신탁 관계가 해소되지 않은 상태에서** 명의수탁자들 명의로 된 주식을 일반적인 주식 양도방법으로 처분하였을 뿐이고, 그에 관한 양도소득세를 모두 신고하였고, 나아가 명의신탁으로 인해 결과적으로 양도소득 기본공제에는 다소 차이가 생겼지만 명의신탁으로 인해 양도소득세의 세율이 달라졌다는 등의 사정도 보이지 않는 이상, 이러한 사소한 세액의 차이만을 내세워 **조세포탈의 목적에 따른 부정한 적극적 행위가 있다고 볼 수 없다고 하였다.** 종합소득세도 마찬가지 이유에서 부정한 행위가 있다고 할 수 없다. 따라서 10년의 부과제척기간은 적용되지 아니한다. (2017두69991, 2018. 3. 29.)

비교판례(2)

대법원은 명의신탁증여의제로 인한 증여세를 무신고한 경우 명의신탁행위를 부정행위로 보아 부정무신고가산세를 부과할지 여부에 대해서 '명의신탁이 다른 조세의 기초되는 사실을 은폐·가장하였어도 이는 그 회피된 조세의 가산세에서 고려될 수 있다는 점은 별론으로 하고, **명의신탁의 증여의제로 인한 증여세에 대한 부당무신고가산세의 근거가 될 수는 없다**'라고 판시하였다. 따라서 명의신탁증여의제에 따른 증여세 부과 시 부정무신고가산세나 특례부과제척기간을 적용할 수 없다. (2015두52876, 2016. 1. 14.) 다만, **개정세법에 따라 특례제척기간(안 날로부터 1년)은 적용 가능하다.** 이 경우 부칙규정에 따라 2019. 12. 31. 이전에 제척기간이 만료된 경우에는 특례제척기간을 적용할 수 없다.

비교판례(3)

명의신탁자의 부정행위가 인정되더라도, 구 「상속세 및 증여세법」상 명의신탁증여의제 규정의 납세의무자는 '명의수탁자'인 이상, 명의수탁자의 부정행위가 존재하지 않았다면 명의수탁자에게 부당무신고가산세를 부과할 수 없다. (2018두37755, 2022. 9. 15.) 다만, 2018. 12. 31. 이후에는 증여세 납세의무자가 실소유자로 변경되었으므로, 향후에는 부정행위가 이루어졌는지도 명의신탁자를 기준으로 판단하는 것이 타당하다.

비교판례(4)

명의신탁자가 자신의 주식을 타인에게 명의신탁하는 과정에서 명의수탁자에게 그 명의로 예금계좌를 개설하게 하여 마치 주식의 매매가 있었던 것과 같은 외관을 형성하여 그 형식에 따른 주식양수도계약서와 계좌거래내역 등을 토대로 양도소득세 및 증권거래세를 신고하였다고 하더라도 명의수탁자에 대하여 증여의제에 따른 증여세를 과세함에 있어서 **부정무신고가산세의 적용대상이 아니다.** 이와 같은 행위들은 주식의 명의신탁에 통상 뒤따르는 부수행위에 해당한다. 명의신탁의 본질이 실권리자가 대내적으로 해당 재산에 관한 소유권 등을 보유하면서 그에 관한 등기나 명의개서 등은 그 명의수탁자의 명의로 하는 것이기 때문에 허위 계약서 등의 작성, 명의수탁자의 계좌를 통한 매매대금이나 배당금의 수수, 양도소득세·종합소득세와 증권거래세 등의 신고·납부와 같은 외관의 형성은 명의신탁에 따르는 당연한 과정이라고 할 수 있기 때문이다. (2018두36004, 2018. 12. 13.)

다만, 이 경우 **무신고가산세는 적용된다.** 증여세 납부의무가 있는 자는 증여받은 날이 속하는 달의 말일부터 3개월 이내에 증여세의 과세가액 및 과세표준을 납세지 관할세무서장에게 신고하여야 한다. **주식 명의신탁의 증여의제에 따른 증여세에 있어서도 예외를 인정하고 있지 않다.** 그러므로 주식 명의신탁에 따른 증여세의 납세의무자가 법정신고기한까지 증여세 과세표준신고서를 제출하지 아니한 경우에는 증여세 산출세액의 100분의 20에 상당하는 금액을 무신고가산세로 부과한다.

명의신탁 조세회피 사례	① 양도·상속·증여 시 할증평가 회피
	② 일감몰아주기, 일감떼어주기 등 과세이익 조정(지분율이 낮으면 과세이익 작아짐)
	③ 과점주주에 부과되는 2차 납세의무(법인의 납세의무를 과점주주가 부담) 회피 등
	④ 명의상 배당소득자를 분산시켜 배당소득에 대한 누진세 회피
	⑤ 과점주주 간주취득세 회피

사기나 그 밖의 부정한 행위	사기나 그 밖의 부정한 행위란 다음의 어느 하나에 해당하는 행위로서 **조세의 부과와 징수를 불가능하게 하거나 현저히 곤란하게 하는 적극적 행위**를 말한다.

> ① 이중장부의 작성 등 장부의 거짓 기장
> ② 거짓 증빙 또는 거짓 문서의 작성 및 수취
> ③ 장부와 기록의 파기
> ④ 재산의 은닉, 소득·수익·행위·거래의 조작 또는 은폐
> ⑤ 고의적으로 장부를 작성하지 아니하거나 비치하지 아니하는 행위 또는 계산서, 세금계산서 또는 계산서합계표, 세금계산서합계표의 조작
> ⑥ 「조세특례제한법」에 따른 전사적 기업자원 관리설비의 조작 또는 전자세금계산서의 조작
> ⑦ 그 밖에 위계(僞計)에 의한 행위 또는 부정한 행위

이 조항의 **입법 취지**는 국세의 과세표준이나 세액 계산의 기초가 되는 사실의 발견을 곤란하게 하거나 허위의 사실을 작출하는 등의 부정한 행위가 있는 경우에 **과세관청으로서는 과세요건사실을 발견하고 부과권을 행사하기 어려우므로 부정한 방법으로 과세표준 또는 세액의 신고의무를 위반한 납세자를 무겁게 제재**하는 데 있다. 따라서 「국세기본법」에서 부당한 방법의 하나로 들고 있는 '사기 그 밖의 부정한 행위'라고 함은 조세의 부과와 징수를 불가능하게 하거나 현저히 곤란하게 하는 위계 기타 부정한 적극적인 행위를 말하고, 적극적 은닉의도가 나타나는 사정이 덧붙여지지 않은 채 단순히 세법상의 신고를 하지 아니하거나 허위의 신고를 함에 그치는 것은 여기에 해당하지 않는다.

02 임직원 배임행위로 인한 법인세 과소신고 시 가산세
(2017두38959, 2021. 2. 18.)

사실관계

(1) A법인은 밴(VAN, Value-Added Network) 서비스 제공사업을 영위하는 법인이다. 거주자 甲은 2000. 8.경부터 2012. 9.경까지 A법인의 법인사업부 본부장, 전무로 근무하면서 가맹점 영업, 대리점 관리 등 업무를 총괄하여 왔다.

(2) 甲은 A법인의 대리점인 주식회사 B의 대표이사 乙과 공모하여 A법인의 가맹점인 C주식회사에 재계약 지원금 약 20억원을 지급해야 한다고 거짓으로 내부품의서를 작성하고 허위 세금계산서를 수취하는 등으로 A법인을 기망하였고 이에 속은 A법인으로 하여금 C주식회사 명의 계좌로 돈을 송금하게 하여 이를 편취하였다. 이후 甲은 사기 등의 범행으로 징역 3년의 유죄판결을 선고받아 그 형이 확정되었다.

(3) A법인은 甲의 범행으로 인하여 각 사업연도 소득이 누락된 채 법인세 신고·납부가 이루어졌다. 이에 관할세무서장은 2013. 11. 1. 이 사건 지급금액에 관하여 각 해당 사업연도 과세표준에서 손금불산입하여 법인세의 과세표준과 세액을 경정하면서 甲의 위와 같은 허위 세금계산서 수취, 거래 조작 등의 부정한 행위를 A법인의 부정한 행위로 보아 장기부과제척기간(2005 사업연도 내지 2007 사업연도)을 적용한 법인세 본세에다가 일반과소신고가산세액을 초과하는 부정과소신고가산세 및 납부지연가산세를 더하여 A법인에게 2005 사업연도부터 2010 사업연도까지의 법인세(가산세 포함)를 증액경정·고지하였다.

쟁점

(1) 법인의 사용인이 법인에 대하여 사기, 배임 등 범행을 저지르는 과정에서 법인소득을 은닉하는 등 적극적으로 부정한 행위를 한 경우 이러한 사용인의 부정한 행위를 이유로, 범죄 피해자의 지위에 있는 법인에 부정한 행위로 조세를 포탈하였다고 보아 장기부과제척기간을 적용할 수 있는지 여부

(2) 또한 부당한 방법으로 과세표준 또는 세액을 과소신고하였다고 보아 부정과소신고가산세를 부과할 수 있는지 여부

결론	(1) 임직원의 부정한 행위로 포탈된 국세에 관해 과세관청의 부과권 행사가 어렵게 된 것은 분명하다. 납세자가 임직원 등의 부정한 행위를 방지하기 위해 상당한 주의 또는 관리·감독을 게을리하지 않았다는 특별한 사정이 없는 한, 임직원의 배임적 부정행위는 장기부과제척기간에서 말하는 부정한 행위에 포함된다.
	(2) 임직원의 부정한 행위가 납세자(회사)를 피해자로 하는 사기, 배임 등의 범행의 일환으로 행해지고, 거래 상대방이 이에 가담하는 등 납세자가 이들의 부정한 행위를 쉽게 인식하거나 예상할 수 없었던 특별한 사정이 있는 경우라면, 이들의 배임적 부정행위를 부정과소신고가산세에서 말하는 부정한 행위에 포함된다고 볼 수 없다. 따라서 이런 경우까지 납세자에게 부정한 행위를 이유로 중과세율 (40%)을 적용하는 부정과소신고가산세를 부과할 수는 없다.

주요근거

1. 장기부과제척기간

「국세기본법」 제26조의2는 원칙적으로 국세의 부과제척기간을 5년으로 규정하면서, '납세자가 사기 기타 부정한 행위로써 국세를 포탈한 경우'에는 그 부과제척기간을 해당 국세를 부과할 수 있는 날부터 10년으로 연장하였다. 위 규정의 입법 취지는 조세법률관계의 신속한 확정을 위하여 원칙적으로 국세부과권의 제척기간을 5년으로 하면서도, 국세에 관한 과세요건사실의 발견을 곤란하게 하거나 허위의 사실을 작출하는 등의 부정한 행위가 있는 경우에 과세관청이 탈루신고임을 발견하기가 쉽지 아니하여 부과권의 행사를 기대하기 어려우므로 해당 국세의 부과제척기간을 10년으로 연장하는 데에 있다.

2. 사용인의 부정행위

장기부과제척기간에서 말하는 '부정한 행위', 부당과소신고가산세에서 말하는 '부당한 방법'에는 납세자 본인의 부정한 행위뿐만 아니라, 특별한 사정이 없는 한 납세자가 스스로 관련 업무의 처리를 맡김으로써 그 행위영역 확장의 이익을 얻게 되는 납세자의 대리인이나 사용인, 그 밖의 종업원의 부정한 행위도 포함된다. (2010두1385, 대법원 2015. 9. 10.)

부정한 행위를 이유로 과세관청의 부과권을 연장해주는 **장기부과제척기간**에 있어서는, 사용인 등의 부정한 행위가 납세자 본인을 피해자로 하는 사기, 배임 등 범행의 수단으로 행하여졌다고 하더라도 사용인 등의 부정한 행위로써 포탈된 국세에 관하여 과세관청의 부과권의 행사가 어렵게 된 것은 분명하므로, 특별한 사정이 없는 한 이러한 사용인 등의 배임적 부정행위는 장기부과제척기간에서 말하는 부정한 행위에 포함된다. 따라서 납세자 본인에 대한 해당 국세에 관하여는 부과제척기간이 10년으로 연장된다.

3. 부당과소신고가산세

가산세는 과세권의 행사와 조세채권의 실현을 용이하게 하기 위하여 세법에 규정된 의무를 위반한 납세자에게 세금의 형식으로 부과하는 일종의 행정상의 제재이다. 가산세는 위반행위와 제재 사이에 자기책임의 원리에 부합하는 정당한 상관관계가 있어야 할 뿐만 아니라 의무 위반의 정도와 부과되는 제재 사이에 적정한 비례관계도 유지되어야 한다. 과소신고세액에 100분의 10의 세율을 적용하여 가산하는 일반과소신고가산세와 달리, 과세표준의 기초가 되는 소득 등을 은닉하는 등 적극적인 부정행위의 존재를 이유로 그보다 훨씬 높은 100분의 40의 세율을 적용하여 가산하는 부당과소신고가산세는 그만큼 비난가능성이 큰 의무불이행에 대한 제재라는 점을 당연한 전제로 한다.

그런데 납세자의 사용인 등이 납세자의 의사나 이익에 반하여 독단적으로 부정한 행위를 하고 그로 인하여 납세자가 범행의 피해자가 됨과 아울러 그러한 범행을 미처 알지 못한 나머지를 소득에서 누락하여 과소신고에 이르게 된 상황이라면, 납세자 측이 인식하거나 예상하지 못했던 사용인 등의 배임적 부정행위 자체를 이유로 그 부정한 행위의 피해자에 불과한 납세자 본인에게 일반과소신고의 경우보다 훨씬 높은 세율의 부당과소신고가산세의 제재를 가하는 것은, 비난 가능성 및 책임에 상응하지 않은 법적 제재를 가하는 것이어서 「헌법」상 자기책임의 원리에 반한다.

4. 배임적 부정행위와 관련하여 부당과소신고가산세와 장기부과제척기간의 적용을 달리하는 근거

이와 같이 납세자에게 선임, 관리·감독상의 과실은 있었으나 납세자가 이를 쉽게 인식하거나 예상할 수 없었던 사용인 등 제3자가 행한 배임적 부정행위를 놓고, 부당과소신고가산세의 중과를 부정하는 한편, 장기부과제척기간을 적용하는 해석은, 「국세기본법」 규정의 문언에 어긋나지 않으면서도 각 제도의 취지와 **구체적 타당성을 고려한 합헌적 법률해석의 결과**라고 보아야 한다.

반대의견

장기부과제척기간과 부당과소신고가산세 모두 「국세기본법」에서 함께 규율하고 있는 제도로서 '납세자의 부정한 행위'라는 요건이 동일하게 규정되어 있으므로, 사용인 등의 위와 같은 배임적 부정행위를 이유로 납세자에게 부당과소신고가산세를 부과할 수 없다면 장기부과제척기간도 적용할 수 없다고 해석하는 것이 옳다.

사전적 의미로는 '부당'은 이치에 맞지 않는 것을 뜻하고, '부정'은 올바르지 않거나 옳지 못한 것을 뜻한다. 따라서 부당과소신고가산세에서 말하는 '부당한 방법'에 해당하지 않는다면 장기부과제척기간에서 말하는 '부정한 행위'에 해당하지 않는다고 보아야 할 것이다. 지금까지 대법원은 장기부과제척기간에서 말하는 '부정한 행위'와 부정과소신고가산세에서 말하는 '부당한 방법'을 '조세의 부과와 징수를 불가능하게 하거나 현저히 곤란하게 하는 위계 기타 부정한 적극적인 행위'라고 하여 두 적용 요건을 **통일적으로 해석**한 바 있다.

03 납세자가 사용인에 대한 관리·감독책임을 다한 경우 가산세 면제 여부 (2017두41108, 2022. 1. 14.)

사실관계

(1) 甲은 2007. 9. 28.경부터 2011. 3. 15.경까지 서울 마포구에서 'A'라는 상호로 클럽을 운영하였다.

(2) 서울지방국세청장의 甲에 대한 세무조사 과정에서 甲의 종업원들이 클럽의 입장권을 위조·판매하여 그 대금을 빼돌린 사실이 밝혀졌다. 甲은 2013. 2. 6. 그 종업원들을 횡령 등 혐의로 고소하였고, 그중 일부는 유죄판결을 받았으며 그 피해액을 대부분 변제받았다.

(3) 과세관청은 甲이 **위조된 입장권 판매대금 상당의 매출을 누락**하였다고 보고, 2013. 6. 3.과 같은 달 14. 甲에게 부가가치세, 종합소득세, 개별소비세, 교육세 각 본세와 이에 대한 각 신고불성실가산세 및 납부불성실가산세를 부과하였다.

쟁점

(1) 입장권 횡령액이 甲에게 귀속된 것으로 볼 수 있는지 여부

(2) 가산세 면제 관련 정당한 사유의 존부를 판단하는 시기

결론

(1) 甲은 직원들을 횡령죄로 고소한 바 있고 횡령으로 인한 피해액도 변제받았으므로 위조된 입장권을 판매하고 받은 대가도 甲에게 귀속된 것으로 볼 수 있다. 직원들은 입장권을 판매하고 그 대가를 수령할 수 있는 권한을 부여받았으므로, 비록 입장권을 판매하는 과정에서 일부 위조된 입장권을 판매하고 그 대가를 수령하였다 하더라도, 원칙적으로 그 대금수령의 법률적 효과는 甲에게 귀속되었다.

(2) 종업원의 횡령행위로 인한 매출누락이 있었더라도 납세자가 **종업원들에 대하여 관리·감독책임을 다하였다면 그 매출누락과 관련하여 (일반과소신고 및 납부지연)가산세를 부과할 수 없다.** 甲은 부가가치세 등의 신고·납부 당시에는 위조입장권 판매와 관련된 소득을 신고하는 것이 사실상 불가능했으므로 위 각 신고·납부기한 당시 甲에게는 가산세를 면할 정당한 사유가 있다고 봄이 타당하다. 즉, '정당한 사유'가 있는지 여부는 납세의무자가 세법상 각종 의무를 위반한 시점을 기준으로 판단함이 타당하다.

04 소송물 이론(총액주의, 쟁점주의)
(2016두50495, 2016. 12. 15.)

사실관계

(1) A법인은 특수관계인인 甲이 일으킨 손해에 대하여 보험회사로부터 보험금을 수령하였다.

(2) 과세관청은 A법인이 수령한 보험금(100억원)이 총 손해액(150억원)에 미치지 않으므로 甲에게 구상금채권(50억원)이 있음에도 불구하고 이를 포기하였다는 이유로 부당행위계산부인규정을 적용하여 과세처분하였다.

(3) 이에 1심 법원은 특수관계자가 발생시킨 사고로 지급받은 보험금(100억원)이 실제 손해액(80억원)을 초과하여 특수관계자를 상대로 추가 손해배상을 구할 수 있는 채권은 존재하지 않는다는 이유로 손해배상 미청구액에 대하여 부당행위계산부인규정을 적용할 수 없다고 하였다.
   ➲ 손해액에 대해 법원과 과세관청의 입장이 달랐음

(4) 이후 과세관청은 2심 법원에 항고하면서 과세처분사유를 다음과 같이 추가하였다.

(5) **추가된 과세처분사유**: A법인은 보험금 수령액에서 사고로 소멸되어 감소된 자산의 장부가액 10억원을 공제한 보험차익 90억원을 계상하여야 함에도 불구하고 적법한 회계처리 방법을 준수하지 아니하고 임의로 새로운 기계장치 취득을 위하여 81억원을 지출하고 남은 9억원만을 보험차익으로 과소 계상하였다. 따라서 A법인은 익금에 산입하여야 할 보험차익 81억원을 누락시켰으므로 과세관청의 과세처분은 정당한 과세표준 소득금액의 범위 내에 있다.

쟁점

기본적 사실관계의 동일성이 없는 경우에도 정당한 과세표준 소득금액 범위 내이면 소송 중 처분사유를 변경할 수 있는지 여부

결론

종전 처분과 동일성이 유지되는 범위 내에 있지 않은 이와 같은 처분사유의 추가는 허용되지 아니한다.

1. 기초적 사실관계가 상이함

과세관청의 종전 및 추가된 위 각 처분사유는 그 근거가 된 각 법령조항의 목적과 취지, 금지의 내용, 그 행위의 태양 등이 다르고, 각 처분사유는 서로 영향을 미치지 아니하는 별개의 것이어서 중복 없이 개별적인 각 처분사유를 근거로 세액을 결정하는 과세처분을 할 수 있어 기초적 사실관계가 같다고 보기 어렵다.

2. 총액주의 적용의 한계

과세처분 취소소송에서의 **총액주의**는 기본적 사실관계가 동일하여 처분사유의 범위를 달리하는 정도의 것이 아닌 경우에 적용되는 원칙인 바, 법인세의 경우 기간과세의 원칙상 익금 및 손금의 종류를 불문하고 해당 과세기간 동안에 이루어진 모든 거래행위를 기초로 세액을 산정하여야 하므로 처분의 동일성이 인정되는 한 비교적 폭넓게 새로운 처분사유를 사실심 변론종결 시까지 추가할 수 있다. 그러나 처분의 동일성을 인정함에 있어서는 「국세기본법」 등 조세 관련 법령에서 정한 납세자의 **권리보호절차를 침해하거나 조세심판전치주의의 형해화를 초래하지 않도록** 유의하여야 한다. 즉 추가한 처분사유는 동일한 사실관계 하에서 단순히 법률적 관점만을 달리하거나 세무조사 과정에서의 제출자료 누락이나 당사자의 착오, 오산 등이 소송 이후에 밝혀져 이로 인하여 일부 누락되거나 잘못된 세액을 정정하기 위한 것에 한한다.

과세관청이 소송과정 중에 추가 과세처분사유를 밝힌 경우, 그 **처분사유의 동일성이 인정**된다고 본 판례는 다음과 같다. 단, 당초 처분의 세액 범위에서 이루어져야 한다.

> ① 당초 양도 건물의 주택용도 이외 부분이 주택용도부분의 면적보다 크다는 사유로 양도소득세가 비과세되는 1세대 1주택의 요건을 갖추지 못하였다고 주장하다가 소송 도중 양도인이 양도 당시 다른 주택을 한 채 더 소유하고 있다고 주장한 경우(2001두1994, 2002. 10. 11.)
> ② 이자소득으로 과세하였다가 소송 도중 종합소득으로 과세되는 사업소득으로 처분사유를 변경한 경우(2000두2181, 2002. 3. 12.)

05 증액경정처분이 있는 경우 당초 신고한 국세의 법정기일
(2017다236978, 2018. 6. 28.)

사실관계

(1) 의류 도·소매업을 하는 甲은 2009년 제1기 부가가치세로 2009. 7. 16. 1억 3천만원을 신고하였으나 이를 납부하지 아니하였다. 이에 관할세무서장은 2009. 9. 8. 가산세(5백만원)를 포함하여 1억 3천 5백만원을 납부할 것을 고지하였다.

(2) A법인(신용협동조합)은 2009. 8. 18. 甲이 소유한 부동산에 관하여 **채권최고액 1억원의 근저당권설정등기**를 마쳤다.

(3) 한편, 관할세무서장은 甲이 누락한 매출액을 포함하여 부가가치세를 다시 산정하여 2010. 7. 1. **증액경정된 세액과 당초 고지된 세액의 차액 6백만원**을 납부할 것을 고지하였다.

(4) A법인은 甲 소유 부동산 임의경매를 신청하였고, 관할세무서장은 甲이 2009년 제1기 부가가치세를 체납하였다는 이유로 경매절차에서 교부청구를 하였다.

(5) 해당 부동산은 2015. 7. 31. 매각(5천만원)되었는데, 배당법원은 2015. 10. 20. 관할세무서장에게만 배당하고 A법인에는 배당하지 아니하는 것으로 배당표를 작성하였으나, A법인은 배당에 이의를 하였다.

(6) A법인은 당초 신고 후 증액경정처분이 있을 경우 당초 신고가 증액경정처분에 흡수되어 당초 신고한 세액의 법정기일까지도 증액경정처분의 납세고지서 발송일로 보아야 한다고 주장하였다.

쟁점

(1) 당초 신고한 세액과 증액경정된 세액을 별개로 담보채권과 우선순위를 정하여야 하는지 여부 ● 흡수설 적용 여부

(2) 당초 신고한 국세의 법정기일을 그 신고일로 볼 것인지, 아니면 증액경정처분의 납세고지서 발송일로 볼 것인지 여부

<table>
<tr>
<td>

결론

</td>
<td>

(1) 당초 신고한 세액과 증액경정된 세액을 별개로 담보채권과 국세의 우선순위를 정하여야 한다. 따라서 당초 신고한 국세채권의 법정기일이 담보채권의 담보설정일보다 우선하므로 국세가 우선한다.

(2) 증액경정처분이 있었는지 여부에 관계없이 당초 신고한 국세의 법정기일은 신고일로 보아야 한다. 추가로 증액경정된 세액(6백만원)의 법정기일은 납세고지서 발송일이다.

</td>
</tr>
<tr>
<td>

주요근거

</td>
<td>

1. A법인 주장의 근거

甲이 당초 신고한 부가가치세의 신고일은 2009. 7. 16.이고, 증액경정하여 추가로 고지한 납세고지서의 발송일은 2010. 7. 1.이다. 그리고 A법인이 甲의 재산에 대하여 저당권을 설정한 날은 2009. 8. 18.이다. 위에서 당초 신고한 부가가치세의 법정기일을 그 당초 신고일인 2009. 7. 16.로 보면 부가가치세가 저당권이 담보하는 채권보다 우선한다. 그러나 당초 신고한 부가가치세의 법정기일을 증액경정에 따른 납세고지서의 발송일인 2010. 7. 1.로 보면 저당권 등이 담보하는 채권이 부가가치세보다 우선하는 것이다.

2. 법정기일

신고납세방식의 국세의 경우 납세의무자가 '신고한 해당세액'에 대해서 그 신고일이 법정기일이고, 정부가 세액 등을 경정하는 경우 등에는 '고지한 해당세액'만큼만 그 납세고지서의 발송일이 법정기일이다. 이는 담보권자가 예측할 수 있는 범위 내에서 조세채권이 우선하도록 하기 위한 것이다.

3. 흡수설

신고납세방식의 조세에서 납세의무자의 신고로 과세표준과 세액이 확정된 후 과세관청의 증액경정처분이 있는 경우 당초 처분은 증액경정처분에 흡수되어 소멸되고 쟁송의 대상은 증액경정처분이 되지만, 당초 처분에 따른 세법상 효과의 하나인 법정기일은 당초 처분을 기준으로 판단해야 한다.

</td>
</tr>
</table>

국세의 우선

1. 국세 우선의 원칙

국세 및 강제징수비는 다른 공과금이나 그 밖에 채권에 우선하여 징수한다. 조세채권은 국가 또는 지방자치단체의 존립을 위한 재정적 기초가 되므로 그 공익목적을 중시하여 조세채권을 일반채권에 우선하여 징수하도록 한 것이다.

2. 국세의 우선원칙에 대한 예외

국세의 우선원칙에도 불구하고, 다른 공익상의 요청이 더 크거나 다른 사법적 제도와의 조화가 필요한 경우에는 다른 채권이 국세에 우선한다. 이에 해당하는 경우는 ① 강제집행 등에 소요된 비용의 우선, ② 임금채권의 우선, ③「주택임대차보호법」및「상가건물임대차보호법」에 따른 채권의 우선, ④ 법정기일 전에 담보권이 설정된 담보채권의 우선 등이 있다.

3. 담보채권의 우선

다음의 법정기일 전에 저당권 설정을 등기한 사실이 증명되는 재산을 매각할 때 그 매각금액 중에서 국세(그 재산에 대하여 부과된 국세는 제외)를 징수하는 경우 그 저당권에 의하여 담보된 채권은 국세 등에 우선한다.

---

① 과세표준과 세액의 **신고에 따라** 납세의무가 확정되는 국세의 경우 신고한 해당 세액에 대해서는 그 신고일
② 과세표준과 세액을 **정부가 결정·경정** 또는 수시부과 결정을 하는 경우 고지한 해당 세액에 대해서는 그 **납세고지서의 발송일**
③ 원천징수의무자나 납세조합으로부터 징수하는 국세와 인지세의 경우에는 그 납세의무의 확정일

경정처분의
효력

1. 경정처분의 효력(「국세기본법」 제22조의3)

① 세법에 따라 당초 확정된 세액을 증가시키는 경정(更正)은 당초 확정된 세액에 관한 「국세기본법」 또는 세법에서 규정하는 권리·의무관계에 영향을 미치지 아니한다.

② 세법에 따라 당초 확정된 세액을 감소시키는 경정은 그 경정으로 감소되는 세액 외의 세액에 관한 「국세기본법」 또는 세법에서 규정하는 권리·의무관계에 영향을 미치지 아니한다.

2. 경정처분이 있는 경우 당초 처분과 경정처분의 관계에서 주요 쟁점

(1) 소송물과 심리범위

증액경정처분이 있는 경우 당초 신고나 결정은 증액경정처분에 흡수됨으로써 독립한 존재가치를 잃게 되어 원칙적으로는 증액경정처분만이 항고소송의 심판대상이 되고 납세자는 그 항고소송에서 당초 신고나 결정에 대한 위법사유도 함께 주장할 수 있으나, 불복기간이나 경정청구기간의 도과로 더 이상 다툴 수 없게 된 세액에 관하여는 그 취소를 구할 수 없고 증액경정처분에 의하여 증액된 세액의 범위 내에서만 취소를 구할 수 있다. (2010두9808, 2011. 4. 14. 외 다수)

(2) 세액의 확정 이외의 권리의무

당초 처분을 전제로 한 납부, 징수유예, 독촉, 압류 등 체납처분, 제2차 납세의무자 지정처분 등의 효력은 그대로 유지되는 것으로 보는 것이 대개의 견해이다.

06 가공세금계산서 관련 장기부과제척기간의 적용요건
(2022두32825, 2022. 5. 26.)

사실관계

(1) A법인은 2006년 하반기 B법인으로부터, 2007년 상반기 C법인으로부터 각각 차량용 내비게이션을 공급받는 거래를 하였음을 전제로 2006, 2007 사업연도 각 법인세와 2006년 제2기분, 2007년 제1기분 각 부가가치세를 신고·납부하였다.

(2) 과세관청은 이 사건 거래를 실물거래 없이 이루어진 가공거래로 보고 A법인에 대하여 2017. 1. 2. 2006 사업연도 법인세와 2006년 제2기분 부가가치세를, 2018. 2. 12. 2007 사업연도 법인세를 경정·고지하였다(이하 각 법인세 부과처분을 '이 사건 법인세 부과처분', 부가가치세 부과처분을 '이 사건 부가가치세 부과처분'이라 한다).

쟁점

가공거래 판정에 따른 부가가치세 부과처분에 장기부과제척기간이 적용되는지 여부

결론

1. 법인세의 제척기간: 10년

A법인이 거래상대방으로부터 가공세금계산서를 발급받아 법인세 신고 시 해당 금액을 손금으로 산입한 행위는 사기 기타 부정한 행위로써 국세를 포탈하거나 환급·공제받는 경우에 해당하므로, 10년의 부과제척기간이 적용된다.

2. 부가가치세의 제척기간: 5년

A법인이 거래상대방과 합의하에 사실과 다른 세금계산서를 교부받았다는 이유만으로는 국가의 조세수입이 감소할 것을 의도 내지 인식하였다고 볼 수 없다. 따라서 사기 그 밖의 부정한 행위로 볼 수 없으므로 일반적인 부과제척기간인 5년이 적용되어야 한다.

판단근거

① 과세관청이 조세를 부과할 수 있는 권한, 즉 부과권은 일정한 기간 안에 행사하여야 하는데, 이를 부과권의 제척기간이라 한다. 「국세기본법」 제26조의2 제1항은 상속세·증여세 이외의 국세 부과제척기간을 원칙적으로 '당해 국세를 부과할 수 있는 날부터 5년간'으로 규정하는 한편, 납세자가 '사기 기타 부정한 행위'로써 국세를 포탈하거나 환급·공제받는 경우에는 '당해 국세를 부과할 수 있는 날부터 10년간'으로 규정하고 있다.

② '사기 기타 부정한 행위'란 조세의 부과와 징수를 불가능하게 하거나 현저히 곤란하게 하는 위계 기타 부정한 적극적인 행위를 말하고, 다른 어떤 행위를 수반함이 없이 단순히 세법상의 신고를 하지 아니하거나 허위의 신고를 함에 그치는 것은 이에 해당하지 않는다. 따라서 납세자에게 사실과 다른 세금계산서에 의하여 매입세액의 공제 또는 환급을 받는다는 인식 외에 납세자가 그 매입세액의 공제를 받는 것이 결과적으로 국가의 조세수입 감소를 가져오게 될 것이라는 점에 대한 인식이 있어야 한다.

③ 동일한 사실관계하에서 법인세에 관하여 장기부과제척기간이 적용된다 하더라도 부가가치세에 관하여는 장기부과제척기간이 적용되지 않을 수 있다.

관련 법령

국세의 부과제척기간(「국세기본법」 제26조의2)

① 국세를 부과할 수 있는 기간(이하 "부과제척기간"이라 한다)은 **국세를 부과할 수 있는 날부터 5년**으로 한다. 다만, 역외거래(국제거래 및 거래당사자 양쪽이 거주자인 거래로서 국외에 있는 자산의 매매·임대차, 국외에서 제공하는 용역과 관련된 거래를 말한다)의 경우에는 국세를 부과할 수 있는 날부터 7년으로 한다.
② 제1항에도 불구하고 다음 각 호의 어느 하나에 해당하는 경우에는 다음 각 호의 구분에 따른 기간을 부과제척기간으로 한다.
1. 납세자가 법정신고기한까지 과세표준신고서를 제출하지 아니한 경우: 해당 국세를 부과할 수 있는 날부터 7년(역외거래의 경우 10년)
2. 납세자가 대통령령으로 정하는 사기나 그 밖의 부정한 행위(이하 "**부정행위**"라 한다)로 국세를 포탈하거나 환급·공제를 받은 경우: 그 국세를 부과할 수 있는 날부터 10년(역외거래에서 발생한 부정행위로 국세를 포탈하거나 환급·공제받은 경우에는 15년). 이 경우 부정행위로 포탈하거나 환급·공제받은 국세가 법인세이면 이와 관련하여 「법인세법」 제67조에 따라 처분된 금액에 대한 소득세 또는 법인세에 대해서도 또한 같다.

07 국세 부과제척기간의 특례
(2020두38447, 2020. 8. 27.)

사실관계

(1) 오픈마켓을 운영하는 주식회사 A는 부가가치세 과세표준에 관하여 과세관청과 다툼이 있었다.

(2) 2005 사업연도 부가가치세에 관하여 행정소송을 제기하여 그에 관한 판결이 2016년 확정되었으며, 부가가치세를 환급받게 되었다. 그 결과 해당 금액만큼 법인의 소득금액이 증가하게 되었다.

(3) 이에 과세관청은 2005 사업연도의 법인소득이 증가되었고, 확정판결에 따라 과세소득이 증가되었음으로 이유로 법인세 과세처분을 하였다.

(4) 주식회사 A는 다시 이러한 과세관청의 법인세 부과처분은 제척기간을 도과한 부과처분에 해당하여 위법하다고 주장하였다.

쟁점

이 사건에서 특례제척기간이 적용되는지 여부

결론

판결대상이 아닌 **다른 세목**에는 특례제척기간이 적용되지 않는다. ➲ 개정법률(현행 법률) 시행 전의 법률에 따른 결론임

비판

과세처분을 취소하라는 판결이 있는 경우 이와 필연적으로 연관된 다른 세목을 경정할 수 없게 되는 문제가 발생하게 된다.

현행법률

국세의 부과제척기간(「국세기본법」 제26조의2)

⑥ 제1항부터 제5항까지의 규정에도 불구하고 지방국세청장 또는 세무서장은 다음 각 호의 구분에 따른 기간이 지나기 전까지 경정이나 그 밖에 필요한 처분을 할 수 있다.
1. 제7장에 따른 이의신청, 심사청구, 심판청구, 「감사원법」에 따른 심사청구 또는 「행정소송법」에 따른 소송에 대한 결정이나 판결이 확정된 경우: 결정 또는 판결이 확정된 날부터 1년
1의 2. 제1호의 결정이나 판결이 확정됨에 따라 그 결정 또는 판결의 대상이 된 과세표준 또는 세액과 연동된 **다른 세목**(같은 과세기간으로 **한정**한다)이나 연동된 **다른 과세기간**(같은 세목으로 **한정**한다)의 과세표준 또는 세액의 조정이 필요한 경우: 제1호의 결정 또는 판결이 확정된 날부터 1년
1의 3. 「형사소송법」에 따른 소송에 대한 판결이 확정되어 「소득세법」 제21조 제1항 제23호 또는 제24호의 소득이 발생한 것으로 확인된 경우: 판결이 확정된 날부터 1년

특례제척기간 제도는 쟁송절차의 진행 등과 관련하여 제척기간의 도과로 과세권이 부당하게 일실되는 것을 방지하기 위한 것이다. 특례제척기간 제도가 동일한 과세대상에 대하여 국가가 과세권을 예비적·중첩적으로 행사할 수 없다는 과세권 행사의 본질을 감안한 것이다.

08 원천징수세액에 대한 징수처분과 특례제척기간
(2017두36908, 2020. 11. 12.)

사실관계

(1) A법인(내국법인)은 2005. 4. 15. 말레이시아 라부안에 설립된 B외국법인으로부터 C법인 주식(내국법인) 99,999,916주를 1,651,104,756,621원에 양수하고 그 대금을 지급하면서, 「대한민국과 말레이시아 정부 간의 소득에 대한 조세의 이중과세회피와 탈세방지를 위한 협약」에 따라 이 사건 주식의 양도로 발생한 양도차익에 대한 법인세를 원천징수하지 않았다.

(2) 과세관청은 B외국법인이 **명목상 회사에 불과**하고 이 사건 양도소득의 **실질귀속자**는 영국령 케이만군도에 설립된 **유한 파트너십인 D에 대한 투자자들**이라는 전제 하에 A법인에게 이 사건 **양도소득에 대한 원천징수분 소득세 43,010,717,520원(가산세 포함)을 납세고지하는 1차 징수처분 및 가산세 부과처분**을 하였다.

(3) A법인은 이에 불복하여 1차 징수처분 및 가산세 부과처분의 취소를 구하는 소를 제기하였는데, 대법원은 유한 파트너십 D를 구 「법인세법」상 외국법인으로 볼 수 있는지 심리하여 이 사건 양도소득에 대하여 원천징수분 법인세를 과세하여야 하는지를 판단하여야 한다는 취지로 환송 전 원심판결을 일부 파기환송하였다.

(4) 이후 법원에서 유한 파트너십 D는 구 「법인세법」상 **외국법인이라는 전제 하에** 양도소득에 대한 원천징수분 소득세 징수처분은 위법하다 판결하였다.

(5) 다시 과세관청은 2015. 4. 17. A법인에게 이 사건 양도소득에 대한 **원천징수분 법인세 181,621,523,220원(가산세 포함)을 납세고지하는 이 사건 징수처분 및 가산세 부과처분**을 하였다.
  ➡ 세목을 당초 처분인 법인세로 유지하면서, 특례제척기간이 적용된다는 취지로 과세처분한 것임

쟁점

(1) 징수권의 소멸시효 기산일

(2) 징수처분에 특례제척기간에 관한 규정이 적용되는지 여부

결론

(1) 원천징수분 법인세 납세의무의 소멸시효 기산일은 법정납부기한 다음 날인 2005. 5. 11.이고, 그로부터 5년(당시 법률은 5억원 이상이라고 하더라도 5년)이 경과한 2015. 4. 17. 고지된 징수처분은 소멸시효가 완성된 이후의 처분이므로 위법하다.

(2) 원천징수분 법인세의 납부의무는 과세관청의 부과권의 행사에 의하지 않고 **법률의 규정에 의하여 자동확정**되는 것이므로, 거기에 **부과권의 제척기간이 적용될 여지가 없다.**

주요근거

(1) 국세징수권 소멸시효의 기산일은 국세징수권을 행사할 수 있는 때의 다음 날이고, 소멸시효기간은 5억원 이상의 국세는 10년, 그 미만의 국세는 5년이다. 한편, 자동확정방식의 조세인 원천징수하는 소득세 또는 법인세 납세의무는 소득금액 또는 수입금액을 지급하는 때에 성립과 동시에 특별한 절차 없이 확정되고, 원천징수의무자는 원천징수한 소득세를 그 징수일이 속하는 달의 다음 달 10일까지 관할세무서에 납부하여야 한다. 따라서 과세관청은 원천징수의무자가 당해 소득을 지급하는 때의 다음 달 10일이 도과한 날로부터 그 원천징수할 세액에 대한 징수권을 행사할 수 있으므로 원천징수세액에 대한 징수권의 소멸시효 기산일은 원천징수세액의 법정납부기한의 다음 날이 된다.

(2) 부과권 행사와는 관련 없는 자동확정되는 원천징수분 납부의무에는 특례제척기간이 적용될 여지가 없다.

관련 법령

국세 부과제척기간의 기산일(「국세기본법 시행령」 제12조의3)

① 법 제26조의2 제9항에 따른 국세를 부과할 수 있는 날은 다음 각 호의 날로 한다.
1. 과세표준과 세액을 신고하는 국세(「종합부동산세법」 제16조 제3항에 따라 신고하는 종합부동산세는 제외한다)의 경우 해당 국세의 과세표준과 세액에 대한 신고기한 또는 신고서 제출기한(이하 "과세표준신고기한"이라 한다)의 다음 날. 이 경우 중간예납 · 예정신고기한과 수정신고기한은 과세표준신고기한에 포함되지 아니한다.
② 다음 각 호의 날은 제1항에도 불구하고 국세를 부과할 수 있는 날로 한다.
1. **원천징수의무자** 또는 납세조합에 대하여 부과하는 국세의 경우 해당 **원천징수세액** 또는 납세조합징수세액의 **법정 납부기한의 다음 날**

「국세기본법 시행령」 제12조의3 제2항 제1호 규정에 관하여는 원천징수하는 국세의 경우 성립과 동시에 확정되므로 부과권의 제척기간이 적용될 수 없다는 점에서 입법적 오류라는 지적이 유력하다. 위 판례도 이 규정을 무효로 본다.

국세징수권의 소멸시효(「국세기본법」 제27조)

① 국세의 징수를 목적으로 하는 국가의 권리(이하 이 조에서 "국세징수권"이라 한다)는 이를 행사할 수 있는 때부터 다음 각 호의 구분에 따른 기간 동안 행사하지 아니하면 소멸시효가 완성된다. 이 경우 다음 각 호의 국세의 금액은 가산세를 제외한 금액으로 한다.

1. 5억원 이상의 국세: 10년
2. 제1호 외의 국세: 5년

② 제1항의 소멸시효에 관하여는 이 법 또는 세법에 특별한 규정이 있는 것을 제외하고는 「민법」에 따른다.

③ 제1항에 따른 국세징수권을 행사할 수 있는 때는 다음 각 호의 날을 말한다.

1. 과세표준과 세액의 신고에 의하여 납세의무가 확정되는 국세의 경우 신고한 세액에 대해서는 그 법정 신고납부기한의 다음 날
2. 과세표준과 세액을 정부가 결정, 경정 또는 수시부과결정하는 경우 납부고지한 세액에 대해서는 그 고지에 따른 납부기한의 다음 날

④ 제3항에도 불구하고 다음 각 호의 날은 제1항에 따른 국세징수권을 행사할 수 있는 때로 본다.

1. 원천징수의무자 또는 납세조합으로부터 징수하는 국세의 경우 납부고지한 원천징수세액 또는 납세조합징수세액에 대해서는 그 고지에 따른 납부기한의 다음 날

자동확정방식에 의해 소득금액을 지급하는 때 납세의무가 성립·확정되어 있으므로 법에서 정한 해당 세액의 자진 납부기한이 지나면 국가는 언제든지 징수권을 행사할 수 있게 된다. 따라서 소멸시효의 기산일은 "고지에 의한" 납부기한의 다음 날이 아니라 "법정납부기한의 다음 날"이어야 한다. 이 규정 또한 실효성이 없는 규정이다.

비교판례

연말정산 시 누락된 근로소득의 부과제척기간

근로소득만 있는 거주자가 연말정산에 의하여 소득세를 납부한 경우에는 연말정산에서 누락된 다른 근로소득이 있다고 하더라도 그 소득세에 대한 부과제척기간은 특별한 사정이 없는 한 5년으로 보아야 한다. (2020두54630, 2021. 4. 29.)

과세표준확정신고의 예외(「소득세법」 제73조)
① 다음 각 호의 어느 하나에 해당하는 거주자는 제70조 및 제71조에도 불구하고 해당 소득에 대하여 과세표준확정신고를 하지 아니할 수 있다.
1. 근로소득만 있는 자

제4장 조세채권확보

01 과점주주의 과점주주에게까지 2차 납세의무를 확대하는 것은 불가
(2018두36110, 2019. 5. 16.)

사실관계

(1) 대한민국 재향군인회는 2015. 12. 24. 주식회사 A에게 130억원을 대여하면서 담보로 주식회사 A의 주주들로부터 주식회사 A의 발행주식 전부에 대하여 근질권을 설정받았다.

(2) 2016. 1. 7. 주식회사 A는 B종합개발의 주주들로부터 B종합개발의 주식 8만주(전체 주식 대비 80%)를 매수하고, 재향군인회로부터 차용한 금원으로 계약금과 중도금을 치루고 하나은행으로부터 900억원을 융자받았다. 이렇게 B종합개발의 주식의 80%를 취득한 주식회사 A는 B종합개발 소유의 부동산을 하나은행에 담보로 제공하는 부동산신탁계약을 체결했다.

(3) 그러나 주식회사 A는 만기일이 되도록 재향군인회와 하나은행에서 빌린 돈을 갚지 못했다. 이에 재향군인회는 근질권을 행사해 주식회사 A가 담보로 제공한 주식 전부를 취득했다. 이후 관할세무서장은 B종합개발이 부동산 소유권을 이전하면서 양도차익이 생겼다는 이유로 B종합개발에 법인세 100억원을 부과했다. 그런데 B종합개발이 법인세를 납부하지 않자, B종합개발의 과점주주인 주식회사 A에 지분비율에 해당하는 법인세 80억원을 부과했다. 그러나 주식회사 A도 법인세를 내지 않자, 관할세무서장은 주식회사 A의 과점주주인 재향군인회에 법인세 80억원을 부과했고 이에 반발한 재향군인회는 행정소송을 제기하였다.

관련 법령	**출자자의 제2차 납세의무(「국세기본법」 제39조)**

법인(대통령령으로 정하는 증권시장에 주권이 **상장된 법인은 제외**)의 재산으로 그 법인에 부과되거나 그 법인이 납부할 국세 및 강제징수비에 충당하여도 부족한 경우에는 그 **국세의 납세의무 성립일 현재** 다음 각 호의 어느 하나에 해당하는 자는 그 부족한 금액에 대하여 제2차 납세의무를 진다. 다만, 제2호에 따른 과점주주의 경우에는 그 부족한 금액을 그 법인의 발행주식 총수(의결권이 없는 주식은 제외한다. 이하 이 조에서 같다) 또는 출자총액으로 나눈 금액에 해당 **과점주주가 실질적으로 권리를 행사하는 주식 수**(의결권이 없는 주식은 제외한다) 또는 출자액을 곱하여 산출한 금액을 한도로 한다.

1. 무한책임사원으로서 다음 각 목의 어느 하나에 해당하는 사원
   가. 합명회사의 사원
   나. 합자회사의 무한책임사원
2. 주주 또는 다음 각 목의 어느 하나에 해당하는 사원 1명과 그의 특수관계인 중 대통령령으로 정하는 자로서 그들의 소유주식 합계 또는 출자액 합계가 해당 법인의 발행주식 총수 또는 출자총액의 100분의 50을 초과하면서 **그 법인의 경영에 대하여 지배적인 영향력을 행사하는 자들**(이하 "과점주주"라 한다)
   가. 합자회사의 유한책임사원
   나. 유한책임회사의 사원
   다. 유한회사의 사원

쟁점	과점주주의 과점주주에게까지 2차 납세의무를 확대하는 것이 가능한지 여부

결론	「국세기본법」 제39조에서는 **제2차 납세의무자로 과점주주만을 규정하고 있을 뿐** 그 법인의 과점주주인 법인(1차 과점주주)이 제2차 납세의무자로서 체납한 국세 등에 대하여 **1차 과점주주의 과점주주(2차 과점주주)가 또다시 제2차 납세의무를 진다고 규정하지 않고 있다.** 따라서 2차 과점주주가 단지 1차 과점주주의 과점주주라는 사정만으로 1차 과점주주를 넘어 2차 과점주주에게까지 그 보충적 납세의무를 확장하여 「국세기본법」 제39조에서 규정한 과점주주에 해당한다고 보는 것은 앞서 **관련 규정의 취지와 엄격해석의 필요성에 비추어 특별한 사정이 없는 한 허용되지 않는다.** 따라서 재향군인회는 제2차 납세의무를 부담하지 않는다.

주요근거

1. 과점주주에 대한 제2차 납세의무의 입법취지

「국세기본법」 제39조에 규정된 제2차 납세의무는 조세징수의 확보를 위하여 원래의 납세의무자인 법인의 재산에 대하여 체납처분을 하여도 징수하여야 할 조세에 부족이 있다고 인정되는 경우에 사법질서를 어지럽히는 것을 최소화하면서 실질적으로 법인의 운영을 지배할 수 있는 출자자에 한하여 법인으로부터 징수할 수 없는 세액을 한도로 하여 보충적으로 납세의무를 부담케 하는 제도이다. (94누1463, 1995. 6. 13.)

과점주주에 대한 제2차 납세의무의 입법 취지는, 회사의 경영을 사실상 지배하는 실질적인 운영자인 과점주주가 회사의 수익은 자신에게 귀속시키고 그 손실은 회사에 떠넘김으로써 회사의 법인격을 악용하여 이를 형해화시킬 우려가 크므로 이를 방지하여 실질적인 조세평등을 이루려는 데 있다. (93헌바49, 1997. 6. 26. 등)

2. 제한적 적용

그러나 과점주주의 제2차 납세의무는 사법상 주주 유한책임의 원칙에 대한 중대한 예외로서 본래의 납세의무자가 아닌 제3자에게 보충적인 납세의무를 부과하는 것이기 때문에 그 적용요건을 엄격하게 해석하여야 한다.

3. 실질과세원칙을 적용하기 위한 요건

재향군인회가 과점주주의 과점주주가 된 것이 오로지 제2차 납세의무를 회피하기 위한 수단에 불과한 경우라면 실질과세원칙을 적용하여 재향군인회를 직접 제2차 납세의무자로 구성할 수 있다. 그러나 재향군인회가 A건설 주식을 취득한 경위 등에 비추어 볼 때 단지 제2차 납세의무를 회피하기 위해 직접 과점주주가 되는 방식을 취한 경우가 아니라면 과점주주의 과점주주에게 실질과제원칙을 이유로 제2차 납세의무를 적용할 수는 없다.

비교판례

1. 법인의 제2차 납세의무

압류할 수 없는 외국법인 주식을 '양도가 제한된 주식'으로 볼 수 있는지에 관련하여, 대법원은 「국세징수법」에 의한 '압류가 제한되는 경우'를 '출자자의 소유주식 등에 대하여 법률에 의한 양도가 제한된 경우'로 해석하는 것은 지나친 유추해석 또는 확장해석에 해당하므로 외국법인을 제2차 납세의무자로 보지 않았다. (2016두38112, 2020. 9. 24.) 이에 법률을 개정하여 '체납한 법인이 외국법인인 경우로서 출자자의 소유주식 또는 출자지분이 외국에 있는 재산에 해당하여 「국세징수법」에 따른 압류 등 강제징수가 제한되는 경우'를 법인의 제2차 납세의무 사유로 추가하였다.

2. 영어조합법인의 출자자가 제2차 납세의무자에 해당하는지 여부

과점주주의 제2차 납세의무는 「상법」상 주주 등의 유한책임 원칙에 대한 중대한 예외로서 본래의 납세의무자가 아닌 제3자에게 보충적인 납세의무를 부과하는 것으로 그 적용요건을 엄격하게 해석하여야 한다. 따라서 영어조합법인은 「상법」상 주식회사로 볼 수 없고, 영어조합법인에 「상법」상 주식회사에 관한 규정을 준용한다는 규정 역시 없으므로 영어조합법인의 조합원은 주주라고 볼 수 없다. 따라서 영어조합법인의 출자자는 제2차 납세의무를 부담하는 과점주주에 해당하지 않는다. (2019두60226, 2022. 5. 26.)

---

02 분할법인의 연대납세의무
(2016두45301, 2016. 9. 9.)

사실관계

(1) ㈜D하이텍은 메탈 사업부를 분할하여 ㈜D메탈을 설립하였다.
- ㈜D메탈이 분할신설법인

(2) 과세관청은 분할 전 ㈜D하이텍에 대한 법인세를 분할 후 ㈜D하이텍에 부과고지하였다.

(3) 이후 과세관청은 ㈜D하이텍이 이를 체납하자 ㈜D메탈을 연대납세의무자로 지정하고, ㈜D하이텍이 체납한 법인세를 ㈜D메탈에 징수고지하였다.

쟁점

연대납세의무자에 대한 별도의 부과처분(부과고지) 없이 연대납세의무자에게 고지(징수고지)를 할 수 있는지 여부

결론

(1) 연대납세의무자 1인에 대하여 납세고지를 하였다고 하더라도, 이로써 다른 연대납세의무자에게도 부과처분의 통지를 한 효력이 발생한다고 할 수는 없다.

(2) 과세관청이 분할 후 ㈜D하이텍에게만 한 법인세 부과처분은 ㈜D메탈에 대하여 효력이 없으므로, 과세관청으로서는 ㈜D메탈에 대하여 별도로 부과처분을 함으로써 ㈜D메탈의 납세의무를 확정하여야 하는 바, 그와 같은 별도의 부과처분이 없었던 이상 부과처분의 집행을 위한 징수처분에 불과한 이 사건 처분은 무효이다.

| 주요근거 | 연대납세의무자의 상호연대관계는 이미 확정된 조세채무의 이행에 관한 것이지 조세채무 자체의 확정에 관한 것은 아니므로, 연대납세의무자라 할지라도 각자의 구체적 납세의무는 개별적으로 확정함을 요하는 것이어서 연대납세의무자 각자에게 개별적으로 구체적 납세의무 확정의 효력발생요건인 부과처분의 통지가 있어야 하고, 따라서 연대납세의무자 1인에 대하여 납세고지를 하였다고 하더라도, 이로써 다른 연대납세의무자에게도 부과처분의 통지를 한 효력이 발생한다고 할 수는 없다. (96다31697, 1998. 9. 4.) |

연대납세의무

1. 개념

연대납세의무는 여럿의 납세의무자가 하나의 납부의무에 관하여 각자 독립하여 그 납부의무의 전부를 이행할 책임을 말한다. 그 중 일부 납부의무자가 납부하면 그 나머지 납부의무자들은 그 이행된 부분의 납부의무를 면한다. 연대납세의무는 '부과권'과 관련된 연대책임이 아니고, 단지 징수과정에 있어서 납부의무의 연대책임에 불과하다.

2. 「국세기본법」 제25조

① 공유물, 공동사업 또는 그 공동사업에 속하는 재산에 관계되는 국세 및 강제징수비는 공유자 또는 공동사업자가 연대하여 납부할 의무를 진다.

② 법인이 분할되거나 분할합병된 후 분할되는 법인이 존속하는 경우 다음의 법인은 분할등기일 이전에 분할법인에 부과되거나 납세의무가 성립한 국세 및 강제징수비에 대하여 **분할로 승계된 재산가액을 한도로 연대**하여 납부할 의무가 있다.

> 1. 분할법인
> 2. 분할 또는 분할합병으로 설립되는 법인(분할신설법인)
> 3. 분할법인의 일부가 다른 법인과 합병하는 경우 그 합병의 상대방인 다른 법인 (분할합병의 상대방 법인)

③ 법인이 분할 또는 분할합병한 후 소멸하는 경우 다음의 법인은 분할법인에 부과되거나 분할법인이 납부하여야 할 국세 및 강제징수비에 대하여 **분할로 승계된 재산가액을 한도로 연대하여 납부할 의무**가 있다.

> 1. 분할신설법인
> 2. 분할합병의 상대방 법인

3. 상대적 효력 VS 절대적 효력

구분	효력
연대납세의무자 1인에 대한 하자 (부과권)	연대납세의무자 1인에 대하여 과세처분의 무효·취소 원인이 존재하더라도 다른 연대납세의무자에는 영향을 미치지 않는다. (99두2222) ➋ 상대적 효력
소멸시효완성 (징수권)	연대납세의무자 1인에 대한 조세징수권의 소멸시효가 완성된 때에는 그 자의 부담부분에 관하여 다른 연대납세의무자도 그 연대납세의무가 소멸된다. ➋ 절대적 효력

제5장 과세와 환급

01 판례변경과 후발적 경정청구의 기산점
(2017두38812, 2017. 8. 23.)

사실관계

(1) 거주자 甲은 2014. 1. 16. 배임수재 등의 범죄사실로 추징판결을 선고받고 2014. 7. 14. 위 판결이 확정되자 추징금을 납부하였다. 과세관청은 甲이 배임수재 등으로 수령한 금품을 甲의 기타소득으로 보아 2015. 3. 16.경 甲에게 종합소득세 부과처분을 하였다.

(2) 그런데 이후 2015. 7. 16. 대법원은 위법소득을 얻은 납세자가 추징판결 등으로 그 소득을 상실한 경우에는 **후발적 경정청구를 할 수 있다**고 판시하였다. (2014두5514, 전원합의체 판결)

(3) 이에 甲은 2015. 8. 19. 과세관청에 후발적 경정청구를 하였으나, 과세관청은 甲의 경정청구를 거부하는 처분을 하였다.

(4) 甲은 위 거부처분의 취소소송에서, 추징금 납부가 후발적 경정청구사유에 해당함을 안 날부터 3개월 내에 **후발적 경정청구를 하였으므로**, 위 경정청구는 적법하다고 주장하였다.

쟁점

(1) 대법원의 법령해석 변경(판례변경)이 후발적 경정청구의 사유가 되는지 여부

(2) 추징판결이 집행되어 납세의무가 소멸된 경우 후발적 경정청구의 기산일

결론

판례변경은 후발적 경정청구사유가 되지 않으며, 후발적 경정청구의 기산일은 '해당 사유가 발생하였다는 사실을 안 날'이고, 이는 추징금을 납부한 날이므로 그로부터 3개월이 경과한 후 이루어진 경정청구는 받아들여질 수 없다.

주요근거

1. 판례변경이 후발적 경정청구사유인지 여부

후발적 경정청구는 당초의 신고나 과세처분 당시에는 존재하지 아니하였던 후발적 사유를 이유로 하는 것이므로 해당 국세의 법정신고기한이 지난 후에 과세표준 및 세액의 산정기초가 되는 거래 또는 행위의 존재 여부나 그 법률효과가 달라지는 경우 등의 사유는 「국세기본법」에서 정한 후발적 사유에 포함될 수 있지만, **법령에 대한 해석이 최초의 신고·결정 또는 경정 당시와 달라졌다는 사유는 여기에 포함되지 않는다.**

2. 후발적 경정청구의 기산일

후발적 경정청구기간의 기산점은 특별한 사정이 없는 한 '해당 사유가 발생하였다는 사실을 안 날'로 보아야 하는 것이지, '해당 사유가 후발적 경정청구사유에 해당하는지에 관한 판례가 변경되었음을 안 날'로 볼 것은 아니다.

만일, 전원합의체 판결의 선고일에 비로소 추징금의 납부가 후발적 경정청구사유에 해당함을 알게 되었다고 판단한다면, 이는 후발적 경정청구기간을 '후발적 경정청구가 문제되는 사유의 발생을 안 날'이 아니라 그 이후 '후발적 경정청구사유에 관한 판례변경이 있었음을 안 날'부터 기산하여 실질적으로 후발적 경정청구기간을 연장하고, 나아가 판례변경을 후발적 경정청구의 사유로 보는 것과 마찬가지의 결과를 가져온다.

경정청구의 유형

1. 통상적 경정청구

과세표준신고서를 법정신고기한까지 제출한 자와 기한후신고한 자는 그 신고서에 기재된 과세표준 및 세액이 실제보다 과다하거나 그 신고서에 기재된 결손금액 또는 환급세액이 실제보다 과소한 경우에는 당초 신고한 내용을 경정하여 줄 것을 청구할 수 있다.

2. 후발적 경정청구

과세표준신고서를 법정신고기한까지 제출한 자 또는 과세표준 및 세액의 결정을 받은 자는 일정한 후발적 사유가 발생한 경우에 해당 과세표준 및 세액을 경정하여 줄 것을 청구할 수 있다.

경정청구제도의 취지

경정청구제도는 납세자에게 초과 신고·납부된 과세표준 및 세액의 '감액'을 청구할 수 있는 권한을 부여한 것으로서, 과세관청의 경우 납세자의 신고내용에 오류·탈루가 있는 경우 부과제척기간 내에서는 이를 언제든지 경정할 수 있는 권한을 가지고 있으므로, 이에 대응하여 납세자에게도 신고세액이 과다하거나 환급세액이 과소한 경우 또는 일정한 후발적인 사유의 발생으로 말미암아 과세표준 및 세액 등의 산정기초에 변동이 생긴 경우에 과세관청에 납세자에게 유리하게 조세채무의 변경을 청구할 수 있는 법적 권한을 부여한 것이다. ➋ 무기평등의 원칙

후발적 경정청구 입법취지	일정한 후발적 사유의 발생으로 인해 과세표준 및 세액 등의 산정기초에 변동이 생긴 경우 단순히 형식적으로 불복기간이 경과하였음을 이유로 납세자의 권리구제를 박탈하는 것은 납세자에게 억울한 측면이 있으므로 이러한 경우에도 납세자에게 과세표준 및 세액 감액을 청구할 수 있게 하여 납세자의 권리구제를 확대하려는 데 있다.

후발적 경정청구사유 (「국세기본법」 제45조의2)	(1) 최초의 신고·결정 또는 경정에서 과세표준 및 세액의 계산근거가 된 거래 또는 행위 등이 그에 관한 심사청구, 심판청구, 「감사원법」에 따른 심사청구에 대한 결정이나 소송에 대한 판결(판결과 같은 효력을 가지는 화해나 그 밖의 행위를 포함한다)에 의하여 다른 것으로 확정되었을 때 ⊃ 과세대상 행위에 관한 판결의 확정 (2) 소득이나 그 밖의 과세물건의 귀속을 제3자에게로 변경시키는 결정 또는 경정이 있을 때 ⊃ 납세의무자의 중복에 따른 납세의무자 변경 (3) 조세조약에 따른 상호합의가 최초의 신고·결정 또는 경정의 내용과 다르게 이루어졌을 때 (4) 결정 또는 경정으로 인하여 그 결정 또는 경정의 대상이 된 과세표준 및 세액과 연동된 다른 세목(같은 과세기간으로 한정한다)이나 연동된 다른 과세기간(같은 세목으로 한정한다)의 과세표준 또는 세액이 세법에 따라 신고하여야 할 과세표준 또는 세액을 초과할 때 (5) 위 (1) ~ (4)와 유사한 사유로서 대통령령으로 정하는 사유가 해당 국세의 법정신고기한이 지난 후에 발생하였을 때

> **대통령령으로 정하는 사유(「국세기본법 시행령」 제25조의2)**
> ① 최초의 신고·결정 또는 경정을 할 때 과세표준 및 세액의 계산근거가 된 거래 또는 행위 등의 효력과 관계되는 관청의 허가나 그 밖의 처분이 취소된 경우
> ② 최초의 신고·결정 또는 경정을 할 때 과세표준 및 세액의 계산근거가 된 거래 또는 행위 등의 효력과 관계되는 계약이 해제권의 행사에 의하여 해제되거나 해당 계약의 성립 후 발생한 부득이한 사유로 해제되거나 취소된 경우
> ③ 최초의 신고·결정 또는 경정을 할 때 장부 및 증거서류의 압수, 그 밖의 부득이한 사유로 과세표준 및 세액을 계산할 수 없었으나 그 후 해당 사유가 소멸한 경우
> ④ 위와 유사한 사유에 해당하는 경우 예 위법소득의 반환

사실관계

(1) 「법인세법 시행령」 제69조 제3항이 2012. 2. 2. 다음과 같이 신설되었다.

> 작업진행률에 의한 익금과 손금이 공사계약의 해약으로 인하여 확정된 금액과 차액이 발생된 경우에는 그 차액을 해약일이 속하는 사업연도의 익금 또는 손금에 산입한다.

(2) 신설된 시행령의 적용시기와 관련하여 관련 부칙에는 '2012년 1월 1일 후 최초로 개시하는 사업연도 분부터 적용한다'고 규정하고 있다.

(3) A법인은 주택신축판매업 등을 영위하는 법인으로서 2008년 초부터 아파트 및 상가를 건설하면서 2010 사업연도까지 전체 세대 중 88.6%를 분양하고, 건설공사의 작업진행률과 분양률을 기준으로 2008 사업연도 내지 2011 사업연도 법인세를 신고·납부하였다.

(4) 그 후 A법인의 채권자인 금융기관들은 2013년 12월부터 2014년까지 A법인에 대한 대출금 채권을 보전하기 위해 A법인을 대위하여 전체 분양세대 중 잔금을 미납하고 있던 1,281세대에 대한 **분양계약을** 해제하였다.

(5) A법인은 분양계약이 해제되어 **후발적 경정청구사유에 해당하므로 법인세를 환급하여 달라는 경정청구를 하였으나, 과세관청은 개정된 「법인세법 시행령」(제69조 제3항)에 따라 후발적 경정청구의 배제대상에 해당한다는 이유로 경정청구를 거부하였다. 즉, 2012. 2. 2.에 개정된 「법인세법 시행령」 제69조 제3항에 따르면 분양계약 해제에 따른 손실은 계약해제일이 속하는 2013 및 2014 사업연도에 귀속되어야 한다는 이유이다.

쟁점

후발적 경정청구권의 행사를 제한하는 2012. 2. 2. 신설된 「법인세법 시행령」 조항의 적용범위

납세자	과세관청
2012. 1. 1. 이후 개시하는 사업연도(후발적 경정청구대상)의 법인세부터 신설된 조항을 적용하라는 취지로 이해하여야 한다.	분양계약 해제시점이 2012. 1. 1. 이후이면 신설된 시행령 조항을 적용하라는 취지로 보아야 한다.

결론

계약의 해제일과는 관계없이 2012. 1. 1. 이후부터 개시하는 사업연도의 법인세에 관한 후발적 경정청구에 적용된다. 즉, **2008년부터 2010년 사이에 분양한 것은 후발적 경정청구가 가능**하다. 따라서 후발적 경정청구를 제한하는 규정은 그 규정의 시행 전의 사업연도 법인세에 대해서는 적용되지 아니한다.

주요근거

개정 시행령 부칙 제1조는 시행일에 관하여 "이 영은 공포한 날부터 시행한다"고 규정한 다음, 제2조는 일반적 적용례로 "**이 영은 2012년 1월 1일 이후 최초로 개시하는 사업연도 분부터 적용한다**"고 규정하고 있을 뿐, 이 사건 조항에 관한 개별적 적용례를 별도로 규정하고 있지 않다.

이는 개정 시행령의 시행일과 같은 날인 2012. 2. 2. 개정된 「**부가가치세법 시행령**」제59조 제1항 제2호에서 계약이 해제되어 재화 또는 용역이 공급되지 않는 경우 계약해제일이 속한 과세기간의 부가가치세에서 차감하여 수정세금계산서를 발급할 수 있도록 규정하면서 부칙 제7조에서 **2012년 7월 1일 이후 최초로 수정세금계산서 발급사유가 생기는 분부터 적용한다**는 개별적 적용례를 두고 있는 것과도 대비된다.

부득이한 사유

계약이 해제권 행사에 의하여 해제된 경우 또는 계약의 성립 후 발생한 부득이한 사유로 인하여 해제되거나 취소된 경우는 후발적 경정청구사유가 된다. 이때 부득이한 사유는 계약내용에 구속력을 인정하는 것이 부당한 경우 등을 의미한다. 예를 들면, 사업상 정당한 사유로 당초 매매대금이나 용역대금을 감액한 경우가 이에 해당한다.

후발적 경정청구의 제한

다음의 경우에는 **후발적 경정청구를 제한**하고 해당 사유가 발생한 귀속연도(사업연도)의 소득금액에서 조정한다.

(1) 개별세법 등에서 계약해제로 말미암아 실현되지 못한 소득금액을 해제일이 속하는 사업연도 소득금액에 대한 차감사유로 규정하고 있는 경우
  ➔ 대손금, 분양계약의 해제 등

(2) 경상적, 반복적으로 발생하는 상품판매계약 등의 해제에 대하여 **기업회계기준이나 관행**에 따라 해제일이 속한 사업연도의 소득금액을 차감하는 방식으로 법인세를 신고한 특별한 사정이 있는 경우

사실관계

(1) 甲과 乙은 2008. 11. 5. A법인에게 자신들이 지분을 각 1/2씩 소유한 B부동산을 양도한 뒤 전체 양도가액을 35억원으로 하여 양도소득세를 신고·납부하였다.

(2) **과세관청은** 2012. 1. 2. 甲과 乙에 대하여 B부동산의 **양도가액이 임대차보증금 3억원을 포함한 38억원임을** 전제로 세액을 다시 계산하여 甲과 乙에게 2008년 귀속 양도소득세를 추가 납부하도록 각 경정·고지하는 처분을 하였다.

(3) 한편 주식회사 A법인은 2014. 12. 1. 甲과 乙을 상대로 B부동산에 대한 매매계약에서 양도가액을 35억원으로 정하고 이를 모두 지급하였음에도 불구하고 甲과 乙이 양도가액을 38억원이라고 주장하면서 추가로 그 지급을 구하고 있다는 이유로 서울중앙지방법원에 **채무부존재확인소송을** 제기하였다.

(4) **법원은** 2015. 4. 23. 위 매매계약에 따른 B부동산의 양도가액은 35억원이고, 매수인인 A법인이 매도인인 甲과 乙에게 위 양도가액 35억원을 모두 지급하였으므로 A법인이 추가로 지급할 것은 없다는 판결을 하였다.

(5) 甲과 乙은 2015. 5. 22. 과세관청에 대하여 민사판결의 확정을 이유로 2008년 귀속 양도소득세의 경정을 청구하였고, 과세관청은 2015. 7. 28. 경정거부처분을 하였다.

쟁점

통상의 경정청구기한이 경과하였으나, 이후 민사소송에 의하여 확정된 판결이 있는 경우 후발적 경정청구가 허용될 수 있는지 여부

결론

납세의무자가 그 판결에서 확정된 내용을 통상의 경정청구사유로 다툴 수 있었다는 사정만으로 납세의무자의 **정당한 후발적 경정청구가** 배제된다고 할 수 없다.

주요근거

1. 통상적 경정청구사유

과세관청이 양도가액을 38억원으로 변경하여 처분한 양도소득세의 과세표준 및 세액은 처음부터 세법에 따라 신고할 과세표준 및 세액을 초과하였다.

따라서 甲과 乙은 「국세기본법」 제45조의2 제1항 제1호(통상적 경정청구)에 따라 이 사건 부과처분에 대해 통상의 경정청구를 할 수 있었다. 그럼에도 **甲과 乙은 통상의 경정청구기한 내에 경정청구를 하지 않았다.**

2. 후발적 경정청구

「국세기본법」 제45조의2 제2항 제1호(후발적 경정청구)에서 '거래 또는 행위 등이 그에 관한 소송에 대한 판결에 의하여 다른 것으로 확정된 때'는 **최초의 신고 등이 이루어진 후 과세표준 및 세액의 계산근거가 된 거래 또는 행위 등에 관한 분쟁이 발생**하여 그에 관한 소송에서 판결에 따라 그 거래 또는 행위 등의 존부나 그 법률효과 등이 다른 내용의 것으로 확정됨으로써 최초의 신고 등이 정당하게 유지될 수 없게 된 경우를 의미한다.

3. 통상적 경정청구사유에 해당하는 경우 후발적 경정청구가 배제되는지 여부

납세의무자가 그 판결에서 확정된 내용을 통상의 경정청구로 다툴 수 있었다는 사정만으로 납세의무자의 **정당한 후발적 경정청구가 배제된다고 할 수 없다.** 즉, 과세관청의 증액경정에 따른 부과처분에 대하여 통상의 경정청구 또는 행정소송을 제기하지 않고 그 경정청구기한 또는 불복기한이 도과한 후에 제기된 민사소송에 따른 판결을 근거로 청구한 후발적 경정청구도 인정된다.

통상의 경정청구

통상의 경정청구(「국세기본법」 제45조의2 제1항)

과세표준신고서를 법정신고기한까지 제출한 자 및 기한후과세표준신고서를 제출한 자는 다음 중 어느 하나에 해당할 때에는 최초신고 및 수정신고한 국세의 과세표준 및 세액의 결정 또는 경정을 법정신고기한이 지난 후 5년 이내에 관할세무서장에게 청구할 수 있다. 다만, 결정 또는 경정으로 인하여 증가된 과세표준 및 세액에 대하여는 해당 처분이 있음을 안 날(처분의 통지를 받은 때에는 그 받은 날)부터 90일 이내(법정신고기한이 지난 후 5년 이내로 한정)에 경정을 청구할 수 있다.

> 1. 과세표준신고서 또는 기한후과세표준신고서에 기재된 과세표준 및 세액(각 세법에 따라 결정 또는 경정이 있는 경우에는 해당 결정 또는 경정 후의 과세표준 및 세액을 말함)이 세법에 따라 신고하여야 할 과세표준 및 세액을 초과할 때
> 2. 과세표준신고서 또는 기한후과세표준신고서에 기재된 결손금액 또는 환급세액(각 세법에 따라 결정 또는 경정이 있는 경우에는 해당 결정 또는 경정 후의 결손금액 또는 환급세액을 말함)이 세법에 따라 신고하여야 할 결손금액 또는 환급세액에 미치지 못할 때

| 판례에 대한 비판 | 甲과 乙은 최초처분에 대해 통상의 경정청구를 할 수 있었던 것임에도 통상의 경정청구기한 내에 경정청구를 하지 않고 그 기한이 도과한 후에 민사판결이 확정되었음을 이유로 후발적 경정청구를 한 경우이다.

그런데 처음부터 존재하던 사유를 이유로 한 통상의 경정청구를 인정하고 있는 경우에도 후발적 경정청구까지 허용한다면 원시적 사유임에도 소송을 통하여 후발적 경정청구사유로 바꾸는 방법으로 통상의 경정청구기간 만료 후에도 후발적 경정청구를 할 수 있게 되어 통상의 경정청구기간과 쟁송기간을 제한한 입법취지에 반하게 된다. |

04 후발적 경정청구의 사유로 통상적 경정청구가 가능한지 여부
(2015두36003, 2018. 6. 15.)

| 사실관계 | (1) 거주자 甲은 2009. 8. 4. 乙에게 코스닥 상장업체인 A법인의 주식 250만주를 200억원에 양도하는 양도계약을 체결하고, 같은 날 계약금과 중도금으로 합계 120억원을 지급받았으며, 잔금 80억원은 2010. 7. 30.까지 지급받기로 하였다.

(2) 그 무렵 甲은 주식양도계약에 부수하여, 양도인들이 양수인들로부터 주식양도계약에 따른 잔금을 지급받아, A법인으로부터 화학제품을 생산·판매하는 주된 사업부분을 80억원에 다시 매수하기로 하는 특별약정을 체결하였다. 다만, 사업부분 매각대금은 추후 회계법인 평가금액으로 변경할 수 있고, 이 경우 주식양도계약에 따른 잔금 역시 자동 수정되는 것으로 하였다.

(3) 甲은 2009. 11. 30. 당초 주식양도계약에서 약정한 당초의 매매대금 200억원을 기초로 양도소득세와 증권거래세를 신고·납부하였다.

(4) 이후 甲은 매매대금 등에 관한 분쟁이 발생하여 잔금지급이 제때 이루어지지 않던 중, 2010. 12. 26. 甲이 다시 매수하기로 했던 사업부분을 줄여 사업부분 매각대금을 50억원으로 변경하고, 주식양도계약에 따른 잔금의 합계 역시 50억원으로 변경하기로 하는 정산합의를 하였다. 이에 따라 주식의 매매대금은 당초의 200억원에서 170억원으로 감액되었다.

(5) 甲은 2011. 9. 23. 관할세무서장에게 정산합의 등에 따라 주식의 양도가액을 170억원으로 감액하였다며 「국세기본법」 제45조의2 제1항 제1호(통상적 경정청구)에 따라 경정청구를 하였으나, 관할세무서장은 이를 거부하는 처분을 하였다. |

| 쟁점 | 후발적 경정청구기간(해당 사유가 있음을 안 날로부터 3개월)을 경과한 후라도 통상적인 경정청구기간이 남아 있는 경우라면 후발적 경정청구가 아닌 통상적 경정청구를 할 수 있는지 여부 |

| 결론 | 甲이 주식양도계약에서 정한 당초의 매매대금에 기초하여 양도소득세와 증권거래세를 신고하였으나, 이후 정산합의에 따라 당초의 매매대금이 일부 감액됨으로써 주식 양도로 인한 **정당한 양도가액은 당초의 매매대금이 아닌 감액된 대금이 되는 것이므로**, 甲의 경정청구는 타당하다. (통상적 경정청구 인용) |

주요근거

1. 정당한 양도가액

주식을 매매계약에 의하여 양도한 경우 당초 약정된 매매대금을 어떤 사정으로 일부 감액하기로 하였다면, 양도재산인 주식의 양도로 발생하는 **양도소득의 총수입금액, 즉 양도가액은 당초의 약정대금이 아니라 감액된 대금**으로 보아야 한다.

2. 정당한 세액보다 초과납부

양도인이 주식을 양도하면서 약정된 매매대금에 기초하여 양도소득세를 법정신고기한까지 신고하였더라도 사후에 매매대금이 감액되어 주식의 양도가액이 줄어들게 되면, **당초의 신고는 정당한 과세표준 및 세액을 초과한 것**이므로, 특별한 사정이 없는 한 양도인은 대금감액을 이유로 「국세기본법」 제45조의2 제1항 제1호에 따른 경정청구를 하여 당초의 신고를 바로잡을 수 있다.

3. 경정청구기간의 준수 여부

후발적 경정청구기간(해당 사유가 있음을 안 날로부터 3개월)을 경과하여 통상적 경정청구를 한 경우라도, 통상적 경정청구기간이 경과하지 아니하였다면, 납세의무자는 후발적 경정청구기간을 준수하지 못하였더라도 통상적 경정청구를 할 수 있다.

고등법원은 다음과 같은 이유로 후발적 경정청구사유가 되지 않는다고 하였다.

> 후발적 경정청구사유 중 하나인 「국세기본법 시행령」 제25조의2 제2호에서는 '신고 당시 과세표준과 세액의 계산근거가 된 거래 또는 행위의 효력과 관계되는 계약이 성립 후 발생한 **부득이한 사유로 해제되거나 취소된 경우**' 또는 그에 준하는 경우에 한하여 경정을 허용하고 있을 뿐이다.
>
> 특히 이 사건과 같이 당사자 간에 사후적인 합의를 통하여 조세를 경감하고자 하는 유인이 있을 수 있는 점을 감안할 때 후발적 경정청구의 사유를 넓게 인정할 수는 없으므로, 여기서 '부득이한 사유'라 함은 종전의 계약내용에 구속력을 인정하는 것이 부당하다고 볼 만한 객관적인 사정이 있는 경우로 국한하여 새겨야 한다. 그런데 이 사건의 경우 정산합의를 부득이한 계약의 사후변경에 해당한다고 보기도 어렵다.

학설

후발적 경정청구사유가 동시에 통상적 경정청구사유가 될 수 있는지 여부

(1) 부정설

① 원시적 사유만이 통상적 경정청구사유에 해당되고, 후발적인 사유에 기인한 과다신고납부는 원시적 사유에 기인한 통상적인 경정청구의 대상이 될 수 없다.

② 통상적 경정청구제도와 후발적 경정청구제도의 적용범위는 중복되지 않는다. 즉, 통상적 경정청구사유와 후발적 경정청구사유는 별개이다.

(2) 긍정설(판례의 입장)

① 「국세기본법」 제45조의2 제1항에 따르면, 경정청구의 사유는 '세법에 따라 신고하여야 할 과세표준 및 세액을 초과할 때'로만 규정되어 있다.

② 경정청구사유에 대해서도 어떠한 제한을 두고 있지 않으므로 과세표준신고서 상의 과세표준 및 세액이 세법상 어긋나는 일체의 사유로 과다하게 된 경우 그 요건을 충족한 것으로 보는 것이 합리적이다.

③ 「국세기본법」 제45조의2 제2항에서 '제1항에서 규정하는 기간에도 불구하고' 라고 되어 있으므로 후발적 경정청구는 통상적 경정청구와 그 사유를 본질적으로 달리한다기보다는 청구기간 확장의 역할을 하는 것으로 보는 것이 합리적이다.

05 원천징수의무자의 후발적 경정청구권이 인정되는지 여부
(2018두30471, 2018. 5. 15.)

사실관계

(1) A법인은 서울중앙지방법원에 회생절차개시 신청을 하여, 2013. 10. 17. 그 개시 결정을 받아 2014. 3. 18. 회생계획이 인가되었고, 2015. 3. 6. 회생절차종결 결정을 받았다.

(2) A법인은 2013. 10. 17. 이 사건 회생절차개시 결정을 받자, 대주주인 임원 乙의 2013. 10.분 급여의 지급을 보류하였고, 2013. 10. 16.자 또는 2013. 10. 31. 자로 퇴직한 대주주인 임원 丙에 대한 퇴직금의 지급을 보류하였다.

(3) 그럼에도 불구하고 A법인은 2013. 11. 10. 관할세무서장에게 미지급한 급여 및 퇴직금에 대한 지급명세서를 제출하고, 이에 관한 소득세(지방소득세 포함)를 원천징수하여 납부하였다.

(4) A법인은 **회생계획의 인가 결정으로 인하여 급여 및 퇴직금 채무가 면제되었으므로** 이를 근로소득세 과세대상 급여에서 제외하고 乙과 丙에 대한 근로소득세 및 퇴직소득세를 다시 계산하여 2013. 11. 10. 이미 납부한 원천징수세액과의 차액을 환급하여 달라는 경정청구를 하였다.

(5) 이에 관할세무서장은 이에 대해 『국세기본법』이 정한 후발적 경정청구사유에 해당하지 않는다는 이유로 경정청구를 거부하는 처분을 하였다.

쟁점

회생계획인가 결정으로 인하여 급여채무 등이 면제된 경우 원천징수의무자가 제기한 후발적 경정청구가 인정되는지 여부

결론

회생계획인가 결정으로 인하여 급여와 퇴직금 채권이 회수불능하게 되어 장래 그 소득의 실현가능성이 전혀 없는 것으로 명백하게 되었다면, 이로써 원천징수의무자(A법인)의 급여와 퇴직금에 관한 소득세 원천징수의무도 그 전제를 잃게 되었으므로, A법인은 후발적 경정청구를 할 수 있다.

주요근거

1. 후발적 경정청구사유

「소득세법」상 권리확정주의의 의의와 기능 및 한계 등에 비추어 볼 때 납세의무의 성립 후 소득의 원인이 된 채권이 채무자의 도산 등으로 회수불능이 되어 장래 그 소득의 실현가능성이 전혀 없는 것으로 명백하게 되었다면, 이는 「국세기본법 시행령」 제25조의2 제2호 '최초의 신고·결정 또는 경정을 할 때 과세표준 및 세액의 계산 근거가 된 거래 또는 행위 등의 효력과 관계되는 계약이 해제권의 행사에 의하여 해제되거나 해당 계약의 성립 후 발생한 부득이한 사유로 해제되거나 취소된 경우'에 준하는 사유로서 후발적 경정청구사유에 해당한다.

2. 경정청구권자

원천징수의무자가 연말정산에 의하여 근로소득에 관한 소득세를 납부하거나 퇴직소득에 관하여 원천징수한 소득세를 납부하고, 지급명세서를 제출한 경우 등에 후발적 경정청구에 관한 규정을 준용하도록 규정하고 있으므로, 원천납세의무자에게 후발적 경정청구사유가 발생한 경우에는 원천징수의무자도 후발적 경정청구를 할 수 있다.

원천납세 의무자의 경정청구

1. 연말정산대상 소득만 있는 자

근로소득, 퇴직소득, 종교인소득, 공적연금소득 등 원천징수대상 소득만 있어 연말정산으로 납세의무가 종결된 자에 대하여도 원천징수의무자의 연말정산 납부를 법정신고로 보아 그 원천징수의무자 또는 근로소득자 등(원천납세의무자)에게도 경정청구권을 인정한다.

2. 비거주자 및 외국법인

비거주자 및 외국법인의 국내원천소득에 대하여도 거주자와 동일하게 경정청구권을 인정한다.

3. 분리과세소득만 있는 원천납세의무자

2020년 개정된 「국세기본법」에 따라 분리과세소득만 있는 자도 경정청구권이 인정된다. 예를 들어, 종합과세대상 기준금액 이하의 금융소득만 있는 자, 일용직 근로자 등도 경정청구권이 있다. 2020년 「국세기본법」 개정 전에는 분리과세소득만 있는 자의 경정청구권이 인정되지 않음에 따라 '부당이득반환청구소송' 또는 '당사자소송' 등 '소송절차'를 통해 환급을 받을 수밖에 없었다. 이에 따라 납세자의 소송비용 부담 및 환급절차 혼란에 따른 불이익이 있었다. 이를 해소하기 위해 개정세법은 분리과세소득만 있는 자에게도 경정청구권을 부여하여 '소송비용 절감' 및 '납세자 편익 제고'를 도모하였다.

원천징수세액의 경정청구권자

1. 통상적 경정청구

연말정산 또는 원천징수하여 소득세 또는 법인세를 납부하고 지급명세서를 제출한 원천징수의무자 또는 원천징수대상자가 경정청구권자가 된다.

2. 후발적 경정청구

연말정산 또는 원천징수하여 소득세 또는 법인세를 납부하고 지급명세서를 제출한 원천징수의무자 또는 원천징수대상자 그리고 원천징수와 관련하여 소득세 또는 법인세의 과세표준 및 세액의 결정을 받은 자가 경정청구권자가 된다.

---

06 소득금액변동통지서를 받은 대표자의 경정청구권 범위와 환급세액
(2014두45246, 2016. 7. 14.)

사실관계

(1) 중부 지방국세청장은 A법인에 대한 세무조사를 한 결과, A법인이 비자금을 조성하였음을 확인하고, 비자금 조성과정에서 생긴 매출누락금액 등을 A법인의 익금으로 산입한 다음, 이 비자금이 당시 대표이사인 甲에게 귀속되었다는 이유로 상여처분을 하였다.

(2) 이에 A법인은 소득금액변동통지서를 수령하고 이를 甲으로부터 원천징수하지 아니한 채 A법인의 부담으로 23억원 상당액을 납부하였다. 甲은 소득금액변동통지서를 수령한 날이 속하는 달의 다음다음 달 말일까지 종합소득세액을 다시 계산한 후 총 세액 중 A법인이 납부한 기납부세액을 제외한 나머지인 2천만원 상당의 차액을 추가로 납부하였다.

(3) 이후, 甲은 소득금액변동통지와 관련하여 甲이 납부한 2천만원의 세액과 함께 A법인이 납부한 23억원에 대한 세액도 함께 경정청구하였다.

쟁점

(1) 원천납세의무자(甲)가 소득금액변동통지서를 받고 종합소득 과세표준 및 세액을 추가 신고한 경우 자신이 실제로 납부한 세액의 한도 내에서만 경정청구권이 있는지 아니면 추가 신고의 대상이 된 과세표준과 세액 전부인지 여부

(2) 경정청구가 받아들여진 경우 환급금의 귀속은 누구에게 있는지 여부

결론	## 1. 경정청구권의 범위

1. 경정청구권의 범위

원천납세의무자는 그가 실제로 납부한 세액의 한도 내에서가 아니라 추가 신고의 대상이 된 과세표준과 세액 전부에 대하여 경정청구권을 행사할 수 있다.

2. 환급금의 귀속

원천납세의무자는 자신 명의로 납부된 세액에 관하여만 환급청구권을 행사할 수 있다.

주요근거

1. 경정청구권의 범위

(1) 원천납세의무자에 대하여 경정청구권을 부여한 이상, 그 **경정청구의 범위를 원천납세의무자가 실제 추가 신고한 부분으로 한정할 이유는 없다.**

(2) 종합소득 과세표준 확정신고기한이 경과한 후 소득처분에 의하여 소득금액에 변동이 발생하여 원천납세의무자가 「소득세법」에 따라 종합소득 과세표준 및 세액을 추가 신고한 경우 원천납세의무자는 그가 실제로 납부한 세액의 한도 내에서가 아니라 **추가 신고의 대상이 된 과세표준과 세액 전부에 대하여 경정청구권을 행사할 수 있다.**

(3) 한편, 경정청구기간은 「소득세법 시행령」에서 정한 **추가 신고·자진납부의 기한 다음 날부터 기산**된다.

(4) 따라서 甲은 원천징수의무자인 A법인이 납부한 세액 23억원과 甲이 추가로 납부한 세액 2천만원을 포함한 금액 전액을 경정청구의 범위로 삼을 수 있다.

2. 환급금의 귀속

(1) 원천징수의무자인 법인이 소득금액변동통지서를 받고 그에 따른 소득세를 납부한 경우 그 법인 명의로 납부된 세액의 환급청구권자는 과세관청과의 법률관계에 관한 직접 당사자인 원천징수의무자 A법인이다.

(2) 따라서 원천납세의무자가 소득금액변동통지에 따라 추가 신고한 후에 추가 신고의 대상이 된 과세표준과 세액 전부에 대하여 경정청구권을 행사함에 따라 환급세액이 발생하는 경우에도 원천납세의무자는 자신의 명의로 납부된 세액에 관하여만 환급청구권을 행사할 수 있다.

07 형사판결이 후발적 경정청구사유에 해당하는지 여부
(2018두61888, 2020. 1. 9.)

사실관계

(1) 甲은 처인 乙과 영국 런던에 유학생으로 체류 중이던 2009. 4.경 乙의 명의로 인터넷 온라인 쇼핑몰(이하 '이 사건 쇼핑몰'이라고 한다)을 개설한 후 국내소비자들이 이 사건 쇼핑몰에 접속하여 그곳에 게시된 영국산 의류, 신발, 가방 등 물품을 주문하면 甲이 영국 현지에서 이를 구입하여 국내소비자들에게 배송하는 방식으로 이 사건 쇼핑몰을 운영하였다. 甲은 2009. 8. 14.부터 2013. 3. 17.까지 총 12,140회에 걸쳐 위와 같이 배송한 물품(이하 '이 사건 물품'이라고 한다)에 대해 국내소비자들을 납세의무자로 하여 「관세법」 제94조 제4항에 따른 소액물품 감면대상에 해당한다고 수입신고를 하였다.

(2) 과세관청은 甲이 위 과세기간 동안 영국에서 이 사건 물품을 수입하면서 부정한 방법으로 「관세법」을 위반한 사실이 확인되었다는 이유로 2013. 11. 19. 甲에게 관세 132,084,040원, 부가가치세 125,400,630원, 과소신고가산세(관세) 57,404,110원, 과소신고가산세(내국세) 60,809,040원을 각 부과·고지하였다 (이에 대해 甲은 별도의 경정청구 또는 행정심판을 제기하지 아니하였다). 한편 대구지방검찰청 검사는 2013. 4. 12. 甲이 관세 부과대상인 이 사건 물품을 수입하여 국내거주자에게 판매하였으면서도 세관에는 국내거주자가 자가사용물품으로 수입하는 것처럼 신고하여 해당 물품에 부과될 관세를 부정한 방법으로 감면받았다는 공소사실에 따라 甲을 「관세법」 위반죄로 기소하였다. 이에 대하여 법원은 2017. 5. 31. 이 사건 물품을 수입한 실제 소유자는 甲이 아닌 국내소비자들이라고 봄이 상당하다는 이유로 甲에게 무죄 판결을 선고하였다. (이하 '관련 형사판결'이라고 한다)

(3) 甲은 2017. 7. 18. 관할세무서장에게 관련 형사판결을 근거로 당초 부과처분에 대하여 「국세기본법」 제45조의2 제2항 제1호에서 규정한 과세표준 및 세액의 계산근거가 된 거래 또는 행위 등이 그에 관한 소송에 대한 판결에 의하여 다른 것으로 확정되어 납부한 세액이 과다한 것을 알게 되었을 때에 해당한다는 이유로 경정청구를 하였다.

쟁점

형사판결이 후발적 경정청구사유에 해당하는지 여부

결론

형사사건의 재판절차에서 납세의무의 존부나 범위에 관한 판단을 기초로 판결이 확정되었다 하더라도, 이는 특별한 사정이 없는 한 '최초의 신고 또는 경정에서 과세표준 및 세액의 계산근거가 된 거래 또는 행위 등이 그에 관한 소송에 대한 판결에 의하여 다른 내용의 것으로 확정된 경우'에 해당한다고 볼 수 없다.
➔ 후발적 경정청구사유에 해당하지 아니한다.

주요근거	형사소송은 국가 형벌권의 존부 및 적정한 처벌범위를 확정하는 것을 목적으로 하는 것으로서 과세표준 및 세액의 계산근거가 된 거래 또는 행위 등에 관해 발생한 분쟁의 해결을 목적으로 하는 소송이라고 보기 어렵고, 형사사건의 확정판결만으로는 사법상 거래 또는 행위가 무효로 되거나 취소되지도 아니한다. 따라서 형사사건의 판결은 그에 의하여 '최초의 신고 또는 경정에서 과세표준 및 세액의 계산근거가 된 거래 또는 행위 등의 존부나 그 법률효과 등이 다른 내용의 것으로 확정'되었다고 볼 수 없다.

관련 법령

> **경정 등의 청구(「국세기본법」 제45조의2)**
> ② 과세표준신고서를 법정신고기한까지 제출한 자 또는 국세의 과세표준 및 세액의 결정을 받은 자는 다음 각 호의 어느 하나에 해당하는 사유가 발생하였을 때에는 제1항에서 규정하는 기간에도 불구하고 그 사유가 발생한 것을 안 날부터 3개월 이내에 결정 또는 경정을 청구할 수 있다.
> 1. 최초의 신고·결정 또는 경정에서 과세표준 및 세액의 계산근거가 된 거래 또는 행위 등이 그에 관한 심사청구, 심판청구, 「감사원법」에 따른 심사청구에 대한 결정이나 소송에 대한 판결(판결과 같은 효력을 가지는 화해나 그 밖의 행위를 포함한다)에 의하여 다른 것으로 확정되었을 때
> 2. 소득이나 그 밖의 과세물건의 귀속을 제3자에게로 변경시키는 결정 또는 경정이 있을 때
> 3. 조세조약에 따른 상호합의가 최초의 신고·결정 또는 경정의 내용과 다르게 이루어졌을 때
> 4. 결정 또는 경정으로 인하여 그 결정 또는 경정의 대상이 된 과세표준 및 세액과 연동된 다른 세목(같은 과세기간으로 한정한다)이나 연동된 다른 과세기간(같은 세목으로 한정한다)의 과세표준 또는 세액이 세법에 따라 신고하여야 할 과세표준 또는 세액을 초과할 때
> 5. 제1호부터 제4호까지와 유사한 사유로서 대통령령으로 정하는 사유가 해당 국세의 법정신고기한이 지난 후에 발생하였을 때

「국세기본법」에서 정한 후발적 경정청구사유 중 하나인 '거래 또는 행위 등이 그에 관한 소송에 대한 판결에 의하여 다른 것으로 확정된 경우'란 '최초의 신고 등이 이루어진 후 과세표준 및 세액의 계산근거가 된 거래 또는 행위 등에 관한 분쟁이 발생하여 그에 관한 소송에서 판결에 의하여 그 거래 또는 행위 등의 존부나 그 법률효과 등이 다른 내용의 것으로 확정됨으로써 최초의 신고 등이 정당하게 유지될 수 없게 된 경우'를 의미한다. 대법원은 일반적으로 이러한 판결의 범위를 민사판결로 한정한다. 조세소송판결(2006두10023, 2008. 7. 24.)이나 형사판결 등은 인정하지 않았다. 다만, 2023년 「국세기본법」 개정으로 행정심판에 의해 과세표준 및 세액의 계산근거가 된 거래 또는 행위 등이 다른 것으로 확정된 경우가 후발적 사유에 추가되었다. 따라서 행정심판보다 엄격한 절차를 거친 조세소송판결 또는 형사판결에 대해서는 후발적 경정청구로 인정해야 한다는 것이 학설(다수설)이다.

08 후발적 사유 중 '그 밖에 준하는 사유'
(2013두18810, 2014. 1. 29.)

사실관계

(1) A법인은 주주총회에서 甲에게 배당금을 지급하기로 결의하였으나, 회사 자금사정으로 인하여 이를 지급하지 못하였다.

(2) 주주 甲은 2007 귀속 종합소득세 신고 시 위 배당금을 소득금액에 포함하여 신고하였으나, A법인은 부도처리되었고, 회생절차가 개시되어 위 배당금 채권은 전액 면제되었다.

(3) 甲은 회생절차에 따른 채권면제가 후발적 경정청구사유에 해당한다는 이유로 과세관청에 경정을 청구하였으나, 과세관청은 이를 거부하였다.

쟁점

개인주주가 회생절차에 따른 채권면제로 인해 배당금을 수령하지 못한 것이 「국세기본법」상 후발적 경정청구사유에 해당하는지 여부

결론

법인과 달리 개인의 배당소득은 필요경비가 없어 대손금에 관한 규정이 적용될 여지가 없으므로, 회생절차에 따른 채권면제로 인해 배당금을 수령하지 못한 것은 「국세기본법」상 후발적 사유에 해당한다.

권리의무 확정주의

1. 권리의무 확정주의의 의의

「소득세법」상 소득의 귀속시기를 정하는 원칙인 권리확정주의는 소득의 원인이 되는 권리의 확정시기와 소득의 실현시기와의 사이에 시간적 간격이 있는 경우 과세상 소득이 실현된 때가 아닌 권리가 확정적으로 발생한 때를 기준으로 하여 그때 소득이 있는 것으로 보고 당해 과세연도의 소득을 계산하는 방식이다.

2. 권리의무 확정주의의 필요성

권리의무 확정주의는 납세자의 자의에 의하여 과세연도의 소득이 좌우되는 것을 방지함으로써 과세의 공평을 기함과 함께 징세기술상 소득을 획일적으로 파악하려는 데 그 취지가 있을 뿐 소득이 종국적으로 실현되지 아니한 경우에도 그 원인이 되는 권리가 확정적으로 발생한 적이 있기만 하면 무조건 납세의무를 지우겠다는 취지에서 도입된 것이 아니다.

권리의무 확정주의 예외	후발적 경정청구제도의 취지, 권리의무 확정주의의 의의와 기능 및 한계 등에 비추어 보면, 소득의 원인이 되는 권리가 확정적으로 발생하여 과세요건이 충족됨으로써 일단 납세의무가 성립하였다 하더라도 그 후 일정한 후발적 사유의 발생으로 말미암아 소득이 실현되지 아니하는 것으로 확정됨으로써 당초 성립하였던 납세의무가 그 전제를 잃게 되었다면, 사업소득에서의 대손금과 같이 「소득세법」이나 관련 법령에서 특정한 후발적 사유의 발생으로 말미암아 실현되지 아니한 소득금액을 그 후발적 사유가 발생한 사업연도의 소득금액에 대한 차감사유로 별도로 규정하고 있다는 등의 특별한 사정이 없는 한 납세자는 「국세기본법」 제45조의2 제2항 등이 규정한 후발적 경정청구를 하여 그 납세의무의 부담에서 벗어날 수 있다고 보아야 한다.
후발적 경정청구사유	납세의무의 성립 후 소득의 원인이 된 채권이 채무자의 도산 등으로 인하여 회수불능이 되어 장래 그 소득이 실현될 가능성이 전혀 없게 된 것이 객관적으로 명백하게 되었다면, 이는 「국세기본법 시행령」 제25조의2 제2호에 준하는 사유로서 특별한 사정이 없는 한 「국세기본법 시행령」 제25조의2 제4호가 규정한 후발적 경정청구 사유에 해당한다고 봄이 타당하다.

09 근로소득을 사업소득으로 신고한 것이 무신고에 해당하는지 여부
(2018두34848, 2019. 5. 16.)

사실관계	(1) 甲은 A치과네트워크 소속 각 치과병원의 회장이고, 乙은 甲과의 약정에 따라 그 중 B치과병원의 원장으로서 월 매출액의 약 20%를 대가로 받기로 하고 근로를 제공한 근로자이다. 乙은 자신의 이름으로 D치과병원의 사업자등록을 마친 후, 사업소득에 대한 종합소득세 명목으로 2011. 5. 31. 2010년 귀속 종합소득세 255,759,660원, 2012. 7. 2. 2011년 귀속 종합소득세 260,227,350원을 각 신고·납부하였다. 한편, B치과병원의 출자는 모두 甲이 하였으며, 乙 명의 계좌에 입금된 수입금액은 B치과병원의 경비에 우선 지출하고 나머지는 필요에 따라 甲이 체크카드로 직접 출금하였으며, 甲은 초기에는 팩스나 구두로, 2010년 3월부터는 통합 전산프로그램을 이용하여 각 지점의 일일매출액을 보고받아 관리하였고, 각 지점원장 및 직원들의 인사권도 모두 甲이 가졌다.

(2) 서울지방국세청은 甲에 대한 세무조사를 실시하여 B치과병원을 포함한 B치과네트워크 소속 각 치과병원의 매출누락금액을 반영한 소득금액을 실제사업자인 **甲의 사업소득으로 경정**하면서 乙을 포함한 명의사업자에 대한 부외급여를 필요경비로 공제하는 한편, **乙을 포함한 명의사업자들의 근로소득자료를 관할세무서에 통보**하였다. 이에 따라 乙의 관할세무서장은 근로소득에 대한 종합소득세 명목으로 2016. 1. 11. 乙에게 2010년 귀속 종합소득세 313,746,970원(무신고가산세 36,844,222원, **납부불성실가산세 92,681,642원 포함**), 2011년 귀속 종합소득세 272,348,870원(무신고가산세 34,108,179원, 납부불성실가산세 67,699,799원 포함)을 각 경정·고지하는 처분을 하였다. 한편, 납부불성실가산세는 현행 법령에서는 납부지연가산세로 명칭이 변경되었다.

(3) 한편, 乙의 관할세무서장은 甲이 실제사업자라는 이유로 乙이 신고한 2010년, 2011년 귀속 사업소득을 모두 부인하고, 乙의 **기납부세액을 실제사업자인 甲의 체납세액에 충당**하였다.

쟁점

(1) 무신고가산세 부과처분이 적법한지 여부

(2) 乙의 명의로 납부된 기납부세액을 甲의 체납세액에 충당하는 것이 적법한지 여부

(3) 납부지연가산세 부과처분이 적법한지 여부

결론

(1) 종합소득의 구분과 금액이 다소 잘못되었기는 하지만, 종합소득신고를 한 것이므로 이를 무신고로 볼 수는 없다. 따라서 관할세무서장이 '乙이 종합소득 과세표준을 무신고하였음을 전제'로 한 무신고가산세 부과처분은 위법하다. 또한 그러한 하자는 중대하고 명백하게 위법하여 해당 처분은 '당연무효'이다.

(2) 乙의 명의로 납부한 종합소득세를 甲의 기납부세액으로 의제하는 것은 타당하지 않다. ➔ 판례의 결론과 달리 현행 법령 개정됨

(3) 乙의 명의로 납부된 종합소득세액이 있음에도 불구하고 이를 실제사업자가 납부한 것으로 간주하여 乙에게 납부지연가산세를 부과하는 것은 위법하다. 또한 그러한 하자는 중대하고 명백하게 위법하여 해당 처분은 '당연무효'이다.

주요근거

1. 법정신고기한 내 신고

「소득세법」은 거주자의 소득을 종합소득, 퇴직소득, 양도소득으로 구분하면서, 그중 종합소득을 '이자소득·배당소득·사업소득·근로소득·연금소득·기타소득을 합산한 소득'으로 규정하고 있다. 당해 연도의 종합소득금액이 있는 거주자는 그 종합소득 과세표준을 다음 연도 5월 1일부터 5월 31일까지 대통령령으로 정하는 바에 따라 납세지 관할세무서장에게 신고하여야 한다. 한편 「국세기본법」은 납세자가 법정신고 기한 내에 세법에 따른 과세표준신고서를 제출하지 않은 경우 무신고가산세를 부과하도록 규정하고 있다.

이와 같은 관련 규정의 체계 및 문언 내용에 비추어 보면, 종합소득금액이 있는 거주자가 법정신고기한 내에 종합소득 과세표준을 관할세무서장에게 신고한 경우에는 설령 종합소득의 구분과 금액을 잘못 신고하였다고 하더라도 이를 무신고로 볼 수는 없으므로, 그러한 거주자에 대하여 종합소득 과세표준에 대한 신고가 없었음을 전제로 하는 무신고가산세를 부과할 수는 없다.

2. 체납세액의 충당

(1) 판례의 결론

실제사업자가 사업자 명의로 직접 납부행위를 하였거나 그 납부자금을 부담하였다고 하더라도 납부의 효과는 과세처분의 상대방인 '사업명의자에게 귀속'될 뿐이고, 실제사업자와 과세관청의 '법률관계'에서 실제사업자가 세액을 납부한 효과가 발생될 수 없다.

(2) 관련 법률 개정

> **국세환급금의 충당과 환급(「국세기본법」 제51조)**
> ⑪ 과세의 대상이 되는 소득, 수익, 재산, 행위 또는 거래의 귀속이 명의일 뿐이고 실질귀속자가 따로 있어 명의대여자에 대한 과세를 취소하고 실질귀속자를 납세의무 자로 하여 과세하는 경우 명의대여자 대신 실질귀속자가 납부한 것으로 확인된 금액은 실질귀속자의 기납부세액으로 먼저 공제하고 남은 금액이 있는 경우에는 실질귀속자에게 환급한다.

개정된 법률에 따라 판단하면, 乙에 대한 과세를 취소하고 실질귀속자인 甲을 사업소득의 납세의무자로 하는 경우, 명의귀속자인 乙이 납부한 세액은 甲의 기납부세액으로 본다.

따라서 과세관청이 乙의 종합소득세를 부인함에 따라 발생한 환급금은 甲에게 귀속되는 것이며, 이를 甲의 체납세액에 충당하는 것은 적법한 처분으로 볼 수 있다.

제6장 조세불복

01 '세무조사 결과통지 및 과세예고통지를 한 날'을 '과세처분일'로 볼 수 있는지 여부 (2018두57490, 2020. 4. 9.)

사실관계

(1) 대구지방국세청장은 2010. 6. 7.부터 2010. 11. 10.까지, A법인에 대한 2005년 내지 2009년 각 사업연도 귀속분 법인세 등에 대한 정기세무조사를 실시한 후, 2010. 11. 30. A법인에 대하여 위 각 사업연도 귀속분 법인세 약 849억원에 대한 과세예고통지를 하였다.

(2) 이에 A법인은 2010. 12. 29. 국세청장에게 과세전적부심사를 청구하였는데, 과세관청은 이 사건 과세전적부심사에 대한 심리가 계속 중이던 2011. 3. 21. 위 각 법인세 중 2005년 사업연도 귀속분의 부과제척기간이 임박하였다는 이유로 A법인에 대하여 2005년 사업연도 귀속분 법인세 20,820,170,520원(가산세 포함)을 부과하였고, 위 납세고지서는 2011. 3. 22. A법인에게 송달되었다.

쟁점

과세전적부심사청구에 대한 결정 전이라도 과세처분할 수 있는 예외사유로서 '세무조사 결과통지 및 과세예고통지를 하는 날부터 국세부과제척기간의 만료일까지의 기간이 3개월 이하인 경우'에 해당하는지 여부

결론

'부과제척기간까지의 기간이 3개월 미만인 경우'인지의 판단기준일은 '세무조사 결과통지 및 과세예고통지를 하는 날'일 뿐, 과세관청의 주장과 같이 '과세처분일'이라고 볼 수는 없다. 따라서 세무조사 결과통지를 받은 2010. 11. 30.부터 국세부과제척기간인 2011. 3. 31.까지의 기간이 3월을 초과함이 역수상 분명하므로, 「국세기본법」에서 정한 과세전적부심사 배제사유에 해당되지 않는데도 과세전적부심사 도중에 과세한 처분은 그 절차상 하자가 중대하고도 명백하여 무효라고 할 것이다.

주요근거

1. 과세관청의 주장근거

과세전적부심사를 청구하면, 부과처분이 유보되므로 단기의 제척기간이 남은 경우는 국세의 일실을 방지하고자 과세전적부심사를 배제한다. 과세전적부심사 청구 당시에는 제척기간이 3개월 이상 남았더라도, 심사 도중 제척기간이 3개월 미만으로 남은 때에는 부과처분할 수 있다.

2. 법원의 판단근거

(1) 조세법률주의의 원칙상 조세법규의 해석은 특별한 사정이 없는 한 법문대로 해석할 것이고 합리적 이유 없이 '확장해석'하거나 '유추해석'하는 것은 허용되지 않는다.

(2) 과세전적부심사 배제사유가 '과세예고통지를 받은 날'부터 국세부과제척기간의 만료일까지의 기간이 3개월 이하인 경우에 한하고 있으므로, '과세예고통지를 받은 날'을 '부과처분일'로 해석하는 것은 유추해석 또는 확장해석에 해당한다.

(3) 과세전적부심사 배제사유는 긴급한 과세처분의 필요가 있거나 형사절차상 과세관청이 반드시 과세처분을 할 수밖에 없는 경우 등으로, 그 예외사유에 이른 책임이 납세자에게 있거나 적어도 과세관청에 그 책임을 묻기 어려운 객관적이고 긴급한 사정에 해당하여야 한다. 과세관청의 사정만으로 납세자가 가지는 절차적 권리의 침해를 용인할 수 있는 사유로 삼거나, 납세자가 가지는 절차적 권리를 무시하면서까지 긴급한 과세처분을 하는 것은 허용될 수 없다. 당초에는 '세무조사 결과통지 및 과세예고통지를 하는 날부터 국세부과제척기간의 만료일까지의 기간이 3개월 이하인 경우'에 해당하지 아니하여 과세전적부심사 절차가 시작되었으나, 그 과세전적부심사 도중에 과세처분일을 기준으로 부과제척기간 만료일이 3개월 미만으로 임박하게 된 경우는 **과세관청의 사정으로 심사가 지체된 것에 불과하여 이를 이유로 납세자의 절차적 권리를 침해할 수는 없다.**

관련 법령

> ③ 다음 각 호의 어느 하나에 해당하는 경우에는 제2항을 적용하지 아니한다.
> ⊃ 과세전적부심사청구 배제사유
> 1. 「국세징수법」 제9조에 규정된 납부기한 전 징수의 사유가 있거나 세법에서 규정하는 수시부과의 사유가 있는 경우
> 2. 「조세범 처벌법」 위반으로 고발 또는 통고처분하는 경우
> 3. 세무조사 결과통지 및 과세예고통지를 하는 날부터 국세부과 제척기간의 만료일까지의 기간이 3개월 이하인 경우
> 4. 그 밖에 대통령령으로 정하는 경우

02 법인세 포탈에 관하여 「조세범 처벌법」 위반으로 고발 또는 통고처분을 한 경우 과세전적부심사를 생략한 소득금액변동통지가 가능한지 여부 (2017두51174, 2020. 10. 29.)

사실관계

(1) 서울지방국세청장은 2015. 4. 7. A법인에게 이 사건 각 처분의 과세자료를 내용으로 하는 세무조사 결과에 대한 서면통지(이하 '이 사건 세무조사 결과통지'라 한다)를 하였다.

(2) 서울지방국세청은 A법인이 직원들 및 그 지인들의 차명계좌를 사용하여 2007년 86,347,750원 및 2008년 422,099,836원 합계 508,447,586원 상당의 매출금액(부외비용 378,350,560원)을 누락하고, 2009년부터 2013년까지 비즈프로그램을 사용하여 한약재 입출고를 관리하고 있었음에도 세무신고용인 더존프로그램에는 실제 매출 내역과 달리 세금계산서 발행분에 대해서만 매출금액을 입력하고 일부 자료를 삭제하는 방법으로 총 21,531,244,186원 상당의 매출금액(부외비용 19,082,352,694원)을 누락한 사실을 발견하고 관할세무서장에게 과세자료를 통보하였다.

(3) 서울지방국세청은 위 과세자료를 기초로 A법인의 위와 같은 행위가 '사기나 그 밖의 부정한 행위'에 해당한다고 보아 10년의 부과제척기간 및 40%의 부정과소신고가산세율을 적용하여 A법인에 대하여 2015. 4. 7. 법인세 총 1,416,430,275원 및 부가가치세 총 3,017,635,784원의 각 부과처분을 하고, 2015. 4. 10. 3,020,127,265원을 대표자상여로 소득처분하여 2007년, 2008년, 2009년의 각 소득금액변동통지를 하였다.

(4) 이후 서울지방국세청장은 2015. 5. 7. 2010 내지 2013 사업연도 귀속 법인세 및 2010 내지 2013년도 귀속 부가가치세 포탈 혐의로 A법인을 서울북부지방검찰청에 고발하였다.

(5) 과세관청은 사기 그 밖의 부정행위로 인한 조세탈루가 있었으므로 법인세 부과처분이 과세전적부심사 배제사유에 해당하므로, 소득금액변동통지도 함께 하였다.

쟁점

과세관청이 법인세 포탈에 관하여 「조세범 처벌법」 위반으로 고발 또는 통고처분을 하였을 경우 과세전적부심사를 생략하고 소득금액변동통지를 할 수 있는지 여부

결론

과세전적부심사를 거치기 전이라도 소득금액변동통지를 할 수 있는 다른 예외사유가 있다는 등의 특별한 사정이 없는 한, 과세관청은 소득금액변동통지를 하기 전에 납세자인 해당 법인에게 과세전적부심사의 기회를 부여하여야 한다.

이와 같은 특별한 사정이 없음에도 세무조사 결과통지가 있은 후 과세전적부심사청구 또는 그에 대한 결정이 있기 전에 이루어진 소득금액변동통지는 납세자의 절차적 권리를 침해하는 것으로서 그 절차상 하자가 중대하고도 명백하여 무효이다.

주요근거

(1) 「법인세법」 제67조는 과세관청이 법인세 과세표준을 결정 또는 경정을 하면서 익금에 산입한 금액을 그 귀속자 등에게 상여·배당·기타사외유출·사내유보 등 대통령령으로 정하는 바에 따라 소득처분을 하도록 정하고, 그 위임을 받은 「법인세법 시행령」은 사외유출된 금액의 귀속이 불분명한 경우에는 대표자에게 귀속된 것으로 보아 상여로 처분하도록 정하고 있다. 그리고 「조세범 처벌법」은 사기 기타 부정한 행위로써 조세를 포탈한 자를 처벌하도록 정하면서, 정부가 법인세의 과세표준을 결정 또는 경정하면서 그 법인의 주주·사원·사용인 기타 특수한 관계에 있는 자의 소득으로 처분한 금액을 사기 기타 부정한 행위로 인하여 생긴 소득금액으로 보지 않는다고 정하고 있다.

(2) 앞서 본 관련 규정의 문언과 체계, 입법 취지 등에 비추어 보면, 과세관청의 익금산입 등에 따른 법인세 부과처분과 그 익금 등의 소득처분에 따른 소득금액변동통지는 각각 별개의 처분이므로, 과세관청이 법인에 대하여 세무조사 결과통지를 하면서 익금누락 등으로 인한 법인세 포탈에 관하여 「조세범 처벌법」 위반으로 고발 또는 통고처분을 하였더라도 이는 포탈한 법인세에 대하여 「국세기본법」 제81조의15 제2항 제2호의 '「조세범 처벌법」 위반으로 고발 또는 통고처분하는 경우'에 해당할 뿐이지, 소득처분에 따른 소득금액변동통지와 관련된 조세포탈에 대해서까지 과세전적부심사의 예외사유인 '고발 또는 통고처분'을 한 것으로 볼 수는 없다.

(3) 따라서 이러한 경우 과세전적부심사를 거치기 전이라도 소득금액변동통지를 할 수 있는 다른 예외사유가 있다는 등의 특별한 사정이 없는 한, 과세관청은 소득금액변동통지를 하기 전에 납세자인 해당 법인에게 과세전적부심사의 기회를 부여하여야 한다.

제7장 | 납세자권리보호

01 재조사 금지원칙을 위배한 과세처분의 위법성 정도
(2016두55421, 2017. 12. 13.)

사실관계

(1) 거주자 甲은 2004. 10. 12. 공장용 A부동산을 6억원에 경매로 취득하고, 2012. 2. 26. B법인에 13억원에 양도하였다.

　甲은 2012. 4. 27. 양도소득세를 신고하면서, 甲이 2004. 11. 1.부터 2005. 6. 1. 사이에 A부동산 건물에 대한 리모델링 공사를 하면서 C시공업체에 공사비 3억원을 지급하였음을 이유로 이를 필요경비로 신고하였다.

(2) 관할세무서장 乙은 2012. 10. 4.부터 2012. 10. 23.까지 1차 세무조사를 실시하였는데, 甲은 공사계약서 및 공사내역서, A부동산 건물에 리모델링 공사가 되어 있었다는 취지의 양수법인 대표의 확인서, 공사비에 대한 지출내역을 나타내는 금융거래내역을 제출하였고, 이에 관할세무서장 乙은 공사비를 필요경비로 인정하는 것으로 하여 세무조사를 종결하였다.

(3) 그 후 국세청은 乙세무서에 대한 **업무감사**를 실시하여 시공업체가 공사비에 대한 세금계산서를 발급하지 않았고, 甲이 제시한 공사비 지급내역도 수취자 미확인 등으로 신빙성이 없다는 이유로, 공사가 실제 진행되었는지를 검토하여 甲에 대한 양도소득세를 재경정하도록 시정지시를 하였다.

(4) 이후 乙세무서장은 위 시정지시에 따라 조사공무원으로 하여금 2014. 7. 23.부터 2014. 7. 25.까지 A부동산을 방문하게 하여, 이 사건 양수법인의 대표자 및 직원에게 질문을 하였다. 그들로부터 대표자 명의의 확인서가 위조되었고, 부동산 건물에 리모델링 공사가 이루어지지 않았다는 취지의 진술서 및 관련 장부를 제출받은 후, 공사가 실제로 이루어지지 않았다고 보아 공사비를 부인하였고 양도소득세 1억 6천만원(가산세 6천만원 포함)을 부과하는 처분을 하였다.

쟁점	
	(1) **현장확인**이 재조사금지에서 말하는 세무조사에 해당하는지 여부
	(2) 재조사사유에 해당하지 않음에도 중복조사금지의 원칙에 위반하여 행한 재조사에 근거하여 행한 과세처분은 무효인지 여부 또는 취소할 수 있는 처분인지 여부
	(3) 위법한 재조사로 얻은 과세자료를 과세처분의 근거로 삼지 않았거나 이를 배제하고서도 동일한 과세처분이 가능한 경우에도 그 과세처분이 위법한지 여부

결론	
	(1) 현장확인조사는 재조사금지에서 말하는 세무조사에 해당한다.
	(2) 재조사 금지원칙을 위반하여 이루어진 세무조사에 터 잡은 부과처분은 위법한 과세처분에 해당하며, 그 과세처분은 무효이다.
	(3) 위법하게 수립된 과세자료를 사용하지 않았더라도 위법한 절차에 따라 이루어진 과세처분은 위법하다.

주요근거	
	(1) **명칭이 현장확인이라고 하더라도** 실질적으로 과세표준과 세액을 결정 또는 경정하기 위한 것으로서 납세자 등의 사업장 또는 주소지 등에서 납세자 등을 직접 접촉하여 상당한 시일에 걸쳐 **질문**하거나 일정한 기간 동안의 장부·서류·물건 등을 **검사·조사**하는 경우에는 특별한 사정이 없는 한 재조사가 금지되는 **'세무조사'에 해당**한다.
	(2) **과세처분이 위법하게 수집된 과세자료에 터 잡은 경우 그 과세처분도 위법**하다. 이는 중복조사금지의 원칙에 위반하여 행한 재조사로 무효사유에 해당한다. 이 밖에도 과세예고통지 없이 과세처분을 한 경우, 과세전적부심사청구의 결정 전에 과세처분을 한 경우 모두 무효사유에 해당한다. 따라서 **다시 세무조사를 할 수 없고 재처분도 가능하지 않다.**
	(3) 재조사를 엄격하게 제한하는 입법 취지, 그 위반의 효과 등을 종합하여 보면, 「국세기본법」에 따라 금지되는 재조사에 기하여 과세처분을 하는 것은 단순히 당초 과세처분의 오류를 경정하는 경우에 불과하다는 등의 **특별한 사정**이 없는 한 그 자체로 위법하고, 이는 과세관청이 그러한 재조사로 얻은 과세자료를 과세처분의 근거로 삼지 않았다거나 이를 배제하고서도 동일한 과세처분이 가능한 경우라고 하여 달리 볼 것은 아니다.

재조사금지의 예외

세무공무원은 다음 중 어느 하나에 해당하는 경우가 아니면 **같은 세목 및 같은 과세기간**에 대하여 재조사를 할 수 없다.

① 조세탈루의 혐의를 인정할 만한 **명백한 자료**가 있는 경우
② 거래상대방에 대한 조사가 필요한 경우
③ 2개 이상의 과세기간과 관련하여 잘못이 있는 경우
④ 심사청구, 심판청구, 과세전적부심사에서 **처분청으로 하여금 이를 재조사하게 하는 경우**(결정서 주문에 기재된 범위의 조사에 한정한다)
⑤ 납세자가 세무공무원에게 직무와 관련하여 금품을 제공하거나 금품제공을 알선한 경우
⑥ 「국세기본법」이 정하는 부분조사사유가 있어 부분조사를 실시한 후 해당 조사에 포함되지 아니한 부분에 대하여 조사하는 경우
⑦ 그 밖에 위에 열거된 경우 유사한 경우로서 대통령령으로 정하는 경우
   ㉠ 부동산투기, 매점매석, 무자료거래 등 경제질서 교란 등을 통한 세금탈루 혐의가 있는 자에 대하여 일제조사를 하는 경우
   ㉡ 각종 과세자료의 처리를 위한 재조사나 국세환급금의 결정을 위한 확인조사 등을 하는 경우
   ㉢ 「조세범 처벌절차법」에 따른 조세범칙행위의 혐의를 인정할 만한 명백한 자료가 있는 경우

통합조사 · 부분조사

1. 통합조사원칙

세무조사는 납세자의 **사업과 관련하여** 세법에 따라 신고 · 납부의무가 있는 세목을 통합하여 실시하는 것을 원칙으로 한다.

2. 특정 세목만 조사할 수 있는 경우

다음 중 어느 하나에 해당하는 경우에는 세목을 통합하여 조사하지 않고 특정 세목만을 조사할 수 있다.

① 세목의 특성, 납세자의 신고유형, 사업규모 또는 세금탈루 혐의 등을 고려하여 특정 세목만을 조사할 필요가 있는 경우
② 조세채권의 확보 등을 위하여 특정 세목만을 긴급히 조사할 필요가 있는 경우
③ 그 밖에 세무조사의 효율성 및 납세자의 편의 등을 고려하여 특정 세목만을 조사할 필요가 있는 경우로서 대통령령으로 정하는 경우

3. 부분조사가 가능한 경우

통합조사와 세목별조사는 전부조사가 원칙이고, 이러한 전부조사에 대한 예외로서 특정 사업장·항목 또는 거래 일부 등에 대한 세무조사(부분세무조사)는 예외적으로 허용된다. 한편, ㉠ 재조사 결정에 따른 사실관계의 확인 조사 및 ㉡ 국세환급금 결정 등의 처리를 위한 조사를 제외하고는 그 밖의 사유로 인한 부분조사는 같은 세목 및 같은 과세기간에 대하여 2회를 초과하여 실시할 수 없다.

---

① 경정 등의 청구에 대한 처리 또는 국세환급금의 결정을 위하여 확인이 필요한 경우
② 심사청구, 심판청구, 과세전적부심사에서 처분청으로 하여금 이를 재조사하게 하는 경우
③ 거래상대방에 대한 세무조사 중에 거래 일부의 확인이 필요한 경우
④ 납세자에 대한 구체적인 탈세 제보가 있는 경우로서 해당 탈세 혐의에 대한 확인이 필요한 경우
⑤ 명의위장, 차명계좌의 이용을 통하여 세금을 탈루한 혐의에 대한 확인이 필요한 경우
⑥ 그 밖에 세무조사의 효율성 및 납세자의 편의 등을 고려하여 특정 사업장, 특정 항목 또는 특정 거래에 대한 확인이 필요한 경우로서 대통령령으로 정하는 경우
   ㉠ 법인이 주식 또는 출자지분을 시가보다 높거나 낮은 가액으로 거래하거나 불공정 자본거래로 인하여 해당 법인의 특수관계인인 다른 주주 등에게 이익을 분여하거나 분여받은 구체적인 혐의가 있는 경우로서 해당 혐의에 대한 확인이 필요한 경우
   ㉡ 무자료거래, 위장·가공 거래 등 특정 거래 내용이 사실과 다른 구체적인 혐의가 있는 경우로서 조세채권의 확보 등을 위하여 긴급한 조사가 필요한 경우

---

02 재조사 금지원칙의 예외사유 유형
(2008두10461, 2008두1146 등)

명백한 자료

1. 명백한 자료에 해당한다고 본 사례

(1) 탈세제보에 허위세금계산서를 수취한 방법과 여기에 사용된 통장사본 및 계좌번호가 구체적으로 적시되어 있고 관련서류도 첨부되어 있으며, 실제로 위 탈세제보에 의하여 부과처분의 과세자료가 된 세금계산서가 허위임이 적발되었고, 조사 결과 상당 부분 제보내용이 사실로 확인된 경우는 '조세탈루의 혐의를 인정할 만한 명백한 자료가 있는 경우'에 해당한다. (2008두10461, 2010. 12. 23.)
　➲ 탈세제보의 내용이 객관적이고 합리적임

(2) 1차 세무조사에서 획득한 자료가 아니라 동종의 행위를 한 제3자에 대한 세무조사를 하는 과정에서 획득한 자료를 토대로 1차 세무조사대상자에 대해 2차 세무조사를 실시한 경우에는 그 자료가 객관성과 합리성을 갖추고 있다면 예외적으로 중복세무조사가 허용된다. (대법원 2011. 1. 27. 선고, 2010두6083 판결)

2. 명백한 자료에 해당하지 않는다고 본 사례

(1) A법인이 상가를 분양한 후 그에 대한 부가가치세 및 법인세 신고를 하였고, 지방국세청장이 A법인의 2001년 및 2002년 사업연도 법인제세에 대한 제1차 세무조사를 실시하였는데, 지방국세청장이 성명불상의 제보자로부터 상가들의 분양계약자, 분양가액 등이 구체적으로 기재되어 있는 탈세사실에 관한 자료를 제공받고서 제2차 세무조사를 실시하여 2002년 및 2003년 사업연도 법인제세 통합조사를 한 사안에서 탈세제보가 A법인에 대한 것이 아니라 A법인의 분양대행사에 대한 것인 점, 탈세제보에 첨부된 자료의 출처가 어디인지 그 객관성을 확인할 수 있는 근거가 없고 탈세제보의 진실성을 뒷받침할 만한 아무런 자료도 없는 점 등에 비추어, 탈세제보에 첨부된 자료에 상가들의 분양계약자, 분양가액 등이 구체적으로 기재되어 있다는 사정만으로는 지방국세청장이 탈세제보를 받은 것이 A법인의 조세탈루의 개연성이 객관성과 합리성 있는 자료에 의하여 상당한 정도로 인정되는 경우에 해당할 수 없다. (2008두1146, 2011. 5. 26.)

(2) 세무사인 甲이 임대소득을 탈루하여 처에게 건물취득자금을 증여하였다고 추정하여 甲에게 종합소득세를, 그 처에게 증여세를 부과한 사안에서 과세관청은 甲의 소득세 과소신고 혐의를 분석한 검토보고서 내지 甲이 건물의 취득자금 출처에 관한 증거자료 제출요구에 불응하고 있다는 사실을 기재한 보고서가 임대소득의 탈루나 오류사실이 확인될 가능성이 있는 객관적 자료라고 주장하였으나, 과세관청이 주장하는 검토보고서는 세무공무원이 작성한 내부문서에 불과할 뿐 '조세탈루의 혐의를 인정할 만한 명백한 자료'에 해당하는 것으로 볼 수 없다. (2012두911, 2014. 6. 26.)

과세자료의 처리

'각종 과세자료의 처리를 위한 재조사'에서 과세자료란 같은 세목 및 과세기간에 대한 거듭된 세무조사가 납세자의 영업의 자유나 법적 안정성을 심각하게 침해할 뿐만 아니라 세무조사권의 남용으로 이어질 우려가 있으므로 조세공평의 원칙에 현저히 반하는 예외적인 경우를 제외하고는 금지할 필요가 있다.

따라서 '각종 과세자료의 처리를 위한 재조사'에서의 '각종 과세자료'란 세무조사권을 남용하거나 자의적으로 행사할 우려가 없는 **과세관청 외의 기관이 직무상 목적을 위하여 작성하거나 취득하여 과세관청에 제공한 자료**로서 국세의 부과·징수와 납세의 관리에 필요한 자료를 의미하고, 이러한 자료에는 과세관청이 종전 세무조사에서 작성하거나 취득한 과세자료는 포함되지 아니한다. (2014두43257, 2015. 5. 28.)

2013년 실시한 세무조사에서 그 대상을 2008 사업연도 등에 확대한 것은 인천광역시 남구청장이 직무상 목적을 위하여 작성하거나 취득하여 서울지방국세청장에 제공한 각종 과세자료의 처리를 위한 재조사 등에 해당하여 금지되는 중복세무조사에 해당하지 않는다. (2016두40986, 2018. 6. 28.)
➲ 사안은 조사범위 확대 및 중복조사금지 원칙에 위배되지 아니함

2 이상의 과세기간에 걸친 잘못

① 업무무관 가지급금 등 채권의 회수지연이 있을 경우 그것은 해당 사업연도 인정이자 익금산입 대상 및 차입금 지급이자 손금불산입 대상이 되고 그러한 잘못은 채권의 회수지연이 계속되는 한 다른 사업연도에도 영향을 미치므로 이를 시정하는 기회에 다른 사업연도의 잘못도 함께 시정할 필요가 있는 점, 각 사업연도마다 같은 종류의 잘못이 반복되는 경우에는 그 조사대상이 한정될 뿐만 아니라 조사내용도 단순명료한 경우가 대부분이어서 조사에 따른 납세자의 부담은 크지 아니한 반면 이러한 사유가 있다고 하여 과세관청에 대하여 다른 사업연도 전반에 관한 조사로 확대하기를 기대하기는 어려운 점 등에 비추어 보면, 서울지방국세청장이 제1차 세무조사 당시 원고의 소외 회사들에 대한 구상금채권 등의 회수지연이 업무무관 가지급금에 해당한다고 보아 그에 국한하여 2002 사업연도에 관한 조사를 하였다가 제1차 세무조사 당시 조사한 항목을 제외한 나머지 항목에 대하여 제2차 세무조사를 하는 것은, 당초 세무조사 당시 다른 과세기간의 모든 항목에 걸쳐 세무조사를 하는 것이 무리였다는 등의 특별한 사정이 있는 경우에 해당하여 구 「국세기본법」 제81조의4 제2항에서 금지하는 재조사에 해당하지 아니한다고 할 것이다. (2012두14224, 2015. 3. 26.)

② 하나의 원인으로 인하여 2개 이상의 사업연도에 걸쳐 과세표준 및 세액의 산정에 관한 오류 또는 누락이 발생한 경우라면 중복되는 재조사에 해당하지 아니한다. (2014두6562, 2017. 4. 27.)

03 종전 세무조사 때 과세처분이 이루어지지 않은 경우에도, 이후 재조사하여 과세처분하는 경우에 재조사 금지대상인 세무조사에 해당하는지 여부 (2015두3805, 2017. 12. 13.)

사실관계

(1) 거주자 甲은 A주식회사의 주식을 취득하여 이를 乙에게 명의신탁한 후 이를 다시 甲의 동생인 丙에게 명의신탁하였다. 과세관청은 A주식회사의 주식변동에 관한 세무조사를 실시하여 乙에 대한 명의신탁사실을 확인하고 乙로부터 'A주식회사의 주식을 양수하거나 인수한 명의상의 주주는 丙이나, 실제로 취득한 자는 甲이라는 사실을 확인합니다'라는 취지의 확인서를 받기까지 하였다.

(2) 그러나, 과세관청은 甲의 명의신탁주식과 관련하여 **乙에게는 증여세를 부과하지 않고 丙에게만 증여세를 부과하는 것으로 과세종결**하였는데, 이후 9년이 지나 과세관청이 종전 세무조사에서 밝혀진 위 주식변동조사의 보고서 등을 근거로 乙에 대한 증여세조사를 실시한 후 증여세를 부과처분하였다.

(3) 당시 법률에 따라 명의수탁자에게 증여세를 과세한 것이다.

쟁점

乙에 대한 증여세조사가 재조사 금지의 원칙을 위반하였는지 여부

결론

최초 A주식회사의 주식변동에 관한 세무조사를 실시한 것은 乙에 대한 세무조사에 해당한다. 따라서 9년이 지난 시점에서 乙의 명의신탁에 관한 세무조사는 재조사에 해당하고, 재조사 금지 예외사유가 별도로 존재하지 않으므로 위법한 세무조사에 해당한다.

주요근거

비록 乙에게는 과세처분이 이루어지지 아니하였지만, A주식회사의 주식변동상황 조사 시에 乙의 자금출처에 관한 조사가 이루어졌고 丙에게 명의신탁에 따른 증여세가 과세된 사실을 보더라도, A주식회사의 주식변동조사가 A회사의 주식이동에 관한 조사에 그친 것으로 보기 어렵고 A회사의 주주인 乙의 증여세 탈루 여부를 확인하는 조사가 이루어진 것이다. 따라서 A주식회사의 주식변동조사는 乙의 증여세조사가 이뤄진 것으로 보아야 하며 이는 「국세기본법」 제81조의4(재조사 금지)에서 정한 세무조사에 해당한다. 따라서 과세관청이 乙의 증여세부과처분은 위법한 세무조사에 근거한 처분이다.

사안에서 乙은 과세관청이 신의성실원칙을 위배하였다고 주장하였다. 이에 대해 대법원은 명의신탁에 관하여 乙과 과세관청 사이에 비과세 합의가 있었음을 인정할 증거가 부족하고, 또한 과세관청의 증여세부과처분이 乙의 신뢰를 부당히 해치거나 신의성실의 원칙에 위배되지 않는다고 판단하였다.

사실관계

(1) 서울지방국세청장은 2003. 10. 21.부터 2003. 12. 15.까지 A법인의 2000 및 2001 각 사업연도에 대한 정기 법인제세 일반 세무조사(제1차 세무조사)를 실시하여 A법인이 해외 현지 자회사인 B법인에 대한 대여금채권 보증채무 변제로 인한 구상금채권 및 관계회사에 대한 공사미수금채권의 회수를 지연하였음을 발견하였다.

(2) 이에 서울지방국세청장은 B회사들에 대한 구상금채권 등의 회수지연이 이와 연접한 사업연도에도 계속되었는지와 그 폐업·청산시기를 확인할 필요가 있다고 보고 A법인으로부터 B법인의 폐업·청산에 관한 자료 등을 제출받아 구상금채권의 회수지연이 계속되었는지와 관련된 내용을 위주로 조사한 다음, 1998 내지 2002 각 사업연도 인정이자를 익금산입하고 1998 내지 2002 각 사업연도 차입금 지급이자를 손금불산입하는 내용의 세무조사 결과를 A법인에게 통보하였다.
➲ 조사범위 확대

(3) 한편 서울지방국세청장은 2006. 11. 15.부터 2007. 4. 23.까지 A법인의 2002 내지 2005 사업연도에 대한 법인제세 통합조사(제2차 세무조사)를 실시하여, A법인의 2002 사업연도에 손금산입한 대손금을 손금불산입하고 이를 업무무관 가지급금으로 보아 2003 내지 2005 사업연도 인정이자를 익금산입하는 내용의 세무조사 결과를 A법인에게 통보하였다.

(4) 서울지방국세청장은 앞서 본 바와 같이 2008. 1. 1. A법인에게 2002 사업연도 법인세를 부과하는 처분을 한 사실을 알 수 있다.

쟁점

2차 세무조사에서 2002 사업연도의 법인세를 포함하여 조사한 것이 재조사 금지원칙을 위배하였는지 여부

결론

1차 세무조사 당시 다른 과세기간의 모든 항목에 걸쳐 세무조사를 하는 것이 무리였다는 등의 특별한 사정이 있는 경우에 해당하여 재조사 금지원칙에 위배되는 조사로 볼 수 없다.

주요근거	### 1. 세무조사 범위의 확대 필요성 ➔ 1차 세무조사

업무무관 가지급금 등 채권의 회수지연이 있을 경우 그것은 해당 사업연도 인정이자 익금산입대상 및 차입금 지급이자 손금불산입대상이 되고 그러한 잘못은 채권의 회수지연이 계속되는 한 다른 사업연도에도 영향을 미치므로 이를 시정하는 기회에 다른 사업연도의 잘못도 함께 시정할 필요가 있다.

2. 특별한 사정의 존재 ➔ 2차 세무조사

각 사업연도마다 같은 종류의 잘못이 반복되는 경우에는 그 조사대상이 한정될 뿐만 아니라 조사내용도 단순명료한 경우가 대부분이어서 조사에 따른 납세자의 부담은 크지 아니한 반면 이러한 사유가 있다고 하여 과세관청에 대하여 다른 사업연도 전반에 관한 조사로 확대하기를 기대하기는 어렵다.

따라서 서울지방국세청장이 제1차 세무조사 당시 A법인의 B법인에 대한 구상금채권 등의 회수지연이 업무무관 가지급금에 해당한다고 보아 그에 국한하여 2002 사업연도에 관한 조사를 하였다가 제1차 세무조사 당시 조사한 항목을 제외한 나머지 항목에 대하여 제2차 세무조사를 하는 것은, 당초 세무조사 당시 다른 과세기간의 모든 항목에 걸쳐 세무조사를 하는 것이 무리였다는 등의 특별한 사정이 있는 경우에 해당하여 「국세기본법」에서 금지하는 재조사에 해당하지 아니한다.

조사범위 확대제한	세무공무원은 구체적인 세금탈루 혐의가 여러 과세기간 또는 다른 세목까지 관련되는 것으로 확인되는 경우 등 대통령령으로 정하는 경우를 제외하고는 조사진행 중 세무조사의 범위를 확대할 수 없다.

> ① 다른 과세기간·세목 또는 항목에 대한 구체적인 세금탈루 증거자료가 확인되어 다른 과세기간·세목 또는 항목에 대한 조사가 필요한 경우
> ② 명백한 세금탈루 혐의 또는 세법 적용의 착오 등이 있는 조사대상 과세기간의 특정 항목이 다른 과세기간에도 있어 동일하거나 유사한 세금탈루 혐의 또는 세법 적용 착오 등이 있을 것으로 의심되어 다른 과세기간의 그 항목에 대한 조사가 필요한 경우

부분조사 후 재조사

1. 원칙적 금지

어느 세목의 특정 과세기간에 대하여 통합조사한 경우는 물론 부분조사를 한 경우에도 다시 그 세목의 같은 과세기간에 대하여 재조사할 수 없으며, 당초 세무조사를 한 특정 항목을 제외한 다른 항목에 대하여만 재조사를 함으로써 세무조사의 내용이 중첩되지 아니하여도 마찬가지이다.

2. 예외적 허용

당초의 세무조사가 다른 세목이나 다른 과세기간에 대한 세무조사 도중에 해당 세목이나 과세기간에도 동일한 잘못이나 세금탈루 혐의가 있다고 인정되어 관련 항목에 대하여 세무조사 범위가 확대됨에 따라 부분적으로만 이루어진 경우와 같이 **당초 세무조사 당시 모든 항목에 걸쳐 세무조사를 하는 것이 무리였다는 등의 특별한 사정이 있는 경우**에는 당초 세무조사를 한 항목을 제외한 나머지 항목에 대한 재조사가 예외적으로 허용된다. (2015누165, 2015. 9. 10.)

3. 부분조사 후 재조사가 가능한 경우

세무조사는 납세자의 사업과 관련하여 세법에 따라 신고·납부의무가 있는 세목을 **통합하여 실시하는 것을 원칙으로 한다.** 그러나 다음 중 어느 하나에 해당하는 경우에는 해당 사항에 대한 확인을 위하여 필요한 부분에 한정한 조사를 실시할 수 있다. 이러한 유형의 부분조사를 실시한 후 해당 조사에 포함되지 아니한 부분에 대하여 조사하는 것은 재조사 금지원칙에 위배되지 않는다.

> ① 경정 등의 청구에 대한 처리 또는 국세환급금의 결정을 위하여 확인이 필요한 경우
> ② 심사청구, 심판청구, 과세전적부심사에서 처분청으로 하여금 이를 재조사하게 하는 경우
> ③ 거래상대방에 대한 세무조사 중에 거래 일부의 확인이 필요한 경우
> ④ 납세자에 대한 구체적인 탈세 제보가 있는 경우로서 해당 탈세 혐의에 대한 확인이 필요한 경우
> ⑤ 명의위장, 차명계좌의 이용을 통하여 세금을 탈루한 혐의에 대한 확인이 필요한 경우
> ⑥ 그 밖에 세무조사의 효율성 및 납세자의 편의 등을 고려하여 특정 사업장, 특정 항목 또는 특정 거래에 대한 확인이 필요한 경우로서 대통령령으로 정하는 경우

05 재조사 결정에 따라 과세관청이 이를 재조사하여 경정하면서 당초 처분보다 증액하여 처분한 경우, 그 후속처분이 불이익변경금지의 원칙에 위배된 위법한 처분인지 여부 (2016두39382, 2016. 9. 28.)

사실관계

(1) 북인천세무서장은 甲의 종합소득세 신고내역에서 매출누락된 수입금액을 추가하여 2010년 내지 2014년 귀속 종합소득세 부과처분을 하였다. 이에 甲은 위 처분에 불복하여 조세심판원에 심판청구를 하였고, 조세심판원은 甲의 주장을 일부 받아들여 2017. 2. 6. '소득금액을 추계하여 과세표준 및 세액을 경정하라'는 재조사 결정을 하였다.

(2) 이에 북인천세무서장은 소득금액을 추계하여 2017. 2. 13.에 2010년 내지 2013년 종합소득세는 감액경정처분을 하였으나, 2014년 종합소득세는 당초 경정·고지한 세액 2천만원에서 1천만원을 추가로 부과하는 **증액경정처분**을 하여 통지하였다.

쟁점

재조사 결정에서도 '불이익변경금지'의 원칙이 적용되는지 여부

결론

조세심판원의 심판결정은 과세표준과 세액을 산정하기 위한 구체적인 경정기준을 제시하지 아니한 채 소득금액을 추계조사하여 과세표준과 세액을 경정할 것을 명하고 있으므로 재조사 결정에 해당하는데, 그에 따른 후속처분 중 2014년 귀속 종합소득세 부분은 당초 처분보다 불이익하므로, 2014년 귀속 종합소득세 부과처분 중 위와 같이 증액된 부분은 위법하다.

재조사 결정의 성격

재조사 결정은 재결청의 결정에서 지적된 사항에 관해서 처분청의 재조사결과를 기다려 그에 따른 후속처분의 내용을 심판청구 등에 대한 결정의 일부분으로 삼겠다는 의사가 내포된 변형결정에 해당하고, 처분청의 후속처분에 따라 그 내용이 보완됨으로써 결정으로서 효력이 발생한다.

불이익변경금지

불고불리, 불이익변경금지(「국세기본법」 제79조)

> ① 조세심판관회의 또는 조세심판관합동회의는 결정을 할 때 심판청구를 한 처분 외의 처분에 대해서는 그 처분의 전부 또는 일부를 취소 또는 변경하거나 새로운 처분의 결정을 하지 못한다.
> ② 조세심판관회의 또는 조세심판관합동회의는 결정을 할 때 심판청구를 한 처분보다 청구인에게 불리한 결정을 하지 못한다.

불복청구의 방법

심사청구 및 심판청구의 재조사 결정에 따른 처분청의 처분에 대해서는 해당 재조사 결정을 한 재결청에 대하여 심사청구 또는 심판청구를 제기할 수 있도록 하는 한편, 이를 거치지 아니하고도 행정소송을 제기할 수 있다. ➔ 선택사항

불복청구 기산일

재조사 결정으로 인한 후속처분을 조세심판원의 결정으로 의제하는 것이므로 재조사 결정에 대한 불복청구 기산일은 재조사 결정에 '재조사 결정서'가 도달한 날이 아닌, '재조사결과 통보서'가 도달한 날이다.

06 부정한 목적을 위해 행해진 세무조사의 위법성
(2016두47659, 2016. 12. 15.)

사실관계

(1) 甲과 乙은 토지 매매 관련 분쟁 중이었는데, 2011년 10월경 甲은 세무조사를 통하여 압박하는 방법으로 乙과의 분쟁을 해결하고자 세무공무원인 丙에게 해결방법을 부탁하였다.

(2) 세무공무원 丙은 2012년 1월경 乙이 부동산을 저가양수하여 121억원의 증여세를 포탈하였다는 탈세제보서를 직접 작성한 후 지인을 통하여 국세청에 접수시켰다.

(3) 서울지방국세청은 탈세제보서와 직접 관련 없는 A법인을 세무조사대상자로 함께 선정하고, 乙의 증여세 탈세 혐의 및 A법인의 법인세통합조사에 대한 세무조사를 실시하였다.

(4) 서울지방국세청은 乙의 증여세 탈루혐의는 발견하지 못하였으나, A법인에 대한 세무조사에서는 乙이 2009년 12월 31일 丁에게 A법인 주식을 명의신탁한 사실을 확인하고 丁에게 증여세를 부과하였다.
➔ 현행 법률에 따르면 乙에게 부과할 것임

쟁점

(1) 「국세기본법」 제81조의4(세무조사권 남용 금지)에 위배된 경우에도 위법한 처분으로 볼 수 있는지 여부. 즉, 세무조사권 남용 금지원칙이 법규성을 가지고 있는지 여부

(2) 「국세기본법」상 세무조사대상 선정사유가 있는지 여부

결론	(1) 「국세기본법」 제81조의4(세무조사권 남용 금지)의 제1항도 구체적 법규성이 있는 것이므로 부정한 목적으로 이루어진 세무조사를 통한 과세처분은 위법하다.
	(2) 丙이 접수한 탈세제보는 구체적 탈세제보 등에 해당하지 않으므로 세무조사대상자 선정사유가 없다.

주요근거

1. 세무조사권 남용 금지(「국세기본법」 제81조의4 제1항)의 법규성

「국세기본법」 제81조의4 제1항은 "세무공무원은 적정하고 공평한 과세를 실현하기 위하여 필요한 최소한의 범위에서 세무조사를 하여야 하며, 다른 목적 등을 위하여 조사권을 남용해서는 아니 된다"고 규정하고 있다. 이 조항은 세무조사의 적법 요건으로 객관적 필요성, 최소성, 권한 남용의 금지 등을 규정하고 있는데, 이는 법치국가 원리를 조세절차법의 영역에서도 관철하기 위한 것으로서 그 자체로서 구체적인 법규적 효력을 가진다.

> ① 객관적 필요성: 세무조사는 분쟁토지의 소유권을 반환받기 위한 방편으로 행해졌으므로 '객관적 필요성'이 결여되어 있다.
> ② 최소성: 증여세 포탈혐의를 인정할 수 없음에도 합리적인 이유 없이 관련 회사의 법인세 통합조사로 조사범위를 확대하였으므로 '최소성원칙'에 반한다.
> ③ 권한 남용금지: 세무공무원의 개인적 이익을 위하여 '권한을 남용'한 것이다.

2. 세무조사 선정사유

서울지방국세청은 탈세제보서를 근거로 A법인 및 丁을 세무조사대상자로 선정하였는데, 탈세제보서에는 乙의 부동산 저가 양수로 인한 증여세 포탈 혐의에 관한 내용만이 기재되어 있었을 뿐이다. 따라서 이는 '납세자에 대한 구체적인 탈세 제보가 있는 경우' 또는 '신고 내용에 탈루나 오류의 혐의를 인정할 만한 명백한 자료가 있는 경우'에 해당한다고 볼 수 없다.

세무조사
대상자 선정

1. 정기선정사유

세무공무원은 다음 중 어느 하나에 해당하는 경우에 정기적으로 신고의 적정성을 검증하기 위하여 대상을 선정하여 세무조사를 할 수 있다. 이 경우 세무공무원은 객관적 기준에 따라 공정하게 그 대상을 선정하여야 한다.

> ① 국세청장이 납세자의 신고 내용에 대하여 과세자료, 세무정보 및 「주식회사의 외부감사에 관한 법률」에 따른 감사의견, 외부감사 실시내용 등 회계성실도 자료 등을 고려하여 **정기적으로 성실도를 분석한 결과 불성실 혐의가 있다고 인정하는 경우**
> ② **최근 4과세기간 이상 같은 세목의 세무조사를 받지 아니한 납세자**에 대하여 업종, 규모, 경제력 집중 등을 고려하여 대통령령으로 정하는 바에 따라 신고 내용이 적정한지를 검증할 필요가 있는 경우
> ③ **무작위추출방식으로 표본조사**를 하려는 경우

2. 수시선정사유

세무공무원은 **정기선정에 의한 조사 외에** 다음 중 어느 하나에 해당하는 경우에는 세무조사를 할 수 있다.

> ① 납세자가 세법에서 정하는 신고, 성실신고확인서의 제출, 세금계산서 또는 계산서의 작성·교부·제출, 지급명세서의 작성·제출 등의 **납세협력의무를 이행하지 아니한 경우**
> ② 무자료거래, 위장·가공거래 등 **거래 내용이 사실과 다른 혐의가 있는 경우**
> ③ 납세자에 대한 **구체적인 탈세 제보가 있는 경우**
> ④ 신고 내용에 탈루나 오류의 혐의를 인정할 만한 **명백한 자료가 있는 경우**
> ⑤ 납세자가 세무공무원에게 직무와 관련하여 **금품을 제공**하거나 금품제공을 알선한 경우

cpa.Hackers.com

해커스 판례세법

회계사 · 세무사 · 경영지도사 단번에 합격! 해커스 경영아카데미
cpa.Hackers.com

PART 2

소득세법

제1장 │ 소득세 총설

01 거주자 판단 여부
(2018두60847, 2019. 3. 14.)

사실관계

(1) 甲은 일본 NTT 스포츠커뮤니티 주식회사(이하 회사)와 계약을 체결하고 2012년부터 2014년까지 이 사건 회사가 운영하는 축구구단에서 프로축구 선수로 활동하였다. 甲은 이 사건 회사로부터 지급받은 2014년 연봉 약 7억엔에 대하여 2015. 6. 1. 총수입금액 약 6억원, 소득금액 약 4억원, 외국납부세액공제 1억 2천만원으로 종합소득세 확정신고를 하면서 2014년 귀속 종합소득세 3천만원을 납부하였다.

(2) 과세관청은 甲을 거주자로 전제한 다음 필요경비를 인정할 수 없다는 취지로 2016. 12. 1. 甲에게 소득금액을 단순경비율로 추계결정하는 방법으로 2014년 귀속 종합소득세 약 8천만원을 추가 납부하라는 경정·고지하였다.

(3) 한편, 甲은 고등학교를 졸업한 직후인 2007년부터 줄곧 일본 축구구단에 소속되어 일본 프로축구리그에서 활동하다가, 회사와는 계약기간을 2012년부터 2014년까지 3년으로 하여 계약을 체결한 다음 일본에서 프로축구선수로 활동하였다.

(4) 회사는 甲과의 계약에 따라 위 3년의 기간 동안 甲과 그 가족을 위하여 가구와 세간이 갖추어진 일본에서의 주거와 승용차, 주차장 등 생활에 필요한 물품을 제공하였다. 甲은 2012년부터 2014년까지 일본에서 축구선수로 활동할 당시 대부분의 시간을 일본에서 보내면서 머물렀다. 또한 회사는 甲의 가족에게 한국과 일본 간 왕복항공권을 제공하였고, 2012년부터 2014년까지 甲의 아버지는 적게는 53일에서 많게는 112일, 어머니는 적게는 90일에서 많게는 129일까지 일본으로 건너가 甲과 함께 일본에서 생활하기도 하였다. 이렇듯 일본에서의 주거는 甲의 단기체류를 위한 곳이 아니라 甲이 회사와의 계약기간 동안 계속 머물기 위한 주거장소로서 甲과 그 가족이 장기간 계속하여 실제 사용하기도 하였다.

(5) 甲은 2012년부터 2014년까지 국내에서 2012년에 11일, 2013년에 34일, 2014년에 39일을 체류하였는데, 이는 거의 대부분 축구국가대표로 선발되어 일시적으로 한국을 방문한 것에 불과하고, 달리 우리나라에서 사회활동이나 사업활동을 하였다고 볼 자료도 없다. 甲의 국내 재산은 그 소유 국내 아파트와 예금 등뿐이어서 예금이자 등에 불과한 국내원천소득은 甲이 **일본에서도 충분히 관리할 수 있었던 것**으로 보이며, 甲의 부모와 누나들이 위 아파트에서 거주하기는 하였으나, 이는 성년인 甲이 별다른 소득이 없는 가족들을 부양하기 위한 것일 뿐이다.

국내세법
(「소득세법」)

1. 거주자의 소득세 납세의무

「소득세법」은 거주자를 '국내에 주소를 두거나 183일 이상의 거소(居所)를 둔 개인'으로 정의하고, 거주자에게 국내원천소득뿐만 아니라 국외원천소득에 대해서도 소득세를 납부할 의무를 지우고 있다.

2. 주소와 거소

주소는 국내에서 생계를 같이하는 가족 및 국내에 소재하는 자산의 유무 등 생활관계의 객관적 사실에 따라 판정한다.

거소는 주소지 외의 장소 중 상당기간에 걸쳐 거주하는 장소로서 주소와 같이 밀접한 일반적 생활관계가 형성되지 아니한 장소로 한다.

3. 주소를 가진 것으로 보는 경우

국내에 거주하는 개인이 다음 중 어느 하나에 해당하는 경우에는 국내에 주소를 가진 것으로 본다.

> ① 계속하여 183일 이상 국내에 거주할 것을 통상 필요로 하는 직업을 가진 때
> ② 국내에 생계를 같이하는 가족이 있고, 그 직업 및 자산상태에 비추어 계속하여 183일 이상 국내에 거주할 것으로 인정되는 때

4. 사안의 경우

'국내에 생계를 같이하는 가족'이란 우리나라에서 생활자금이나 주거장소 등을 함께하는 가까운 친족을 의미하고, '직업 및 자산상태에 비추어 계속하여 183일 이상 국내에 거주할 것으로 인정되는 때'란 거주자를 소득세 납세의무자로 삼는 취지에 비추어 볼 때 183일 이상 우리나라에서 거주를 요할 정도로 직장관계 또는 근무관계 등이 유지될 것으로 보이거나 183일 이상 우리나라에 머물면서 자산의 관리·처분 등을 하여야 할 것으로 보이는 때와 같이 장소적 관련성이 우리나라와 밀접한 경우를 의미한다. 따라서 甲은 「소득세법」상 거주자에 해당한다고 볼 수 있다.

➲ 판례에서 구체적인 이유를 설시하지는 않았으나, 국내자산이 있는 점을 감안한 것으로 사료된다. 다만, 조세조약상으로는 일본거주자에게 해당한다.

조세조약

1. 이중거주자

어느 개인이 「소득세법」상의 국내거주자인 동시에 외국의 거주자에도 해당하여 그 외국법상 소득세 등의 납세의무자에 해당하는 경우에는 하나의 소득에 대하여 이중으로 과세될 수도 있으므로, 이를 방지하기 위하여 각국 간 조세조약을 체결하여 별도의 규정을 두고 있다. 납세의무자가 이러한 이중거주자에 해당하는 사실이 인정된다면 그 중복되는 국가와 체결된 조세조약이 정하는 바에 따라 어느 국가의 거주자로 간주될 것인지를 결정하여야 한다.

2. 판단기준(순차적 적용)

한·일 조세조약에 따르면 어느 개인이 양 체약국의 거주자가 되는 경우, 그의 지위는 ① 항구적 주거(Permanent Home), ② 중대한 이해관계의 중심지(Centre of Vital Interests) 등의 순서로 판단한다.

3. 항구적 주거

항구적 주거란 개인이 여행 또는 출장 등과 같은 단기체류를 위하여 마련한 것이 아니라 그 이외의 목적으로 계속 머물기 위한 주거 장소로서 언제든지 계속 사용할 수 있는 모든 형태의 주거를 의미하는 것이므로, 그 개인이 주거를 소유하거나 임차하는 등의 사정은 항구적 주거를 판단하는 데 고려할 사항이 아니다.

4. 중대한 이해관계의 중심지

이러한 항구적 주거가 양 체약국에 모두 존재할 경우에는 한·일 조세조약상 이중거주자의 거주지국에 대한 다음 판단기준인 중대한 이해관계의 중심지, 즉 양 체약국 중 그 개인과 인적 및 경제적으로 더욱 밀접하게 관련된 체약국이 어디인지를 살펴보아야 하고, 이는 가족관계, 사회관계, 직업, 정치·문화 활동, 사업장소, 재산의 관리 장소 등을 종합적으로 고려할 때 양 체약국 중 그 개인의 관련성의 정도가 더 깊은 체약국을 의미한다.

5. 사안의 적용

甲은 우리나라와 일본 모두에 항구적 주거를 두고 있으나, 甲과 인적 및 경제적 관계가 더욱 밀접하게 관련된 체약국은 우리나라가 아닌 일본이므로 한·일 조세조약상 일본의 거주자로 보는 것이 옳다.

제2장 | 금융소득

01 보증채무를 이행한 다음 주채무자에 대한 구상권 행사로서 수령한 연 5푼의 법정이자는 '이자소득'이 아님 (96누16315, 1997. 9. 5.)

사실관계

(1) 수탁보증인 甲은 그 출재로 乙의 주채무를 소멸하게 하였다. 이어 甲은 주채무자 乙을 상대로 구상금 청구소송을 제기하였다.

(2) 소송에 승소한 甲은 그 출재액과 이에 대한 면책일 이후 소장송달일까지의 연 5푼의 민사법정이율에 의한 법정이자와 그 다음 날부터 완제일까지의 소송촉진 등에 관한 특례법 소정의 연 2할의 비율에 의한 지연손해금에 관한 승소판결을 받고 그 확정판결에 기하여 법정이자와 지연손해금을 수령하였다.

쟁점

(1) 甲이 수령한 법정이자가 이자소득에 해당하는지 여부

(2) 甲이 수령한 지연손해금의 소득성격

결론

(1) 수탁보증인의 구상권에 속하는 법정이자는 금전 사용에 따른 대가로 볼 수 없다. 따라서 비영업대금의 이익에 해당한다고 볼 수 없다.

(2) 지연손해금은 기타소득의 하나로 정하고 있는 "계약의 위약 또는 해약으로 인하여 받는 위약금과 배상금"에 해당한다.

비영업대금의 이익

비영업대금(非營業貸金)의 이익은 금전의 대여를 사업목적으로 하지 아니하는 자가 일시적·우발적으로 금전을 대여함에 따라 지급받는 이자 또는 수수료를 말한다.

기타소득 해당 여부

현행 법령에 따르면 甲이 얻은 법정이자는 '부당이득 반환 시 지급받는 이자'에 해당하여 기타소득으로 과세될 수는 있다. 그러나 법정이자는 채무불이행으로 인하여 발생하는 손해배상과는 그 성격을 달리하는 것이므로, 「소득세법」에서 기타소득의 하나로 정하고 있는 "계약의 위약 또는 해약으로 인하여 받는 위약금과 배상금"에는 해당하지 아니한다.

02 복수의 대여금
(2014두35010, 2014. 5. 29.)

사실관계

(1) 甲은 2007. 1. 31.부터 2009. 11. 25.까지 당시 A증권 자산운용부에 근무하던 사촌동생 乙에게 총 62회에 걸쳐 합계 5,307,400,000원을 대여하였다.

(2) 甲은 2007. 7. 6.부터 2009. 11. 17.까지 乙로부터 총 55회에 걸쳐 합계 4,805,680,000원을 변제받았다.

(3) 과세관청은 甲이 乙과의 금전거래를 통해 이자소득 합계 841,531,653원을 얻은 것으로 보고 종합소득부과처분을 하였다.

쟁점

여러 건의 대여일과 회수일이 있는 대여금거래에 대하여 이미 회수되어 소멸한 대여 원리금 채권이 있다면 전체 대여금에서 손해가 발생한 경우에도 이자소득을 과세할 수 있는지 여부

결론

복수의 대여금이 있는 경우 어느 대여금에서 이미 회수되어 소멸된 대여금이 있다면, 특별한 사정이 없는 한 그 채권에 대하여는 이자소득이 있다고 보아야 하고 총 회수 금과 대여한 총 원금을 비교하여 이자소득 발생 여부를 판정하는 것은 아니다.

「소득세법 시행령」 제51조 제7항

비영업대금의 이익의 총수입금액을 계산할 때 해당 과세기간에 발생한 비영업대금의 이익에 대하여 법 제70조에 따른 과세표준확정신고 전에 해당 비영업대금이 「법인 세법 시행령」 제19조의2 제1항 제8호에 따른 채권에 해당하여 **채무자 또는 제3 자로부터 원금 및 이자의 전부 또는 일부를 회수할 수 없는 경우에는 회수한 금액에서 원금을 먼저 차감하여 계산**한다. 이 경우 회수한 금액이 원금에 미달하는 때에는 총수입금액은 이를 없는 것으로 한다.

> **취지**
>
> 「법인세법」과는 달리 「소득세법」에서는 비영업대금에 대하여 나중에 원금조차 회수하지 못하여 결손이 발생하더라도 이를 **이자소득의 차감항목으로 반영할 수 있는 제도적 장치가 마련되어 있지 않아** 궁극적으로 이자소득이 있다고 할 수 없음에도 이자소득세를 과세하는 부당한 결과를 방지하기 위한 규정이다. 즉, 이자소득의 수입시기 당시에는 회수불능사유가 발생하지 아니하였더라도 과세표준확정신고 당시에 회수 불능사유가 발생하면 이자소득은 확정되지 않은 것이다.

03 엔화스왑사건
(2010두3961, 2011. 4. 28.)

사실관계

(1) 고객들은 2002년경부터 2004년경 사이에 주식회사 신한은행과 엔화스왑예금 계약이라는 이름으로, 고객들이 원화로 엔화를 매입하고 이를 예금하여 연리 0.25% 전후의 확정이자를 지급받고 만기에 원리금을 반환받는 엔화정기예금에 가입함과 동시에, 위 예금계약의 만기 또는 해지 시에는 엔화예금 원리금을 신한은행에 미리 확정된 환율로 매각하여 원화로 이를 지급받기로 하는 계약(선물환거래)을 체결하였다.

(2) 신한은행은 2002년경부터 엔화정기예금거래와 선물환거래를 함께 가입하는 금융상품을 개발하여 고객에게 세후 실효수익률에서 일반정기예금보다 유리한 것으로 홍보·판매하였다.

(3) 고객들은 자신이 소유하던 원화를 엔화로 바꾸어 신한은행에 예치하고 만기에 예금에 대한 이자는 매우 낮았으나 계약 체결일 당시에 이미 약정된 선물환율에 의한 선물환매도차익을 얻게 되므로 **결과적으로 확정금리를 지급하는 원화정기예금상품과 유사함에도 「소득세법」상 선물환매도차익이 비과세되므로 금융소득종합과세를 피할 수 있어** 원화정기예금과 대비하여 고수익을 확보할 수 있었다.

(4) 과세관청은 선물환매도차익이 환매조건부증권의 매매차익과 유사하므로 유형별포괄주의 조항에 따라 이자소득으로 과세하였다.

쟁점

(1) 선물환매도차익이 환매조건부증권의 매매차익과 유사한지 여부

(2) 실질과세원칙에 따라 선물환계약이 엔화정기예금계약에 포함되는 계약인지 여부

결론

(1) 선물환매도차익은 환매조건부증권의 매매차익과 유사한 것으로 볼 수 없으므로 이자소득에 해당하지 않는다.

(2) 선물환계약이 엔화정기예금계약에 포함되는 계약으로 볼 수 없다.

주요근거

1. 환매조건부증권의 매매차익

「소득세법」상 과세대상인 환매조건부증권의 매매차익은 금융회사 등이 환매기간에 따른 사전약정이율을 적용하여 환매수 또는 환매도하는 조건으로 매매하는 채권 또는 증권의 매매차익을 말한다. 따라서 선물환매매계약을 증권 또는 채권으로 볼 수 있어야 하는데 선물환매매계약은 증권 또는 채권으로 볼 수 없다. 만일, 외국통화 선물환 거래를 환매조건부매매차익에 포함한다면 동산·부동산이나 금 등과 같은 경우까지 모두 환매조건부매매차익의 대상이 될 수 있으므로, 결국 그 과세 여부를 열거된 조항에 한정하지 않고 그 소득의 성격이나 담세력을 기준으로만 정하는 것이 되어 조세 법률주의에 위배된다.

2. 선물환계약이 엔화정기예금계약에 포함되는지 여부

납세의무자가 경제활동을 함에 있어서는 동일한 경제적 목적을 달성하기 위하여서도 여러 가지의 법률관계 중 하나를 선택할 수 있으므로 그것이 과중한 세금의 부담을 회피하기 위한 행위라고 하더라도 **가장행위에 해당한다고 볼 특별한 사정이 없는 이상 유효하다고 보아야 하며**, 실질과세의 원칙에 의하여 납세의무자의 거래행위를 그 형식에도 불구하고 조세회피행위라고 하여 그 효력을 부인할 수 있으려면 조세법률주의원칙상 법률에 개별적이고 구체적인 부인규정이 마련되어 있어야 한다.

은행이 고객과 사이에 별개의 법률관계를 각각 형성하였다면, 그로 인한 조세의 내용과 범위는 그 법률관계에 맞추어 개별적으로 결정되어야 할 것이지, 그 실질이 같다고 하여 조세법상 동일한 취급을 할 수는 없는데, 고객들은 신한은행과 사이에 '외화예금거래 신청서'와 '선물환거래약정서'라는 별개의 처분문서인 계약서를 작성하였으므로 이 둘의 거래를 법률의 규정 없이 하나의 거래로 볼 수는 없다.

파생결합상품

이 판례를 뒤집기 위해 「소득세법」 및 「소득세법 시행령」을 다음과 같이 개정하였다. 따라서 현재는 엔화스왑거래와 같은 파생결합상품을 과세할 수 있게 되었다.

1. 이자소득(「소득세법」 제16조 제1항)

이자소득은 해당 과세기간에 발생한 다음 각 호의 소득으로 한다.

> 13. 제1호부터 제12호까지의 규정 중 어느 하나에 해당하는 소득을 발생시키는 거래 또는 행위와 「자본시장과 금융투자업에 관한 법률」에 따른 파생상품이 **대통령령**으로 정하는 바에 따라 결합된 경우 해당 파생상품의 거래 또는 행위로부터의 이익

2. 이자소득의 범위(「소득세법 시행령」 제26조 제5항)

법 제16조 제1항 제13호에서 "대통령령으로 정하는 바에 따라 결합된 경우"란 개인이 **이자부상품**과 「자본시장과 금융투자업에 관한 법률」에 따른 **파생상품을 함께 거래**하는 경우로서 다음 각 호의 어느 하나에 해당하는 경우를 말한다.

---

1. 다음 각 목의 요건을 모두 갖추어 **실질상 하나의 상품과 같이** 운영되는 경우
   가. 금융회사 등이 직접 개발·판매한 이자부상품의 거래와 해당 금융회사 등의 파생상품 계약이 해당 금융회사 등을 통하여 이루어질 것
   나. 파생상품이 이자부상품의 원금 및 이자소득의 전부 또는 일부나 이자소득 등의 가격·이자율·지표·단위 또는 이를 기초로 하는 지수 등에 따라 산출된 금전이나 그 밖의 재산적 가치가 있는 것을 거래하는 계약일 것
   다. 가목에 따른 금융회사 등이 이자부상품의 이자소득 등과 파생상품으로부터 이익을 지급할 것
2. 다음 각 목의 요건을 모두 갖추어 장래의 특정 시점에 금융회사 등이 지급하는 파생상품으로부터의 이익이 확정되는 경우
   가. 금융회사 등이 취급한 이자부상품의 거래와 해당 금융회사 등의 파생상품의 계약이 해당 금융회사 등을 통하여 이루어질 것
   나. 파생상품이 이자부상품의 이자소득 등이나 이자소득 등의 가격·이자율·지표·단위 또는 이를 기초로 하는 지수 등에 따라 산출된 금전이나 그 밖의 재산적 가치가 있는 것을 거래하는 계약일 것
   다. 파생상품으로부터의 확정적인 이익이 이자부상품의 이자소득보다 클 것
   ➲ 개정된 「소득세법」에 따라 엔화스왑거래도 과세할 수 있는데, 엔화스왑예금 계약은 ① 이자소득을 발생시키는 거래와 ② 엔화선물이라는 파생상품이 결합된 경우이므로 예금이자와 선물환차익 전체가 이자소득이 된다.

---

04 주식양도와 주식소각의 구별
(2001두6227, 2002. 12. 26.)

사실관계

(1) A주식회사는 甲으로부터 자기주식을 매수하기에 앞서 주주총회에서 감자결의를 하고, 甲으로부터 회사 주식을 취득한 후 곧바로 그 액면금 상당의 자본금을 감소시켰다.

(2) A주식회사는 매매대금과 액면금합계액과의 차액을 감자차손으로 회계처리하였으며, 위 감자결의를 함에 있어 주식의 가액을 평가하기 위한 절차를 거치지 아니한 채 매매대금이 주당 100만원으로 결정되었다.

(3) A주식회사는 甲에게 주식매매대금을 지급함에 있어 甲에 대한 A주식회사의 대여금과 이자상당액을 공제한 나머지 금액만 지급하였다.

쟁점

A주식회사가 甲으로부터 회사 주식을 취득한 것을 자본 감소절차의 일환으로 보아 배당소득으로 볼지 여부

결론

거래의 과정을 전체적으로 살펴볼 때, A주식회사와 甲의 주식거래는 **주식소각방법에 의한 자본 감소절차의 일환으로 이루어진 것**으로서 주주인 甲에 대한 자본의 환급에 해당하므로 그로 인하여 甲이 얻은 이득은 **의제배당소득을 구성**한다.

양도소득 vs 배당소득

일반적으로 주식을 처분하면 양도소득으로 과세하는 것을 원칙으로 하나, 회사에 주식을 처분하고 이후 회사가 주식을 소각한 경우 이것이 자본 감소목적의 일환으로 이루어진 경우에는 이를 의제배당으로 과세한다.

양도소득	배당소득
① 자기주식 취득에 해당하는 경우	① 자본감소 절차의 일환으로 이루어진 경우
② 낮은 양도소득세율 적용 가능(분류과세)	② 높은 누진세율 적용될 가능성 있음(종합과세원칙)
③ 회사에 원천징수의무 없음	③ 회사에 원천징수의무 있음
④ 대금청산일을 수입시기로 봄	④ 잉여금처분결의일을 수입시기로 봄

실질과세원칙

주식의 매도가 자산거래인 주식의 양도에 해당하는가 또는 자본거래인 주식의 소각 내지 자본의 환급에 해당하는가는 **법률행위 해석의 문제**로서 그 거래의 내용과 당사자의 의사를 기초로 하여 판단하여야 할 것이지만, 실질과세의 원칙상 단순히 당해 계약서의 내용이나 형식에만 의존할 것이 아니라, 당사자의 의사와 계약체결의 경위, 대금의 결정방법, 거래의 경과 등 거래의 전체과정을 실질적으로 파악하여 판단하여야 한다. (대법원 1992. 11. 24. 선고, 92누3786 판결 참조)

관련 판례

주식소각 시 수입시기에 관한 다음의 판례가 있다.

A주식회사가 2001년 12월 6일 이사회 결의를 거쳐 甲으로부터 A주식회사 주식을 양수하기로 하는 계약을 체결하고, 2001년 12월 21일 대금을 모두 지급하였다. 이후 2010년 9월 27일 A주식회사는 임시주주총회를 개최하여 양수한 주식을 무상소각하여 자본을 감소하기로 결의한 사건에서, 대법원은 ① 이러한 주식거래가 자본감소의 일환으로 이루어졌다는 점을 인정하고, ② 그 수입시기도 잉여금을 처분한 날 (2010년 9월 27일)로 보아야 한다고 하였다. 사안에서 甲은 그 수입시기가 실제로 대금을 청산한 날인 2001년이므로 과세관청의 부과처분은 제척기간이 도과한 처분이라는 점을 주장하였으나 받아들여지지 않았다. (2015두48433, 2015. 12. 10.)

05 법인 해산에 따른 의제배당소득
(2022두48929, 2022. 11. 3.)

사실관계

(1) 甲은 A주식회사 주식(액면가액 10,000원)을 1주당 15,000원에 취득하였다.

(2) 甲은 소유주식의 80%를 취득가액인 15,000원에 미달하는 10,000원(액면가액)에 환급받는 조건으로 소각하였다.

(3) A주식회사가 해산함에 따라 甲의 나머지 20% 주식에 대해 현금배당을 실시하였다.

(4) 甲은 법인 해산 전 '주식 수 감소에 의한 유상감자'를 실시하여 액면가액을 환급한 경우 감자손실액(취득가액 – 감자환급액)을 법인 해산으로 인한 의제배당소득 산정 시 공제하여야 한다고 주장하였다.

쟁점

해산 전 발생한 감자손실을 해산으로 인한 의제배당 과세표준 계산 시 차감할 수 있는지 여부(경제적 실질을 반영할 수 있는지 여부)

결론

유상감자의 경제적 효과와 의제배당소득 과세의 구조를 고려하면 주식 수 감소 방식 유상감자에서 액면가액을 환급한 경우 법인 해산 시 감자손실액을 잔여주식의 취득가액에 포함하는 것이 **실질과세원칙에 부합**한다.

판단근거

「소득세법」에서는 법률적 형식 이외에 경제적 실질을 중시하여 본래 의미의 배당 이외에 경제적으로 배당과 같은 효과가 있는 거래를 배당으로 의제하여 과세대상으로 삼고 있으므로 실질과세의 원칙상 주주 등이 실질적으로 얻은 경제적 이익이 있음을 전제로 그에 비례하여 과세가 이루어져야 한다. 따라서 법인 해산에 따른 의제배당소득의 과세표준을 계산함에 있어서도 주주의 보유주식 중 일부가 취득가액보다 낮은 가액으로 유상감자된 경우에는 해당 감자손실액(취득가액 – 감자환급액) 상당을 주식을 취득하기 위하여 사용된 금액으로 보아 법인 해산에 따른 잔여재산 분배액에서 공제하여 주주가 얻는 실질적 이익을 대상으로 과세하는 것이 타당하다.

'당해 법인의 주식을 취득하기 위하여 소요된 금액'이라 함은 당해 법인의 주식을 취득하기 위하여 실제로 지출된 금액을 의미한다고 보아야 하는데, 이는 법인 해산 당시 주주가 보유하고 있는 당해 주식의 **직접 매수가액만을 의미하는 것이라고 보기는 어렵고**, 주주가 잔존주식만큼의 지분을 보유하기 위하여 **실제로 지출한 비용**을 포함하는 것이라고 봄이 타당하다.

배당소득(「소득세법」 제17조 제2항)

의제배당이란 다음 각 호의 금액을 말하며, 이를 해당 주주, 사원, 그 밖의 출자자에게 배당한 것으로 본다.

1. 주식의 소각이나 자본의 감소로 인하여 주주가 취득하는 금전, 그 밖의 재산의 가액 또는 퇴사·탈퇴나 출자의 감소로 인하여 사원이나 출자자가 취득하는 금전, 그 밖의 재산의 가액이 주주·사원이나 출자자가 그 주식 또는 출자를 취득하기 위하여 사용한 금액을 초과하는 금액

2. 법인의 잉여금의 전부 또는 일부를 자본 또는 출자의 금액에 전입함으로써 취득하는 주식 또는 출자의 가액. 다만, 다음 각 목의 어느 하나에 해당하는 금액을 자본에 전입하는 경우는 제외한다.
   가. 「상법」 제459조 제1항에 따른 자본준비금으로서 대통령령으로 정하는 것
   나. 「자산재평가법」에 따른 재평가적립금(같은 법 제13조 제1항 제1호에 따른 토지의 재평가차액에 상당하는 금액은 제외한다)

3. 해산한 법인(법인으로 보는 단체를 포함한다)의 주주·사원·출자자 또는 구성원이 그 법인의 해산으로 인한 잔여재산의 분배로 취득하는 금전이나 그 밖의 재산의 가액이 **해당 주식·출자 또는 자본을 취득하기 위하여 사용된 금액**을 초과하는 금액. 다만, 내국법인이 조직변경하는 경우로서 다음 각 목의 어느 하나에 해당하는 경우는 제외한다.
   가. 「상법」에 따라 조직변경하는 경우
   나. 특별법에 따라 설립된 법인이 해당 특별법의 개정 또는 폐지에 따라 「상법」에 따른 회사로 조직변경하는 경우
   다. 그 밖의 법률에 따라 내국법인이 조직변경하는 경우로서 대통령령으로 정하는 경우

4. 합병으로 소멸한 법인의 주주·사원 또는 출자자가 합병 후 존속하는 법인 또는 합병으로 설립된 법인으로부터 그 합병으로 취득하는 주식 또는 출자의 가액과 금전의 합계액이 그 합병으로 소멸한 법인의 주식 또는 출자를 취득하기 위하여 사용한 금액을 초과하는 금액

5. 법인이 자기주식 또는 자기출자지분을 보유한 상태에서 제2호 각 목에 따른 자본전입을 함에 따라 그 법인 외의 주주 등의 지분비율이 증가한 경우 증가한 지분비율에 상당하는 주식 등의 가액

6. 법인이 분할하는 경우 분할되는 법인(이하 "분할법인"이라 한다) 또는 소멸한 분할합병의 상대방 법인의 주주가 분할로 설립되는 법인 또는 분할합병의 상대방 법인으로부터 분할로 취득하는 주식의 가액과 금전, 그 밖의 재산가액의 합계액(이하 "분할대가"라 한다)이 그 분할법인 또는 소멸한 분할합병의 상대방 법인의 주식(분할법인이 존속하는 경우에는 소각 등으로 감소된 주식에 한정한다)을 취득하기 위하여 사용한 금액을 초과하는 금액

제3장 사업소득

01 미술품 양도가 사업소득에 해당하는지 여부
(조심2014부4528, 2015. 6. 26.)

사실관계

(1) 甲은 2008년부터 2012년까지의 기간 동안 보유 중이던 미술품 13점을 약 50억 원에 A법인에게 양도하였다.

(2) 과세관청은 2013. 6. 4.부터 2013. 10. 31.까지 기간 동안 A법인에 대해 세무 조사를 실시하여 甲의 쟁점작품 판매대금 50억원을 사업소득으로 보아 추계의 방법으로 산정한 과세자료를 처분청에 통보하였고, 처분청은 이에 따라 2014. 4. 9. 甲에게 종합소득세를 결정·고지하였다.

쟁점

미술품 양도소득이 기타소득 또는 사업소득 중 어느 소득에 해당하는지 여부

결론

특정 거래로 발생한 소득이 사업소득에 해당하는지 또는 기타소득에 해당하는지의 여부는 당사자 사이에 맺은 거래의 형식·명칭 및 외관에 구애될 것이 아니라 그 실질에 따라 평가한 다음, 그 거래의 일방 당사자인 당해 납세자의 직업활동의 내용, 그 활동기간, 횟수, 태양, 상대방 등에 비추어 그 활동이 수익을 목적으로 하고 있는지 여부와 사업활동으로 볼 수 있을 정도의 계속성과 반복성이 있는지 여부를 고려하여 사회통념에 따라 판단하여야 하는 것이다.

甲이 1982년 이후 개인사업자 형태로 화랑업을 영위한 사업이력, 해당 사업 및 관련 업종에 종사하면서 취득하여 쟁점법인에 양도하거나 현재 소장 중인 작품 수 내지 해당 작품들의 거래규모 등에 비추어 甲과 A법인 간의 쟁점작품 거래를 일시적·우발적 거래로 보기 어려운 점, 甲은 매매거래로 쟁점작품을 쟁점법인에 양도하여 그 양도대가 중 일부를 지급받았거나 향후 지급받을 예정으로 매매거래 사실 자체를 부인하기는 어려운 점 등에 비추어 甲과 A법인 간의 작품 거래는 사업성이 있는 것으로 보이므로 甲에게 종합소득세를 과세한 처분은 잘못이 없는 것으로 판단된다.

관련 법령 (개정)

1. 기타소득(「소득세법」 제21조 제2항)

제1항 및 제19조 제1항 제21호에도 불구하고 대통령령으로 정하는 서화·골동품의 양도로 발생하는 소득(사업장을 갖추는 등 대통령령으로 정하는 경우에 발생하는 소득은 제외한다)은 기타소득으로 한다.

2. 기타소득의 범위 등(「소득세법 시행령」 제41조 제18항)

「소득세법」 제21조 제2항에서 "사업장을 갖추는 등 대통령령으로 정하는 경우"란 다음 각 호의 어느 하나에 해당하는 경우를 말한다.
1. 서화·골동품의 거래를 위하여 사업장 등 물적시설(인터넷 등 정보통신망을 이용하여 서화·골동품을 거래할 수 있도록 설정된 가상의 사업장을 포함한다)을 갖춘 경우
2. 서화·골동품을 거래하기 위한 목적으로 사업자등록을 한 경우

02 사업소득에 있어서의 사업개시일
(2019두49076, 2019. 11. 28.)

사실관계

(1) 甲은 2012. 03. 07. '사업자등록'을 마치고 공동주택 8세대를 신축·분양하는 사업을 하였다.

(2) 甲은 공동주택의 분양수입이 발생한 2013년의 직전 과세기간인 2012년에 구 건물의 부산물(고철)을 판매하여 구 「소득세법 시행령」 제143조 제4항 제2호 나목에서 규정한 금액에 미달되는 수입금액을 얻었음을 전제로, '단순경비율'을 적용하여 2013년 귀속 종합소득세신고를 하면서 추계소득금액을 산정하여 종합소득세를 신고·납부하였다. 즉, 구 「소득세법 시행령」에 따르면 甲이 2012년에 사업을 신규로 개시한 것으로 보면 甲은 단순경비율 적용대상자가 되고, 2013년에 사업을 신규로 개시한 것으로 보면 甲은 기준경비율 적용대상자가 된다.

(3) 과세관청은 甲에 대한 소득세 조사 결과 공동주택의 분양으로 인하여 실제 분양 수입금액이 발생한 2013년을 '사업개시일'로 보고, 甲은 2013년 과세기간을 기준으로 기존에 사업을 영위하던 사업자가 아니라 신규사업자에 해당하고, 그 수입금액이 복식부기의무대상자의 기준 금액을 초과하므로, 단순경비율이 아니라 기준경비율을 적용하여 소득금액을 추계하여야 한다는 이유로 甲에게 2013년 귀속 종합소득세를 추가로 부과·고지하였다.

(4) 당시 적용되는 구 「소득세법 시행령」 제143조의 규정은 다음과 같다.

> ④ 제3항 각 호 외의 부분 단서에서 "단순경비율 적용대상자"란 다음 각 호의 어느 하나에 해당하는 사업자를 말한다.
> 1. 해당 과세기간에 신규로 사업을 개시한 사업자로서 해당 과세기간의 수입금액이 제208조 제5항 제2호 각 목(복식부기의무대상자)에 따른 금액에 미달하는 사업자
> 2. 직전 과세기간의 수입금액(결정 또는 경정으로 증가된 수입금액을 포함한다)의 합계액이 다음 각 목의 금액에 미달하는 사업자

쟁점

부산물을 판매한 때를 사업개시한 때로 볼 수 있는지 여부

결론

甲이 부산물을 판매한 것은 단순경비율을 적용받기 위한 '조세회피행위'의 일환으로 보이므로 甲이 부산물을 판매한 때부터 사업소득이 발생하였다고 보기 어렵다. 따라서 甲은 2013년에 사업을 신규로 개시한 것으로 볼 수 있으므로, 기준경비율을 적용한 과세관청의 부과처분은 적법하다.

주요근거

「소득세법」상 사업소득에 해당하는지 여부는 그 사업의 수익목적 유무와 사업의 규모, 횟수, 태양 등에 비추어 사업활동으로 볼 수 있을 정도의 계속성과 반복성이 있는지 여부 등을 고려하여 사회통념에 따라 판단한다.

甲이 건물 철거로 인해 발생한 부산물을 판매하였다는 이유만으로는 영리를 목적으로 계속적, 반복적으로 행하는 활동이 이루어져 주택신축판매사업자로서의 객관적인 실체를 갖추었다고 보기 어렵다.

관련 법령

1. 현행 「소득세법 시행령」 제143조

④ 제3항 각 호 외의 부분 단서에서 "단순경비율 적용대상자"란 다음 각 호의 어느 하나에 해당하는 사업자로서 해당 과세기간의 수입금액이 제208조 제5항 제2호 각 목에 따른 금액에 미달하는 사업자(간편장부대상자)를 말한다.

1. 해당 과세기간에 신규로 사업을 개시한 사업자
2. 직전 과세기간의 수입금액(결정 또는 경정으로 증가된 수입금액을 포함한다)의 합계액이 다음 각 목의 금액에 미달하는 사업자
  가. 농업·임업 및 어업, 광업, 도매 및 소매업(상품중개업을 제외), 제122조 제1항에 따른 부동산매매업 …: 6천만원
  나. 제조업, 숙박 및 음식점업, … 상품중개업: 3천600만원
  다. … 부동산 임대업, … 전문·과학 및 기술서비스업, …: 2천400만원

2. 주택신축판매 관련 업종분류

(1) 표준산업분류상 부동산업

소분류	세분류	세세분류
부동산 임대 및 공급업	부동산 임대업	주거용 건물 임대업 비주거용 건물 임대업 기타 부동산 임대업
	부동산 개발 및 공급업	주거용 건물 개발 및 공급업 비주거용 건물 개발 및 공급업 기타 부동산 개발 및 공급업
부동산 관련 서비스업	부동산 관리업	주거용 부동산 관리업 비주거용 부동산 관리업
	부동산중개 및 감정평가업	부동산 자문 및 중개업 부동산 감정평가업

① 직접 건설, 개발하거나 구입한 각종 부동산(묘지 제외)을 임대, 분양 등으로 운영하는 산업활동, 수수료 또는 계약에 의하여 타인의 부동산 시설을 유지, 관리하는 산업활동, 부동산 구매, 판매 과정에서 중개, 대리, 자문, 감정평가 업무 등을 수행하는 산업활동을 말한다.

② 직접 건설활동을 수행하지 않더라도 건설공사에 대한 총괄적인 책임을 지면서 건설공사 분야별로 하도급을 주어 전체적으로 건설공사를 관리하는 경우 '종합건설업'으로 분류한다.

③ 단기적인 숙박시설 운영은 '일반 및 생활 숙박시설 운영업'으로 분류한다.

(2) 「소득세법」상 분류

「소득세법」은 표준산업분류와 달리 주거용 건물과 비주거용 건물의 신축·판매 등의 사업을 건설업과 부동산매매업으로 분류한다. 「소득세법」상 건설업에는 ① 표준산업 분류상 건설업과 ② 주거용 건물 개발 및 공급업을 포함한다. 다만, 구입한 주거용 건물을 재판매하는 것은 포함하지 아니한다. 따라서 일괄도급을 준 것은 표준산업분류에 따르면 건설업에 포함되지 않지만 주택공급의 촉진을 위하여 비교과세특례규정이 적용되지 않는 건설업을 구분한다.

구분	주택 판매		상가 판매	
	표준산업분류	「소득세법」	표준산업분류	「소득세법」
자영건설 판매	건설업	건설업	건설업	부동산매매업
일괄도급 위탁개발 판매	부동산업	건설업	부동산업	부동산매매업
구입 재판매	부동산업	부동산매매업	부동산업	부동산매매업

(3) 건설업과 부동산매매업의 구별실익

① 「소득세법」상 건설업으로 구분되면 비교과세특례규정을 적용받지 않는다. 부동산매매업에 한하여 비교과세특례규정을 적용받기 때문이다.

② 「소득세법」상 건설업으로 구분되면 양도차익에 대한 예정신고를 하지 않아도 된다. 부동산매매업에 한하여 예정신고의무가 있다.

③ 「조세특례제한법」상 중소기업특별세액감면(창업중소기업특별세액감면) 규정은 건설업에 한한다. 따라서 주거용 건물 개발 및 공급업은 「소득세법」상으로는 건설업에 해당하더라도 「조세특례제한법」상으로는 부동산매매업으로 본다.

④ 복식부기의무자 기준 수입금액이 서로 다르다. 건설업의 경우는 1억 5천만원, 부동산매매업의 경우는 3억원이다.

3. 소득금액 추계방식

(1) 기준경비율

기준경비율을 적용하여 추계소득금액을 계산하면, 수입금액에서 주요경비(매입비용, 임차료, 인건비)를 차감한 후 수입금액에 기준경비율을 곱한 금액을 추가로 차감한다.

(2) 단순경비율

단순경비율을 적용하여 추계소득금액을 계산하면, 수입금액에 단순경비율을 곱한 금액을 필요경비로 인정한다. 기준경비율과 달리 주요경비를 차감하지 않으나 그 경비율이 높아 일반적으로 기준경비율을 적용한 것에 비해 소득금액이 줄어든다.

03 특수관계인에게 저가임대한 경우 부동산임대용역의 시가 및 입증책임 (2017두69977, 2021. 7. 8.)

사실관계	(1) 거주자 甲은 서초구에 있는 5층 X건물의 소유자로 X건물을 층별로 나누어 보증금 합계 59억 2,000만원, 임대료 합계 **월 7,719만원에 임대**하던 중, 2008. 8. 28. 주식회사 A를 乙과 丙의 명의로 그 주식 10,000주씩을 인수하는 방법으로 설립하고, 2008. 9. 1. 주식회사 A에 이 사건 건물 전체를 보증금 59억 2,000만원, **임대료 월 5,000만원에 임대**하였다. ➔ 명의신탁한 것으로서, 주식회사 A와 甲은 주주로서 특수관계인에 해당함

사실관계

(1) 거주자 甲은 서초구에 있는 5층 X건물의 소유자로 X건물을 층별로 나누어 보증금 합계 59억 2,000만원, 임대료 합계 **월 7,719만원에 임대**하던 중, 2008. 8. 28. 주식회사 A를 乙과 丙의 명의로 그 주식 10,000주씩을 인수하는 방법으로 설립하고, 2008. 9. 1. 주식회사 A에 이 사건 건물 전체를 보증금 59억 2,000만원, **임대료 월 5,000만원에 임대**하였다. ➔ 명의신탁한 것으로서, 주식회사 A와 甲은 주주로서 특수관계인에 해당함

(2) 주식회사 A는 2008. 9. 1. 기존 임차인들에게 이 사건 건물의 지하층, 1층 내지 3층, 옥상층을 종전과 동일한 조건으로 전대하는 한편, 그 무렵부터 나머지인 4, 5층에서 모텔을 운영하다가 2009. 10.경 이를 乙에게 전대하였다.

(3) 甲은 2012. 5. 3. 乙 명의의 A주식 10,000주를 제3자에게 일부씩 양도하는 형식으로 그 명의를 변경하였다.

(4) 과세관청은 2008년경부터 2012년경까지 X건물에 관한 임대용역의 **시가가 주식회사 A가 받은 전대료 상당액**이라는 전제하에(다만 주식회사 A가 모텔을 운영한 기간의 4, 5층에 관한 임대용역의 시가는 甲이 종전에 받은 월 1,150만원이라고 전제하였다), **甲이 주식회사 A에 시가보다 낮은 가격으로 X건물에 관한 임대용역을 제공**하였다고 보고, 그 차액을 甲의 임대용역의 공급가액과 소득에 합산하여, 甲에게 2008년 2기부터 2012년 2기까지의 각 부가가치세와 2008년부터 2012년까지의 각 종합소득세를 부과하였다.

(5) 한편, 甲은 주식회사 A와 X건물에 관한 임대차계약을 체결하면서 종전과 달리 **임차인인 주식회사 A가 X건물의 시설보수·유지업무를 담당**하고, X건물에 관한 세금과 공과금 등을 부담하며, 세입자와의 분쟁을 해결하고 그에 따른 모든 책임을 지기로 약정하였다.

쟁점

사업자가 특수관계인에게 부당하게 낮은 대가를 받고 부동산을 임대한 경우 「소득세법」상 부당행위계산부인의 기준 및 「부가가치세법」상 과세표준이 되는 부동산임대용역의 시가와 그 입증책임

판단근거

① 거주자인 사업자가 특수관계인에게 부당하게 낮은 대가를 받고 부동산을 임대한 경우 「소득세법」상 부당행위계산부인의 기준이 되고 「부가가치세법」상 과세표준이 되는 부동산임대용역의 시가는 거주자인 사업자가 특수관계인 외의 자와 해당 거래와 유사한 상황에서 계속적으로 거래한 가격 또는 제3자 간에 일반적으로 거래된 가격에 의하여야 하고, 그와 같은 가격이 없거나 시가가 불분명한 경우에는

「부동산가격공시 및 감정평가에 관한 법률」에 따른 감정평가법인이 감정한 가액 등 법령이 정한 방법으로 계산한 금액에 의하여야 한다.

② 과세관청은 甲이 주식회사 A에 임대한 임대료의 시가를 주식회사 A의 전대료와 동일한 금액으로 보아 저가 임대라는 이유로 부당행위계산부인을 하여 부과처분을 하였다. 그러나 甲과 주식회사 A 사이의 임대차조건과 주식회사 A의 전대차조건이 다르므로 전대료 상당액을 甲과 주식회사 A 사이의 임대료 시가라고 볼 수 없다.

③ 그렇다면, 이 사건의 경우 시가가 불분명한 경우에 해당하므로 과세관청은 「법인세법 시행령」 제89조 제2항, 제4항에 따른 시가를 입증하여 과세표준을 산정하여야 할 것이다.

유사판례

1. 「법인세법」상 부당행위계산부인 적용 시 시가의 입증책임

「법인세법」 제52조 제4항 등의 위임에 따라 시가의 범위 등에 관하여 정하고 있는 구 「법인세법 시행령」 제89조 제1항은 '법 제52조 제2항의 규정을 적용함에 있어서 당해 거래와 유사한 상황에서 당해 법인이 특수관계자 외의 불특정다수인과 계속적으로 거래한 가격 또는 특수관계자가 아닌 제3자 간에 일반적으로 거래된 가격이 있는 경우에는 그 가격에 의한다'고 규정하고 있다. 부당행위계산의 부인에 관하여 적용기준이 되는 이러한 '시가'에 대한 주장·증명책임은 원칙적으로 과세관청에 있다. (2013두10335)

2. 이자율인 시가에 관한 입증책임

「법인세법 시행령」 제89조 제3항은 '금전의 대여 또는 차용의 경우에는 제1항 및 제2항에도 불구하고 가중평균차입이자율이나 당좌대출이자율을 시가로 한다'고 규정하고 있다. 이자율은 채무액, 채무의 만기, 채무의 보증 여부, 채무자의 신용 정도 등 여러 가지 사정에 따라 달라질 수 있으므로, 실제로 거래한 이자율이 부당행위계산에 해당하여 부인할 수 있는지 판단하기 어렵다는 점을 고려하여 위 규정이 마련된 것이다. 그러나 앞서 본 바와 같은 부당행위계산의 부인을 둔 취지나 구 「법인세법 시행령」 제89조 제3항의 위임근거인 구 「법인세법」 제52조 제2항 등에 의하면, 이자율의 시가 역시 일반적이고 정상적인 금전거래에서 형성될 수 있는 객관적이고 합리적인 것이어야 하므로, 구 「법인세법 시행령」 제89조 제3항에서 정한 가중평균차입이자율 등을 시가로 볼 수 없는 사정이 인정된다면 정상적인 거래에서 적용되거나 적용될 것으로 판단되는 이자율의 시가를 과세관청이 증명하여야 한다고 판시하여 부당행위계산부인에서의 시가에 대한 입증책임이 과세관청에게 있다는 점을 명백히 하고 있다. (비상장주식평가에 대한 내용임, 2016두40375 등)

제4장 근로소득

01 횡령과 사외유출(I)
(2007두23323, 2008. 11. 13.)

사실관계

(1) A법인은 프랑스에 본사를 두고 전 세계적으로 할인매장을 운영하는 C그룹의 계열회사로서, 본사가 임명한 대표이사 甲은 ×7년 3월경부터 같은 해 11월경까지 사이에 한국 내 할인매장용 부지 50필지를 취득하면서 본사와는 무관한 乙과 공모하여, 실지취득가액이 1,008억원임에도 556억원을 부풀려 과다계상한 후 본사로부터 송금된 그 차액 상당을 스위스은행계좌로 몰래 송금하는 등의 방법으로 횡령하였다.

(2) A법인은 횡령사실을 안 뒤 거액을 들여 우리나라, 홍콩, 스위스 등지에서 민·형사상 소송 등을 제기하고 예금계좌를 동결하는 등의 조치를 취하였다.

(3) 과세관청은 과다계상액이 사외유출되었다 하여 대표자에 대한 상여로 소득처분하였다.

쟁점

(1) 甲에게 횡령금이 사외유출된 것으로 볼 수 있는지 여부

(2) A법인이 손해배상채권을 보유하고 있는지 여부

결론

피용자의 불법행위로 인하여 법인이 그로 인한 손해배상채권 등을 취득하는 경우, 법인이 동 손해배상채권을 회수하지 않겠다는 의사를 객관적으로 나타낸 경우에만 사외유출로 보아 상여로서 소득처분할 수 있으며, 대표이사의 직위에 있는 자라 하더라도 그 실질상 피용자의 지위에 있는 경우에는 마찬가지이다.

주요근거	## 1. 과세처분의 근거

법인의 대표이사 또는 실질적 경영자 등이 그의 지위를 이용하여 법인의 수익을 사외에 유출시켜 자신에게 귀속시킨 금원 가운데 법인의 사업을 위하여 사용된 것이 분명하지 아니한 것은 특별한 사정이 없는 한 상여 내지 임시적 급여로서 근로소득에 해당한다.

2. 과세처분하지 않아야 하는 근거

그러나 법인의 피용자의 지위에 있는 자가 법인의 업무와는 무관하게 개인적 이익을 위해 법인의 자금을 횡령하는 등 불법행위를 함으로써 법인이 그 자에 대하여 그로 인한 손해배상채권 등을 취득하는 경우에는 그 금원 상당액이 곧바로 사외유출된 것으로 볼 수는 없고, 해당 법인이나 그 실질적 경영자 등의 사전 또는 사후의 묵인, 채권회수포기 등 법인이 그에 대한 손해배상채권을 회수하지 않겠다는 의사를 객관적으로 나타낸 것으로 볼 수 있는 등의 사정이 있는 경우에만 사외유출로 보아 이를 그 자에 대한 상여로서 소득처분할 수 있다고 할 것이며, 대표이사의 직위에 있는 자라 하더라도 그 실질상 피용자의 지위에 있는 경우에는 이와 마찬가지로 보아야 할 것이다.

근로소득의 범위	## 1. 근로소득(「소득세법」 제20조 제1항)

근로소득은 해당 과세기간에 발생한 다음 각 호의 소득으로 한다.

> 1. 근로를 제공함으로써 받는 봉급·급료·보수·세비·임금·상여·수당과 이와 유사한 성질의 급여
> 2. 법인의 주주총회·사원총회 또는 이에 준하는 의결기관의 결의에 따라 상여로 받는 소득
> 3. 「법인세법」에 따라 상여로 처분된 금액
> 4. 퇴직함으로써 받는 소득으로서 퇴직소득에 속하지 아니하는 소득
> 5. 종업원 등 또는 대학의 교직원이 지급받는 직무발명보상금

2. 사외유출(「법인세법」 제67조)

각 사업연도의 소득에 대한 법인세의 과세표준을 신고하거나 법인세의 과세표준을 결정 또는 경정할 때 익금에 산입한 금액은 그 귀속자 등에게 상여·배당·기타사외유출·사내유보 등 대통령령으로 정하는 바에 따라 처분한다.

소득처분

1. 소득처분(「법인세법 시행령」제106조 제1항)

법 제67조에 따라 익금에 산입한 금액은 다음 각 호의 구분에 따라 처분한다. 비영리내국법인과 비영리외국법인에 대하여도 또한 같다.

> 1. 익금에 산입한 금액이 사외에 유출된 것이 분명한 경우에는 그 귀속자에 따라 다음 각 목에 따라 배당, 이익처분에 의한 상여, 기타소득, 기타사외유출로 할 것. 다만, 귀속이 불분명한 경우에는 대표자에게 귀속된 것으로 본다.
>   가. 귀속자가 주주 등(임원 또는 사용인인 주주 등을 제외한다)인 경우에는 그 귀속자에 대한 배당
>   나. 귀속자가 임원 또는 사용인인 경우에는 그 귀속자에 대한 상여
>   다. 귀속자가 법인이거나 사업을 영위하는 개인인 경우에는 기타사외유출
>   라. 귀속자가 가목 내지 다목 외의 자인 경우에는 그 귀속자에 대한 기타소득
> 2. 익금에 산입한 금액이 사외에 유출되지 아니한 경우에는 사내유보로 할 것
> 3. 제1호에도 불구하고 다음 각 목의 금액은 기타사외유출로 할 것
>   ➔ 접대비 한도초과액 등

2. 대표자 판정

당해 법인의 대표자가 아니라는 사실이 객관적인 증빙이나 법원의 판결에 의하여 입증되는 경우를 제외하고는 등기상의 대표자를 그 법인의 대표자로 본다. 다만, 법인세법은 다음과 같이 대표자 판정에 관한 특칙을 두고 있다.

주주(소액주주 제외)인 임원 및 그와 특수관계에 있는 자가 소유하는 주식 등을 합하여 해당 법인의 발행주식총수의 30% 이상을 소유하고 있는 경우의 그 임원이 법인의 경영을 사실상 지배하고 있는 경우에는 그 자를 대표자로 한다.

손금불산입

상여금 등의 손금불산입(「법인세법 시행령」제43조 제1항)

법인이 그 임원 또는 사용인에게 '이익처분'에 의하여 지급하는 상여금은 이를 손금에 산입하지 아니한다. 이 경우 합명회사 또는 합자회사의 노무출자사원에게 지급하는 보수는 이익처분에 의한 상여로 본다.

대손금처리

사외유출되지 않고 손해배상채권을 보유한 상태에서 추후 대손처리할 수 있는지 여부가 쟁점이 될 수 있다. 사용인이 법인의 공금을 횡령한 경우로서 동 사용인과 그 보증인에 대하여 횡령액의 회수를 위하여 법에 의한 제반절차를 취하였음에도 무재산 등으로 회수할 수 없는 경우에는 동 횡령액을 대손처리할 수 있다. 이 경우 대손처리한 금액에 대하여는 사용인에 대한 근로소득으로 보지 아니한다.

사실관계

(1) ×1. 5. 1. 乙은 코스닥에 상장된 A법인 주식 지분 54%를 甲으로부터 인수하기로 계약하고, 주식양수인의 지위를 이용하여 대표이사에 취임하고 A법인으로부터 84억원을 인출하여 횡령하였다.

(2) ×2. 4. 1. 丙은 다시 乙로부터 A법인 주식 지분 23%를 인수하기로 계약하고, 대표이사에 취임한 후 A법인 명의로 융통어음을 발행하고 그 발행대금 213억원을 다시 횡령하였다.

(3) A법인은 乙과 丙을 형사고발한 후 횡령금액 상당의 배상명령을 신청하였으며, 丙을 대표이사직에서 해임하였다.

(4) 과세관청은 乙과 丙에게 횡령금액이 사외유출된 것으로 보아 상여처분하고 동시에 법인에 원천징수세액을 납부할 것을 고지하였다.

쟁점

(1) 乙과 丙에게 상여처분하는 것이 적법한지 여부

(2) A법인에게 손해배상채권이 유보되어 있는지 여부

결론

A법인이 대표이사를 형사고발한 후 횡령금액 상당의 배상명령을 신청한 바 있고, 대표이사직에서 해임한 점 등에 비추어 보면 법인이 **대표이사의 횡령행위를 묵인하였**다거나 추인하였다고 볼 수 없고 횡령으로 인한 손해배상채권을 보유하고 있다고 봄이 상당하므로 횡령금 상당액이 사외유출되었다고 볼 수 없다.

주요근거

1. 과세처분의 근거 ⊃ 과세관청의 입장

법인의 실질적 경영자인 대표이사 등이 법인의 자금을 유용하는 행위는 특별한 사정이 없는 한 애당초 회수를 전제로 하여 이루어진 것이 아니어서 그 금액에 대한 지출 자체로서 이미 사외유출에 해당한다.

2. 사외유출이 되지 않았다는 근거 ⊃ 납세자의 입장

횡령자의 지위 등에 비추어 횡령자와 법인의 의사를 동일시할 수 있을 정도라면 사외유출 당시 회수가 전제되지 않은 것에 해당하여 상여처분의 대상이 되나, 이러한 지위에 있지 않은 자의 횡령액은 법인 또는 실질적 경영자가 횡령에 따른 손해배상채권을 포기하거나 사전적 또는 사후적으로 횡령 사실을 묵인하여 손해배상채권을 회수하지 않겠다는 의사를 객관적으로 나타내는 등의 특별한 사정이 없는 한 손해배상채권이 유보되어 있는 것이어서 상여처분의 대상이 될 수 없다.

3. 입증책임

여기서 그 유용 당시부터 회수를 전제하지 않은 것으로 볼 수 없는 **특별한 사정**에 대하여는 횡령의 주체인 대표이사 등의 법인 내에서의 실질적인 지위 및 법인에 대한 지배 정도, 횡령행위에 이르게 된 경위 및 횡령 이후의 법인의 조치 등을 통하여 그 대표이사 등의 의사를 법인의 의사와 동일시하거나 대표이사 등과 법인의 경제적 이해관계가 사실상 일치하는 것으로 보기 어려운 경우인지 여부 등 제반 사정을 종합하여 개별적·구체적으로 판단하여야 하며, 이러한 특별한 사정은 이를 주장하는 납세자(법인이나 상여처분의 대상자)가 입증하여야 한다.

원천징수의무

원천징수의무(「소득세법」 제127조 제1항)

국내에서 거주자나 비거주자에게 다음 중 어느 하나에 해당하는 소득을 지급하는 자(3. 또는 9.의 소득을 지급하는 자의 경우에는 사업자 등 대통령령으로 정하는 자로 한정함)는 그 거주자나 비거주자에 대한 소득세를 원천징수하여야 한다.

1. 이자소득
2. 배당소득
3. 대통령령으로 정하는 사업소득(원천징수대상 사업소득)
4. 근로소득. 다만, 국외 사업자 등으로부터 지급받는 것은 제외
5. 연금소득
6. 기타소득. 다만, 다음 중 어느 하나에 해당하는 소득은 제외한다.
   가. 위약금 · 배상금(계약금이 위약금 · 배상금으로 대체되는 경우만 해당함)
   나. 뇌물, 알선수재 및 배임수재에 의하여 받는 금품
7. 퇴직소득
8. 대통령령으로 정하는 봉사료
9. 대통령령으로 정하는 금융투자소득 ⊃ 2025. 1. 1. 이후 시행

원천징수시기에 대한 특례

「법인세법」제67조에 따라 처분되는 배당, 상여, 기타소득에 대하여는 다음의 어느 하나에 해당하는 날에 그 배당소득, 근로소득, 기타소득을 지급한 것으로 보아 소득세를 원천징수한다.

> ① 법인세 과세표준을 결정 또는 경정하는 경우: 대통령령으로 정하는 소득금액변동 통지서를 받은 날
> ② 법인세 과세표준을 신고하는 경우: 그 신고일 또는 수정신고일

추가 신고납부

종합소득 과세표준 확정신고기한이 지난 후에 「법인세법」에 따라 법인이 법인세 과세표준을 신고하거나 세무서장이 법인세 과세표준을 결정 또는 경정하여 익금에 산입한 금액이 배당·상여 또는 기타소득으로 처분됨으로써 소득금액에 변동이 발생함에 따라 종합소득 과세표준확정신고 의무가 없었던 자, 세법에 따라 과세표준확정신고를 하지 아니하여도 되는 자 및 과세표준확정신고를 한 자가 소득세를 추가 납부하여야 하는 경우 해당 법인이 소득금액변동통지서를 받은 날이 속하는 달의 다음다음 달 말일까지 추가 신고납부한 때에는 종합소득 과세표준확정신고의 기한까지 신고납부한 것으로 본다.

원천징수세액 대납

1. 실지귀속이 분명한 경우

(1) 대납액을 채권으로 계상한 때

법인이 임직원에 대한 소득세 원천징수세액 상당액을 대납하고 가지급금으로 계상한 경우 원칙적으로 이는 인정이자의 계산 및 지급이자 손금불산입규정의 적용대상이 되는 특수관계자에 대한 업무무관 가지급금에 해당한다.

(2) 대납액을 회수하지 못한 때

법인이 특수관계자에게 처분된 소득에 대한 소득세 대납액을 가지급금 등으로 계상한 경우 대손금으로 처리할 수 없으며, 이 경우 해당 소득세 대납액을 정당한 사유 없이 회수하지 아니하는 때에는 특수관계가 소멸하는 날이 속하는 사업연도에 그 특수관계자에게 귀속되었다고 보고 소득처분한다.

2. 실지귀속이 불분명한 경우

(1) 대납액을 채권으로 계상한 때

「법인세법」은 법인이 귀속자가 불분명하여 대표자상여로 처분한 금액에 대하여 소득세를 대납하고 가지급금으로 계상한 경우에는 업무무관 가지급금으로 보지 않도록 하여 인정이자의 계산 및 지급이자 손금불산입규정의 적용을 배제한다.

(2) 대납액을 회수하지 못한 때

법인이 귀속자가 불분명하여 대표자상여로 소득처분한 금액에 대한 소득세 대납액을 손비로 계상하거나 그 대표자와의 특수관계가 소멸될 때까지 회수하지 아니함에 따라 익금에 산입하는 경우에는, 그 금액을 대표자에 대한 상여로 소득처분하는 대신 '기타사외유출'로 처분한다.

03 정액으로 지급받는 여비 명목의 월액여비가 실비변상적 성질의 급여에 해당하는지 여부 (2017두56155, 2017. 11. 23.)

사실관계

(1) 甲 등(약 40명)은 철도운행업을 영위하는 A법인의 승무직원 또는 유지보수직원으로 근무하였다.

(2) 甲 등은 A법인으로부터 업무내용 및 직급에 따라 월 4~18만원의 '월액여비'를 지급받았다. '월액여비'를 지급한 이유는 철도역 사이의 왕복 운행에 대한 일종의 차비였으나, 실제로는 甲 등은 철도를 무료로 탑승하므로 여비가 발생하지는 않는다.

(3) 과세관청은 甲 등은 출발역과 도착역을 왕복하는 과정에서 실제 여비가 발생할 여지가 없다는 이유로 甲 등이 지급받은 월액여비는 직무수당의 성격에 해당한다고 근로소득으로 과세하였으나, 甲 등은 '월액여비'는 실비변상적 급여에 해당하며, 甲 등이 A법인에 입사한 이후로 과세관청이 근로소득으로 과세한 바 없으므로 비과세관행이 성립하여 과세할 수 없다고 주장하였다.

쟁점

(1) 甲 등이 수령한 월정액 여비가 실비변상적 급여에 해당하는지 여부

(2) 소액의 월정액 여비를 납세의무자 스스로 신고하지 않는 것에 비과세관행이 성립하는지 여부

결론

(1) 甲 등이 실비변상적 여비임을 별달리 입증하지 못하고 있으므로 실비변상적 급여로 볼 수 없다.

(2) 납세의무자 스스로 신고하지 않은 것에 불과하여 비과세관행이 성립하지 않는다.

주요근거	「소득세법」은 '여비의 명목으로 받는 월액의 급여'는 원칙적으로 과세대상이 되는 근로소득에 포함한다. 다만, 그 중에서 실비변상적 성질의 급여는 그 성질을 고려하여 예외적으로 비과세한다. 따라서 매월 정해진 금액으로 지급받는 여비 명목의 이 사건 월액여비가 실비변상적 성질의 급여에 해당하여 비과세소득에 해당한다는 점은 이를 주장하는 납세의무자에게 증명책임이 있다.
실비변상적 급여의 비과세 취지	실비변상적 급여는 본래 회사의 비용으로 지출할 것을 임직원이 지출하고 이를 보전받는 것이므로, 종업원의 급여가 아니라 회사의 일반비용으로 처리되어야 한다. 한편, 회사의 임직원이 회사경비에 해당하는 금액을 지출하고 일일이 증빙을 챙겨야 하는 불편을 덜고자, 「소득세법」은 일정 요건을 충족한 경우 실제 사용한 경비 등을 입증하지 않아도 비과세하도록 한 것이다.

실비변상적 급여

실비변상적 급여는 대통령령으로 정하고 있다. 중요한 몇 가지 사항은 다음과 같다.

> ① 「선원법」에 의하여 받는 식료
> ② 일직료·숙직료 또는 여비로서 실비변상정도의 금액(종업원의 소유차량을 종업원이 직접 운전하여 사용자의 업무수행에 이용하고 시내출장 등에 소요된 실제 여비를 받는 대신에 그 소요경비를 당해 사업체의 규칙 등에 의하여 정하여진 지급기준에 따라 받는 금액 중 월 20만원 이내의 금액을 포함한다)
> ③ 근로자가 기획재정부령이 정하는 벽지에 근무함으로 인하여 받는 월 20만원 이내의 벽지수당
> ④ 종교관련종사자가 소속 종교단체의 규약 또는 소속 종교단체의 의결기구의 의결·승인 등을 통하여 결정된 지급 기준에 따라 종교 활동을 위하여 통상적으로 사용할 목적으로 지급받은 금액 및 물품

비과세관행

비과세의 관행이란 비록 잘못된 해석 또는 관행이라도 특정납세자가 아닌 불특정한 일반납세자에게 정당한 것으로 이의 없이 받아들여져 납세자가 그와 같은 해석 또는 관행을 신뢰하는 것이 무리가 아니라고 인정될 정도에 이른 것을 말하고, 조세법률관계에서 과세관청의 행위에 대하여 비과세의 관행이 성립되었다고 하려면 장기간에 걸쳐 어떤 사항에 대하여 과세하지 아니하였다는 객관적 사실이 존재할 뿐만 아니라, 과세관청 자신이 그 사항에 대하여 과세할 수 있음을 알면서도 어떤 특별한 사정에 의하여 과세하지 않는다는 의사가 있고, 이와 같은 의사가 대외적으로 명시적 또는 묵시적으로 표시될 것임을 요한다.

사안에서 甲 등은 예전부터 월액여비에 대한 과세가 이루어지 않았다는 점을 들고 있으나, 이는 단순한 과세누락에 해당할 뿐 이를 비과세관행의 근거로 보기는 어렵다.

사실관계

(1) 甲은 2005. 7. 1. A주식회사에 입사하여 2007. 4. 13. 이사로 취임하였으며 연봉은 약 8천만원 정도 수령하였다. 甲은 A주식회사 근무 당시 B관광지구 사업승인과 관련된 인허가업무를 맡았고, 그 사업승인 후에는 골프장 건설 본부장으로 재임하였으며, 위 골프장 완공 후 2단계 사업추진 본부장으로 재임하는 등 B관광지구 관광개발 사업을 추진하는 총괄업무를 담당하였다.

(2) 甲은 2007. 10. 8. A주식회사와 'A주식회사는 B관광지구 개발사업을 시행한 공로를 인정하여 甲에게 성공보상금을 지급하되 그 중 2억원은 2007. 12. 31.까지, 잔금 10억원은 2008년부터 매년 또는 반기마다 회사의 자금사정에 따라 지급하는 것을 원칙으로 한다'는 내용의 약정을 체결하였다. 이는 약정서 작성 당시에는 A주식회사가 자금사정이 좋지 않아 甲도 이를 승인한 것이다.

(3) 한편, 甲은 A주식회사가 약정에 따른 금원을 지급하지 아니한다는 이유로 2010. 6. 11. A주식회사를 상대로 약정금의 지급을 구하는 민사소송을 제기하였고, 법원은 A주식회사에 대하여 甲에게 위 약정금 12억원을 지급하라는 내용의 판결을 선고하였다.

(4) A주식회사는 위 판결에 불복하여 항소하였고 항소심에서는 2012. 4. 20. A주식회사는 甲에게 8억 4,000만원(이하 '쟁점금액')을 안분하여 지급하는 것으로 조정이 성립되었다. 甲은 A주식회사로부터 위 조정에 따라 2012. 5. 4.에 쟁점금액을 수령하였다.

(5) 甲은 2013. 5. 31. 2012년도 귀속 종합소득세 신고과정에서 쟁점금액을 2012년 귀속 근로소득에 포함하여 세액을 신고·납부하였다가 2014. 8. 4. 쟁점금액의 소득세 귀속시기가 2012년이 아니라 2007년이라고 주장하면서 환급을 요구하는 경정청구를 하였고, 관할세무서장은 2014. 11. 3. 甲의 경정청구를 거부하였다.

쟁점

(1) 甲이 수령한 쟁점금액의 소득구분

(2) 근로소득의 귀속시기

결론

(1) 근로소득은 지급형태나 명칭을 불문하고 성질상 근로의 제공과 대가관계에 있는 일체의 경제적 이익을 포함할 뿐만 아니라, 직접적인 근로의 대가 외에도 근로를 전제로 그와 밀접히 관련되어 근로조건의 내용을 이루고 있는 급여도 포함한다. 따라서 甲이 얻은 소득은 근로소득에 해당한다.

(2) 채권의 존부와 범위에 관하여 분쟁이 있어 판결로 확정된 경우에는 그 판결이 확정된 날이 속하는 과세기간을 소득의 귀속시기로 보아야 한다. 따라서 근로소득에 해당하는 쟁점금액은 조정이 이루어진 2012년이 속하는 과세기간의 소득이다. 따라서 甲의 경정청구에 대한 거부처분은 적법하다.

근로소득

근로소득이란 근로자 등이 비독립적 지위에서 근로를 제공하고 받은 대가를 말한다. 근로제공의 법률관계는 고용계약이 일반적이지만 회사의 이사와 같이 위임계약에 준하는 경우도 있고, 공무원과 같이 공법상의 근무관계인 경우도 있으며, 어느 경우이든 정도의 차이는 있으나 사용자에 대한 종속성(비독립성)을 공통점으로 한다.

사례금

1. 사례금과 인적용역의 구분

일시적 인적용역을 제공하고 지급받은 금품이 제공한 역무나 사무처리의 내용, 당해 금품 수수의 동기와 실질적인 목적, 금액의 규모 및 상대방과의 관계 등을 종합적으로 고려해 보았을 때, 용역제공에 대한 보수 등 대가의 성격뿐 아니라 사례금의 성격까지 함께 가지고 있어 전체적으로 용역에 대한 대가의 범주를 벗어난 것으로 인정될 경우에는 인적용역의 대가가 아니라 사례금으로 보아야 한다. (2017두30214, 2017. 4. 26.)

2. 사례금으로 판단할 여지

대법원과 달리 고등법원은 쟁점금액이 사례금에 해당한다고 보았다. 따라서 기타소득의 수입시기인 지급된 때를 귀속시기로 보아 과세관청의 경정거부처분은 적법하다고 보았다. 그러나 대법원은 근로의 성질을 지니고 있으므로 근로소득에 해당한다고 보았다.

수입시기

1. 총수입금액 및 필요경비의 귀속연도 등(「소득세법」 제39조 제1항)

거주자의 각 과세기간 총수입금액 및 필요경비의 귀속연도는 총수입금액과 필요경비가 확정된 날이 속하는 과세기간으로 한다.

2. 근로소득의 수입시기(「소득세법 시행령」 제49조 제1항)

근로소득의 수입시기는 다음 각 호에 따른 날로 한다.

> 1. 급여: 근로를 제공한 날
> 2. 잉여금처분에 의한 상여: 당해 법인의 잉여금처분결의일
> 3. 해당 사업연도의 소득금액을 법인이 신고하거나 세무서장이 결정 · 경정함에 따라 발생한 그 법인의 임원 또는 주주 · 사원, 그 밖의 출자자에 대한 상여: 해당 사업 연도 중의 근로를 제공한 날
> 4. 법 제22조 제3항 계산식 외의 부분 단서에 따른 초과금액(임원 퇴직금 한도초과액): 지급받거나 지급받기로 한 날

분쟁 등이 있는 경우에는 시행령규정에 따라 **근로를 제공한 날로 보는 것이 아니라 판결이 확정된 날을 수입시기**로 본다.

분쟁이 있는 경우의 귀속시기

과세대상 소득이 발생하였다고 하기 위하여는 소득이 현실적으로 실현되었을 것까지는 필요 없다고 하더라도 **소득이 발생할 권리가 그 실현의 가능성에 있어 상당히 높은 정도로 성숙 · 확정되어야 하고, 따라서 그 권리가 이런 정도에 이르지 아니하고 단지 성립한 것에 불과한 단계로서는 소득의 발생이 있다고 할 수 없으며, 소득이 발생할 권리가 성숙 · 확정되었는지 여부는 개개의 구체적인 권리의 성질이나 내용 및 법률상 · 사실상의 여러 사항을 종합적으로 고려하여 결정**하여야 하고, 특히 소득의 지급자와 수급자 사이에 채권의 존부 및 범위에 관하여 다툼이 있어 소송으로 나아간 경우에 그와 같은 분쟁이 경위 및 사안의 성질 등에 비추어 명백히 부당하다고 할 수 없는 경우라면 소득이 발생할 권리가 확정되었다고 할 수 없고, **판결이 확정된 때에 그 권리가 확정**된다고 보아야 한다. (96누2200, 1997. 4. 8.)

권리의무 확정주의

권리의무 확정주의의 '확정'의 개념에 대한 판례의 일관된 입장은 다음과 같다. 권리 의무 확정주의에 있어 '확정'은 수입의 귀속시기에 대한 예외 없는 일반원칙으로 단 정하여서는 아니 될 것이고, **구체적인 사안에 있어 소득에 대한 관리, 지배와 발생 소득의 객관화 정도, 납세자금의 확보시기 등까지도 함께 고려**하여 소득이 현실적으로 실현될 것까지는 필요가 없다 하더라도 그 실현의 가능성에 있어 상당히 높은 정도로 성숙 확정되었는지 여부를 기준으로 그 귀속의 시기를 합리적으로 판단함이 상당하다.

제5장 기타소득

01 위법소득의 반환
(2014두5514, 2015. 7. 15.)

사실관계

(1) 재건축정비사업조합의 조합장인 甲은 2008. 7.경 재건축상가 일반분양분을 우선 매수하려는 乙로부터 5,000만원을, 재건축아파트관리업체 선정대가로 丙으로부터 3,800만원을 각 교부받았다.

(2) 甲은 2010. 4. 9. 이에 관하여 「특정범죄 가중처벌 등에 관한 법률」 위반(뇌물) 죄로 처벌을 받으면서 위 합계 8,800만원의 추징을 명하는 판결을 선고받은 후 그 항소와 상고가 기각되어 판결이 확정되자 2011. 2. 16. 추징금 8,800만원을 모두 납부하였다.

(3) 한편 관할세무서장은 위 8,800만원이 '뇌물'로서 기타소득에 해당한다고 보아 2012. 9. 1. 甲에게 2008년 귀속 종합소득세를 부과하는 처분을 하였다.

쟁점

뇌물을 수령한 후 몰수나 추징 판결에 따라 추징금을 납부한 것이 후발적 사유가 되는지 여부

결론

위법소득에 대하여 몰수나 추징이 이루어졌다면 이는 그 위법소득에 내재되어 있던 경제적 이익의 상실가능성이 현실화된 경우에 해당하므로 후발적 경정청구사유가 있으므로 과세관청은 부과처분을 취소하여야 한다.

위법소득 과세

1. 과세가능성

과세소득은 경제적 측면에서 보아 현실로 이득을 지배·관리하면서 이를 향수하고 있어 담세력이 있다고 판단되면 족하고 그 소득을 얻게 된 원인관계에 대한 법률적 평가가 반드시 적법·유효하여야 하는 것은 아니다. 이러한 점에서 「소득세법」은 '뇌물', '알선수재 및 배임수재에 의하여 받는 금품'을 기타소득의 하나로 정하고 있다.

2. 권리의무 확정주의

뇌물 등의 위법소득을 얻은 자가 그 소득을 종국적으로 보유할 권리를 갖지 못함에도 그가 얻은 소득을 과세대상으로 삼는 것은, 그가 사실상 소유자나 정당한 권리자처럼 경제적 측면에서 현실로 이득을 지배·관리하고 있음에도 불구하고 이에 대하여 과세하지 않거나 그가 얻은 위법소득이 더 이상 상실될 가능성이 없을 때에 이르러야 비로소 과세할 수 있다면 이는 위법하게 소득을 얻은 자를 적법하게 소득을 얻은 자보다 우대하는 셈이 되어 조세정의나 조세공평에 반하는 측면이 있음을 고려한 것이고, 사후에 위법소득이 정당한 절차에 의하여 환수됨으로써 그 위법소득에 내재되어 있던 경제적 이익의 상실가능성이 현실화된 경우에는 그때 소득이 종국적으로 실현되지 아니한 것으로 보아 이를 조정하면 충분하다.

후발적 사유

「형법」상 뇌물, 알선수재, 배임수재 등의 범죄에서 몰수나 추징을 하는 것은 범죄행위로 인한 이득을 박탈하여 부정한 이익을 보유하지 못하게 하는 데 그 목적이 있으므로, 이러한 위법소득에 대하여 몰수나 추징이 이루어졌다면 이는 그 위법소득에 내재되어 있던 경제적 이익의 상실가능성이 현실화된 경우에 해당한다고 보아야 한다.

따라서 이러한 경우에는 그 소득이 종국적으로 실현되지 아니한 것이므로 납세의무 성립 후 후발적 사유가 발생하여 과세표준 및 세액의 산정기초에 변동이 생긴 것으로 보아 납세자로 하여금 그 사실을 증명하여 감액을 청구할 수 있도록 함이 타당하다.

납세자의 대응

과세처분 후 몰수나 추징이 되면 후발적 경정청구를 하여 과세관청이 거부할 경우 그 거부처분의 취소의 소를 제기하면 되고, 몰수나 추징이 된 후에 과세처분이 있으면 곧바로 그 과세처분의 취소의 소를 제기하면 된다.

이때, 후발적 경정청구의 기산일은 '해당 사유가 발생하였다는 사실을 안 날'이고, 이는 추징금을 납부한 날이다. (2017두38812, 2017. 8. 23.)

02 외국법인의 국내원천소득인 위약금 또는 배상금의 범위
(2017두48482, 2019. 4. 23.)

사실관계

(1) 국내조선사들은 2007년~2011년 중 외국선주사들과 각 선박건조계약을 체결하였다. 선박건조계약에 따르면 외국선주사들은 선박건조 완료 전 국내조선사들에게 선박대금의 일부를 선지급하여야 하고, 국내조선사 측 사유로 계약이 종료되는 경우 국내조선사들은 외국선주사들에게 기 수령한 선박대금(선수금) 및 그에 대한 연 6~7%의 이자를 환급하기로 하였다. 한편, **외국선주사들은 선수금을 지급하기 위하여 막대한 자금을 차입하였으며 외국선주사들이 지급한 이자는 연 6~7%를 상회**한다.

(2) 위 거래와 관련하여 A법인은 외국선주사들에게 국내조선사들의 외국선주사들에 대한 선수금 및 그 이자 지급채무를 보증하였다. 그런데 외국선주사들은 선박 인도 지연 등 사유로 선박건조계약을 해제하였고, A법인은 외국선주사들의 청구에 따라 2009. 6. 24.부터 2011. 7. 7.까지 외국선주사들에게 각 선수금 및 그 이자를 지급하였다.

(3) 한편, 2014. 12. 31. 법률 제12852호로 개정된 「소득세법」 제21조 제1항 제10호 다목은 '부당이득 반환 시 지급받는 이자'도 기타소득 중 하나로 규정하고 있다.

(4) 「법인세법」에 따르면 외국법인이 수령한 기타소득도 국내원천소득으로 과세되며 그 내용은 「소득세법」과 일치하는 것으로 가정한다.

쟁점

선수금이자가 재산권에 관한 계약의 위약 또는 해약으로 인하여 지급받는 손해배상으로서 본래의 계약내용이 되는 지급자체에 대한 손해를 넘어 배상받는 금전인지 여부

결론

외국선주사들이 지급받은 선수금에 대한 이자는 재산권에 관한 계약의 위약으로 인하여 수령한 위약금에는 해당하지만, 본래 계약의 내용이 되는 지급 자체에 대한 손해(차입금이자)를 넘지 않는 수준에서 위약금을 지급받은 것이므로 기타소득으로 과세할 수 없다.

1. 적극적 손해에 해당

외국선주사들이 지급받은 선수금에 대한 이자는 적극적 손해에 대한 배상일 뿐, 소극적 손해배상으로 보기는 어렵다.

외국선주사들은 선수금을 지급하기 위해서 금융기관으로부터 차입한 금액에 대한 이자를 넘지 않는 수준으로 배상금을 지급받았기 때문이다.

2. 신설조항의 법적 성격

'부당이득 반환 시 지급받는 이자'는 기존 대법원에서 기타소득으로 과세할 수 없다는 결론에 따라 과세되는 것으로 개정된 것이다. 따라서 해당 규정은 **'창설적 규정'**으로 볼 수 있다.

만일, 해당 규정이 '확인적 규정'에 해당한다면 소급적용하여 과세할 수 있으나 창설적 규정에 해당하는 경우에는 소급하여 적용할 수 없다. 따라서 사안에서 개정규정을 소급적용하는 것은 가능하지 않다.

1. 위약금 또는 배상금의 과세요건

(1) 재산권에 관한 계약의 위약 또는 해약

기타소득으로 과세되는 위약금 또는 배상금은 ① 재산권에 관한 계약으로 인한 것이어야 하고, ② 계약의 위약 또는 해약으로 인하여 지급받는 손해배상이어야 한다. 이는 불법행위로 인한 손해배상금, 정신적 손해배상금과 구분되는 개념이다.

(2) 소극적 손해에 대한 배상

본래의 계약내용이 되는 지급 자체의 손해를 넘어 배상받는 금전 또는 기타의 물품의 가액이어야 한다.

이는 계약상대방의 채무불이행으로 인하여 발생한 재산의 실제 감소액(적극적 손해)을 넘는 손해배상금액(소극적 손해)을 말한다. 즉 채무가 이행되었더라면 얻었을 재산의 증가액을 보전받는 것이다.

2. 위약금 또는 배상금의 수입시기

기타소득은 실제로 지급받은 때를 수입시기로 한다. 다만, 계약금이 위약금·배상금으로 대체되는 경우의 기타소득은 계약의 위약 또는 해약이 확정된 날을 수입시기로 한다.

3. 위약금 또는 배상금의 과세방법

(1) 원천징수

위약금 또는 배상금을 지급할 때 기타소득금액의 20%를 원천징수한다. 다만, 계약금이 위약금·배상금으로 대체되는 경우에는 원천징수하지 아니한다.

(2) 종합과세

위약금 또는 배상금은 다른 종합소득과 합산하여 과세한다. 다만, 무조건 분리과세 기타소득과 무조건 종합과세 기타소득을 제외한 연간 300만원 이하의 기타소득금액은 납세자의 선택에 따라 분리과세할 수 있다.

계약금이 위약금·배상금으로 대체되어 원천징수되지 않은 것은 무조건 종합소득신고는 하되 선택적 분리과세도 가능하다.

주요사례

사례 1

甲 소유의 부동산을 乙에게 양도하기로 하고 계약금 1억원을 乙이 甲에게 지급한 후, 甲이 매매계약을 해약하고 그 위약금으로 계약금의 2배를 乙에게 배상하였다. 이 경우 乙이 얻은 소득을 살펴보면, 乙의 '**계약의 내용이 되는 지급 자체에 대한 손해**'는 이미 지급된 '1억원'이고 乙이 지급받은 2억원은 중 '본래의 계약의 내용이 되는 지급자체에 대한 **손해를 넘는 손해**'에 대하여 배상하는 금전은 1억원으로 볼 수 있다.

사례 2

甲 소유의 부동산을 乙에게 양도하기로 하고 계약금 1억원을 乙이 甲에게 지급한 후, 乙이 매매계약을 해약하고 그 위약금으로 계약금 1억원을 포기하기로 하였다. 이 경우 甲이 얻은 소득을 살펴보면, 甲이 乙에게 지급한 금전은 없으므로 '**계약의 내용이 되는 지급 자체에 대한 손해**'는 '0'원이고 위약금으로 받은 1억원은 모두 '본래의 계약의 내용이 되는 지급자체에 대한 **손해를 넘는 손해**'에 대하여 배상하는 금전으로 볼 수 있다.

사례 3

×1. 1. 1. 甲은 乙에게 1억원(만기: ×1. 12. 31, 이자율 10%)을 대여하였다. 乙이 만기에 원리금 1억 1천만원을 상환하지 않자 甲은 소송을 통해 1억 5천만원을 지급받았다. 이때 '**계약의 내용이 되는 지급자체에 대한 손해**'는 '1억 1천만원'이고 추가로 지급받은 4천만원이 본래의 계약의 내용이 되는 지급자체에 대한 '**손해를 넘는 손해**'에 대하여 배상하는 금전으로 볼 수 있다.

사례 4

×1. 7. 1. 甲은 乙에게 상품을 판매한 대가로 ×1. 12. 31.까지 1억원을 수령하기로
하였다. 乙이 이를 제때 갚지 못하자 소송을 통해 원금 1억원과 지연손해금 2천만원
을 수령한 경우, 甲의 기타소득은 2천만원이다.

사례 5

주식 매수인의 채무불이행으로 주식매매약정이 해제됨에 따라 매도인이 손해배상금
으로 매도일로부터 해제 시까지의 주가 하락분에 상당하는 금액을 지급받은 경우,
그 수취금액은 '본래의 계약의 내용이 되는 지급 자체에 대한 손해'에 해당하는 것으
로서 기타소득에 해당하지 않는다. (2006두12692, 2007. 4. 13.)

사례 6

**퇴직금지급채무의 이행지체로 인한 지연손해금은 재산권에 관한 계약의 위약 또는
해약으로 인하여 받는 손해배상으로서 기타소득에 해당한다.** 근로계약은 근로자가
사용자에게 근로를 제공할 것을 약정하고 사용자는 이에 대하여 임금을 지급할 것을
약정하는 쌍무계약으로서(「근로기준법」 제17조), 근로와 임금이 서로 대가적인 관계
를 갖고 교환되는 것이고, 근로계약의 효과로 지급되는 퇴직금은 그 자체가 퇴직소득
으로서 소득세의 과세대상이 되는 것이며, 한편 금전채무의 이행지체로 인한 지연손
해금을 본래의 계약의 내용이 되는 지급자체에 대한 손해라고 할 수는 없는 것이므
로, 퇴직금지급채무의 이행지체로 인한 지연손해금은 "재산권에 관한 계약의 위약
또는 해약으로 인하여 받는 손해배상"으로서 기타소득에 해당한다고 할 것이다.
(2004두3984, 2006. 1. 12.)

사례 7

록히드마틴사가 고등훈련기 양산참여권을 포기하는 대가로 받은 금전은 록히드마틴
사에게 현실적으로 발생한 손해의 전보나 원상회복을 위한 배상금이 아니다. 이는
오히려 록히드마틴사가 장차 양산사업에 참여하였을 경우 얻을 **기대이익에 대한 배
상금**이므로 본래의 계약의 내용이 되는 지급 자체에 대한 손해를 넘어 배상받는 금전
에 해당하므로 국내원천소득(기타소득)으로서 원천징수대상이 되는 소득이라고 할
수 있다. (2007두19447, 2010. 4. 29.)

사실관계

(1) 주식회사 A는 2008. 6. 24. 외국법인 B(본점 소재지는 말레이시아 라부안)와 외국법인 B가 보유한 C호텔코리아 주식회사의 지분 100%에 대한 매매계약을 체결하고, 같은 날 외국법인 B에 계약금 580억원을 지급하였다.

(2) 주식회사 A는 2008. 9. 29. 외국법인 B와 당초 매매대금을 감액하고, 매매대금 정산완료일을 같은 해 11. 28.까지로 변경하는 내용의 계약을 체결하고, 같은 해 10. 24. 및 같은 달 31. 외국법인 B에 계약금 10억원을 나누어 지급하였다.

(3) 내국법인 D(이 사건 원고에 해당함)는 위 계약의 당사자 지위를 승계하였으나, 매매대금 정산완료일에 나머지 매매대금을 지급하지 못하였다.

(4) 한편 제1계약서에는 계약금은 반환이 불가능하다는 취지의 규정이 있었고, 이 사건 제2계약서에는 매수인의 채무불이행시 계약금은 위약벌(Penalty)로 몰취한다(Forfeit)는 취지의 규정이 있었다.

(5) 과세관청은 이 사건 제1, 2계약에 따라 외국법인 B에 최종적으로 귀속된 각 계약금 합계 590억원이 외국법인 B의 국내원천소득 중 '계약의 해약으로 국내에서 지급하는 위약금'에 해당함에도 불구하고 내국법인 D가 외국법인 B로부터 법인세를 원천징수하여 납부하지 아니하였다는 이유로 2009 사업연도 법인세를 경정·고지하는 처분을 하였다. 그 후 과세관청은 위 법인세의 귀속연도가 잘못되었다는 이유로 위 처분을 취소하고, 2008 사업연도 법인세를 경정·고지하는 처분을 하였다가, 위 590억원에 대한 원천징수세율이 25%임에도 당초 20%로 잘못 적용하여 세액을 산정하였다는 이유로 다시 법인세를 증액하는 내용의 증액경정처분을 하였다.

쟁점

(1) 외국법인 B가 몰취한 계약금이 국내원천소득에 해당하는지 여부 및 원천징수의무가 성립하는지 여부

(2) 납세고지서에 세율이 잘못 기재된 경우 그에 관한 법인세 본세 징수처분을 위법한지 여부

| **결론** | (1) 매매계약 당시 이미 지급된 계약금이 추후 채무불이행으로 위약금으로 몰취된 경우에도 매수인인 국내법인이 매도인인 외국법인의 국내원천소득인 위약금에 대한 법인세를 징수해 납부해야 한다. |

(2) 납세고지서에 일부 하자가 있다 하더라도 그러한 하자가 납세자의 불복신청에 지장을 주지 않았다면 처분을 위법하다고 볼 수 없다.

주요근거

(1) 구「법인세법」제98조 제1항과 제93조 제11호 나목은 국내에서 지급하는 위약금 또는 배상금을 외국법인의 국내원천소득으로 보고 이를 법인세 원천징수대상으로 삼고 있을 뿐 그 지급방법에 대하여 아무런 제한을 두지 않고 있고, **위약금 또는 배상금을 지급하는 때에 법인세를 현실적으로 원천징수할 수 있는 경우로 원천징수대상 범위를 한정하고 있지도 않다**. 따라서 구「법인세법」제98조 제1항에 규정된 '지급'에는 외국법인에 대한 위약금 또는 배상금의 현실제공뿐만 아니라 **국내에서 지급한 계약금이 위약금 또는 배상금으로 몰취된 경우 등도 포함**된다고 봄이 타당하다. 만약 매도인인 외국법인에 지급된 계약금이 추후 위약금 또는 배상금으로 몰취된 경우 아무런 근거규정 없이 매수인에게 원천징수의무가 인정되지 않는다고 해석한다면 당사자들 간 약정에 따라 외국법인의 국내원천소득에 대한 법인세의 징수가 불가능해지는 불합리한 결과가 발생할 수 있다.

(2) 납세고지서의 세율이 잘못 기재되었다고 하더라도 납세고지서에 기재된 문언내용 등에 비추어 원천징수의무자 등 납세자가 세율이 명백히 잘못된 오기임을 알 수 있고 납세고지서에 기재된 다른 문언과 종합하여 정당한 세율에 따른 세액의 산출근거를 쉽게 알 수 있어 납세자의 불복 여부의 결정이나 불복신청에 지장을 초래하지 않을 정도라면, 납세고지서의 세율이 잘못 기재되었다는 사정만으로 그에 관한 징수처분을 위법하다고 볼 것은 아니다.

04 해고무효확인소송에 관한 화해권고결정에 따라 회사에서 수령한 돈을 사례금으로 볼 수 있는지 여부 (2018다286390, 2022. 3. 31.)

사실관계

(1) 甲은 미국 본사의 국내 영업소인 A영업소가 2015. 1. 31. 甲을 해고한 사건과 관련해, 2015. 2. 5. 법원에 해고무효확인 및 복직 시까지 임금의 지급을 구하는 소를 제기했고, 2016. 4. 21. 甲은 패소하였다.

(2) 甲은 이에 불복해 2016. 5. 9. 항소했는데, 항소심 법원은 변론을 종결한 후 선고기일을 지정한 상태에서 2016. 12. 20. 甲과 A영업소에 "A영업소는 甲에게 금752,262,000원(이하 '이 사건 **화해권고결정금액**')을 지급하되, 甲과 A영업소는 이를 제외하고는 상호 간에 어떠한 채권, 채무도 존재하지 않음을 확인한다. 甲과 A영업소는 화해권고결정 내용을 공개하거나 누설하지 않는다. 甲은 나머지 청구를 포기한다"는 내용의 화해권고결정을 했고, 이는 2017. 1. 6. 확정됐다.

(3) A영업소는 이 사건 화해권고결정금액이 과세대상 소득이라고 주장하면서 동 금액 중 「소득세법」에 따른 세율(기타소득 원천징수세율 20% + 지방세 2%)을 적용한 원천징수금액을 공제한 나머지 금액을 지급하겠다는 의사를 표시했다.

(4) 이에 대해 甲은 이 사건 화해권고결정금액은 「소득세법」상 과세대상이 아니므로, A영업소가 세금을 원천징수하지 않은 전액을 甲에게 지급해야 한다고 주장했고, 결국, 甲과 A영업소 사이에 합의가 이루어지지 않았다.

(5) 이에 A영업소는 이 사건 화해권고결정금액이 과세대상 소득에 해당하는지 여부를 과실 없이 알 수 없다고 하면서 향후 피공탁자인 甲과 대한민국(B세무서)이 협의에 따라 적법한 권리자가 이 사건 화해권고결정금액 중 원천징수금액을 지급받아 가라는 취지로, 2017. 1. 31. 법원에 이 사건 화해권고결정금액 중 원천징수세액 해당 금액 165,497,640원을 「민법」 제487조에 의하여 변제공탁(상대적 불확지, 이하 '이 사건 공탁금')했다. 甲은 2017. 6. 2. 공탁금 출급청구권 확인 소송을 제기했다.

쟁점

화해권고결정에 따라 받은 금액이 사례금에 해당하는지 여부

결론

새로운 법률관계가 형성된다는 화해권고결정의 특성상 과세관청이 근로소득이나 사례금에 해당한다는 특별한 사정을 제시하지 못하면 과세할 수 없다. 즉, 기타소득 과세대상인 사례금에 해당한다고 할 수 없다.

판단근거	① 어느 소득이 소득세 과세대상인지 여부가 다투어지는 경우 특별한 사정이 없는 한 과세를 주장하는 자가 해당 소득이 「소득세법」에 열거된 특정 과세대상 소득에 해당한다는 점까지 주장·증명해야 한다.

① 어느 소득이 소득세 과세대상인지 여부가 다투어지는 경우 특별한 사정이 없는 한 과세를 주장하는 자가 해당 소득이 「소득세법」에 열거된 특정 과세대상 소득에 해당한다는 점까지 주장·증명해야 한다.

② 「소득세법」 제21조 제1항 제17호가 기타소득의 하나로 규정한 '사례금'은 사무처리 또는 역무의 제공 등과 관련해 사례의 뜻으로 지급되는 금품을 의미하고, 사례금에 해당하는지는 해당 금품 수수의 동기·목적, 상대방과의 관계, 금액 등을 종합적으로 고려해 판단해야 한다.

③ 사례금에 해당하려면 거래 당사자 일방의 타방에 대한 사무처리 또는 역무의 제공이 있어야 하고, 금품 지급의 동기, 목적이나 거래상대방과의 관계 및 그 금액 규모 등을 종합적으로 고려해 금품 지급을 '사례의 뜻'으로 해석할 수 있어야 한다.

관련 판례

1. 사례금에 해당

기존 해고는 적법한 것에 해당하므로 화해금을 지급한 것은 회사가 의무없이 지급한 것에 해당한다. 따라서 회사는 분쟁의 조기해결을 위해 화해금을 지급한 것이므로 사례금에 해당한다. (2016두48232, 2016. 10. 28.)

2. 사례금에 해당하지 않음

기존 해고는 위법한 것에 해당하므로 회사는 급여 등을 지급할 의무가 있다. 이에 회사가 실질적으로 급여 또는 손해배상금을 지급할 것을 화해금으로 지급한 경우에는 '사례의 뜻'으로 지급한 것으로 볼 수 없다. 따라서 사례금에 해당한다고 볼 수 없다. (2018다237237, 2022. 3. 31.)

제6장 양도소득

01 '유상의 사실상 이전'의 개념
(2010두23644, 2011. 7. 21. 전원합의체)

사실관계

(1) 甲은 2005. 4. 18.경 乙과 **토지거래허가구역** 내에 위치한 乙 소유의 A토지에 관하여 매매대금 21억원으로 하는 매매계약을 체결하였다.

(2) 甲은 그 직후에 丙 등과 매매대금 합계 27억원으로 A토지에 관한 **전매계약**을 체결하고, 그 무렵 최종매수인들과 乙을 직접 당사자로 하는 토지거래허가를 받아 A토지에 관하여 최종매수인들 명의로 각 소유권이전등기를 마쳐 주었다.

(3) 과세관청은 2009. 1. 10. 甲이 A토지를 최종매수인들에게 전매한 것이 **자산의 사실상 유상이전**으로서 그로 인한 소득이 양도소득세 과세대상에 해당한다는 이유로 甲에게 양도소득세를 부과처분하였다.

쟁점

비록 법률상 유효한 소유권의 이전이 없었지만 사실상 매도자와 매수자가 약정의 목적을 달성한 경우라면 중간전매자에게 '자산의 사실상 유상이전'이 있다고 보아 양도소득세를 부과할 것인지 여부

결론

매매 등 계약이 처음부터 위법 내지 탈법적인 것이어서 무효임에도 **당사자 사이에서는 매매 등 계약이 유효한 것으로 취급되어 매도인 등이 매매 등 계약의 이행으로 매매대금 등을 수수하여 그대로 보유하고 있는 경우**에는 자산의 사실상 유상이전이 있다고 볼 수 있다.

주요근거

1. 당사자 사이의 유효한 계약 및 종국적 경제적 이익 귀속

매매 등 계약이 처음부터 「국토의 계획 및 이용에 관한 법률」에서 정한 토지거래허가를 배제하거나 잠탈할 목적으로 이루어진 경우와 같이, 위법 내지 탈법적인 것이어서 무효임에도 당사자 사이에서는 매매 등 계약이 유효한 것으로 취급되어 매도인 등이 매매 등 계약의 이행으로 매매대금 등을 수수하여 그대로 보유하고 있는 경우에는 종국적으로 경제적 이익이 매도인 등에게 귀속되고, 그럼에도 매매 등 계약이 법률상 무효라는 이유로 매도인 등이 그로 말미암아 얻은 양도차익에 대하여 양도소득세를 과세할 수 없다고 보는 것은 매도인 등으로 하여금 과세 없는 양도차익을 향유하게 하는 결과로 되어 조세정의와 형평에 심히 어긋난다.

2. 사실상 양도의 경우

「국토의 계획 및 이용에 관한 법률」이 정한 **토지거래허가구역 내 토지를 허가받지 아니한 채 매도하고 대금을 수수한 경우**라도 다음과 같은 때에는 매도인 등에게 자산의 양도로 인한 소득이 있다고 보아 양도소득세 과세대상이 된다고 보는 것이 타당하다.

---
① 토지거래허가를 배제하거나 잠탈할 목적으로 매매가 아닌 증여가 이루어진 것처럼 가장하여 매수인 앞으로 증여를 원인으로 한 이전등기까지 마친 경우
② 토지거래허가구역 내의 토지를 미등기전매하면서 최초의 매도인이 제3자에게 직접 매도한 것처럼 매매계약서를 작성하고 그에 따른 토지거래허가를 받아 이전등기까지 마친 경우

과세형평

부동산명의가 매수자 측으로 이전되었지만 당초 매매약정이 무효이어서 유효한 소유권의 이전이 아니라는 이유로 매도자와 매수자가 원상회복을 도모할 가능성이 매우 낮은 상황에서조차도 세금을 부과하지 않을 경우에는 매도자에게 발생한 경제적 이득에 대한 과세를 하지 않아 조세형평을 침해하게 되는 결과가 된다.

권리의무 확정주의

「소득세법」은 납세자가 과세대상이 되는 경제적 이득을 실질적으로 지배, 관리 및 처분할 수 있는 지위에 있으면 그에 귀속된 것으로 보고 과세하는 원칙을 정립하고 있다. 객관적인 사실관계로 보아 현시점에서 경제적 이득을 향후 지속적으로 그와 같이 지배, 관리 및 처분할 수 있는 상황에 있다면 비록 낮지만 그러한 지위가 박탈될 수 있는 가능성이 있는 경우라 하더라도 과세하는 것이 타당하다. 그런 낮은 가능성 때문에 과세를 하지 않는다면 부과제척기간을 도과하여 과세하지 못하거나 실제 경제적 자력을 모두 상실한 후가 되어 채권확보를 하지 못하는 등 조세형평을 저해할 수 있는 것이다. 한편, 혹여 소득이 반환되어야 할 상황에 처한다면 **후발적 경정청구제도**를 통해 구제할 수 있을 것이다.

미등기자산

1. 중과세율(70%) 적용 취지

미등기양도자산에 대하여 양도소득세를 중과(70%)한다고 한 취지는 자산을 취득한 자가 양도 당시 그 취득에 관한 등기를 하지 아니하고 이를 양도함으로써, 양도소득세, 취득세 등의 각종 조세를 포탈하거나 양도차익만을 노려 잔대금 등의 지급 없이 전전 매매하는 따위의 부동산투기 등을 억제, 방지하려는 데 있다. 애당초 양도자에게 자산의 미등기양도를 통한 조세회피목적이나 전매이득취득 등 투기목적이 없다고 인정되고, 양도 당시 등기를 하지 아니한 책임을 양도자에게 추궁하는 것이 가혹하다고 판단되는 경우, 즉 부득이한 사정이 인정되는 경우에는 양도소득세가 중과되는 미등기양도자산에서 제외된다.

2. 미등기자산으로 보지 않는 경우

「소득세법」은 ① 장기할부조건으로 취득한 자산으로서 그 계약조건에 의하여 양도 당시 그 자산의 취득에 관한 등기가 불가능한 자산이나, ② 법률의 규정 또는 법원의 결정에 의하여 양도 당시 그 자산의 취득에 관한 등기가 불가능한 자산 등은 미등기자산으로 보지 않는다.

3. 부득이한 사유가 있는지 여부

토지거래허가구역에서 당초부터 허가를 받는 것이 불가능한 조건에 있는 경우는 '법률의 규정에 의하여 양도 당시 그 자산의 취득에 관한 등기가 불가능한 자산'으로 볼 수 없다. (94누8020) 따라서 토지거래허가구역에서 허가받지 않고 전매한 경우에는 중과세율(70%)이 적용된다.

중과세율 적용대상

다음의 경우에는 양도소득세 중과세율이 적용된다.

> ① 미등기자산의 양도
> ② 비사업용 토지의 양도
> ③ 단기보유 부동산(주택)의 양도
> ④ 다주택자의 조정지역에서의 주택의 양도

02 경매된 부동산에 있어서 채무자 명의의 등기가 무효인 경우에도 채무자에게 양도소득세 납세의무가 있는지 여부
(2014두10981, 2016. 8. 8.)

사실관계

(1) 채무자인 甲이 채무를 상환하지 못하여 甲 명의로 소유권이전등기가 마쳐진 A부동산에 대하여 경매신청이 이루어지고, A부동산은 대금 1억 2천만원에 乙에게 매각되고 소유권이전등기까지 마쳐졌다.

(2) 그런데, 당초 甲 명의의 소유권이전등기는 국유재산법에 반하여 무효인 丙의 소유권이전등기에 터 잡은 것이어서 무효인 등기이었다. (즉 A부동산은 丙 → 甲 → 乙의 순서로 소유권이전등기된 것인데 丙의 등기가 무효이므로 순차적으로 甲과 乙의 등기도 무효가 된다)

(3) 이에 甲이 양도소득세를 신고·납부하지 않자 관할세무서장은 甲에게 양도소득세를 부과하였다.

쟁점

외관상 자산이 강제경매절차에 의하여 양도된 것처럼 보이더라도 강제경매절차의 기초가 된 경매부동산에 관한 채무자 명의의 등기가 원인무효인 경우, 채무자에게 양도소득세를 과세할 수 있는지 여부

결론

강제경매절차의 기초가 된 경매부동산에 관한 채무자 명의의 등기가 원인무효의 것인 때에는, 매수인은 경매부동산의 소유권을 취득할 수 없으므로 채무자(매도인)에게 양도소득세를 과세할 수 없다.

주요근거

양도소득세는 자산의 양도로 인한 소득에 대하여 과세되는 것인 바, 외관상 자산이 강제경매절차에 의하여 양도된 것처럼 보이더라도, 강제경매절차의 기초가 된 경매부동산에 관한 채무자 명의의 등기가 원인무효인 것인 때에는, 매수인은 경매부동산의 소유권을 취득할 수 없고 강제경매절차를 통하여 채무자에게 돌아간 이익이 있으면 원칙적으로 원상회복으로 반환의 대상이 될 수 있을 뿐이므로, 이 경우 특별한 사정이 없는 한 채무자에게 매각대금 상당의 양도소득이 귀속되었다고 보아 양도소득세를 과세할 수 없다고 할 것이다.

참고로, 경락인은 경매 채권자에게 경매대금 중 그가 배당받은 금액에 대하여 부당이득 반환 법리에 따라 반환을 청구할 수 있고, 이는 결과적으로 채무자의 채무가 상환되지 못하게 되는 결과가 된다. 따라서 채무자는 양도로 인해 수령한 대가가 없게 된다.

양도의 정의 (「소득세법」 제88조)	양도란 자산에 대한 등기 또는 등록과 관계없이 매도, 교환, 법인에 대한 현물출자 등을 통하여 그 자산을 유상으로 사실상 이전하는 것을 말한다.
후발적 경정청구	만일 위 사례에서 채무자인 甲이 양도소득세를 신고·납부한 후, 등기가 무효임이 밝혀진 경우에는 후발적 경정청구를 통해 양도소득세를 되돌려 받을 수 있다. 그러나 甲이 양도소득세를 신고·납부하기 전에 과세관청이 양도소득세를 과세한 경우라면 甲은 그 처분 자체에 대하여 다툴 수 있다. 즉, **甲의 등기가 무효인 것이 밝혀졌다면 경매의 효력(양도의 효력)은 소급하여 상실되었으므로 채무자(양도인)인 甲에게 양도로 인한 소득이 있음을 전제로 한 양도소득세 부과처분은 위법한 것이다.**

03 투자수익보장약정에 따라 환매한 경우
(2013두12652, 2015. 8. 27.)

사실관계	(1) 甲은 2005년에 A법인 주식 10,000주를 1주당 5,000원에 취득하였다.
	(2) 甲은 2007년에 A법인 주식 10,000주를 乙펀드에게 1주당 20,000원에 양도대금을 수령한 후 주식명의개서를 마쳤다. 또한, 2007년 8월 말에 양도소득세 예정신고를 하였다.
	(3) 甲과 乙펀드 사이에 이루어진 주식양도계약서에 따르면, A법인의 2007 사업연도 당기순이익이 50억원 이하이거나 2008 사업연도 당기순이익이 80억원 이하인 경우 乙펀드가 A법인이나 甲에게 A법인 주식의 일부 또는 전부를 그 양도대금에 연 복리 20%를 가산한 금액으로 이익소각 또는 유상감자할 것을 요구할 수 있고, 이에 대해 甲은 이 사건 주식의 일부 또는 전부를 그 양도대금에 연 복리 20%를 가산한 금액으로 다시 매수할 수 있도록 하는 이익소각, 유상감자 또는 주식매수에 관한 약정을 맺었다.
	(4) 실제 A법인의 당기순손실이 발생하여, 2011년 5월 31일에 乙펀드는 甲에게 1주당 36,000원에 A법인 주식 10,000주를 모두 환매하였다.
쟁점	乙펀드의 환매권 행사에 따라 甲이 당초 양도한 주식을 다시 양수한 경우, 기존의 주식 양도에 대한 '계약해제'로 보아 甲이 경정청구를 할 수 있는지 여부

결론

유효한 매매계약을 토대로 자산의 양도가 이루어진 후 **환매약정에 따른 환매가 이루어지더라도 이는 원칙적으로 새로운 매매에 해당하므로** 양도소득세의 과세요건을 이미 충족한 당초 매매계약에 따른 자산의 양도에 영향을 미칠 수는 없다. 따라서 甲의 경정청구는 타당하지 않다.

주요근거

주식 양도인이 투자자인 양수인에게 주식을 양도하면서 투자금 회수 및 투자수익 보장을 약정하였다가 그 양도 이후 주식발행 법인의 수익 감소 내지 주식의 가치 하락 등의 사유가 발생함에 따라 당초의 양도대금에 약정된 수익금을 가산한 금액을 매매대금으로 하여 주식을 환매하는 방법으로 투자금 및 투자수익금 지급의무를 이행한 경우라면, 이러한 환매는 당초 매매계약의 해제 또는 해제조건의 성취 등에 따른 원상회복의무의 이행으로 볼 수 없고 약정된 투자수익금 등의 지급을 위한 별개의 매매에 해당하므로, 양도소득세의 과세요건인 당초 매매계약이 소멸된다거나 그에 따른 주식의 양도가 없어졌다고 할 수 없다.

다른 소득과의 관계

자금대여에 대한 대가로 수취한 것으로 볼 수 없으므로 '이자소득'에 해당하지 않으며, 계약해제 시 반환되어야 할 부당이득과는 그 성질이 다르므로 '기타소득'에도 해당하지 않는다.

비교

1. 일반적인 해제의 경우

양도계약의 이행이 완료되기 전에 계약이 합의해제된 경우는 물론이고, 이행이 완료된 후에 합의해제된 경우에도 조세회피의 의도가 없는 경우에는 양도소득세를 부과할 수 없다는 것이 판례의 입장이다.

2. 재매매약정과 비교

인수·합병 과정에서 대주주의 주식 양도 후 주식 가치 감소분에 대비하기 위한 투자수익 보장약정이 체결되는 경우가 더러 있다. 이때, 약정기간 동안 하락한 주식가치분을 양도인이 당초 양도대금에서 현금으로 되돌려 주는 방법을 채택한 경우에는 계약의 일부 해제(대금 감액)로 보아 경정청구를 인정하여 양도소득세를 환급받을 수 있다. 그러나 재매매약정을 맺은 경우에는 새로운 매매로 보기 때문에 경정청구사유가 되지 않는다. 따라서 재매매약정을 체결한 경우에는 양도소득세를 환급받을 수 없다.

04 부담부증여와 중첩적 채무인수
(2016두45400, 2016. 11. 10.)

사실관계

(1) 병원을 운영하는 甲은 동업자들과 함께 의료법인을 설립하여 부동산을 의료법인에 출연하되, 의료재단은 부동산에 설정된 근저당권의 A은행의 피담보채무를 인수하기로 하였다.

(2) 이에 甲과 의료법인은 부담부증여계약을 맺고 부동산 소유권을 의료법인 앞으로 이전하였다. 甲은 부담부증여계약의 체결로 인하여 양도소득세를 신고·납부하였으나, A은행의 반대로 동 채무에 대한 면책적 채무인수가 이루어지지 아니하였다.

(3) 이후 甲은 부담부증여계약 체결 이후에도 A은행에 동 채무의 이자를 지급하였다.

(4) 甲은 의료법인이 동 채무를 인수한 것은 '부담부증여에 있어서 증여자의 채무를 수증자가 인수한 경우'에 해당하지 않는다는 이유로 양도소득세 과세표준 및 세액의 경정을 청구하였으나, 과세관청은 이를 거부하였다.

유상의 양도

(1) 부담부증여에 따른 **채무인수는 면책적인지 중첩적인지를 불문하고 채무액에 상당하는 부분이 유상으로 이전된다고 봄이 타당하다.**

(2) 수증자가 증여자의 채무를 중첩적으로 인수하는 경우, 채권자로서는 수증자에게 채무의 변제를 청구할 수 있고, 증여자가 인수된 채무를 변제하더라도 연대채무관계에 있는 수증자를 상대로 구상권을 행사할 수 있다. 따라서 수증자에게는 아무런 이익이 있다고 볼 수 없다.

특별한 사정

(1) 부담부증여 당시에 이미 수증자의 무자력 등으로 인하여 수증자의 출재에 의한 채무변제가 이루어지지 아니할 것이 명백한 경우 등의 특별한 사정이 있는 경우에는 양도에 해당하지 않는다.

(2) 수증자가 채무의 변제를 게을리 함으로써 부담부증여계약이 해제된다면 계약의 효력이 소급적으로 상실되어 수증자의 인수채무액에 상당하는 부분도 양도소득세의 과세요건인 '양도'가 처음부터 없었던 것이 된다. 그러한 경우에는 경정청구가 가능하다.

05 3자 간 등기명의신탁 부동산의 양도시기
(2015두41630, 2018. 11. 9.)

사실관계

(1) 甲은 乙과 사이에 자신 소유의 부동산을 6억 5,000만원에 매도하되(계약금 6,500만원은 계약 시에, 중도금 3억 1,500만원은 2005. 12. 29.에, 잔금 2억 7,000만원은 2006. 1. 19.에 각 지급), 중도금 지급과 동시에 소유권이전등기를 하고, 잔금 2억 7,000만원은 근저당권 및 전세금을 승계하여 정산하기로 하는 내용의 매매계약을 체결하였는데, 매매계약서상 매수인 명의는 乙의 동생인 丙으로 기재하였다.

(2) 甲과 乙은 부동산의 매매대금을 합계 3억 2,000만원으로 기재한 매매계약서를 별도로 작성하여 **잔금지급일 전인 2005. 12. 29.과 같은 달 30. 丙 명의로 그 소유권이전등기를** 마쳤다.

(3) 매매계약에서 乙이 잔금지급 대신 승계하여 정산하기로 한 근저당권은 2006. 1. 20. 해지를 원인으로 말소되었다.

(4) 甲은 2006. 2. 6. 부동산의 양도가액을 3억 2,000만원으로 하여 양도소득세 예정신고를 하였다.

(5) 이에 과세관청은 2012. 12. 10. 甲에 대하여 부동산의 실지거래가액 6억 5,000만원으로 양도차익을 산정하여 2005년 귀속 양도소득세 189,809,060원(가산세 포함)을 경정·고지하였다.

쟁점

제3자 명의신탁에서 잔금 청산 전에 등기된 경우, 등기접수일을 양도시기로 볼 것인지 여부

결론

1. 양도시기

3자 간 등기명의신탁약정에 따라 명의수탁자 명의로 마친 소유권이전등기는 「소득세법」상 양도시기규정에서 의미하는 소유권이전등기에 해당하지 않는다. 따라서 부동산의 양도시기는 그 **대금을 청산한** 날이다.

2. 귀속시기를 달리한 처분

부동산을 양도하면서 3자 간 등기명의신탁약정에 따라 명의수탁자인 丙 명의로 그 소유권이전등기를 마치게 해준 다음 매수인이자 명의신탁자인 乙과 대금을 청산하였으므로, 부동산의 양도시기는 그 대금을 청산한 2006. 1. 20. 무렵이라고 보아야 한다. 따라서 위 각 부동산의 양도에 따른 양도소득이 2005년도에 귀속함을 전제로 한 과세처분은 그 자체로 위법하다.

양도시기

1. 「소득세법」 제98조

자산의 양도차익을 계산할 때 그 취득시기 및 양도시기는 대금을 청산한 날이 분명하지 아니한 경우 등 대통령령으로 정하는 경우를 제외하고는 해당 자산의 대금을 청산한 날로 한다.

2. 「소득세법 시행령」 제162조 제1항

대금을 청산한 날이 분명하지 아니한 경우 등 대통령령으로 정하는 경우란 다음의 경우를 말한다.

> 1. 대금을 청산한 날이 분명하지 아니한 경우에는 등기부·등록부 또는 명부 등에 기재된 등기·등록접수일 또는 명의개서일
> 2. 대금을 청산하기 전에 소유권이전등기(등록 및 명의의 개서를 포함한다)를 한 경우에는 등기부·등록부 또는 명부 등에 기재된 등기접수일
> 3. 기획재정부령이 정하는 장기할부조건의 경우에는 소유권이전등기(등록 및 명의개서를 포함한다) 접수일·인도일 또는 사용수익일 중 빠른 날

등기의 의미

1. 대금청산 전 등기

「소득세법」상 양도시기에 관한 조항의 문언과 입법 취지 등에 비추어 보면, 위 조항은 자산을 양수하는 자가 대금을 청산하기 전에 그 자산에 관한 소유권이전등기를 한 경우에는 자산의 양도시기를 등기부에 기재된 등기접수일로 의제하는 규정으로(2000두6282 판결 등), 여기에서 말하는 소유권이전등기는 원칙적으로 해당 자산을 양수하는 자가 그 양수의 원인이 된 법률행위 등을 등기원인으로 하여 마치는 등기를 의미한다.

2. 무효인 등기

한편 부동산의 양도가 무효인 경우에는 특별한 사정이 없는 한 양수인 명의로 소유권이전등기가 마쳐졌더라도 양도소득세의 과세대상인 자산의 양도에 해당한다거나 자산의 양도로 인한 소득이 있다고 할 수 없다(96누8901 판결 등). 따라서 이러한 경우에는 설령 양수인이 대금을 청산하기 전에 원인무효의 소유권이전등기를 하였더라도 이 사건 조항을 적용하여 등기접수일을 해당 부동산의 양도시기로 볼 수는 없다.

3. 3자 간 등기명의신탁에서의 등기

부동산을 매수한 명의신탁자가 3자 간 등기명의신탁약정에 따라 명의수탁자 명의로 소유권이전등기를 마치는 경우, 그 등기는 매수인 명의의 것이 아님은 물론이고 매도인과 매수인 사이의 매매계약을 등기원인으로 하는 것도 아니다. 그러한 명의수탁자 명의의 등기는 무효인 명의신탁약정에 따른 것으로서 「부동산 실권리자명의 등기에 관한 법률」 제4조 제2항 본문에 의하여 무효이다. 그리고 그 효력이 없다는 점에서는 명의수탁자 명의의 등기도 일반적인 원인무효의 등기와 다르지 않다.

지방세 판례

3자 간 등기명의신탁에 있어 취득세 납세의무자가 누구인지에 대한 사안에서, **명의신탁자가 매매계약의 당사자**로서 매도인과 매매계약을 체결하고 매매대금을 지급하며, 매매계약에 따른 법률효과도 명의신탁자에게 귀속되고, 그 매매계약은 유효이므로 3자 간 등기명의신탁에서 명의신탁자의 매수인 지위는 일반 매매계약에서 매수인 지위와 근본적으로 다르지 않다는 등의 이유로, **명의신탁자가 부동산에 관한 매매계약을 체결하고 소유권이전등기에 앞서 매매대금을 모두 지급한 경우 사실상의 잔금지급일에 사실상 취득에 따른 취득세 납세의무자에 해당한다.**

06 등기명의신탁에서 「소득세법」상 주택보유자 판정
(2016두43091, 2016. 10. 27.)

사실관계

(1) 甲은 잠실에 소재한 고가의 아파트를 양도하고, 「소득세법」상 1세대 1주택 양도에 해당함을 전제로 양도소득세를 기한 후 신고·납부하였다.

(2) 과세관청은 甲이 잠실 아파트를 양도할 당시에 서울 관악구에 소재하는 4채의 다른 연립주택을 보유하고 있음을 확인하고 1세대 3주택 이상에 해당한다고 보아 중과세율을 적용하여 양도소득세를 추가고지 하였다.

(3) 관악구 소재 연립주택의 매매계약 체결 시 명의수탁자는 참석하지 않았고 甲만이 참석하여 매매계약서를 작성한 사실, 매매대금도 甲이 매도인에게 직접 현금으로 교부하거나 甲의 계좌에서 매도인 등의 계좌로 송금된 사실, 매도인도 甲이 세금 문제 때문에 명의신탁 한다는 사실을 알고 있는 사실 등은 확인되었다.

쟁점

양도소득세 관련 주택 수 산정 시 명의신탁자(3자 간 등기명의신탁)의 주택에 포함되는지 여부

결론

3자 간 등기명의신탁관계에서는 **명의신탁자가 대상 주택을 지배·관리하면서 사실상 이를 처분할 수 있는 지위**에 있고 그 처분에 따른 소득의 귀속주체가 된다는 점에서, 투기 목적의 주택 소유를 억제하려는 다주택자 중과세의 입법취지 등을 고려할 때 중과세 조항의 적용에 있어서는 명의신탁자가 대상 주택을 소유하는 것으로 봐야 한다.

사실관계

(1) 甲이 2003. 11. 8. 사망하자 그 상속인들은 A토지를 그 상속지분에 따라 상속하였다.

(2) 甲의 어머니인 乙은 甲의 사망 후 A토지 중 일부가 乙의 소유라고 주장하면서 2003. 11. 21. 상속인들을 상대로 A토지 중 상속인들의 각 소유지분에 관한 이전등기를 청구하는 소를 제기하였다.

(3) 상속인들 및 甲의 다른 친족 사이에서 상속재산을 둘러싸고 분쟁이 발생하였는데, 이 과정에서 상속인들은 토지 등 상속재산을 유지하기 위하여 丙에게 A토지를 명의신탁하면서 2003. 11. 27.부터 2003. 12. 8.까지 丙의 명의로 소유권이전등기를 마쳐 주었다.

(4) 丙은 2004. 7. 21.부터 2005. 6. 28.까지 제3자들에게 A토지를 매도한 다음 그들에게 소유권이전등기를 마쳐 주었다.

(5) 한편 상속인들은 2006. 5. 18. 의정부지방법원에 丙을 상대로 주위적으로 명의신탁에 따른 丙 명의의 소유권이전등기의 말소를, 예비적으로 A토지의 가액 상당의 반환을 청구하는 소를 제기하였는데, **상속인들이 丙과 그 남편으로부터 그들이 상속인 대신 지출한 비용 등을 제외한 나머지 금원을 지급받기로 하는 조정**이 성립되었다.

(6) 이에 과세관청은 이러한 사실관계를 토대로 하여, 명의수탁자인 丙이 상속인들의 위임이나 승낙 없이 임의로 A토지를 처분함으로써 얻은 양도소득은 위 조정 성립에 따라 명의신탁자인 상속인들에게 전액 환원되어 **상속인들이 그 양도소득을 사실상 지배, 관리, 처분할 수 있는 지위에 있게 되었다**는 이유로 상속인들을 그에 관한 양도소득세의 납세의무자로 보아 상속인들에게 양도소득세를 부과하였다.

쟁점

명의수탁자가 양도대금을 상당 기간 경과한 후에 반환한 경우에도 명의신탁자에게 양도소득세를 부과할 수 있는지 여부

결론	상속인들이 A토지의 양도 당시 그 양도소득을 실질적으로 지배, 관리, 처분할 수 있는 지위에 있었다거나 A토지에 관한 양도의 주체가 된다고 볼 수 없다. 따라서 특별한 사정이 없는 한 단지 명의신탁자가 명의수탁자에 대한 소송을 통해 상당한 시간이 경과한 후에 양도대가 상당액을 회수하였다고 하여 양도소득의 환원이 있다고 할 수는 없다. 이러한 경우의 명의신탁자에 양도소득세를 부과하는 것은 위법한 처분이다.

학설	대금의 회수 기간에 따라 양도소득세 납세의무가 달라진다는 것은 이해하기 어렵다. 이는 다분히 과세편의를 위한 판결에 불과하다. 즉, 명의수탁자에 대한 양도소득세 과세처분을 취소하고 다시 명의신탁자에 대한 과세처분을 하여야 하는 번거로움을 해소하기 위한 판결에 불과하다는 것이다.

명의신탁과
양도소득세
납세의무자

1. 3자 간 등기명의신탁

명의신탁자는 매도인에게 매매계약에 기한 소유권이전등기를 청구할 수 있고, 그 소유권이전등기청구권을 보전하기 위하여 매도인을 대위하여 무효인 명의수탁자 명의 등기의 말소를 구할 수도 있다. 따라서 제3자 간 명의신탁의 경우 양도소득세 납세의무자는 **명의신탁자**이다.

2. 계약명의신탁

계약명의신탁 경우의 명의신탁자는 양도소득을 실질적으로 지배하고 관리, 처분할수 있는 지위에 있지 않고, 명의수탁자로부터 양도소득을 환원받지 못한 경우에는양도소득세 납세의무자는 **명의수탁자**이다. 다만, 계약명의신탁의 경우에도 양도소득의 귀속이 명의신탁자에게 귀속되었다면 양도소득세 납세의무는 명의신탁자에게있다.

3. 명의수탁자의 임의양도

명의수탁자가 명의신탁자의 위임이나 승낙 없이 임의로 명의신탁재산을 양도하였다면 그 양도주체는 명의수탁자이다. 따라서 양도소득이 명의신탁자에게 환원되지 않는한 명의신탁자가 양도소득을 사실상 지배, 관리, 처분할 수 있는 지위에 있지 아니하므로 "사실상 소득을 얻은 자"로서 양도소득세의 납세의무자가 된다고 할 수 없다.

4. 임의환원

명의수탁자가 명의신탁자의 위임이나 승낙 없이 임의로 처분한 명의신탁재산으로부터 얻은 양도소득을 명의신탁자에게 환원하였다고 볼 수 있으려면, 명의수탁자가 양도대가를 수령하는 즉시 그 전액을 자발적으로 명의신탁자에게 이전하는 등 사실상위임사무를 처리한 것과 같아야 한다.

명의수탁자가 납부한 양도소득세를 명의신탁자에게 반환청구할 수 있는지 여부(2020다260902, 2021. 7. 29.)

과세관청이 명의수탁자에게 양도소득세 과세처분을 하더라도 명의수탁자와 과세관청 사이에는 명의신탁자와 과세관청 사이의 조세법률관계와는 **별개의 조세법률관계**가 성립한다. 즉, 명의수탁자가 양도소득세를 납부하였다고 하더라도 이는 자신의 납세의무를 이행한 것일 뿐이고 명의신탁자의 양도소득세 납세의무를 대신 이행한 것으로 볼 수 없다. 다만, 이 경우 명의수탁자는 명의신탁 부동산의 소유자가 아니므로 명의수탁자가 양도소득세를 신고·납부하였다면 5년 이내 경정청구를 하여 환급받을 수 있다(명의신탁 사실은 부과처분 이후에 새롭게 발생한 사실이 아니므로 후발적 경정청구 사유로 보기 어렵다).

또한, 명의신탁자는 명의신탁 부동산의 사실상 소유자로서 여전히 명의신탁 부동산에 대하여 양도소득세를 납부할 의무가 있다. 그리하여 명의수탁자의 양도소득세 납부로 인하여 명의신탁자가 납세의무를 면하는 부당이득을 얻었다고 보기 어렵다. 따라서 명의수탁자는 명의신탁자에 대하여 자신이 납부한 양도소득세에 대한 부당이득 반환청구권을 갖지 못한다.

> 참고 │ 이 사건은 양도대금이 실질적으로 명의신탁자에게 귀속되었고, 양도소득세까지 명의수탁자가 납부하였으나 추후 명의신탁 사실이 드러난 경우임

08 사실혼 관계를 유지하는 경우의 1세대 1주택 비과세 적용 여부
(2016두35083, 2017. 9. 7.)

사실관계

(1) 甲은 1997. 9. 25. 乙과 혼인하였다가 2008. 1. 11. 협의이혼하였다.

(2) 甲은 2003. 5. 21. A주택을 취득하였다가 2008. 9. 8. 서울특별시에 협의취득을 원인으로 양도하였는데, A주택의 양도와 관련하여 1세대 1주택 비과세에 해당한다고 생각하여 양도소득세 신고를 하지 아니하였다.

(3) 그러나 과세관청은 甲이 乙과 2008. 1. 11. 이혼한 후에도 실제로 혼인관계를 지속하였고 2009. 1. 2. 다시 혼인신고를 마쳤을 뿐만 아니라 乙이 A주택 외 7채의 주택을 소유하고 있어 1세대 3주택 이상 소유자의 주택양도에 해당한다고 보고 2013. 12. 3. 甲에 대하여 중과세율을 적용하여 산출한 2008년도 귀속 양도소득세 178,763,750원의 부과처분을 하였다.

쟁점	사실상 혼인생활을 계속 유지하면서 법률상으로 이혼을 한 부부의 이혼을 양도소득세를 면탈하기 위한 가장이혼으로 보아 부부가 1세대를 구성한다고 볼 것인지, 아니면 이혼이 유효하므로 부부가 분리되어 따로 1세대를 구성하는 것으로 볼 것인지 여부
결론	'1세대 1주택'에 해당하는지를 판단할 때 거주자와 함께 1세대를 구성하는 배우자는 법률상 배우자만을 의미한다고 해석되므로, 거주자가 주택의 양도 당시 이미 이혼하여 법률상 배우자가 없다면, 그 이혼을 무효로 볼 수 있는 사정이 없는 한 종전 배우자와는 분리되어 따로 1세대를 구성한다.

주요근거

1. 엄격해석의 원칙

조세법률주의의 원칙상 과세요건이거나 비과세요건 또는 조세감면요건을 막론하고 조세법규의 해석은 특별한 사정이 없는 한 법문대로 해석하여야 한다.

2. 이혼의 의사

협의이혼에서 이혼의 의사는 법률상의 부부관계를 해소하려는 의사를 말하므로, 일시적으로나마 법률상의 부부관계를 해소하려는 당사자 간의 합의 하에 협의이혼신고가 된 이상, 그 협의이혼에 다른 목적이 있다고 하더라도 양자 간에 이혼의 의사가 없다고는 말할 수 없고, 그 협의이혼은 무효로 되지 아니한다.

원심판결

실질과세의 원칙상 고등법원의 판결이 옳다고 하는 학설이나 평석이 다수이다.

1. 합목적적인 해석의 허용

조세법률주의의 원칙상 조세법규의 해석은 특별한 사정이 없는 한 법문대로 해석하여야 하고 합리적 이유 없이 확장해석하거나 유추해석하는 것은 허용되지 않지만, 법규 상호 간의 해석을 통하여 그 의미를 명백히 할 필요가 있는 경우에는 조세법률주의가 지향하는 법적 안정성 및 예측가능성을 해치지 않는 범위 내에서 입법 취지 및 목적 등을 고려한 합목적적인 해석을 하는 것은 허용된다.

2. 1세대 1주택 양도의 비과세 취지

1세대 1주택의 양도로 인하여 발생하는 소득에 대하여 소득세를 부과하지 아니하도록 규정하고 있는 취지는 **주택이 국민의 주거생활의 기초가 되는 것**이므로 1세대가 국내에 소유하는 1개의 주택을 양도하는 것이 양도소득을 얻거나 투기를 할 목적으로 일시적으로 거주하거나 소유하다가 양도한 것이 아니라고 볼 수 있는 일정한 사유가 있는 경우에는 그 양도소득에 대하여 소득세를 부과하지 아니함으로써 **국민의 주거생활의 안정과 거주이전의 자유를 보장**하여 주려는 데에 있다.

3. 위장이혼에 해당하는 경우에는 이혼한 배우자도 포함됨

거주자와 배우자가 1세대 1주택 비과세 혜택을 받기 위하여 위장이혼을 한 경우까지 거주자와 배우자가 각각 1세대를 구성한다고 해석하는 것은 그 입법 취지 및 목적에 어긋난다. 따라서 거주자와 배우자가 이혼한 경우에는 원칙적으로 각 1세대를 구성하나 거주자와 배우자가 양도소득세를 면탈하기 위해 위장이혼을 하고 이혼한 후에도 거주자와 이혼한 배우자가 실제로 혼인관계를 지속하고 있는 경우에는 거주자와 배우자를 1세대로 해석하여야 한다.
➲ 甲과 乙의 법률상 이혼이 오로지 조세회피 또는 면탈의 목적을 위한 것으로 봄

1세대 1주택 비과세

1. 비과세대상

다음 중 어느 하나에 해당하는 주택(고가주택은 제외)과 이에 딸린 주택부수토지의 양도로 발생하는 소득이다.

> ① 1세대가 1주택을 보유하는 경우로서 대통령령으로 정하는 요건을 충족하는 주택
> ② 1세대가 1주택을 양도하기 전에 다른 주택을 대체취득하거나 상속, 동거봉양, 혼인 등으로 인하여 2주택 이상을 보유하는 경우로서 대통령령으로 정하는 주택
> ➲ 1세대 2주택 비과세 특례

2. 비과세요건

1세대가 양도일 현재 국내에 1주택을 보유하고 있는 경우로서 해당 주택의 **보유기간이 2년**(비거주자가 거주자로 전환된 경우의 주택인 경우는 3년) 이상인 것이어야 한다. 다만, 조정대상지역에 있는 주택의 경우에는 보유기간 중 거주기간이 2년 이상이어야 한다.

(1) 1세대

1세대란 거주자 및 그 배우자가 그들과 같은 주소 또는 거소에서 **생계를 같이하는 자와 함께 구성하는 가족**(거주자와 그 배우자의 직계존비속 및 형제자매)단위를 말한다. 다만, 거주자 연령이 30세 이상, 배우자의 사망·이혼, 그리고 일정한 요건을 갖춘 경우로서 생계를 유지할 수 있는 경우 등에는 배우자가 없더라도 1세대로 본다.

(2) 1주택

주택이란 허가 여부나 공부상의 용도 구분에 관계없이 **사실상 주거용**으로 사용하는 건물을 말한다. 이 경우 그 용도가 분명하지 아니하면 공부상의 용도에 따른다.

09 물상보증인의 양도소득 후발적 경정청구
(2020두53699, 2021. 4. 8.)

사실관계

(1) 甲은 2010. 10. 29. 乙과 X토지 등을 10억원에 매도하는 매매계약을 체결하였다.

(2) 甲은 乙로부터 매매대금을 전부 지급받지 못했는데도 乙의 요청으로 2011. 8. 12. A농업협동조합에 X토지에 관하여 채권최고액 20억 8,000만원, 채무자를 乙이 운영하던 주식회사 B로 하는 근저당권을 설정해 주었다.

(3) X토지는 위 근저당권을 실행하기 위한 경매절차에서 매각되었고, 매수인 주식회 사 C는 2016. 10. 12. 경매법원에 매각대금 20억 8,555만원을 납부하였다.

(4) 과세관청은 甲이 2016. 10. 12. 주식회사 C에 X토지를 20억 8,555만원에 양도하 였다고 보고, 2017. 10. 31. 甲에 대하여 2016년 귀속 양도소득세 804,929,460 원을 부과하는 이 사건 처분을 하였다.

(5) 한편 주식회사 B에 대하여 2020. 6. 30. 파산이 선고되었다.

쟁점

물상보증인이 담보권 실행을 위한 경매로 담보목적물의 소유권을 상실하였으나 채무 자의 파산으로 구상권을 행사할 수 없게 된 경우 이를 후발적 경정청구사유로 보아 양도세 부과처분을 위법하다고 볼 수 있는지 여부

결론

임의경매 절차에서 채무자의 파산으로 구상권을 행사할 수 없게 되어 물상보증인의 소득이 실현될 가능성이 전혀 없게 된 것이 객관적으로 명백하더라도 이는 양도소득 세의 성립 여부에 아무런 영향이 없다.

1. 양도의 정의

「소득세법」 제88조 제1호 1문은 양도세의 과세요건으로서 '양도'를 '자산에 대한 등기 또는 등록과 관계없이 매도, 교환, 법인에 대한 현물출자 등을 통하여 그 자산을 유상으로 사실상 이전하는 것'이라고 정의하고 있다. 근저당권 실행을 위한 경매는 담보권의 내용을 실현하는 환가행위로서 매수인은 목적부동산의 소유권을 승계취득하는 것이므로 위 규정에서 말하는 '양도'에 해당한다.

2. 구상권채권의 법적 성질

경매의 기초가 된 근저당권이 제3자의 채무에 대한 물상보증을 한 것이라고 하더라도 그 양도인은 물상보증인이고 매각대금은 경매목적 부동산의 소유자인 물상보증인의 양도소득으로 귀속된다. 또한 물상보증인의 채무자에 대한 구상권은 매각대금이 채무자가 부담하고 있는 피담보채무의 변제에 충당됨으로써 대위변제의 효과(보증채무 이행의 효과)로서 발생하는 것이지 경매의 대가라는 성질을 가지는 것은 아니다. 따라서 채무자의 무자력으로 물상보증인이 채무자에게 구상권을 사실상 행사할 수 없더라도 그러한 사정은 양도소득의 성립 여부에 아무런 영향이 없다.

3. 양도의 법률관계에 영향이 없음

「국세기본법」 제45조의2 제2항에서 정한 후발적 경정청구는 납세의무 성립 후 일정한 후발적 사유의 발생으로 과세표준과 세액을 산정하는 근거가 된 사항에 변동이 생긴 경우에 할 수 있다. 물상보증인이 담보로 제공한 부동산이 경매절차에서 매각된 다음 채무자의 파산 등으로 물상보증인의 구상권 행사가 불가능하게 되었더라도, **이는 목적부동산의 매각에 따른 물상보증인의 양도소득이 성립하는지 여부에는 아무런 영향을 미치지 않는다.** 따라서 위와 같은 사정이 발생하더라도 양도소득세 과세표준과 세액을 산정하는 근거가 된 사항에 변동을 가져오지 않으므로, 「국세기본법」 제45조의2 제2항, 같은 법 시행령 제25조의2가 정한 후발적 경정청구사유에 해당한다고 볼 수 없다.

사실관계

(1) 거주자 甲은 2012. 5. 24. 특수관계에 있는 A주식회사에 코스닥시장상장법인으로서 甲이 최대주주인 X주식회사의 발행주식 680,000주(이하 '이 사건 주식'이라 한다)를 1주당 8,800원 합계 5,984,000,000원에 시간외대량매매 방식으로 양도하였는데(이하 '이 사건 양도'라 한다), 당일 이 사건 주식의 한국거래소 최종시세가액(이하 '종가'라 한다)은 1주당 9,200원이었다.

(2) 甲은 2012. 8. 31. 양도가액을 5,984,000,000원으로 하여 이 사건 양도에 관한 양도소득세 등을 신고·납부하였다.

(3) 과세관청은 구 「소득세법 시행령」 제167조 제5항에 의하여 준용되는 구 「상속세 및 증여세법」 제60조 제1항 후문, 제63조 제1항 제1호 (가)목, (나)목 및 제3항에 따라 이 사건 주식의 시가를 평가기준일인 2012. 5. 24. 이전·이후 각 2개월 동안 공표된 매일의 종가 평균액 9,565원에 최대주주 등 할증률 20%를 가산한 1주당 11,478원(= 9,565원 × 120/100)으로 산정한 다음, 「소득세법」 제101조 제1항, 구 「소득세법 시행령」 제167조 제3항 제1호, 제4항에 따라 이 사건 주식의 양도가액을 위 시가에 의하여 계산하여, 2015. 1. 5. 원고에게 2012년 귀속 양도소득세 490,823,050원을 경정·고지하였다.

관련 법령

1. 양도소득의 부당행위 계산(「소득세법 시행령」 제167조)

⑥ 개인과 법인간에 재산을 양수 또는 양도하는 경우로서 그 대가가 「법인세법 시행령」 제89조의 규정에 의한 가액에 해당되어 당해 법인의 거래에 대하여 「법인세법」 제52조의 규정이 적용되지 아니하는 경우에는 법 제101조 제1항의 규정을 적용하지 아니한다. 다만, 거짓 그 밖의 부정한 방법으로 양도소득세를 감소시킨 것으로 인정되는 경우에는 그러하지 아니하다. (2005. 2. 19. 개정)

⑦ 제5항에도 불구하고 주권상장법인이 발행한 주식의 시가는 「법인세법 시행령」 제89조 제1항에 따른 시가로 한다. 이 경우 제3항 각 호 외의 부분 단서는 적용하지 않는다. (2021. 2. 17. 신설)

2. 시가의 범위 등(「법인세법 시행령」 제89조)

① 법 제52조 제2항을 적용할 때 해당 거래와 유사한 상황에서 해당 법인이 특수관계인 외의 불특정다수인과 계속적으로 거래한 가격 또는 특수관계인이 아닌 제3자 간에 일반적으로 거래된 가격이 있는 경우에는 그 가격에 따른다. 다만, 주권상장법인이 발행한 주식을 다음 각 호의 어느 하나에 해당하는 방법으로 거래한 경우 해당 주식의 시가는 그 거래일의 「자본시장과 금융투자업에 관한 법률」 제8조의2 제2항에 따른 거래소(이하 "거래소"라 한다) 최종시세가액(거래소 휴장 중에 거래한 경우에는 그 거래일의 직전 최종시세가액)으로 하며, 기획재정부령으로 정하는 바에 따라 사실상 경영권의 이전이 수반되는 경우에는 「상속세 및 증여세법」 제63조 제3항을 준용하여 그 가액의 100분의 20을 가산한다.
1. 「자본시장과 금융투자업에 관한 법률」 제8조의2 제4항 제1호에 따른 증권시장 외에서 거래하는 방법
2. 대량매매 등 기획재정부령으로 정하는 방법

쟁점

구 「소득세법 시행령」 제167조 제6항이 양도소득세에 관한 부당행위계산부인 규정에서의 시가를 「법인세법」상 부당행위계산부인 규정에서의 시가와 일치시키는 규정으로 볼 수 있는지 여부

관련 법리

① 「소득세법」 제101조 제1항은 "납세지 관할세무서장 또는 지방국세청장은 양도소득이 있는 거주자의 행위 또는 계산이 그 거주자의 특수관계인과의 거래로 인하여 그 소득에 대한 조세 부담을 부당하게 감소시킨 것으로 인정되는 경우에는 그 거주자의 행위 또는 계산과 관계없이 해당 과세기간의 소득금액을 계산할 수 있다."라고 규정하고, 제5항은 "제1항에 따른 특수관계인의 범위와 그 밖에 부당행위계산에 필요한 사항은 대통령령으로 정한다."라고 규정하고 있다.

② 그리고 그 위임을 받은 구 「소득세법 시행령」 제167조는 제3항 제1호에서 '거주자가 특수관계인에게 시가보다 낮은 가격으로 자산을 양도한 때'를 부당행위계산부인에 관한 「소득세법」 제101조 제1항이 적용되는 행위 유형의 하나로 들면서, 제4항 및 제5항에서 특수관계인과의 거래에 있어서 토지 등을 시가에 미달하게 양도함으로써 조세의 부담을 부당히 감소시킨 것으로 인정되는 때에는 그 양도가액을 시가에 의하여 계산하되, 그 시가는 「상속세 및 증여세법」 제60조 내지 제64조와 같은 법 시행령 제49조 내지 제59조의 규정을 준용하여 평가한 가액'에 의하도록 정하고 있다.

③ 한편 구 「상속세 및 증여세법」 제60조 제1항은 "이 법에 따라 상속세나 증여세가 부과되는 재산의 가액은 상속개시일 또는 증여일(이하 '평가기준일'이라 한다) 현재의 시가에 따른다"고 정하고 있다. 그리고 같은 법 제63조는 제1항 제1호 가목 및 나목에서 코스닥시장상장법인의 주식 중 대통령령으로 정하는 주식은 '평가기준일 이전 · 이후 각 2개월 동안 공표된 매일의 종가 평균액'으로 평가하도록 규정

하고, 제3항에서 '제1항 제1호를 적용할 때 대통령령으로 정하는 최대주주 및 그의 대통령령으로 정하는 특수관계인에 해당하는 주주의 주식에 대해서는 제1항 제1호에 따라 평가한 가액에 그 가액의 100분의 20을 가산한다'고 규정하고 있다.

④ 구 「상속세 및 증여세법」 제60조 제1항이 **상장주식의 평가에 관하여 시가주의를 원칙으로 하되 평가에 있어서 자의성을 배제하고 객관성을 확보**하기 위하여 제63조 제1항 제1호 가목 및 나목에 규정된 평가방법에 의하여 평가한 가액을 시가로 간주하도록 한 입법 취지, 상장주식의 평가방법에 관한 구 「상속세 및 증여세법」 제60조 및 제63조의 규정 체계, 부당행위계산부인 제도의 취지 및 위 각 규정 내용 등을 종합하여 보면, 양도소득의 부당행위계산부인 대상 여부를 판단함에 있어 양도하는 상장주식의 시가는 특별한 사정이 없는 한 구 「상속세 및 증여세법」 제60조 제1항 후문에 의하여 제63조 제1항 제1호 가목 및 나목의 평가방법에 따라 산정한 '양도일 이전·이후 각 2개월 동안 공표된 매일의 종가 평균액' 만이 시가로 간주된다고 봄이 타당하다. 또한 양도하는 주식이 최대주주 등이 보유하는 상장주식인 경우 그 시가는 위 평균액에 구 「상속세 및 증여세법」 제63조 제3항에 의한 할증률을 가산한 금액이다. (2008두4770)

결론

특수관계에 있는 개인과 법인 사이의 주식 등 재산 양도에서 '그 대가가 「법인세법 시행령」 제89조에서 정한 시가에 해당함'을 전제로 하여, 해당 법인의 거래에 대하여 부당행위계산부인에 관한 「법인세법」 제52조가 적용되지 않는 경우 그 상대방인 개인에 대하여도 양도소득의 부당행위계산부인에 관한 「소득세법」 제101조 제1항을 적용하지 않는다는 것이다. 이와 달리 이 사건 시행령 조항을 개인과 법인에 적용되는 시가를 「법인세법」상 시가로 일치시키려는 규정으로 볼 수는 없다.

현행법률

판결 후 현행 「소득세법 시행령」 규정이 개정되어 주권상장법인이 발행한 주식의 시가는 「법인세법」상 시가와 일치되었다.

제7장 비거주자의 소득세 납세의무

01 비거주자의 유가증권 양도
(2015두52050, 2016. 1. 28.)

사실관계

(1) 甲은 1982년 미국으로 유학을 가서 대학을 졸업하고, 미국 시민권자와 결혼하여 슬하에 자녀 2명을 두었다. 甲은 1986년경에 미국 영주권을 취득하였으며, 甲의 배우자와 자녀들은 모두 미국에서 거주하고 있다.

(2) 甲은 국내부동산을 전혀 소유하고 있지 않다. 甲이 국내에 체류한 기간은 2018년에는 150일이다.

(3) 이 기간 중 甲이 국외로 출국한 목적은 甲이 경영하는 미국 사업체의 업무를 처리하기 위한 것이었으며, 질병치료 또는 관광목적의 출국에는 해당하지 않는다.

(4) 한편, 甲은 서울시에 본점을 둔 A저축은행(비상장법인)의 대주주(지분율 100%)로 있으며, 동 저축은행은 부동산을 전혀 보유하고 있지 않다. 甲은 A저축은행 주식을 2001년 2월 10일에 20억원에 취득하였다.

(5) 2018년 12월 10일에 甲은 A저축은행 주식을 B내국법인에게 100억원을 받고 전량 양도하였다. 甲은 A저축은행 주식 양도와 관련하여 아무런 신고도 하지 아니하였으며, B내국법인도 甲에게 양도대금을 지급하면서 원천징수한 바 없다.

(6) 이후 과세관청은 甲이 A저축은행 주식을 처분함에 따라 얻은 소득을 신고하지 않은 것으로 보아 甲에게 소득세 과세처분을 하였다.

쟁점

(1) 甲이 비거주자인지 여부

(2) 비거주자인 원천납세의무자에게 직접 과세처분을 할 수 있는지 여부

1. 비거주자 여부

甲이 주식을 양도한 과세기간인 2018년에 국내에 체류한 기간은 183일 미만이다. 따라서 甲은 국내에 1과세기간에 183일 이상의 거소를 둔 자가 아니다. 가족들의 거주지 등에 비추어 볼 때 甲의 출국목적이 명백하게 일시적인 것으로 볼 수도 없는 점 등을 종합하면, 甲은 주식 양도 당시 「소득세법」상 거주자에 해당하지 아니한다.

2. 주식양도차익의 성격

A저축은행 주식은 비상장주식으로서 부동산과다보유법인 주식에 해당하지 아니하므로, A저축은행 주식의 양도차익은 비거주자의 국내원천소득 중 '유가증권 양도소득'에 해당한다.

3. 과세방법

(1) 거주자에 해당하는 경우

유가증권 양도소득에 대해 분류과세되나, 원천납세의무자가 최종적인 납세의무자가 되므로 과세관청은 소득을 얻은 개인에게 직접 부과·징수할 수 있다.

(2) 비거주자에 해당하는 경우

국내사업장이 없는 비거주자의 유가증권 양도소득(부동산 주식 제외)은 분리과세대상이다. 따라서 원천납세의무자인 비거주자에게 직접 부과·처분할 수 없고, 원천징수의무자에게 부과·처분하여야 한다. 과세관청의 甲에 대한 부과처분은 적법하지 않다.

비거주자의 과세방법

1. 개요

비거주자의 소득은 ① 종합과세, ② 분류과세, ③ 분리과세 등 세 가지 유형으로 나뉜다. 국내사업장 및 부동산소득의 유무에 따라 각각 종합과세·분류과세 및 분리과세로 구분하고, 이 중 종합과세 및 분류과세방법은 거주자에 대한 「소득세법」상의 과세방법을 준용한다.

2. 종합과세

국내사업장이 있거나 부동산소득이 있는 비거주자는 거주자와 동일한 방법으로 신고·납부한다. 비거주자의 국내원천소득 중 국내사업장과 관련된 ① 이자소득, ② 배당소득, ③ 부동산소득, ④ 선박 등 임대소득, ⑤ 사업소득, ⑥ 인적용역소득, ⑦ 근로소득, ⑧ 연금소득, ⑨ 사용료소득, ⑩ 유가증권양도소득, ⑪ 기타소득은 종합하여 과세한다.

3. 분리과세

국내사업장 또는 부동산소득이 없는 비거주자의 종합소득은 분리과세한다. 국내사업장이 있거나 부동산소득이 있더라도 국내사업장의 소득과 실질적으로 관련되어 있지 않거나 국내사업장의 소득에 귀속되지 않는 경우에는 분리과세한다. 분리과세의 대상은 국내사업장과 부동산소득이 없는 비거주자의 소득 중 ① 이자소득, ② 배당소득, ③ 선박 등의 임대소득, ④ 사업소득, ⑤ 인적용역소득, ⑥ 근로소득, ⑦ 연금소득, ⑧ 사용료소득, ⑨ 유가증권의 양도소득, ⑩ 기타소득의 10가지가 된다.

종합소득 신고의무 (사안)

(1) 국내사업장이 없는 비거주자의 유가증권 양도소득은 분리과세하며, 甲에게 대가를 지급하는 B내국법인이 A저축은행 양도차익에 대하여 원천징수의무를 진다. (분리과세)

(2) 따라서 甲은 종합소득 신고의무를 부담하지 않는다.

(3) 만일, A저축은행 주식이 부동산과다보유법인에 해당하는 경우라면 B법인은 원천징수하여야 하나 이러한 원천징수는 예납적 원천징수에 불과하고 甲은 양도소득세 확정신고의무를 부담한다. (단, 종합소득과 합산하여 과세하지는 않는다)

관련 법령

1. 비거주자에 대한 과세방법(「소득세법」 제121조)

① 비거주자에 대하여 과세하는 소득세는 해당 국내원천소득을 종합하여 과세하는 경우와 분류하여 과세하는 경우 및 그 국내원천소득을 분리하여 과세하는 경우로 구분하여 계산한다.
② 국내사업장이 있는 비거주자와 제119조 제3호에 따른 국내원천 부동산소득이 있는 비거주자에 대해서는 제119조 제1호부터 제7호까지, 제8호의 2 및 제10호부터 제12호까지의 소득 … 을 종합하여 과세하고, 제119조 제8호에 따른 국내원천 퇴직소득 및 같은 조 제9호에 따른 국내원천 부동산등양도소득이 있는 비거주자에 대해서는 거주자와 같은 방법으로 분류하여 과세한다. 다만, 제119조 제9호에 따른 국내원천 부동산등양도소득이 있는 비거주자로서 대통령령으로 정하는 비거주자에게 과세할 경우에 제89조 제1항 제3호·제4호 및 제95조 제2항 표 외의 부분 단서는 적용하지 아니한다.
③ 국내사업장이 없는 비거주자에 대해서는 제119조 각 호(제8호 및 제9호는 제외한다)의 소득별로 분리하여 과세한다.

2. 과세표준(「법인세법」 제91조)

① 국내사업장을 가진 외국법인과 제93조 제3호에 따른 국내원천 부동산소득이 있는 외국법인의 각 사업연도의 소득에 대한 법인세의 과세표준은 국내원천소득의 총합계액(제98조 제1항, 제98조의3, 제98조의5 또는 제98조의6에 따라 원천징수되는 국내원천소득 금액은 제외한다)에서 다음 각 호에 따른 금액을 차례로 공제한 금액으로 한다. 다만, 제1호의 금액에 대한 공제는 각 사업연도 소득의 100분의 60을 한도로 한다.
1. 제13조 제1항 제1호에 해당하는 결손금(국내에서 발생한 결손금만 해당한다)
2. 이 법과 다른 법률에 따른 비과세소득
② 제1항에 해당하지 아니하는 외국법인의 경우에는 제93조 각 호의 구분에 따른 각 국내원천소득의 금액을 그 법인의 각 사업연도의 소득에 대한 법인세의 과세표준으로 한다.

cpa.Hackers.com

해커스 판례세법

회계사 · 세무사 · 경영지도사 단번에 합격! 해커스 경영아카데미
cpa.Hackers.com

PART 3

법인세법

01 내국법인이 익명조합원의 지위에서 수령한 배당금에 대해 수입배당금 익금불산입규정이 적용되는지 여부 (2015두48693, 2017. 1. 12.)

사실관계

(1) 내국법인 A는 B법인을 영업자로 하고 A법인을 조합원으로 하는 익명조합계약을 맺었다.

(2) A법인은 B법인으로부터 익명조합계약에서 정한 손익분배약정에 따라 금전을 지급받았다.

(3) A법인은 익명조합의 영업자인 B법인으로부터 지급받은 금전이 「법인세법」에서 정한 수입배당금액에 해당한다고 보아 그 중 일부를 익금에 산입하지 아니하고 각 사업연도의 법인세를 신고·납부하였다.

(4) 과세관청은 해당 소득이 「법인세법」 제18조의2(내국법인 수입배당금액의 익금불산입)에서 정한 수입배당금에 해당하지 아니하므로 그 전부가 익금에 산입되어야 한다는 이유로 법인세를 증액경정처분하였다.

쟁점

A법인이 익명조합원의 지위에서 수령한 금전이 수입배당금 익금불산입 적용대상이 되는 것인지 여부

결론

익명조합원의 지위에 있는 내국법인이 익명조합계약에 따라 영업자의 지위에 있는 다른 내국법인으로부터 지급받는 돈은 「법인세법」 제18조의2에서 정한 익금불산입 대상이 되는 '수입배당금액'이 아니다.

주요근거

(1) 「법인세법」은 '내국법인이 해당 법인이 출자한 다른 내국법인으로부터 받은 수입배당금액' 중 일정액을 각 사업연도의 소득금액계산에서 익금에 산입하지 아니하도록 하면서 내국법인이 다른 내국법인의 '발행주식총수 또는 출자총액'의 일정 비율을 초과하여 출자하였는지 여부에 따라 익금불산입액을 달리 계산한다.

(2) 익금불산입대상이 되는 '내국법인이 출자한 다른 내국법인으로부터 받은 수입배당금'은 내국법인이 다른 내국법인에 출자를 함으로써 그 법인의 주식 등을 취득하고 그 주주 등의 지위에서 다른 내국법인에 대한 출자지분 등에 비례하여 받는 '이익의 배당액이나 잉여금의 분배액과 의제배당액'을 의미한다.

(3) 따라서 출자를 한 내국법인이 영업자의 지위에 있는 다른 내국법인으로부터 지급받는 돈은 익명조합원의 지위에서 출자 당시 정한 손익분배약정에 따라 지급받는 것에 불과할 뿐 주주 등이 받는 배당액이나 의제배당금 등에 해당할 여지가 없다.

「소득세법」상 취급

거주자가 익명조합원으로 받은 분배금은 출자공동사업자의 배당소득으로 취급한다. 출자공동사업자의 배당소득은 배당세액공제의 대상이 되지 않고, 무조건 종합과세한다.

02 자기주식 취득의 법적 성격
(2016두49525, 2019. 6. 27.)

사실관계

(1) A법인은 1973. 7. 16. 자본금 50,000,000원(액면가 5,000원, 총 발행주식수 10,000주)으로 설립되어 섬유제품 제조업을 영위하다가, 2005. 11.부터 부동산임대업으로 전환하였다.

(2) A법인은 설립 이래 35년간 주주 변동도 없고 배당도 하지 않았다.

(3) A법인은 2010. 10. 15. 임시주주총회 결의를 거쳐(의사록에는 'A법인의 형편에 의하여 회사 소유 토지 일부를 매각한다'는 내용이 기재되어 있다) 2010. 11. 15. B법인(A법인 주주 중 1인이 B법인의 대표이사이자 발행주식 44.2%를 보유한 최대주주이다)과 사이에 A법인 소유의 X 토지를 ○○에게 6,247,320,000원에 매도하기로 하는 부동산매매계약을 체결하고, 그에 관하여 B법인 앞으로 소유권이전등기를 마쳐주었다. B 법인은 같은 날 A법인에게 매매대금 전액을 송금하였다.

(4) A법인의 주주인 甲 외 3인(이하 '양도주주들'이라 함)은 위 매매대금 송금일인 2011. 1. 12. A법인에 대하여 **주식매수청구서를 제출**하였고, A법인은 같은 날 임시주주총회 결의를 거쳐 양도주주들로부터 A법인의 주식 합계 4,980주(전체 주식의 49.8%)를 5,695,128,000원(주당 1,143,600원)에 매수하고, 같은 날 양도주주들에게 매매대금을 송금하였다.

(5) A법인은 주식의 취득대가로 양도주주들에게 지급한 주당 1,143,600원이 「상속세 및 증여세법」상 보충적 평가액인 주당 945,278원보다 높다는 이유로 「법인세법」 제52조(부당행위계산의 부인) 적용에 따른 차액 상당액인 987,534,000원을 익금산입하여 그에 대한 법인세 217,257,000원을 자진 신고·납부하였다. 또한 양도주주들은 이 사건 주식을 A법인에게 양도한 후 **양도소득세 553,296,000원**을 신고·납부하였고, 「법인세법」 제52조 적용으로 발생한 소득처분에 따라 증여세 134,617,000원을 추가로 납부하였다.

(6) A법인은 2012. 4. 5. **임시주주총회를 개최**하여 양도주주들로부터 취득한 주식을 소각하기로 결의하고, 2012. 5. 10. 자본 감소를 등기하였다.

(7) 중부지방국세청은 A법인에 대한 세무조사를 실시하여 A법인이 자기주식인 주식을 취득한 것에 구 「상법」(2011. 4. 14. 법률 제10600호로 개정되기 전의 것, 이하 '구 「상법」'이라 한다) 제341조에 따른 자기주식 취득사유가 존재하지 아니하므로 결국 양도주주들에게 주식 매매대금을 지급한 것은 감자대가를 선지급한 것이라는 이유로 위 매매대금 상당액을 업무무관 가지급금으로 보고 이를 반영한 법인세 및 원천징수의무자로서의 배당소득세를 과세하도록 관할세무서장에게 조사결과를 통지하였다.

(8) 관할세무서장은 이에 따라 A법인에 대하여 2013. 6. 10. 「법인세법」 제52조를 적용하여 위 업무무관 가지급금에 대한 인정이자 상당액을 익금산입하여 2011 및 2012 사업연도 법인세 200,853,790원을, 「소득세법」 제17조에 따라 A법인 주주들이 주식을 취득한 가액과 A법인에게 매도하면서 받은 매매대금의 차액만큼의 의제배당으로 인한 2012 과세연도 배당소득세 736,674,150원을 각 경정·고지하였다.

쟁점

(1) A법인의 자기주식거래를 자산거래와 자본거래 중 어느 것으로 볼 것인지 여부

(2) A법인 주주들이 수령한 대가의 귀속시기

결론

(1) 계약체결 경위, 대금의 결정방법, 거래의 경과 등을 전체적으로 볼 때 A법인이 자기주식을 취득한 것은 **자본소각 목적**으로 이루어진 것으로 보아야 한다. 따라서 A법인 주주들의 소득은 의제배당에 해당한다.

(2) 의제배당소득은 일반적인 주식 양도소득과는 달리 「소득세법 시행령」에서 정한 주식의 소각 등 결정일에 그 수입시기가 도래한다.

1. 실질과세원칙

주식의 매도가 자산거래인 주식 양도에 해당하는지 또는 자본거래인 주식소각이나 자본 환급에 해당하는지는 **법률행위** 해석의 문제로서 거래의 내용과 당사자의 의사를 기초로 판단해야 하지만, 실질과세의 원칙상 단순히 계약서의 내용이나 형식에만 의존할 것이 아니라, 당사자의 의사와 계약체결의 경위, 대금의 결정방법, 거래의 경과 등 거래의 전체 과정을 실질적으로 파악하여 판단해야 한다. (2012두27091 등)

(1) 부동산 임대업을 영위하던 A법인이 사업의 원천이 되는 토지의 절반 가까이를 양도하여 마련한 돈으로 구 「상법」상 취득이 제한되어 있는 자기주식을 같은 날 취득하면서 그 처분을 위한 어떠한 대책도 세우지 않았고, A법인이 매도한 위 토지의 매수인이 양도주주들 중 한 명이 대표이사이자 최대주주로 있는 회사였던 점 등에 비추어 볼 때 이 사건 주식 거래가 단순한 자산거래에 불과하였는지 의심스럽다.

(2) 소규모 비상장 회사로서 주주들이 모두 대표이사의 친인척들로 구성되었고 설립 이래 한 번도 주주 변동이 이루어지지 않았던 A법인이 전체 주식의 49.8%나 되는 이 사건 주식을 취득한 다음 1년 3개월 동안 그 처분을 위하여 상당한 노력을 하였다고 볼 만한 증거가 없다.

(3) 실제로 이 사건 주식이 소각됨으로써 그만큼 자본 감소가 발생하였다.

2. 수입시기

「소득세법」에 따른 의제배당의 하나로 "주식의 소각이나 자본의 감소로 인하여 주주가 취득하는 금전, 그 밖의 재산의 가액 또는 퇴사·탈퇴나 출자의 감소로 인하여 사원이나 출자자가 취득하는 금전, 그 밖의 재산의 가액이 주주·사원이나 출자자가 그 주식 또는 출자를 취득하기 위하여 사용한 금액을 초과하는 금액"을 정하고 있고, 「소득세법」의 위임에 따라 배당소득의 수입시기를 정하고 있는 「소득세법 시행령」에서 정한 의제배당소득의 수입시기를 "주식의 소각, 자본의 감소 또는 자본에의 전입을 결정한 날이나 퇴사 또는 탈퇴한 날"로 정하고 있다.

위 소득의 수입시기를 2012년으로 보아 의제배당으로 인한 배당소득세를 원천징수할 것을 고지하고, 위 소득의 실현 이전에 지급된 주식대금을 선급금(업무무관 가지급금)에 불과하다고 보아 그에 대한 인정이자 상당액을 익금산입하여 법인세를 과세한 이 사건 처분에 아무런 위법이 없다.

비교판례	**신용대출을 받아 취득한 자기주식거래가 무효인지 여부(2017두63337, 2021. 7. 29.)**

(1) 주식회사 A는 임시주주총회 및 이사회 결의로 자기주식을 취득하기로 하고 주주들에게 자기주식 취득의 통지를 하였다. 이때 자기주식 취득의 통지를 하면서 이사회에서 결의한 사항 중 하나인 자기주식 취득목적을 통지서에 누락하였다.

(2) 그후 주식회사 A는 주주 중 한 명인 甲으로부터 자기주식 10만주를 11억원에 취득하였는데 그 대금은 신용대출을 받아 지급하였다.

(3) 과세관청은 이 사건 거래가 「상법」을 위반하여 무효라는 전제 하에, 주식회사 A가 甲에게 지급한 주식양도대금이 업무무관 가지급금에 해당한다고 보고 부당행위계산부인계산 대상으로 보아 법인세 증액경정처분을 하였다.

(4) 법원은 「상법」상 자기주식 취득목적 통지를 누락한 것은 당연무효에 해당하지 않으며, 배당가능이익을 재원으로 한다는 것의 의미는 차입금으로 자기주식을 취득하는 것이 허용되지 않는다는 것을 의미하지는 않는다고 하였다. 따라서 과세관청의 부과처분은 위법하다.

**특수관계 소멸시점의 가지급금을 익금으로 한 시행령은 모법위반이
아님** (2020두39655, 2021. 7. 29.)

사실관계

주식회사 A는 특수관계인에 대한 채권을 특수관계 소멸 이후 제3자에게 양도하였다. 주식회사 A는 이 거래에서 발생한 처분손실을 세무상 부인하였다가, 양도할 당시에는 특수관계인에 대한 업무무관 가지급금이 아니므로 이 처분손실이 인정되어야한다는 이유로 법인세의 환급을 청구하였으나, 과세관청은 이를 거부하였다.

> 참고 | 현행 세법에 따르면, 대여 당시 특수관계인에 해당하므로 대손금으로 인정될 수 없고, 그 관련 처분손실도 손금으로 인정될 수 없다.

쟁점규정

수익의 범위(「법인세법 시행령」 제11조 제9호)

법 제15조 제1항에 따른 이익 또는 수입[이하 "수익"이라 한다]은 법 및 이 영에서 달리 정하는 것을 제외하고는 다음 각 호의 것을 포함한다.
9. 법 제28조 제1항 제4호 나목에 따른 가지급금 및 그 이자(이하 이 조에서 "가지급금등"이라 한다)로서 다음 각 목의 어느 하나에 해당하는 금액. 다만, 채권·채무에 대한 쟁송으로 회수가 불가능한 경우 등 기획재정부령으로 정하는 정당한 사유가 있는 경우는 제외한다.
   가. 제2조 제5항의 특수관계가 소멸되는 날까지 회수하지 아니한 가지급금등(나목에 따라 익금에 산입한 이자는 제외한다)
   나. 제2조 제5항의 특수관계가 소멸되지 아니한 경우로서 법 제28조 제1항 제4호 나목에 따른 가지급금의 이자를 이자발생일이 속하는 사업연도 종료일부터 1년이 되는 날까지 회수하지 아니한 경우 그 이자

회사의 주장

① 법인의 순자산이 증가하는 경우에 한하여 소득이 생길 수 있고, 순자산의 증가가 없는 경우에도 익금으로 규정한 이 시행령 규정은 모법의 위임범위를 벗어나 무효이다.

② 이렇게 되면 채권의 장부가액은 그대로 유지되고, 처분에 따른 처분손실도 세무상 인정되어야 한다.

과세관청주장

① 특수관계가 소멸하는 시점에 이 시행령 규정에 따라 특수관계자에 대한 가지급금은 모두 회수한 것이다.

② 따라서 처분한 채권은 세무상 모두 회수된 것으로 취급되므로, 그 장부가액은 '0'이 되고 처분에 따라 손실이 발생할 여지가 없다.

PART 3 법인세법

해커스 판례세법

| 법원의 판단 | ## 1. 시행령 규정을 둔 취지 |

이 사건 시행령 규정을 둔 취지는 특수관계가 소멸되는 시점에 이를 익금에 산입하고, 현실적으로 법인에 들어오지 않은 재산은 그 특수관계인에게 지급한 것으로 세법상 의제하기 위한 것이다. 즉, 소득처분을 위한 조세정책상의 이유로 이 시행령 규정을 두고 있다.

2. 「법인세법」 제15조의 체계

「법인세법」 제15조는 익금의 범위를 포괄적으로 정한 일반규정으로, 제3항은 이를 구체화하기 위하여 제1항이 정한 익금은 물론이고 소득처분을 위한 조세정책상 이유로 익금으로 보는 것까지 탄력적으로 대통령령에서 정하려는 취지이다. 따라서 이 사건 시행령 규정은 그 위임 범위를 벗어난 것이라고 평가하기는 어렵다.

> 익금의 범위(「법인세법」 제15조)
> ① 익금은 자본 또는 출자의 납입 및 이 법에서 규정하는 것은 제외하고 해당 법인의 순자산을 증가시키는 거래로 인하여 발생하는 이익 또는 수입[이하 "수익"이라 한다]의 금액으로 한다.
> ② 다음 각 호의 금액은 익금으로 본다.
>   1. 특수관계인인 개인으로부터 유가증권을 제52조 제2항에 따른 시가보다 낮은 가액으로 매입하는 경우 시가와 그 매입가액의 차액에 상당하는 금액
>   2. 제57조 제4항에 따른 외국법인세액으로서 대통령령으로 정하는 바에 따라 계산하여 같은 조 제1항에 따른 세액공제의 대상이 되는 금액
>   3. 「조세특례제한법」 제100조의18 제1항에 따라 배분받은 소득금액
> ③ 수익의 범위 및 구분 등에 필요한 사항은 대통령령으로 정한다.

3. 소득처분 규정과의 관계

한편 「법인세법」 제67조는 "제60조에 따라 각 사업연도의 소득에 대한 법인세의 과세표준을 신고하거나 제66조 또는 제69조에 따라 법인세의 과세표준을 결정 또는 경정할 때 익금에 산입한 금액은 그 귀속자 등에게 상여·배당·기타사외유출·사내유보 등 대통령령으로 정하는 바에 따라 처분한다."라고 정하고 있다.

4. 조세법률주의 위배 여부

① 「법인세법」 제15조 제3항이 대통령령으로 정할 것을 위임한 사항에는 제1항이 정한 익금뿐만 아니라 '소득처분을 위한 조세정책상 이유 등으로 익금으로 보는 것'도 포함된다고 봄이 타당하다.

② 「법인세법」이 이른바 순자산증가설에 따른 포괄적 소득 개념을 채택하고 있는데도 익금의 범위 등에 관한 별도의 위임 규정을 두게 된 것은 「법인세법」 제15조 제1항이 정한 익금뿐만 아니라 '소득처분을 위한 조세정책상 이유 등으로 익금으로 보는 것'까지 익금으로 정하려는 데에도 그 이유가 있다.

③ 구「법인세법」제67조는 법인세의 과세표준을 신고하거나 결정 또는 경정할 때 익금에 산입한 금액을 그 귀속자 등에게 소득처분하도록 정하고 있다. 따라서 과세관청이 사외유출된 법인의 소득을 그 귀속자 등에게 소득처분하는 경우에는 그 전제로서 그 소득 상당액을 법인의 익금에 산입해야 한다. 그런데 그 소득이 원래 「법인세법」제15조 제1항에서 정한 익금에 해당하지 않는 경우에는 이를 법인의 익금에 산입하는 법령상의 근거가 필요하다.「법인세법」제15조가 익금의 범위를 포괄적으로 정한 일반규정인 이상, 수범자는 제3항이 위임한 대통령령에 이와 같이 '소득처분을 위한 조세정책상 이유 등으로 익금으로 보는 것'이 규정될 수 있음을 충분히 예측할 수 있다.

④ 법인이 정당한 사유 없이 특수관계가 소멸되는 날까지 회수하지 않은 업무무관 가지급금 등은「법인세법」제15조 제1항이 정한 익금에는 해당하지 않지만 소득처분을 위한 조세정책상 이유로 익금으로 보는 것으로서「법인세법」제15조 제3항의 위임 범위에 포함된다. 따라서 이 사건 시행령 조항은「법인세법」제15조 제3항의 위임 범위에서 그 위임 취지를 구체적으로 명확하게 한 것으로 볼 수 있을 뿐 그 위임 범위를 벗어난 것이라고 평가하기는 어렵다.

비판

1. 포괄위임금지

법률의 위임 없이 명령 또는 규칙 등의 행정입법으로 과세요건 등에 관한 사항을 규정하거나 법률에 규정된 내용을 함부로 유추·확장하는 내용의 해석규정을 마련하는 것은 조세법률주의 원칙에 위배된다. (2015두45700)

2. 「법인세법」제15조 제2항의 성격

대법원은 제15조 제2항을 예시적 규정이라고 보았으나, 조세법률주의 원칙상 한정적·열거적 규정으로 보는 것이 타당하다. 따라서 이 사건 시행령 규정도 조세법률주의 원칙상 제15조 제2항에 편입하는 것이 타당하다.

3. 시행령 제11조의 성격

「법인세법」은 순자산증가설을 따르고 있으므로 시행령 제11조는 예시적인 것이다. 그런데 이 사건 시행령 조항에 따른 업무무관 가지급금은 본래 순자산의 증가가 없는 것이므로 시행령 제11조에 규정될 이유가 없는 것이다. 따라서 상위법률에 규정되는 것이 마땅하다.

제2장 손금과 손금불산입

01 담합사례금의 손금인정 여부
(2017두51310, 2017. 10. 26.)

사실관계

(1) 파이프를 설치하는 시공업체인 A법인은 동종 업체들과 사이에 입찰 포기의 대가 즉, 담합사례금을 가장 높게 제시한 업체가 공사를 낙찰받기로 결정한 다음 낙찰업체가 나머지 업체들에게 공사대금의 일부를 담합사례금으로 분배하기로 하였다.

(2) 이에 따라, A법인은 대표이사 甲(지분율 100%)의 동생 계좌를 이용하여 동종 업체들과 담합사례금을 수수하였다. A법인은 대표이사의 동생 계좌로 담합사례금 수령금 20억원을 수령하고 동 계좌에서 담합사례금 지급금 15억원을 지급한 후 아무런 회계처리를 하지 않았다. 과세관청은 이에 대한 과세자료를 통보받고 세무조사에 착수하였다.

(3) 공정거래위원회는 A법인과 동종 업체들 사이의 위 담합행위를 적발하였고, 이에 과세관청은 A법인이 2009 내지 2014 사업연도에 보일러 연도 공사의 입찰·수주와 관련하여 동종 업체들로부터 수령한 담합사례금 20억원을 익금산입하는 한편, 동종 업체들에게 지급한 담합사례금 15억원을 손금불산입하여, A법인에게 2009 내지 2014 사업연도 법인세를 각각 경정·고지하는 이 사건 법인세 부과처분을 하고, 각 사업연도 말 기준 담합사례금 수령금과 지급금의 차액이 A법인의 대표이사에게 귀속된 것으로 보아 소득금액변동통지를 하였다.

쟁점

입찰에서 경쟁사업자들이 서로 담합하고 그 합의에 따라 낙찰사업자가 입찰에서 탈락한 사업자들에게 지급한 담합사례금이 「법인세법」상 손금(「법인세법」 제19조 제2항)에 해당하는지 여부

결론

A법인이 동종 업체들에게 지출한 담합사례금은 「독점규제 및 공정거래에 관한 법률」에 위반하여 다른 사업자와 공동으로 부당하게 입찰에서의 자유로운 경쟁을 제한하기 위하여 지출된 담합금에 해당하므로 그 지출 자체가 사회질서에 반하는 것으로서 「법인세법」 제19조 제2항에서 말하는 '일반적으로 용인되는 통상적인 비용이나 수익과 직접 관련된 비용'에 해당한다고 볼 수 없고, 따라서 이를 손금에 산입할 수 없다.

주요근거

1. 손금의 범위

「법인세법」 제19조 제1항은 원칙적으로 '손금은 당해 법인의 순자산을 감소시키는 거래로 인하여 발생하는 손비의 금액으로 한다', 제2항은 원칙적으로 '손비는 그 법인의 사업과 관련하여 발생하거나 지출된 손실 또는 비용으로서 일반적으로 용인되는 통상적인 것이거나 수익과 직접 관련된 것으로 한다'라고 각 규정하고 있다.

2. 일반적으로 용인되는 통상적인 비용

일반적으로 용인되는 통상적인 비용이라 함은 납세의무자와 같은 종류의 사업을 영위하는 다른 법인도 동일한 상황 아래에서는 지출하였을 것으로 인정되는 비용을 의미하고, 그러한 비용에 해당하는지 여부는 지출의 경위와 목적, 형태, 액수, 효과 등을 종합적으로 고려하여 객관적으로 판단하여야 할 것인데, 특별한 사정이 없는 한 사회질서에 위반하여 지출된 비용은 여기에서 제외되며, 수익과 직접 관련된 비용에 해당한다고 볼 수도 없다. ➔ 위법비용은 수익관련성이 없음

손금요건

법인의 순자산을 감소시키는 거래로 인하여 발생하는 손비의 금액이라 할지라도 그 법인의 사업과 관련하여 발생하거나 지출된 손비(사업관련성 또는 업무관련성)로서 일반적으로 용인되는 통상적인 것(통상성)이거나 수익과 직접 관련된 것(수익관련성)이 아닌 한 손금에 산입하지 않는다.

학설대립

1설. 사업관련성과 통상성을 갖추거나 수익관련성이 있는 것

손금이란 법인의 순자산을 감소시키는 거래로 인하여 발생하는 손비의 금액 중 사업관련성과 통상성을 동시에 갖춘 것 또는 수익관련성이 있는 것만을 말한다.
➔ 사업관련성과 통상성이 없더라도 수익관련성만 있으면 손금에 해당한다.

2설. 사업관련성 및 통상성과 수익관련성이 있는 것

사업관련성, 통상성 및 수익관련성을 모두 동시에 충족하여야 손금에 해당한다.

유사판례1

소득세는 원칙적으로 소득이 다른 법률에 의하여 금지되는지 여부와 관계없이 담세력에 따라 과세하여야 하고 순소득을 과세대상으로 하여야 하므로 범죄행위로 인한 위법소득을 얻기 위하여 지출한 비용이더라도 필요경비로 인정함이 원칙이라 할 것이나, 그 비용의 지출이 사회질서에 심히 반하는 등 특별한 사정이 있는 경우라면 필요경비로 인정할 수 없다고 할 것이다. 판례는 성매매 및 그것을 유인하는 행위를 전제로 지급된 그 비용은 선량한 풍속 기타 사회질서에 심히 반하므로 필요경비로 인정할 수 없다고 본다. (2014도16164, 2015. 2. 26.)

은행이 기존 신탁계약의 대규모 해지, 인출사태 등을 방지하기 위해 다른 은행들과 협의를 거쳐 고객에게 손실보전금을 지출한 경우, 비록 해당 비용이 관계법령을 위반하여 지출한 것이라도 손금에 산입한다. (2008두7779)

02 피합병법인이 고의나 중과실 없이 대손처리하지 않은 채권을 합병법인이 대손처리할 수 있는지 여부 (2017두36588, 2017. 9. 7.)

사실관계

(1) A법인은 건설업을 영위하던 법인으로서 2011. 6. 29. B법인에 합병되었고, 합병 이후에도 계속하여 건설업을 영위하였다. 합병 당시 A법인은 결손금이 누적된 상태였다.

(2) B법인은 A법인이 합병 전에 보유하던 C법인에 대한 미수채권 10억원을 합병 후인 2011년 10월 법원에 지급명령을 신청하여 이를 확정받고 이를 근거로 C법인에 강제집행을 신청하여 2011. 11. 23. 유체부동산 등 강제집행불능조서를 발급받아 2011 사업연도 대손금으로 손금산입하여 법인세를 신고하였다.

(3) B법인의 관할세무서장은 2010 ~ 2011 사업연도 대손금 계정에 대한 부분조사를 실시하여, A법인이 B법인에 흡수합병되기 이전인 2010. 6. 30.에 채무자인 C법인이 폐업한 사실 및 2010. 9. 20. C법인의 마지막 물건이 공매된 사실이 있음을 확인하였다.

(4) 따라서 A법인이 C법인에 대해 가진 채권의 대손사유가 합병 전에 충족되었으므로 합병등기일이 속한 사업연도의 A법인의 대손으로 처리하지 않고, 합병 이후 B법인의 대손금으로 처리한 것은 적법하지 않다는 이유로 B법인에게 2011사업연도 법인세를 경정고지 하였다.

쟁점

피합병법인이 고의나 중과실로 대손처리하지 않은 채권을 합병법인이 대손처리할 수 있는지 여부

결론

피합병법인이 손금으로 계상하지 아니한데 고의 또는 중과실이 없는 경우에도, 법인이 다른 법인과 합병하거나 분할하는 경우로서 결산조정사항에 해당하는 대손금을 합병등기일 또는 분할등기일이 속하는 사업연도까지 손금으로 계상하지 아니한 경우 그 대손금은 해당 법인의 합병등기일 또는 분할등기일이 속하는 사업연도의 손금으로 한다.

1. 결산조정 사항

내국법인이 보유하고 있는 채권 중 채무자의 파산 등 대통령령으로 정하는 사유로 회수할 수 없는 대손금은 해당 사업연도의 소득금액을 계산할 때 손금에 산입하고, 그 채권 중에서도 '채무자의 파산, 강제집행, 형의 집행, 사업의 폐지, 사망, 실종 또는 행방불명으로 회수할 수 없는 채권'의 손금산입시기는 해당 사유가 발생하여 손금으로 계상한 날이 속하는 사업연도이다. 이와 같이 법인세법령에서 소멸시효가 완성된 외상매출금 등의 경우에는 해당 사유가 발생한 날이 속하는 사업연도의 손금으로 정하고 있는 것과는 달리, 회수불능채권의 경우에는 손금으로 계상한 때를 기준으로 손금 귀속시기를 정하고 있는 것은 대손금의 형태가 그에 대응한 청구권이 법적으로는 소멸되지 않고 채무자의 자산상황, 지급능력 등에 비추어 회수불능이라는 회계적 인식을 한 경우이기 때문이다.

반면에 신고조정사항은 법률적으로 회수할 수 없게 된 것이므로 법인이 이를 대손으로 회계상의 처리를 하건 안하건 간에 그 소멸된 날이 속하는 사업연도의 손금으로 산입되어야 한다. (87누465, 1988. 9. 27.)

2. 결산조정 사항의 예외(합병)

(1) 관련 규정 및 취지

그럼에도 불구하고, 법인이 다른 법인과 합병하는 경우로서 **결산조정의 사유로 정한 대손금을 합병등기일이 속하는 사업연도까지 손금으로 계상하지 아니한 경우 그 대손금은 해당 법인의 합병등기일이 속하는 사업연도의 손금으로 한다**고 규정하고 있다.

이는 합병 시까지 피합병법인이 대손금으로 계상하지 않은 회수불능채권의 손금 귀속시기를 세무회계상 인식 여부와 관계없이 일률적으로 정함으로써 피합병법인의 합병등기일이 속하는 사업연도의 소득금액 계산 방식과 일치시키기 위한 것이다.

(2) 판단기준

합병 당시 채무자의 사업폐지 등으로 피합병법인의 채권 전부를 회수할 수 없다는 사실이 이미 객관적으로 확정되었음에도 그 회수불능채권을 합병등기일이 속하는 사업연도의 손금으로 계상하지 않았더라도 그 대손금은 피합병법인의 합병등기일이 속하는 사업연도의 손금으로 하여야 하고, 이러한 회수불능채권을 피합병법인이 대손금 처리를 하지 않은 데에 고의 또는 중대한 과실이 없다고 하여 달리 볼 것은 아니다.

1. 대손금의 손금산입

내국법인이 보유하고 있는 채권 중 채무자의 파산 등 대통령령으로 정하는 사유로 회수할 수 없는 채권의 금액은 해당 사업연도의 소득금액을 계산할 때 손금에 산입한다.

2. 대손불능채권

다음 중 어느 하나에 해당하는 채권에 대하여는 채무자의 파산 등 대통령령으로 정하는 사유로 회수할 수 없게 된 경우라도 손금에 산입하지 아니한다. 한편, 다음의 채권을 처분하여 발생한 손실이 있는 경우에도 손금에 산입하지 않는다.

> ① 채무보증(「독점규제 및 공정거래에 관한 법률」 제10조의2 제1항 각 호의 어느 하나에 해당하는 채무보증 등 대통령령으로 정하는 채무보증은 제외한다)으로 인하여 발생한 구상채권(求償債權)
> ② 특수관계인에게 해당 법인의 업무와 관련 없이 지급한 가지급금(假支給金) 등으로서 대통령령으로 정하는 것. 이 경우 특수관계인에 대한 판단은 대여시점을 기준으로 한다.

3. 신고조정사항

다음의 대손금은 그 사유가 발생한 날이 속하는 사업연도의 손금으로 한다.

> ① 「상법」에 따른 소멸시효가 완성된 외상매출금 및 미수금
> ② 「어음법」에 따른 소멸시효가 완성된 어음
> ③ 「수표법」에 따른 소멸시효가 완성된 수표
> ④ 「민법」에 따른 소멸시효가 완성된 대여금 및 선급금
> ⑤ 「채무자 회생 및 파산에 관한 법률」에 따른 회생계획인가의 결정 또는 법원의 면책결정에 따라 회수불능으로 확정된 채권
> ⑥ 「민사집행법」에 따라 채무자의 재산에 대한 경매가 취소된 압류채권

4. 결산조정사항

다음의 대손금은 해당 사유가 발생하여 손금으로 계상한 날이 속하는 사업연도의 손금에 산입한다. (단, 중요한 것만 기재함)

> ① 채무자의 파산, 강제집행, 형의 집행, 사업의 폐지, 사망, 실종 또는 행방불명으로 회수할 수 없는 채권
> ② 부도발생일부터 6개월 이상 지난 수표 또는 어음상의 채권 및 외상매출금(중소기업의 외상매출금으로서 부도발생일 이전의 것에 한정). 다만, 해당 법인이 채무자의 재산에 대하여 저당권을 설정하고 있는 경우는 제외한다.
> ③ 중소기업의 외상매출금 및 미수금으로서 회수기일이 2년 이상 지난 외상매출금등. 다만, 특수관계인과의 거래로 인하여 발생한 외상매출금등은 제외한다.
> ④ 재판상 화해 등 확정판결과 같은 효력을 가지는 것으로서 기획재정부령으로 정하는 것에 따라 회수불능으로 확정된 채권
> ⑤ 회수기일이 6개월 이상 지난 채권 중 채권가액이 30만원 이하(채무자별 채권가액의 합계액을 기준으로 한다)인 채권 (이하 생략)

의약품 도매상이 약국 등에게 지급한 리베이트의 손금 허용 여부
(2012두7608, 2015. 1. 15.)

사실관계

(1) 의약품 도매업체인 A법인은 의약품의 판매촉진을 위하여 약국이나 제약회사에 리베이트 등 사례금을 지급하면서, 이를 제약회사에 대한 외상매입금 채무의 현금변제로 회계처리하고 손금으로 산입하였다. ➔ 분식회계처리

회계처리					비고
(차) 매출원가	×××	(대) 외상매입금	×××		분식회계(가공)
(차) 외상매입금	×××	(대) 보통예금	×××		리베이트 지급

(2) A법인이 지급한 리베이트는 다음과 같이 구분된다.

> ① 약국 등 소매상과의 사전약정에 따라 의약품 매출실적의 일정 비율을 현금으로 지급한 리베이트 금액(제1비용)
> ② 종합병원의 구매계약 입찰에 필요한 의약품공급확인서를 원활히 발급받고 의약품을 안정적으로 조달하기 위하여 제약회사, 또는 대형병원이 우회설립한 의약품 도매상에 지급한 각 사례금(제2비용)

(3) 「약사법 시행규칙」의 개정 이전에 지출된 리베이트 비용은 지출 당시 「약사법」에 위반되는 행위가 아니었으며, 특히 제2비용은 개정 이후에도 「약사법」 위반에 해당하지 않는다.

(4) 과세관청은 A법인이 지급한 리베이트 비용을 손금불산입하여 법인세를 부과하였다.

쟁점

관련 법령을 명시적으로 위반하지 않고 지출한 비용일지라도 '사회질서에 반하는 것'일 때 손금에 산입할 수 없는지 여부

결론

A법인이 약국 개설자들에게 지출한 '리베이트'는 의약품 시장의 질서를 문란케 하는 것으로 사회질서에 반하는 것이다. 따라서 이러한 지출이 관련 법령에 명시적으로 위배되는 것이 아닐지라도 '사회질서에 반하는 비용'에 해당된다면 이는 손금에 산입할 수 없다.

주요근거

1. 제1비용

사회질서에 위반하여 지출된 비용에 해당하는지 여부는 그러한 지출을 허용하는 경우 야기되는 부작용, 그리고 국민의 보건과 직결되는 의약품의 공정한 유통과 거래에 미칠 영향, 이에 대한 사회적 비난의 정도, 규제의 필요성과 향후 법령상 금지될 가능성, 상관행과 선량한 풍속 등 제반 사정을 종합적으로 고려하여 사회통념에 따라 합리적으로 판단하여야 한다.

의약품 도매상이 약국 등 개설자에게 의약품 판매 촉진의 목적으로 경제적 이익을 제공하는 행위는 소비자에게 불필요한 의약품의 판매로 이어져 **의약품의 오·남용을 초래할 가능성이 적지 않고, 궁극적으로는 국민 건강에 악영향을 미칠 우려도 있다. 따라서 이는 사회질서에 위배되는 비용이다.**

2. 제2비용

약국 개설자에게 직접 지급한 것이 아니므로 의약품 오남용 등의 부작용을 직접 일으키는 비용이 아니라고 판단하여 손금으로 인정하였다. 제2비용의 경제적 실질은 사전약정에 따라 대량거래처에 지급한 매출할인의 성격이라는 점 등을 고려하여 손금 인정되어야 한다.

관련 내용

1. 사회질서 위반 여부 판단의 기준

판례에서 제시한 사회질서에 위반하여 지출된 비용에 해당하는지 여부에 대한 구체적인 기준은 다음과 같다.

> ① 그러한 지출을 허용하는 경우 야기되는 부작용
> ② 국민의 보건과 직결되는 의약품의 공정한 유통과 거래에 미칠 영향
> ③ 사회적 비난의 정도
> ④ 규제의 필요성과 향후 법령상 금지될 가능성
> ⑤ 상관행과 선량한 풍속 등 제반 사정

2. 소득처분

당초 과세관청은 A법인의 분식회계로 조성하여 지급한 리베이트를 귀속불분명으로 인한 사외유출로 간주하여 소득금액변동통지하였다. 그러나 법원은 '의약품 관련 리베이트의 관행과 일반적인 규모(대개 매출액의 20% 정도), A법인의 리베이트 지급기준·방법과 규모 등을 종합하여 보면, 비록 현금 지급분의 지급 상대방, 지급 일시·장소 및 지급액 등이 개별적으로 특정되지는 아니하였지만, 현금 지급분이 A법인의 거래처인 의사나 약사 등에 대한 리베이트로 지출되었을 가능성이 매우 높다'고 판단하여, 소득금액변동통지는 부인하고 법인세 손금불산입처분만 인정하였다.

임원의 과다보수에 관한 증명책임
(2015두60884, 2017. 9. 21.)

사실관계

(1) 甲은 2002. 11. 27. 설립되어 대부업을 영위하고 있는 A법인의 1인 주주 겸 대표이사이다.

(2) A법인은 甲에게 월 3,000만원 이하의 보수를 지급하다가, 2005 사업연도 (2004. 4. 1.부터 2005. 3. 31.까지) 중인 2005. 1.부터 월 3억원으로 인상하는 등 2005 사업연도에는 합계 30억 7,000만원을 지급하였고, 2006 사업연도부터 2009 사업연도까지는 매년 36억원을 지급하였다.

(3) 과세관청은 A법인이 2005 사업연도부터 2009 사업연도까지 甲에게 지급한 보수가 과다하다는 이유로 동종 대부업체 12개 중 대표이사의 급여가 높은 상위 3개 업체의 대표이사 급여 평균액을 초과하여 지급된 급여를 손금에 산입하지 아니하여 2010. 9. 1. 2005 사업연도 내지 2009 사업연도 법인세를 부과하였다.

쟁점

(1) 과다보수를 손금불산입하는 것이 적법한지 여부 및 손금불산입의 근거 및 과다보수의 판정기준

(2) 적정보수의 입증책임

결론

(1) 甲에게 지급된 급여는 이익처분으로서 손금불산입의 대상이 되는 상여금과 그 실질이 동일하므로 「법인세법 시행령」 제43조에 따라 손금에 산입할 수 없다.

(2) 손금불산입의 대상이 되는 것은 甲에 대한 보수금 전체이고, 위 보수금 중 직무집행의 대가가 일부 포함되어 있어 그 부분이 손금산입의 대상이 된다면 이는 납세자(甲 또는 A법인)가 증명할 필요가 있다.

주요근거

1. 직무집행의 대가로 지급한 것은 원칙적으로 손금

법인이 임원에게 직무집행의 대가로서 지급하는 보수는 법인의 사업수행을 위하여 지출하는 비용으로서 원칙적으로 손금산입의 대상이 된다.

2. 이익분여의 대상이 되는 것은 손금불산입

「법인세법」제26조, 「법인세법 시행령」제43조의 입법취지 등에 비추어 보면, 법인이 지배주주인 임원(그와 특수관계에 있는 임원을 포함한다)에게 보수를 지급하였더라도, 그 보수가 법인의 영업이익에서 차지하는 비중과 규모, 해당 법인 내 다른 임원들 또는 동종업계 임원들의 보수와의 현저한 격차 유무, 정기적·계속적으로 지급될 가능성, 보수의 증감 추이 및 법인의 영업이익 변동과의 연관성, 다른 주주들에 대한 배당금 지급 여부, 법인의 소득을 부당하게 감소시키려는 주관적 의도 등 제반 사정을 종합적으로 고려할 때, 해당 보수가 임원의 직무집행에 대한 정상적인 대가라기보다는 주로 법인에 유보된 이익을 분여하기 위하여 대외적으로 보수의 형식을 취한 것에 불과하다면, 이는 이익처분으로서 손금불산입대상이 되는 상여금과 그 실질이 동일하므로 「법인세법 시행령」제43조에 따라 손금에 산입할 수 없다.

3. 증명책임

증명의 어려움이나 공평의 관념 등에 비추어, 위와 같은 사정이 상당한 정도로 증명된 경우에는 보수금 전체를 손금불산입의 대상으로 보아야 하고, 위 보수금에 직무집행의 대가가 일부 포함되어 있어 그 부분이 손금산입의 대상이 된다는 점은 보수금 산정 경위나 그 구성내역 등에 관한 구체적인 자료를 제출하기 용이한 납세의무자가 이를 증명할 필요가 있다.

> 참고   원심(고등법원)판결은 실질적으로 이익처분에 의하여 지급되는 상여금이 포함되었다고 하더라도 그 금액이 얼마인지를 인정할 증거가 없다는 이유로 전부 손금에 산입된다고 판결함

관련 내용

1. 「법인세법」상 임원의 범위

임원이라 함은 다음 중 어느 하나에 해당하는 **직무에 종사하는** 자를 말한다.

> ① 법인의 회장, 사장, 부사장, 이사장, 대표이사, 전무이사 및 상무이사 등 이사회의 구성원 전원과 청산인
> ② 합명회사, 합자회사 및 유한회사의 업무집행사원 또는 이사
> ③ 유한책임회사의 업무집행자
> ④ 감사
> ⑤ 그 밖에 위에 규정에 준하는 직무에 종사하는 자

2. 잉여금처분

잉여금처분을 손비로 계상한 금액은 손금에 산입하지 아니한다.
➲ 「법인세법」제20조 제1항

3. 과다경비 등의 손금불산입

다음의 손비 중 대통령령으로 정하는 바에 따라 과다하거나 부당하다고 인정하는 금액은 손금에 산입하지 아니한다.

> ① 인건비
> ② 복리후생비
> ③ 여비 및 교육·훈련비
> ④ 법인이 그 법인 외의 자와 동일한 조직 또는 사업 등을 공동으로 운영하거나 경영함에 따라 발생되거나 지출된 손비

4. 상여금 등의 손금불산입(「법인세법 시행령」 제43조)

> ① 법인이 그 임원 또는 사용인에게 **이익처분에 의하여 지급하는 상여금**은 이를 손금에 산입하지 아니한다. 이 경우 합명회사 또는 합자회사의 노무출자사원에게 지급하는 보수는 이익처분에 의한 상여로 본다.
> ② 법인이 임원에게 지급하는 상여금 중 정관·주주총회·사원총회 또는 이사회의 결의에 의하여 결정된 **급여지급기준에 의하여 지급하는 금액을 초과하여 지급한 경우** 그 초과금액은 이를 손금에 산입하지 아니한다.
> ③ 법인이 지배주주 등(특수관계에 있는 자를 포함하며 이하 이 항에서 같다)인 임원 또는 사용인에게 **정당한 사유 없이 동일 직위에 있는 지배주주 등 외의 임원 또는 사용인에게 지급하는 금액을 초과하여 보수를 지급한 경우** 그 초과금액은 이를 손금에 산입하지 아니한다.
> ④ 상근이 아닌 법인의 임원에게 지급하는 보수는 부당행위계산부인규정에 해당하는 경우를 제외하고 이를 손금에 산입한다.

05 임원의 퇴직급여가 과다하여 재직기간 중의 근로의 대가라고 볼 수 없는 경우 (2015두53398, 2016. 2. 18.)

사실관계

(1) 甲과 그의 남편인 乙은 A법인의 각 사내이사, 감사이다. 부동산 매매·임대업 등을 영위하는 A법인은 용인시 기흥구에 소재한 부동산을 160억원에 매수하여 2011. 1. 5. 261억원에 양도하였다.

(2) A법인은 2011. 1. 17.에 임시주주총회를 개최하여 '퇴직한 임원의 퇴직금은 주주총회의 결의를 거친 임원퇴직금 지급규정에 의한다'는 내용으로 정관을 변경하였다. 변경된 임원퇴직금 지급규정에 따르면 甲과 乙에게 50억원의 퇴직금을 지급하며, 실제 2011년 말 퇴사 시점에 이를 모두 지급하였다.

(3) 이에 과세관청은 甲과 乙의 퇴직금 중 「법인세법」상 임원퇴직금 산식에 따른 퇴직급여를 초과하는 부분을 손금불산입하고 이를 甲과 乙에 대한 상여로 소득처분하여 법인세를 부과하였다.

쟁점

(1) 퇴직급여 지급규정이 특정 임원에게 법인의 자금을 분여하기 위한 일시적인 방편으로 마련된 경우, 이를 세법상 용인되는 퇴직금 지급규정으로 인정할 수 있는지 여부

(2) 이 경우 손금산입될 수 있는 퇴직급여의 범위

결론

(1) 임원 퇴직금규정이 근로 등의 대가로서 퇴직급여를 지급하려는 것이 아니라 퇴직급여의 형식을 빌려 특정 임원에게 법인의 자금을 분여하기 위한 일시적인 방편으로 마련된 것이라면, 이는 세법상 용인되는 퇴직금 지급규정으로 볼 수 없다.

(2) 「법인세법」상 인정되는 임원 퇴직금규정에 따른 금액을 초과하는 퇴직금을 손금불산입대상으로 한다.

주요근거

1. 퇴직급여 지급규정에 따른 퇴직급여는 원칙적으로 손금

법인이 임원에게 지급할 퇴직급여의 금액 또는 그 계산 기준을 정한 정관이나 정관에서 위임된 퇴직급여 지급규정에 따라 지급된 임원 퇴직급여는 원칙적으로 그 전액이 손금에 산입되는 것이다.

2. 이익분여를 목적으로 일시적인 방편으로 마련된 퇴직급여 지급규정은 인정될 수 없음

해당 퇴직임원의 근속기간과 근무내용 또는 다른 비슷한 규모의 법인에서 지급되는 퇴직급여액 등에 비추어 볼 때 도저히 재직기간 중의 근로나 공헌에 대한 대가라고 보기 어려운 과도한 금액이고, 그 규정 자체나 해당 법인의 재무상황 또는 사업전망 등에 비추어 그 이후에는 더 이상 그러한 과도한 퇴직급여가 지급될 수 없을 것으로 인정되는 등 특별한 사정이 있는 경우에는, 그와 같은 임원 퇴직급여 지급규정은 실질적으로 근로 등의 대가를 지급하기 위한 것이 아니라 퇴직급여의 형식을 빌려 특정 임원에게 법인의 자금을 분여하기 위한 일시적 방편에 불과한 것으로서 「법인세법 시행령」에서 정한 임원 퇴직급여 규정에 해당하지 아니한다고 볼 것이므로, 이 경우에는 그 임원이 퇴직하는 날부터 소급하여 1년 동안 해당 임원에게 지급한 총급여액의 10분의 1에 상당하는 금액을 초과하는 부분은 퇴직급여로 손금에 산입될 수 없다.

관련 내용

1. 퇴직급여는 현실적인 퇴직을 원인으로 지급될 것

법인이 임원 또는 사용인에게 지급하는 퇴직급여는 임원 또는 사용인이 **현실적으로 퇴직하는 경우**에 지급하는 것에 한하여 이를 손금에 산입한다. 현실적인 퇴직은 법인이 퇴직급여를 실제로 지급한 경우로서 다음 중 어느 하나에 해당하는 경우를 포함하는 것으로 한다. ➲ 「법인세법 시행령」 제44조

> ① 법인의 사용인이 당해 법인의 임원으로 취임한 때
> ② 법인의 임원 또는 사용인이 그 법인의 조직변경·합병·분할 또는 사업양도에 의하여 퇴직한 때
> ③ 「근로자퇴직급여 보장법」에 따라 퇴직급여를 중간정산하여 지급한 때(중간정산시점부터 새로 근무연수를 기산하여 퇴직급여를 계산하는 경우에 한정)
> ④ 정관 또는 정관에서 위임된 퇴직급여 지급규정에 따라 장기 요양 등의 사유로 그때까지의 퇴직급여를 중간정산하여 임원에게 지급한 때(중간정산 시점부터 새로 근무연수를 기산하여 퇴직급여를 계산하는 경우에 한정)

2. 임원 퇴직금

법인이 임원에게 지급한 퇴직급여 중 다음 중 어느 하나에 해당하는 금액을 초과하는 금액은 손금에 산입하지 아니한다.

> ① 정관에 퇴직급여(퇴직위로금 등을 포함)로 지급할 금액이 정하여진 경우에는 정관에 정하여진 금액
> ② 퇴직금 지급규정이 없는 경우에는 그 임원이 퇴직하는 날부터 소급하여 1년 동안 해당 임원에게 지급한 총급여액의 10분의 1에 상당하는 금액에 근속연수를 곱한 금액

여기서 정관에 정해진 금액은 정관에 임원의 퇴직급여를 계산할 수 있는 기준이 기재된 경우를 포함하며, 정관에서 위임된 퇴직급여 지급규정이 따로 있는 경우에는 해당 규정에 의한 금액에 의한다.

06 확정기여형 퇴직연금부담금의 손금산입시기 및 한도
(2016두48256, 2019. 10. 18.)

사실관계

(1) A법인은 2010. 12. 15. 임시주주총회의 결의로 정관을 변경하여 임원퇴직금지급기준조항을 신설한 다음 2010. 12. 30. A법인의 임직원에 관한 확정기여형 퇴직연금제도 도입을 결정하고 서울지방노동청에 신고를 마쳤다.

(2) A법인은 2010. 12. 30. 정관상 임원퇴직금지급기준에 따라 산정한 대표이사 甲에 대한 퇴직연금부담금을 퇴직연금사업자인 B은행에 납입하였고, 이를 손금에 산입하여 2010 사업연도 법인세를 신고·납부하였다. A법인은 다른 임원에 관하여는 임원퇴직금지급기준에 따라 퇴직금 중간정산금액 상당액을 부담금으로 납입하였다.

(3) 과세관청은 A법인이 甲에 대한 퇴직연금부담금은 정당한 사유 없이 임원 중 대표이사에 대하여만 퇴직금 중간정산금액을 초과하여 과다불입한 것이므로 손금불산입 및 상여처분을 하여야 한다고 보고, 2013. 8. 1. A법인에 대하여 법인세 부과처분과 소득금액변동통지처분을 하였다.

쟁점

(1) 임원퇴직금 한도초과액의 손금부인시기

(2) 퇴직연금부담금 납부행위에 관하여 「법인세법」상 부당행위계산부인규정을 적용할 수 있는지 여부

결론

(1) 임원 퇴직금지급기준이 정당한 정관에 해당하지 아니하는 부당한 것이라는 이유로 손금부인할 경우 납입일이 속하는 사업연도의 손금에 산입하지 않은 것은 위법하다.

(2) 부당행위퇴직연금부담금 납입은 부당행위계산에 해당한다고 보기 어렵다.

1. 퇴직보험료의 손금귀속시기

임원에 대한 확정기여형·퇴직연금 부담금의 손금산입 등에 관한 규정은 임원에 대한 확정기여형 퇴직연금 부담금에 대하여도 임원 퇴직급여 손금산입한도를 적용하기 위한 규정이다.

「법인세법 시행령」 제44조의2 제3항은 원칙적으로 임원에 대한 **확정기여형 퇴직연금 부담금의 납부일이 속한 사업연도에 그 부담금 전액을 손금으로 산입**하되, '퇴직 시까지 납부된 부담금의 합계액'을 임원에 대한 퇴직급여로 보아 '그 수급자의 퇴직일이 속하는 사업연도'에 손금산입한도를 초과하였는지 여부를 판단하여 손금한도초과액이 있는 경우 퇴직일이 속하는 사업연도에 납입된 확정기여형 퇴직연금 부담금 중 손금한도초과액 상당액을 손금불산입하고, 손금한도초과액이 퇴직일이 속하는 사업연도에 납입된 부담금을 넘는 부분이 있으면 추가로 익금산입하여야 한다고 해석된다.

이처럼 법인이 임원에게 퇴직급여를 지급하기 위하여 확정기여형 퇴직연금에 가입하여 그 부담금을 지출하는 경우, 그 부담금에 관한 정관 내지 정관의 위임에 의한 퇴직급여지급기준이 정당하지 않다 하더라도 그 부담금은 그 납입일이 속한 사업연도에 전액 손금으로 산입한 후 임원이 실제 퇴직하는 날이 속하는 사업연도에 확정기여형 퇴직연금부담금의 합계액이 손금산입한도를 넘는지 여부를 판단하여 그 사업연도에 확정기여형 퇴직연금 부담금 합계액 중 일부를 손금불산입 및 익금산입하여야 한다.

2. 부당행위계산부인

다음과 같은 이유로 부당행위계산부인규정을 적용할 수 없다.

(1) 퇴직연금부담금의 납입일인 2010. 12. 30.을 기준으로 산정된 A법인의 대표이사 甲의 퇴직금 중간정산금액이나 「법인세법」에 따라 산정된 퇴직급여한도액은 '시가'에 해당한다고 보기 어렵다.

(2) 확정기여형 퇴직연금제도는 회사가 퇴직연금사업자에게 사전에 결정된 일정한 부담금을 납입하면 퇴직연금사업자가 수급자의 퇴직 시까지 그 부담금을 운용한 다음 운용수익, 퇴직연금사업자가 취득할 수수료 등을 고려하여 정해지는 금액을 수급자에게 연금 또는 일시금의 형태로 지급하는 것인데, 회사의 상황에 따라 사업연도별로 납입금액을 달리 할 수 있다.

(3) 확정기여형 퇴직연금 부담금은 그 수급자인 임원이 퇴직하기 전까지는 퇴직연금사업자에게 적립될 뿐 실제로 임원에게 지급되지 않는다.

퇴직보험료 등의 손금불산입(「법인세법 시행령」 제44조의2)

① 내국법인이 임원 또는 직원의 퇴직급여를 지급하기 위하여 납입하거나 부담하는 보험료 등 중 제2항부터 제4항까지의 규정에 따라 손금에 산입하는 것 외의 보험료 등은 이를 손금에 산입하지 아니한다.

② 내국법인이 임원 또는 직원의 퇴직을 퇴직급여의 지급사유로 하고 임원 또는 직원을 수급자로 하는 연금으로서 기획재정부령으로 정하는 것(퇴직연금 등)의 부담금으로서 지출하는 금액은 해당 사업연도의 소득금액계산에 있어서 이를 손금에 산입한다.

③ 제2항에 따라 지출하는 금액 중 확정기여형 퇴직연금 등…의 부담금은 전액 손금에 산입한다. 다만, 임원에 대한 부담금은 법인이 퇴직 시까지 부담한 부담금의 합계액을 퇴직급여로 보아 제44조 제4항을 적용하되, **손금산입한도 초과금액이 있는 경우에는 퇴직일이 속하는 사업연도**의 부담금 중 손금산입 한도 초과금액 상당액을 손금에 산입하지 아니하고, 손금산입 한도 초과금액이 퇴직일이 속하는 사업연도의 부담금을 초과하는 경우 그 초과금액은 퇴직일이 속하는 사업연도의 익금에 산입한다.

07 공동경비 분담비율 기준 및 관련 부가가치세
(2016두55605, 2017. 3. 9.)

사실관계

(1) A법인은 수입 양주의 원액을 매입하여 제조·판매하는 법인이고, B법인은 수입 양주를 그대로 유통·판매하는 법인이며, 양사는 **특수관계법인**에 해당하고, 양사 간에 출자관계는 없다.

(2) A법인과 B법인은 공동경비 정산계약을 체결하여 매 회계연도 공동경비 중 공동인건비, 사무실 운영·유지비용 등 공동간접경비는 양사의 **전체 직전사업연도 매출액**을 기준으로, 수입 양주에 대한 공동광고선전비는 해당 양주의 직전사업연도 매출액을 기준으로 공동경비를 분담하되, 각자 실제 지출한 공동경비와 기말에 분담비율에 따라 산출한 공동경비의 차액이 발생하는 경우에는 일방이 상대방으로부터 해당 금액을 지급받으면서 상대방에게 매출세금계산서를 발행하였다.

(3) 한편, A법인의 수도권 직매장의 설치허가가 취소되어 A법인의 매출은 급감하고 B법인의 매출이 급증하자, '**해당 사업연도의 매출액**'을 기준으로 공동경비를 분담하였다. ⊃ 당시 법률에 따르면 당해 사업연도의 매출액 기준은 관련 법령에 없었고 이 판례 이후 개정된 것임

(4) 이에 과세관청은 직전 사업연도 매출액이 아닌 당해 사업연도의 매출액을 기준으로 공동경비를 분담하는 것은 적정하지 않으므로, B법인의 초과분담액을 손금불산입하고 관련 매입세액을 B법인의 부가가치세 매입세액에서 불공제하였다.

(5) 한편 A법인이 초과지출액 상당만큼 B법인에게 용역을 제공한 것으로 보아 A법인의 매출세액에 가산하였다.

쟁점

(1) 해당 사업연도의 매출액 기준으로 안분한 것이 적정한지 여부

(2) 초과분담액 수령액을 부가가치세 매출세액에 가산하는 것이 적정한지 여부

결론

(1) 관련 법령에 직전사업연도 매출액 기준으로 안분하는 규정만 있을 뿐, 해당 사업연도의 매출액을 기준으로 안분하는 규정이 없으므로 손금불산입 처분은 적법하다.

(2) 초과분담액을 수령한 것은 **계약상·법률상 원인으로 용역을 공급한 것으로 볼 수 없으므로** 부가가치세 부과처분은 위법하다.

주요근거

(1) 관련 법률의 문언상 직전 사업연도의 매출액을 기준으로 할 때 불합리한 결과를 초래하는 경우 **다른 합리적인 기준을 따를 수 있다는 의미로는 보이지 않으며**, 해당 사업연도에 법인 매출액이 급증하거나 급감하였다는 사정만으로 관련 법률에 따른 분담기준을 적용하는 것이 현저히 불합리하다고 보기 어렵고, 오히려 해당 사업연도의 실적에 따라 공동경비의 분담기준을 선택할 수 있게 한다면 **법인들이 부담할 세액을 임의로 조정할 수 있게 되어 부당**하다.

(2) 적법한 분담기준을 초과하여 발행된 세금계산서와 관련하여 그 매입세액을 불공제하는 것은 별론으로 두 회사 사이에 **별도로 용역이 제공되었다고 보기는 어렵다**. 또한, 직전 사업연도의 매출액을 기준으로 한 분담금액은 시가와 반드시 부합하는 것이 아니므로 이를 시가로 보아 과세표준을 재산정할 수 있다고 보기도 어렵다.

공동경비 손금불산입

법인이 해당 법인 외의 자와 동일한 조직 또는 사업 등을 공동으로 운영하거나 영위함에 따라 발생되거나 지출된 손비 중 다음 기준에 따른 분담금액을 초과하는 금액은 해당 법인의 소득금액계산에 있어서 이를 손금에 산입하지 아니한다.

1. 출자에 의한 공동사업의 경우

출자에 의하여 특정 사업을 공동으로 영위하는 경우에는 출자 총액 중 당해 법인이 출자한 금액의 비율

2. 비출자공동사업의 경우

(1) 비출자공동사업자 사이에 특수관계가 있는 경우

직전 사업연도 또는 해당 사업연도의 매출액 총액과 총자산가액 총액 중 법인이 선택하는 금액에서 해당 법인의 매출액 또는 총자산가액 총액이 차지하는 비율. 단, 선택하지 않은 경우 직전 사업연도의 매출액 총액을 선택한 것으로 보며, **선택한 사업연도부터 연속하여 5개 사업연도 동안 적용**하여야 한다.

다만, 공동행사비 및 공동구매비 등 기획재정부령으로 정하는 손비에 대하여는 참석인원수·구매금액 등 기획재정부령으로 정하는 기준에 따를 수 있다.

(2) 비출자공동사업자 사이에 특수관계가 없는 경우

비출자공동사업자 사이의 약정에 따른 분담비율. 다만, 해당 비율이 없는 경우에는 상기 특수관계가 있는 경우의 비율에 따른다.

매입세액 불공제

「부가가치세법」은 사업자가 납부하여야 할 부가가치세액을 매출세액에서 매입세액을 공제한 금액으로 하는 한편, '사업과 직접 관련이 없는 지출에 대한 매입세액'은 매출세액에서 공제하지 아니한다.

「부가가치세법」상 사업과 직접 관련이 없는 지출의 범위에 관하여 공동경비의 손금불산입에 관한 「법인세법」규정을 준용한다.

08 원청업체의 공상처리비를 부담한 것이 접대비에 해당하는지 여부
(2010두14329, 2012. 9. 27.)

사실관계

(1) A법인은 G건설과 공사계약을 체결하는 과정에서 "공사 도중 재해 발생 시 A법인의 비용으로 피해자 측과 합의하여 배상하고 G건설과 A법인에 대하여 일체의 민·형사상 청구권을 포기하는 내용이 명시된 피해자 측 연명의 합의서를 공증받아 G건설에 제출하여야 한다"라는 특약사항을 체결하였다.

(2) 이러한 특약이 체결된 구체적 이유는 원 수급자인 G건설이 산업재해보상보험에 가입하고 보험료를 납부한 후 산업재해가 발생하면 재해근로자 등 수급권자가 「산업재해보상보험법」에 따라 근로복지공단에 청구하여 보험급여를 지급받아야 함에도 원 수급자인 G건설이 산업재해율의 상승에 따른 제재를 우려하여 「산업재해보상보험법」에 의한 처리를 꺼림에 따라 하수급자인 A법인이 거래관계를 유지하기 위하여 부득이하게 계약특수조건에 따라 지급의무가 없는 사고보상비 등을 지급하게 된 것이다.

(3) A법인은 G건설과의 특약사항에 따라 재해근로자에게 사고보상비 등을 지급하고, 그 금액을 '공상처리비'로 회계처리하여 손금에 산입하였으나, 과세관청은 이를 접대비로 보아 손금불산입하는 부과처분을 하였다.

쟁점

A법인이 원 수급자인 G건설을 대신하여 지출한 공상처리비를 「법인세법」상 접대비로 보아야 하는지 여부

결론

A법인이 지출한 공상처리비는 G건설과 체결한 하도급계약의 공사대금과 일정한 대가관계가 있는 것으로서 A법인의 수익과 직접 관련하여 지출한 비용에 해당하고, 이는 거래관계를 두텁게 하기 위하여 G건설을 대신하여 지출한 것으로 보기 어렵다. 따라서 접대비에 해당하지 아니한다.

수익관련성

법인이 사업을 위하여 지출한 비용 가운데 상대방이 사업에 관련 있는 사람들이고 지출의 목적이 접대 등의 행위에 의하여 사업관계자들과의 사이에 친목을 두텁게 하여 거래관계의 원활한 진행을 도모하는 데 있는 것이라면 그 비용은 접대비라고 할 것이지만, 법인이 수익과 직접 관련하여 지출한 비용은 섣불리 이를 접대비로 단정하여서는 아니 된다.

09 카지노콤프의 비용인정 여부
(2015두44936, 2016. 7. 7.)

사실관계

(1) 외국인 전용 카지노를 운영하는 A법인은 고객 유치를 위하여 고객에게 무상 또는 할인된 가격으로 제공하는 숙식, 교통서비스, 골프비용, 물품, 기타 서비스 등에 관한 지급기준을 정하여 고객에게 콤프(Complimentary Service)를 지급하였다.

(2) 콤프는 카지노업계에서 일정한 기준에 따라 오랫동안 제공되어 왔는데, 문화체육관광부가 정한 카지노영업 및 회계와 관련하여 카지노사업자가 지켜야 할 영업준칙에서는 이를 정상적인 영업관행으로 인정하되 그 지급범위를 제한하고 증빙을 갖추도록 요구하고 있다.

영업준칙 범위 外

A법인이 영업준칙 범위 내에서 고객들에게 지급한 콤프는 물론 초과 콤프 역시 **판매부대비용**으로 손금산입하고 접대비로 볼 수 없다고 하여 조세심판원에서 인용판결을 받았다.

비실명콤프

비실명콤프는 비실명고객이 회원카드를 만들지 않고 게임에 참여한 후 손실을 입자 다른 고객 명의로 게임내역을 등록하고 이를 비실명고객에게 지급한 것이어서, 영업준칙이나 지급기준에 어긋난다. 콤프 비용의 인정 취지, 인정 범위 및 절차 등을 고려하면, 비실명콤프는 정상적인 지급기준에 어긋나게 지급된 것이어서 통상적인 비용이라고 할 수 없고 손금에 포함되지 않는다. ⊃ 이는 접대비임을 따져볼 것도 없이 일반적인 손금요건에 해당하지 아니하므로 손금에 산입할 수 없다는 것임

해외판촉비

해외판촉비는 A법인이 해외 현지에서 음식, 주류, 선물 등을 제공한 것으로 지급 범위, 증빙서류 첨부 여부 등 영업준칙이나 지급기준에도 모두 부합하지 않는 비용인데, 이를 **접대비로 볼 것인지 판매부대비용으로 볼 것인지가 쟁점이다.** 해외판촉비는 A법인의 담당마케터가 기존 고객의 게임참여를 유도하기 위한 접촉과정에서 지출한 비용으로, A법인의 1회성 음식·주류 제공 등과 같은 접대행위와 그 접대를 받은 자가 국내에 입국하여 이 사건 카지노에 입장하는 것 사이에 **직접적인 인과관계를 인정하기는 어려운 점** 등을 종합하면, 해외판촉비는 접대 등 행위에 의하여 사업관계자들과의 친목을 두텁게 하여 거래관계를 원활하게 진행하고자 하는 목적으로 특정인에게 지급하는 접대비에 해당한다.

1. 취재비

신문사 취재기자들이 지출한 취재비에는 취재활동에 **통상 소요되는 비용의 성격을** 띤 것도 있지만 접대비의 성격을 띤 것도 있다. 취재활동에 통상 소요되는 비용은 취재의 필요성, 취재원의 수와 성격, 취재 소요 시간, 취재 장소와 경위 등의 제반 요인에 따라 달라질 수밖에 없으므로 취재비가 취재활동에 통상 소요되는 비용의 범위를 벗어나 접대비에 해당한다고 볼 수 있는지 여부는 위와 같은 요인들 및 그 지출의 목적과 성격 등을 **종합적으로 고려하여 개별적·구체적으로 판단**하여야 한다. 비록 1건당 지출액이 30,000원을 초과하는 취재비라고 하더라도 그 지출경위나 성격 등을 개별적·구체적으로 따져 보지 아니한 채 이들이 모두 접대비에 해당한다고 단정할 수는 없다.

2. 내방객 선물비용

신문사가 지출한 각종 행사의 진행요원과 심사위원 등에 대한 식사비, 용역회사의 직원들에 대한 격려금, 신문사 소속이 아닌 신문지국장들의 단합대회를 개최하면서 부담한 경비 등은 모두 신문사가 **사업과 관련 있는 자들과**의 사이에 친목을 두텁게 하여 그들과의 거래관계의 원활한 진행을 도모하기 위하여 지출된 비용으로서 접대비에 해당한다.

다만, 각종 행사의 진행요원과 심사위원 등에 대한 다과·음료비는 사회통념상 용인할 수 있는 통상의 비용으로서 접대비에 해당하지 않는다. 아울러 거래처 직원들과 신문사 내방객 등에 대한 선물비는 그 내방객 등이 누구인지를 특정할 자료가 없어 그들이 신문사와 거래관계를 맺고 있는 **특정인들이라고 보기 어렵고**, 따라서 그들에게 선물을 지급한 것도 그들과의 거래관계를 원활하게 하기 위한 것이었다기보다는 대외적으로 신문사를 홍보하여 **신문사의 이미지를 개선**하기 위한 것이므로, 그 선물비는 접대비가 아니라 광고선전비에 해당한다. (다만 상패 제작비는 그 성질상 특정인을 위해 지출된 것으로서 접대비로 보아야 할 것이다) (2007두18000, 2010. 6. 24.)

10 기부채납과 기부금
(2001두1918, 2002. 11. 13.)

사실관계

(1) A법인은 주택건설사업을 함에 있어서 그 사업을 위하여 취득한 토지의 일부를 그 사업의 **승인조건**에 따라 분양토지의 이용편의를 위하여 도로로 조성하여 지방자치단체에 기부채납하였다.

(2) A법인은 위 기부채납과 관련된 비용을 「법인세법」상 특례기부금으로 보고 기부채납된 때를 손금귀속시기로 하여 모두 손비처리하였다.

(3) 이에 과세관청은 위 기부채납과 관련된 비용은 특례기부금이 아니라 사업 관련 공사원가에 해당하므로 수익의 발생이 확정된 사업연도의 손금에 산입하여야 한다는 이유로 손금불산입하고 법인세를 부과하였다.

쟁점

주택건설사업의 승인조건에 따라 그 토지 일부를 도로로 조성해 지방자치단체에 기부채납한 경우, 동 금액이 특례기부금에 해당하는지 여부 및 손익귀속시기

결론

그 수익의 발생이 확정된 때에 손금산입하는 관련 비용이며, '특례기부금'에 해당하지 않는다.

주요근거

1. 사업관련성

「법인세법」에 의하여 법인의 손금으로 산입할 수 있는 기부금이라 함은 법인의 사업과 직접 관계없이 무상으로 지출하는 재산적 증여의 가액을 말하는 것이므로 특수관계 없는 자에게 무상으로 지출하는 기부금이라 하더라도 법인의 사업과 직접 관계가 있다면 이를 기부금으로서 손금에 산입할 수는 없는 것이다.

2. 손금귀속시기

사업관련 비용인 도로의 가액 상당의 비용은 수익의 발생에 직접 관련된 필요경비로서 그 귀속시기는 수익의 발생이 확정된 때가 속한 사업연도이다.

관련 법령

1. 기부금의 손금불산입(「법인세법」 제24조)

① 이 조에서 "기부금"이란 내국법인이 사업과 직접적인 관계없이 무상으로 지출하는 금액(대통령령으로 정하는 거래를 통하여 실질적으로 증여한 것으로 인정되는 금액을 포함한다)을 말한다.

2. 기부금의 범위(「법인세법 시행령」 제35조)

법 제24조 제1항에서 "대통령령으로 정하는 거래"란 특수관계인 외의 자에게 정당한 사유 없이 자산을 정상가액보다 낮은 가액으로 양도하거나 특수관계인 외의 자로부터 정상가액보다 높은 가액으로 매입하는 것을 말한다. 이 경우 정상가액은 시가에 시가의 100분의 30을 더하거나 뺀 범위의 가액으로 한다.

11 비업무용 토지의 판단에 있어 정당한 사유
(2016두51672, 2017. 1. 25.)

사실관계

(1) 자동차 판매업을 영위하고 있는 A법인은 인천 송도에 부동산을 보유하고 있으며, 이 중 10,000㎡의 토지는 하치장으로 사용되고, 20,000㎡의 토지는 나대지로 방치된 상태이다.

(2) A법인은 당초 30,000㎡의 토지를 유원지 개발 목적으로 취득하였으나, 관할 지방자치단체의 도시계획변경에 따라 유원지로 개발하지 못하였다.

(3) 이후 도시계획변경 등에 따라 상업시설로 사용할 수 있었으나 사업부진으로 건축비용을 조달하지 못하여 나대지로 방치한 상태이다. 이에 과세관청은 하치장 및 나대지에 관련한 비용(종합부동산세, 재산세, 관련 차입금 이자 등)을 손금에 산입하지 아니하였다.

쟁점

A법인 소유의 하치장과 나대지가 「법인세법」상 비업무용 부동산에 해당하는지 여부

결론	(1) 비업무용 부동산이란 법인의 업무에 직접 사용하지 아니하는 부동산을 의미한다. 따라서 적어도 자동차 하치장은 업무에 직접 사용되고 있으므로 업무용으로 판단된다.
	(2) 사업부진으로 인해 건축비용을 조달하지 못한 것은 '법령상의 제한으로 사용하지 못하는 부동산'으로 보기 어려우므로 나대지는 비업무용 부동산에 해당한다.

주요근거	비록 법인의 업무에 직접 사용하고 있지 않더라도, 법령상의 정당한 이유로 업무에 사용하고 있지 못한 경우에는 이를 비업무용 부동산에서 제외하여야 한다. 따라서 나대지의 경우에는 법령상의 정당한 사유로 사용하지 못하고 있는 경우에 해당하는지 여부를 판단하여야 한다. A법인은 해당 토지를 비록 당초 유원지로 개발하려는 목적으로 취득하였다고 할지라도, 토지를 상업용으로 사용할 수 있는 상태에 있었으며, **토지를 업무에 직접 사용하지 못한 주된 이유는 사업부진으로 인해 건축비용을 조달하지 못한 데 있다.** 따라서 이러한 이유는 '법령상의 제한으로 사용하지 못하는 부동산'으로 보기 어렵다.

비업무용 자산	법인의 업무와 관련 없는 비용은 **법인의 수익을 창출하기 위하여 지출된 비용이 아니므로 손금에 산입하지 아니한다.** 즉, 비업무용 자산의 유지관리 비용은 업무관련성 또는 수익관련성이 없다. 이와 같은 취지로 비업무용 부동산을 소유권이전등기 후 합의해제하고 반환한 사안에서, 법원은 해당 부동산을 실질적으로 사용·수익할 수 있었던 이상, 비업무용 부동산 관련 지급이자는 손금불산입하여야 한다고 판단하였다.

비업무용 동산	비업무용 부동산
서화·골동품과 업무에 직접 사용하지 아니하는 자동차·선박 및 항공기를 말한다.	업무에 직접 사용하지 아니하는 부동산을 말한다. 단, 유예기간이 경과하기 전까지의 기간 중에 있는 부동산은 제외하나, 유예기간 중에 해당 법인의 업무에 직접 사용하지 않고 양도하는 부동산은 비업무용 부동산으로 본다.

유예기간	## 1. 유예기간
	법인이 토지나 건물을 취득하면서 즉시 이용할 수 없기 때문에 업무용에 사용하기 위한 준비기간, 건설기간 등을 참작하여 취득 후 일정한 유예기간 동안은 업무무관 자산으로 보지 않는다.

구분	유예기간
건축물 또는 시설물 신축용 토지	5년
부동산매매업을 주업으로 하는 법인이 취득한 매매용 부동산	5년
기타의 부동산	2년

2. 업무무관 부동산으로 보는 기간

① 부동산을 업무용으로 사용하지 않고 보유하고 있는 경우 **유예기간이 경과한 날부**터 업무무관 부동산으로 본다.

② 업무에 사용하지 아니한 부동산을 **양도하는 경우** 그 양도일이 유예기간 이내인 지 이후인지 상관없이 **취득일**(유예기간 중 법령 등에 의해 사용이 제한 또는 금 지되는 경우에는 사용금지제한 해제일)**부터** 양도일까지 업무무관 부동산으로 본 다. 다만, 부동산매매업은 아래와 같이 달리 본다.

③ 부동산매매업을 영위하는 법인은 부동산을 양도하는 것이 사업목적이므로 유예 기간 내 매매용 부동산을 양도하는 것이 업무용에 직접 사용한 것이 된다.

④ **부동산매매업**을 주업으로 하는 법인이 매매용 부동산을 취득한 후 유예기간이 지 난 다음 양도하는 경우는 '**업무에 사용하지 아니하고 양도하는 경우**'에 해당하지 **않으므로** 부동산 취득일부터 양도일까지의 기간 전부가 아니라, 유예기간이 지난 다음 날부터 양도를 통해 직접 사용하기 전까지 기간만이 업무와 관련이 없는 기 간에 해당한다. (2014두44342)

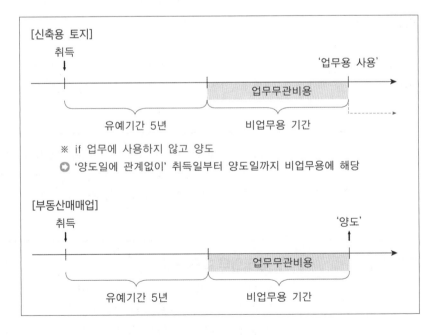

01 유가증권 매매의 손익귀속시기
(2016두51511, 2017. 3. 22.)

사실관계

(1) 외국법인 A(외국계 증권회사)는 ELW를 직접 발행할 수 없는 관계로 국내ELW 발행사로부터 ELW를 인수하여 투자자들에게 매도하고 발행사에 증권과 동일한 내용의 장외파생상품을 매도하였다.

(2) 이러한 거래는 기업회계기준상 손익 왜곡은 발생하지 않으나, 세법상으로는 ELW 와 장외파생상품 모두 시가평가가 허용되지 아니하여 ELW 처분손실만이 인식되고, 이후 만기가 도래한 사업연도에 장외파생상품의 평가이익이 실현될 수밖에 없다.

(3) 이에 **과세관청**은 외국법인 A가 발행사로부터 ELW를 인수하여 투자자들에게 최초 매도할 때 인수가격과 시가의 차액 상당은 장외파생상품 거래로 인한 손익과 상쇄됨으로써 **가공의 손익에 불과하여 실현 가능성이 없거나 실현 가능성에 있어 상당히 높은 정도로 성숙되었다고 할 수 없으므로**, 이를 가지고 해당 사업연도의 손금으로 인정하지 않았다.

쟁점

실질과세원칙을 적용하여 손금을 인정하지 않을 수 있는지 여부

결론

권리의무 확정주의원칙에 따라 「법인세법」상 명확하게 규정된 손익귀속시기에 따라 손익을 인식하여야 한다. 따라서 매매차손이 발생한 시점(최초 매도한 시점)에 손금에 산입할 수 있다. ➔ 과세관청 주장 배척

주요근거

1. 권리의무 확정주의

「법인세법」은 손익이 권리의무의 확정 시에 실현되는 것으로 보는 권리의무 확정주의를 채택하여 손익의 귀속시기를 명확하게 규정하고 있다. 이는 납세자의 과세소득을 획일적으로 파악하여 법적 안정성을 도모하고 과세의 공평을 기함과 동시에 납세자의 자의를 배제하기 위한 것이다.

2. 유가증권 매매의 손익귀속시기

ELW 손익의 귀속시기는 「법인세법」 제40조 제1항(내국법인의 각 사업연도의 익금과 손금의 귀속사업연도는 그 익금과 손금이 확정된 날이 속하는 사업연도로 한다) 및 「법인세법 시행령」 제68조 제1항 제5호에 따라 '매매계약을 체결한 날'이 되므로, 외국법인 A가 ELW를 시장에서 매도하는 경우 매매계약 체결일이 속하는 사업연도가 그 처분손익의 귀속시기가 된다.

3. 실질과세원칙 적용 여부

외국법인 A가 대규모의 손실을 조기에 인식하여 조세의 부담을 회피할 목적으로 과세요건사실에 관하여 실질과 괴리되는 비합리적인 형식이나 외관을 취하였다고 볼 수 없으므로 이와 다른 전제에서 「국세기본법」 제14조 제2항과 제3항 등에 근거하여 이루어진 과세처분은 위법하다.

유동화전문회사 등의 미지급배당
(2012두16299, 2015. 12. 23.)

| 사실관계 | (1) A법인은 B법인이 발행한 무보증사모사채(후순위 채권임)를 인수하였으나, 2016년 5월 10일 자로 파산종결 결정을 받았다. |

(2) B법인은 유동화전문회사이며, B법인 정관 및 관련 법령에 따르면 B법인의 선순위 채권의 원리금이 전부 상환되지 아니한 경우에는 배당금을 지급할 수 없도록 되어있다.

(3) 한편, B법인은 유동화전문회사의 소득공제규정을 적용받기 위해 2015년 2월 5일 주주총회를 열어 배당금을 지급하기로 결의하였으나, 정관 및 법령의 제한 및 실제 자금부족을 이유로 배당금을 지급하지는 아니하였다.

(4) 과세관청은 A법인이 B법인의 잉여금처분 결의에도 불구하고 미수배당금에 해당하는 금액을 익금에 산입하지 아니한 것을 적발하여 2015년 사업연도의 법인세 과세표준을 증액·경정하는 처분을 하였다.

쟁점

A법인의 미수배당금 채권이 배당결의일 당시 유동화전문회사의 정관 및 관련 법률 규정에 따라 지급될 수 없음에도 불구하고 익금에 산입할 수 있는지 여부

납세자 주장	권리의무 확정주의에 의하여 소득의 실현 전에 미리 과세할 경우 과세 후 사정에 따라서 소득이 없는데도 과세를 하였다는 불공평한 결과가 발생할 수 있으므로 권리의무 확정주의를 적용함에 일정한 한계가 있다. A법인의 미수배당금 채권의 경우에도 B법인이 유동화전문회사의 소득공제규정을 적용받기 위하여 단지 잉여금처분결의를 한 것에 불과하므로 실제로 회수불능이 될 가능성이 높고, 이후 파산에 이르게 된 점을 보아 익금에 산입하지 아니할 수도 있다.

결론	A법인은 「법인세법」상 잉여금처분결의일인 2015년 귀속사업연도에 미수배당금을 일단 익금에 산입한 후, 파산이 결정된 시점인 2016년 귀속사업연도에 이를 대손금으로 처리하는 것이 합당하므로, 과세관청의 2015년 귀속과세표준 증액경정·처분은 적법하다.

법률상 제한 유무	「자산유동화에 관한 법률」에 따른 유동화전문회사가 배당가능이익의 100분의 90 이상을 배당하는 등 일정한 요건을 갖춘 경우 소득공제의 특례를 정함으로써 유동화전문회사 단계에서 법인세를 부과하지 않는 대신 주주 등의 구성원 단계에서 소득과세를 하도록 규정하고 있으므로, 유동화전문회사 단계의 소득공제시점과 구성원 단계의 소득과세시점을 일치시킬 필요가 있다. 만약 유동화전문회사의 구성원이 유동화자산을 직접 취득하였을 경우 그에 관한 소득이 귀속되는 시점에 과세될 것임에도 유동화전문회사를 통하였다는 이유만으로 배당금을 현실로 수령하는 시점에 과세하여야 한다고 본다면, 소득의 인식시기를 과도하게 이연시키는 결과를 초래하게 된다. 그리고 유동화전문회사가 자산유동화계획 및 정관에서 유동화증권 원리금을 전부 상환한 이후에 비로소 배당금을 지급하도록 규정하고 있더라도, 유동화전문회사에 관여한 자들 사이에서 자산유동화 거래의 특성에 따른 경제적 필요에 따라 배당금채권의 행사를 유보하기로 한 것에 불과할 뿐, 세법에 우선하는 법률상 제한으로까지 볼 것은 아니다.

대손금 규정	권리의무 확정주의의 취지가 납세자의 과세소득을 획일적으로 파악하여 과세의 공평과 납세자의 자의를 배제하는 것이고, 설령 미지급배당금이 실제 지급되지 않은 것이 확정되더라도 그 시점에서 대손금으로 손금에 산입할 수 있다. 따라서 미수배당금이 지급될 가능성이 없거나 불확실하다는 점을 이유로 익금의 귀속을 부정한다면, 「법인세법」상 대손금규정의 의미가 없게 될 가능성이 있다.

이중과세 조정

1. 배당세액공제

개인 주주인 경우 주주단계에서 배당소득에 대해 부과된 세액을 일부 공제해주는 방식이다.

2. 수입배당금 익금불산입

법인 주주의 경우 지급받은 배당소득의 전부 또는 일부를 주주의 소득금액 계산 시 익금에 산입하지 않는 방식이다.

3. 지급배당금 소득공제

법인이 배당가능이익의 100분의 90 이상의 배당금을 주주에게 지급한 경우, 지급한 배당금을 법인의 소득금액에서 공제하는 방식이다.

소득공제

유동화전문회사와 같은 투자목적회사들은 일반법인과는 달리 영업에 따른 투자수익을 그대로 주주들에게 배당할 것을 목적으로 하여 설립된 서류상의 회사로서 세법상 도관회사에 해당한다. 유동화전문회사를 설립하는 목적은 개별 주주들이 직접 투자하는 것보다는 유동화전문회사를 통해 투자를 하게 되면 좀 더 효율적인 관리가 가능하기 때문이다. 만일 유동화전문회사에 대해 과세하게 되면 직접 투자에 비해 세제상 불공평한 대우를 하게 되는 결과가 되어 유동화전문회사를 통한 투자를 어렵게 할 우려가 있다. 이에 따라 유동화전문회사가 배당가능이익의 100분의 90 이상을 배당하는 경우에는 이를 소득공제하도록 하고 있다.

03 BOT(Build-Own-Transfer)사업에서의 법인세와 부가가치세 과세 표준 (2018두39027, 2022. 1. 27.)

사실관계

(1) A법인은 주식회사 칼호텔네트워크 외 6개 법인(이하 '이 사건 임차인들'이라 한다)과 실시협약을 체결하였는데, 그 내용은 이 사건 임차인들이 인천국제공항 국제업무지역 내 A법인 소유의 토지(이하 '이 사건 토지'라 한다)에 각각 건축물을 신축하여 일정한 기간 동안 사용하면서 매년 토지사용료를 지급하고 **토지사용기간 만료 후에는 A법인에게 해당 건축물의 소유권을 무상으로 이전하기로 한 것이다.** 이에 따라 이 사건 임차인들은 이 사건 토지에 각 건축물(이하 '이 사건 각 건축물'이라 한다)을 신축하여 사용하면서 A법인에게 토지사용료를 지급하였다.

(2) A법인은 이 사건 각 건축물의 신축가액을 토지사용기간으로 안분한 금액을 법인세의 익금에 산입하고 부가가치세의 공급가액으로 보아 2008 사업연도부터 2012 사업연도까지의 각 법인세와 2008년 제2기분과 2009년 제1기분 각 부가가치세를 신고 · 납부하였다.

(3) 이후 A법인은 과세관청에 이 사건 각 건축물의 신축가액 대신 '**감정을 통하여 평가한 이 사건 각 건축물의 토지사용기간 만료 시 가액**'을 토지사용기간으로 안분한 금액을 기초로 위 각 법인세와 부가가치세의 세액을 산정해야 한다는 이유로 그 일부의 환급을 구하는 경정청구를 하였다.

쟁점

임대차 기간 만료 시 무상으로 소유권 이전하는 방식(후불 임대료)의 「법인세법」 및 「부가가치세법」상 과세표준 산정방법

결론

(1) 법인세

토지사용기간 만료 시 이 사건 각 건축물의 시가 자체를 전체 토지사용기간 중 해당 사업연도에 속하는 기간의 비율로 안분한 금액을 임대료로 보아 익금에 산입해야 한다.

(2) 부가가치세

금전으로 지급받은 임대료와 임대인이 제공한 **토지 임대용역** 중 이 사건 건축물들과 대가관계에 있는 부분의 **시가의 합산액**(= '토지 임대용역의 감정가'로 추정함)을 과세표준으로 한다.

| 판단근거 | ## 1. 임대료 손익귀속시기와 자산의 취득원가 |

1. 임대료 손익귀속시기와 자산의 취득원가

① 임대료 지급기간이 1년을 초과하는 경우에는 이미 경과한 기간에 대응하는 임대료 상당액과 비용은 이를 각각 당해 사업연도의 익금과 손금으로 한다.

② 특별한 규정이 없는 경우 「법인세법」상 자산의 취득원가는 **취득 당시의 시가**로 정한다.

③ 이 사건과 같이 임대료로 토지사용기간 만료 시에 건축물의 소유권을 이전받기로 하는 경우에는 해당 시점에서 건축물의 시가가 곧 후불로 받기로 한 임대료에 해당한다고 보아야 하고, 그 임대료 지급기간이 1년을 초과하므로 '이미 경과한 기간에 대응하는 임대료 상당액'으로서 각 사업연도의 익금에 산입할 금액은 토지사용기간 만료 시 건축물의 시가를 전체 토지사용기간 중 해당 사업연도에 속하는 기간의 비율로 안분한 금액이라고 보는 것이 타당하다.

2. 현재가치평가

「법인세법」에서 현재가치평가는 그러한 회계처리를 인정하는 규정이 별도로 존재하는 경우에 한하여 허용된다. 임대료 손익과 관련하여 현재가치평가를 수용한다는 별도의 규정이 없다. (원심은 임대기간 종료 시 시가를 현재가치로 평가하여야 한다고 한 것에 대해 대법원은 이를 부정함)

3. 부가가치세

금전 이외의 대가를 받는 경우에는 자기가 공급한 재화 또는 용역의 시가로 한다. 사업자가 임대용역을 공급하고 임대료를 일부는 금전으로 나머지는 금전 이외의 것으로 받은 경우 그 공급에 대한 부가가치세의 과세표준은 **임대료로 받은 금전에 임대용역 중 금전 이외의 것과 대가관계가 있는 부분의 시가를 더한 금액**이라고 보아야 한다.

04 세법상 자산의 범위
(2007두4049, 2009. 7. 9.)

사실관계

(1) A법인은 B법인을 중간에 끼워 넣는 거래를 통해, A법인이 기계장치 구입대금을 B법인에게 대여하고, B법인은 리스계약을 통해 그 대금을 대출을 받고자 하였다.

(2) 즉, A법인이 B법인에 기계구입대금을 일시불로 지급한 후, B법인은 이 돈은 B법인 자신의 운영자금으로 사용하고, 리스회사로부터 인도받은 기계장치를 A법인에 제공하였다.

(3) A법인은 이를 사용하였으며, 이에 대한 감가상각비도 계상하였다.

(4) 이에 과세관청은 A법인이 계상한 감가상각비를 부인하고, A법인이 B법인에게 지급한 기계장치 구입대금이 가지급금에 해당한다고 보아 부당행위계산을 적용하였다.

쟁점

(1) A법인이 계상한 감가상각비가 손금산입 가능한지 여부

(2) A법인이 B법인에게 지급한 기계장치 구입대금이 가지급금에 해당하는지 여부

결론

(1) 반드시 법률상 소유권이 있어야 세법상 감가상각을 할 수 있는 것은 아니므로 감가상각비는 손금산입 가능하다.

(2) 부당행위계산규정을 적용할 때도 B법인이 A법인으로부터 수령한 금액에서 B법인이 리스회사에 지급한 리스계약 보증금 및 초기 리스료를 차감한 차액 상당액만 대여한 것으로 보아 인정이자를 계산하여야 한다.

주요근거

1. 세법상 자산

감가상각의 대상이 되는 유형·무형자산은 **법인의 사업에 실질적으로 제공된 것**으로서 법인 소유의 자산은 물론 법인이 **사실상의 소유권을 취득**하여 현실적인 지배력을 **행사하고 있는 자산도 포함**되며 그 자산을 취득하게 된 원인행위가 반드시 적법하고 유효한 것이어야 하는 것은 아니다.

2. 경제적 합리성

A법인이 직접 리스하지 않고 특수관계자인 B법인이 리스계약을 체결하도록 하고 리스료 총액을 매매대금으로 정하여 이를 일시에 현금으로 지급하고 매수하는 우회적인 방법을 통하여 특수관계인에게 금융이익을 제공한 것은 경제적 합리성이 없는 비정상적인 거래로서 「법인세법」상의 '금전 등의 무상 대여'에 해당하여 부당행위계산부인의 대상이 된다.

3. 분여한 이익의 계산

A법인이 B법인에게 실질적으로 자금을 대여하였다고 볼 수 있는 부분은 매매대금과 B법인이 이미 지급한 리스계약 보증금 및 초기 리스료 등과의 차액 상당이다.

따라서 B법인이 지급한 리스계약 보증금 및 초기 리스료 등과 개개의 리스물건에 관한 매매계약 당시의 잔존 리스기간 및 리스료에 대하여 과세관청의 구체적인 주장과 증명이 없는 이상 그 차액 부분을 산정할 수 없고, 나아가 차액 부분 등에 대한 인정이자 및 손금불산입될 지급이자도 산정할 수 없으므로 과세관청의 부과처분은 취소되어야 한다.

참고로 법원이 재구성한 것을 회계처리로 표현하면 다음과 같다.

(차) 사용권자산	×××	(대) 리스부채	×××
(차) 대여금	×××	(대) 현금	×××

4. 투자세액공제

중소기업투자세액의 공제요건인 투자는 '중고품이 아닌 신제품의 취득'으로 제한됨이 명백하고, 한편 과세처분취소소송에서 비과세요건이나 공제요건 등에 대한 증명책임은 원칙적으로 납세의무자에게 있다고 할 것이므로(2008두7830 등), A법인이 취득한 리스물건이 중고품이 아니라는 점은 투자세액의 공제를 주장하는 A법인이 증명하여야 할 것이다.

5. 리스물건의 반환이 처분에 해당하는지 여부

A법인이 리스회사로부터 리스물건의 반환을 요구받고 그에 대항하여 점유할 권리가 없어 부득이 이를 반환한 것은 「조세특례제한법」상 추징사유인 '처분'에 해당한다. 「조세특례제한법」은 중소기업투자세액의 공제를 받은 내국인이 '투자를 완료한 날이 속하는 과세연도의 종료일로부터 3년이 경과하기 전에 당해 자산을 처분한 경우'에는 그 공제받은 세액에 대통령령이 정하는 바에 따라 계산한 이자 상당 가산액을 법인세에 가산하여 징수하도록 규정하고 있는 바, 위 규정의 입법취지와 내용, 그리고 자산의 처분이 자산의 취득과 대비되는 개념인 점 등을 종합하여 보면, 여기에서 말하는 자산의 처분에는 당해 자산을 취득하게 된 원인행위의 하자 등으로 인하여 그 소유권을 확정적으로 취득할 수 없어 이를 스스로 반환하는 경우도 포함된다.

1. 토지에 대한 자본적 지출

「법인세법 시행령」 제24조 제1항 제1호 가목 및 바목이 정한 '구축물' 또는 '이와 유사한 유형자산'에 해당하기 위해서는 토지에 정착한 건물 이외의 공작물로서 그 구조와 형태가 물리적으로 토지와 구분되어 독립적인 경제적 가치를 가진 것이어야 하고, 그렇지 않은 경우에는 시간의 경과에 따라 가치가 감소하지 아니하는 자산인 토지와 일체로서 평가되므로 감가상각의 대상이 될 수 없다. 또한, 토지에 대한 자본적 지출이라 함은 토지의 가치를 현실적으로 증가시키는 데에 소요된 비용을 말한다. (2004두13844 등)

2. 골프장 조성비용

골프장 자산 중 '그린'은 기초공사를 거친 토지를 1m 정도 파서 맨 밑에 배수구(층)를 만든 후 그 위에 투수층인 자갈 30cm, 콩자갈층 10cm, 모래층 10cm 혼합사층 30cm의 공사를 한 후 그 위의 표면에 특수잔디를 파종하는 방법으로 조성되고, '티'는 그린과 공사과정은 같고 다만 그 표면의 잔디만 다른 것이 식재되며, '벙커'는 콩자갈층 위에 모래층을 50~70cm 정도로 두껍게 조성하고 잔디를 식재하지 않는 것이 다를 뿐 나머지는 그린의 조성방법과 같은 사실을 인정할 수 있는 바, 그린, 벙커, 티 등은 그 부지인 토지 위에 자갈, 모래층, 혼합사층 등 그 기능을 유지하기 위하여 필요한 여러 토층을 조성한 후 표변에 잔디나 모래층을 추가로 조성함으로써 축조되는 지상 구조물이기는 하나, 토지와 물리적 구조와 형태가 명확히 분리된다고 할 수 없는 점, 골프장의 부지는 「공간정보의 구축 및 관리 등에 관한 법률 시행령」상 '체육용지'에 해당하는데, 그린, 티, 벙커 등은 골프장 부지가 체육용지로서의 이용가치를 가지기 위한 필수적인 시설로서 그 부지가 되는 토지와 경제적으로 독립한 가치를 가진다고 할 수도 없는 점, 향후 자산의 가치를 유지하기 위하여 개보수비용이 소요될 것으로 보이기는 하나, 그렇다고 하여 자산의 가치가 시간의 경과나 사용에 따라 지속적으로 감소된다고 할 수 없고, 오히려 특단의 사정이 없는 한 자산의 가치가 그 부지인 토지와 함께 계속 유지될 것으로 보이는 점, 자산의 조성은 이 사건 골프장 부지의 가치를 현실적으로 증가시키는 것이어서 그 조성비용은 골프장 부지의 가치에 흡수될 것으로 보이는 점 등을 종합하여 보면, 그린, 티, 벙커 등의 조성비용은 골프장 부지에 대한 자본적 지출에 해당한다. 따라서 그린, 티, 벙커 등은 감가상각의 대상이 되지 않는다. (2009누12541)

05 계약해제에 관한 분쟁이 있는 경우 후발적 경정청구 기산일
(2016두59188, 2020. 1. 30.)

사실관계

(1) K법인이 보유한 A토지 등이 용산역세권 개발 관련 사업 부지로 선정되자, 사업 시행사인 H주식회사는 A토지 등을 매매대금 8조원으로 하여 2007년부터 2011년까지 총 5차례에 걸쳐 매입하였다.

(2) 당시 K법인은 A토지 등의 각 소유권이전등기일이 속하는 사업연도에 매각차익을 익금에 산입해 이에 대한 법인세 약 8,800억원을 신고·납부하였다. 그러나 용산개발사업은 백지화됐고, H주식회사가 그 대금지급일에 제대로 대금을 지급하지 않자 2013년 4월 K법인은 H주식회사에 계약해제를 통보하였다.

(3) 이에 K법인은 2007년부터 2011년까지 각 소유권이전등기일을 귀속시기로 하여 신고·납부한 법인세의 경정청구를 제기하였으나, 과세관청은 K법인의 계약해제권 행사의 적법 여부가 경정청구까지 당시 민사소송에서 확정되지 않았으므로 2007년부터 2011년까지의 귀속 법인세를 환급하여 달라는 K법인의 청구를 받아들이지 않았다.

쟁점

계약해제에 관하여 당사자 간에 분쟁이 있는 경우에도 해제권 행사일을 후발적 경정청구의 기산일로 볼 수 있는지 여부

결론

계약이 해제권의 행사에 의하여 해제되었음이 증명된 이상 그에 관한 소송의 판결에 의하여 해제 여부가 확정되지 않았다 하더라도 후발적 경정청구사유에 해당한다. 따라서 후발적 경정청구의 기산일을 해제권 행사일로 보아야 한다.

PART 3 법인세법

해커스 판례세법

<table>
<tr><td>

주요근거

</td><td>

1. 후발적 경정청구사유

「국세기본법」에 따라 최초의 신고·결정 또는 경정을 할 때 과세표준 및 세액의 계산 근거가 된 거래 또는 행위 등의 효력과 관계되는 계약이 해제권의 행사에 의하여 해제되거나 해당 계약의 성립 후 발생한 부득이한 사유로 해제되거나 취소된 경우 는 후발적 사유가 되고, 이러한 후발적 사유가 있는 경우에는 이를 소급적으로 적용하여 당초 신고·납부한 법인세를 환급하는 것이 원칙이다.

2. 후발적 경정청구의 제한

「법인세법」이나 관련 규정에서 일정한 계약의 해제에 대하여 그로 말미암아 실현되지 아니한 소득금액을 그 해제일이 속하는 사업연도의 소득금액에 대한 차감사유 등으로 별도로 규정하고 있거나, 납세의무자가 경상적으로 발생하는 거래 등에서 기업회계의 기준이나 관행에 따라 그 해제일이 속한 사업연도의 소득금액을 차감하는 방식으로 법인세를 신고해 왔다는 등의 특별한 사정이 있는 경우에는 후발적 경정청구를 인정하지 않는다.

3. 후발적 사유의 발생시기

K법인은 H주식회사의 매매대금 지급불이행 등으로 인해 해제권을 가지고 이를 행사한 것이므로 후발적 사유는 존재하며, 후발적 사유를 배제하는 법령 등 특별한 사정이 존재한다고 보기도 어렵다.

이처럼 계약이 해제권의 행사에 의하여 해제되었음이 증명된 이상 그에 관한 소송의 판결에 의하여 해제 여부가 확정되지 않았다 하더라도 후발적 경정청구사유에 해당한다. 따라서 K법인이 경정청구할 당시에는 후발적 사유가 있었으므로 과세관청의 경정거부처분은 타당하지 않다.

</td></tr>
<tr><td>

원심 판례

</td><td>

1. 과세관청의 주장

당사자 간 소송으로 다툼이 있는 경우에는 법원의 확정판결로 해제된 사실이 확정되어야만 후발적 경정청구사유인 '해제'에 해당한다.

2. 법원의 판단

「국세기본법 시행령」 제25조의2 제2호는 '계약이 해제권의 행사에 의하여 해제되거나 해당 계약의 성립 후 발생한 부득이한 사유로 해제되거나 취소된 경우'라고만 규정하여 '해제에 관한 소송이 확정될 것'을 후발적 경정청구의 요건으로 규정하고 있지 아니하다. '계약이 해제권의 행사에 의하여 해제'되었음이 입증되기만 하면 해제에 관한 소송이 확정되지 않았다고 하더라도 후발적 경정청구사유에 해당한다고 봄이 타당하다.

</td></tr>
</table>

제4장 부당행위계산부인

01 대주주의 사택 무상사용과 부당행위계산부인규정 적용
(2014두43301, 2017. 8. 29.)

사실관계

(1) A법인은 B주식회사로부터 서귀포시 소재 토지 및 그 지상건물을 분양받아 소유권이전등기와 소유권보존등기를 각 마쳤다.

(2) A법인의 **최대주주인 甲**은 건물 완공 직후부터 해당 부동산(주택)에서 **무상으로 거주**하였고, 구입 다음 해부터는 임료 연 1,800만원으로 하는 임대차계약을 체결하였다.

(3) 이에 과세관청은 A법인이 甲에게 **부동산의 취득자금 등을 대여한 것으로서 업무무관 가지급금**에 해당한다는 이유로 그 인정이자 상당액 합계 5억원을 2006 내지 2010 각 사업연도의 익금에 산입하고, 익금산입액을 甲에 대한 상여로 소득처분하였다.

(4) 한편, 과세관청은 해당 주택이 비업무용 부동산에 해당한다는 이유로 2007 내지 2010 사업연도의 감가상각비, 유지관리비, 재산세 및 관련 차입금이자를 모두 손금불산입하고, 유지관리비 부분은 상여처분하였다.

쟁점

(1) 부당행위계산의 유형 중 금전 대여에 해당하는지 아니면 자산·용역 제공에 해당하는지 여부

(2) 해당 주택을 비업무용 부동산으로 볼 수 있는지 여부

결론

(1) 법인이 대주주에게 사택을 제공한 것을 두고 금전을 대여한 것으로 재구성할 수는 없다. 따라서 사택을 무상 또는 저가로 제공한 것으로 보는 것이 타당하다.

(2) 법인의 사택에 대해서는 업무무관 지출에 관한 규정이 적용될 수 있을 따름이고, 비업무용 부동산에 관한 규정이 적용될 수 없다.

주요근거

1. 부당행위계산부인의 유형

부당행위계산의 유형으로서 금전 대여에 해당하는지 또는 자산·용역 제공에 해당하는지는 그 거래의 내용이나 형식, 당사자의 의사, 계약체결의 경위, 거래대금의 실질적·경제적 대가관계, 거래의 경과 등 거래의 형식과 실질을 종합적으로 고려하여 거래관념과 사회통념에 따라 합리적으로 판단하여야 한다.

2. 업무무관 가지급금으로 재구성할 수 있는지 여부

법인이 사택을 실질적으로 취득하지 못하였다고 볼 만한 사정이 보이지 않는다는 점, 최대주주가 사택에 대한 배타적인 사용·수익·처분권을 취득하였다고 볼 수 없는 점 등을 감안하면 법인이 대주주에게 사택 취득자금을 대여한 것으로 볼 수 없으며 사택을 무상 또는 저가로 제공한 것으로 봄이 타당하다.

3. 비업무용 부동산에 해당하는지 여부

관계법령의 체계와 문언, 개정 연혁과 취지에 의하면, 법인의 사택에 대해서는 일정한 경우에 업무무관 지출에 관한 「법인세법」 제27조 제2호가 적용될 수 있을 따름이고, 비업무용 부동산에 관한 「법인세법」 제27조 제1호 및 제28조 제1항 제4호 가목이 적용될 수 없음이 분명하다.

즉, 법인이 주주인 임원에게 거주용 주택을 무상 또는 유상으로 사용하도록 한 것은 사택 제공에 해당하여 업무무관 지출규정이 적용되는 것은 별론으로, 비업무용 부동산에 관한 규정이 적용될 수는 없다.

업무무관 비용

업무와 관련 없는 비용의 손금불산입(「법인세법」 제27조)

내국법인이 각 사업연도에 지출한 비용 중 다음 각 호의 금액은 해당 사업연도의 소득금액을 계산할 때 손금에 산입하지 아니한다.

> 1. 해당 법인의 업무와 직접 관련이 없다고 인정되는 자산으로서 대통령령으로 정하는 자산을 취득·관리함으로써 생기는 비용 등 대통령령으로 정하는 금액
> 2. 제1호 외에 그 법인의 업무와 직접 관련이 없다고 인정되는 지출금액으로서 대통령령으로 정하는 것

업무무관 자산

업무와 관련이 없는 자산의 범위 등(「법인세법 시행령」 제49조 제1항)

법 제27조 제1호에서 "대통령령으로 정하는 자산"이란 다음 각 호의 자산을 말한다.

> 1. 다음 각 목의 1에 해당하는 **부동산**. 다만, 법령에 의하여 사용이 금지되거나 제한
>   된 부동산 등은 제외한다.
>   가. 법인의 업무에 직접 사용하지 아니하는 부동산. 다만, 유예기간이 경과하기
>   전까지의 기간 중에 있는 부동산을 제외한다.
>   나. 유예기간 중에 당해 법인의 업무에 직접 사용하지 아니하고 양도하는 부동산.
>   다만, 부동산매매업을 주업으로 영위하는 법인의 경우를 제외한다.
> 2. 다음 각목의 1에 해당하는 **동산**
>   가. 서화 및 골동품. 다만, 장식·환경미화 등의 목적으로 사무실·복도 등 여러
>   사람이 볼 수 있는 공간에 상시 비치하는 것을 제외한다.
>   나. 업무에 직접 사용하지 아니하는 자동차·선박 및 항공기

업무무관 지출

업무와 관련이 없는 지출(「법인세법 시행령」 제50조 제1항)

법 제27조 제2호에서 "대통령령으로 정하는 것"이란 다음 각 호의 어느 하나에
해당하는 지출금액을 말한다.

> 1. 해당 법인이 직접 사용하지 아니하고 다른 사람(주주 등이 아닌 임원과 소액주주
>   등인 임원 및 사용인은 제외)이 주로 사용하고 있는 장소·건축물·물건 등의 유
>   지비·관리비·사용료와 이와 관련되는 지출금
> 2. 해당 법인의 주주 등(소액주주 등은 제외)이거나 출연자인 임원 또는 그 친족이
>   사용하고 있는 사택의 유지비·관리비·사용료와 이와 관련되는 지출금
> 3. 제49조 제1항 각 호의 어느 하나에 해당하는 자산을 취득하기 위하여 지출한 자
>   금의 차입과 관련되는 비용
> 4. 해당 법인이 공여한 「형법」 또는 「국제상거래에 있어서 외국공무원에 대한 뇌물방
>   지법」에 따른 뇌물에 해당하는 금전 및 금전 외의 자산과 경제적 이익의 합계액
> 5. 「노동조합 및 노동관계조정법」을 위반하여 지급하는 급여

02 우회기부금
(2017두63887, 2018. 3. 15.)

사실관계

(1) A법인은 「폐광지역 개발 지원에 관한 특별법」에 근거하여 카지노업, 관광호텔업 등을 목적으로 1998. 6. 29. 설립된 주식회사이다.

(2) 태백관광개발공사는 태백시가 2001. 12.경 리조트 사업을 하기 위하여 다른 민간법인과 공동출자하여 설립한 공사이다.

(3) 태백시는 태백관광개발공사의 최대주주로 태백관광개발공사의 채무와 관련하여 N중앙회에 1,460억원 상당의 지급보증을 한 상태로, 태백관광개발공사가 부도가 날 경우 중대한 위기를 맞이할 수 있어, A법인에 긴급자금지원 요청을 하였다.

(4) A법인은 2012. 7. 26. 지정기탁사유를 '태백관광개발공사 정상화 유도를 통한 지역경제 활성화 기여'로, 사용목적과 사용용도를 'C개발공사 긴급운영자금 지원을 통한 정상화 유도 등 지역경제 활성화 기여'로 각 기재하여 태백시에 150억원을 지정기탁하겠다는 내용의 지정기탁서를 제출하였고, 태백시는 그 무렵 기부심사위원회를 열어 A법인이 기탁하는 일반기부금을 접수하기로 하였다. 이에 따라 A법인은 150억원을 태백시에 지급하였고, 태백시는 이 기부금을 태백관광개발공사에 교부하였다.

(5) A법인은 150억원의 기부금이 「법인세법」 제24조 제3항 제1호의 지방자치단체에 무상으로 기증하는 금품에 해당한다고 보아 각 해당 사업연도의 손금에 산입한 후 2013 사업연도 법인세를 신고·납부하였다.

(6) A법인은 기부금 지출 시점에 태백관광개발공사 발행주식 중 약 10% 가량을 보유하였고, 태백시는 A발행주식 중 1.25% 가량, 태백관광개발공사의 발행주식 중 50% 가량을 보유하고 있었다.

(7) 이에 과세관청은 **A법인이 특수관계인의 지위에 있는 태백관광개발공사에 제3자인 태백시를 통하여 우회지원**을 한 것이므로 「법인세법」 제52조의 부당행위계산부인규정을 적용하여 기부금 전액을 손금불산입하였다.

쟁점

특례기부금 형식으로 특수관계인에게 우회지원한 자금을 다단계 거래로 재구성할 수 있는지 여부

결론

A법인의 기부행위가 건전한 사회통념이나 상관행에 비추어 경제적 합리성이 결여된 것으로서 부당행위계산부인대상에 해당한다고 단정할 수 없다. 따라서 과세관청의 손금불산입처분은 적법하지 않다.

| 주요근거 | ## 1. 부당행위계산부인 |

1. 부당행위계산부인

「법인세법」 제52조에서 규정한 부당행위계산부인은 법인이 특수관계에 있는 자와의 거래에 있어 정상적인 경제인의 합리적인 방법에 의하지 아니하고 「법인세법 시행령」 제88조 제1항 각 호에 열거된 여러 거래형태를 빙자하여 남용함으로써 조세부담을 부당하게 회피하거나 경감시킨 경우에 과세권자가 이를 부인하고 법령에 정하는 방법에 의하여 객관적이고 타당하다고 보이는 소득이 있는 것으로 의제하는 제도이다. 따라서 부당행위계산부인규정은 경제인의 입장에서 볼 때 부자연스럽고 불합리한 행위계산을 하여 경제적 합리성을 무시하였다고 인정되는 경우에 한하여 적용되는 것이고, 경제적 합리성의 유무에 관한 판단은 거래행위의 여러 사정을 구체적으로 고려하여 과연 그 거래행위가 건전한 사회통념이나 상관행에 비추어 경제적 합리성을 결여한 비정상적인 것인지의 여부에 따라 판단하여야 한다.

2. 기부금 모집에 관한 법률

법인이 사업과 직접 관계없이 무상으로 지출하는 기부금은 그 공공성의 정도에 따라 손금에 산입될 수 있는데, 국가나 지방자치단체에 무상으로 기증하는 금품으로서 「기부금품의 모집 및 사용에 관한 법률」의 적용을 받는 기부금품은 같은 법 제5조 제2항에 따라 접수하는 것에 해당할 경우 이를 특례기부금으로 보아 일정한 한도 내에서 손금에 산입한다.

그런데, 지방자치단체는 기부자가 자발적으로 기탁하는 금품이라도 이를 접수할 수 없는 것이 원칙이지만, 지방자치단체가 출자·출연하여 설립된 법인·단체가 행정목적을 수행하거나 해당 법인·단체의 설립목적을 수행하기 위하여 직접적으로 필요하고 기부심사위원회의 심의를 거친 경우에는 사용용도와 목적이 지정된 자발적인 기탁금품의 접수가 허용되고, 이때 일정한 통보 및 보고의무 등이 부여된다. 결국, A법인의 기부행위는 이러한 「기부금품의 모집 및 사용에 관한 법률」의 규정에 따라 공익적 목적을 달성하기 위하여 그 상대방 및 수혜자를 태백시로 하여 이루어진 것으로서 거기에 별다른 조세회피의 목적이 있었다고 보기 어려운 만큼, 기부금은 손금산입이 허용되는 특례기부금에 해당하는 것으로 보아야 하고, 그 최종적인 결과만을 내세워 기부행위와 태백시의 자금지원행위를 하나의 행위 또는 거래라고 섣불리 단정하여 과세대상으로 삼아서는 아니 된다.

1. 경제적 합리성

A법인의 기부행위는 사실상 A법인이 태백관광개발공사에게 직접 자금을 지원하는 행위와 다를 바가 없는데, 다만 A법인 경영진의 배임문제 등으로 인하여 특수관계인이자 이해관계인인 태백시를 끌어들여 태백시에 대한 기부행위의 외형만을 취한 것이라고 봄이 타당하다. 실제로 A법인은 'A법인이 직접 태백관광개발공사에게 자금을 지원하는 형식' 대신 'A법인이 태백시에 기부하고 태백시가 태백관광개발공사에게 그 자금을 그대로 지원하는 형식'을 취한 이유에 대하여 A법인 경영진의 배임문제 외에는 납득할만한 경제적 합리성 있는 이유를 제시하지 못하고 있다.

2. 조세회피의사

만약 A법인이 이러한 외형구성을 하지 않았다면 위 기부금 상당액은 손금에 산입될 수 없었으므로, A법인의 태백시에 대한 기부행위는 객관적으로 보아 경제적 합리성을 무시한 비정상적인 우회행위로서 조세법적인 측면에서도 부당한 것이라고 인정된다. 따라서 기부행위로 인한 계산은 「법인세법」 제52조 제1항에 따라 부인할 수 있다고 판단된다.

더욱이 만일 이러한 외형구성의 주된 목적이 A법인 경영진의 배임책임 회피에 있었다고 하더라도, A법인은 기부행위의 외형을 취하게 되는 경우 위 기부금을 손금에 산입할 수 있게 되어 법인세를 상당한 정도로 감면받을 수 있음을 충분히 알았다고 보이고, 실제로 이에 따라 법인세를 감면받은 이상 조세부담을 회피할 의도 역시 넉넉히 추인할 수 있다. 따라서 「국세기본법」 제14조 제3항(실질과세의 원칙)에 따라 세법 적용에 있어서는 기부행위를 A법인의 태백관광개발공사에 대한 직접적인 지원행위라고 볼 수 있으므로, 이러한 측면에서도 기부금은 손금산정에서 제외되어야 한다.

부당행위계산의 부인규정을 적용하기 위해서는 다음의 요건을 모두 충족하여야 한다.

> ① 당사자 요건: 특수관계 있는 자와의 거래일 것
> ② 객관적 요건: 이상한 행위형식을 선택하는 등 행위·계산이 부당할 것
> ③ 결과적 요건: 법인소득에 대한 조세의 부담을 감소시켰을 것. 단, 특정한 거래는 일정금액 이상의 분여가 있을 것(시가의 5% 또는 3억원)

1. 행위의 주체

국내에서 납세의무가 있는 모든 법인에 적용되므로, 내국법인, 국내원천소득이 있는 외국법인, 수익사업을 영위하는 비영리법인 등이 적용된다.

2. 특수관계인과의 거래

특수관계인 간의 거래에는 특수관계인 외의 자를 통하여 이루어진 우회거래 또는 다단계거래 등 제3자를 통하여 특수관계인 간에 이루어진 간접거래를 포함한다.

3. 부당한 행위 및 계산

부당한 행위 및 계산에 해당한다는 것은 경제인의 입장에서 부자연스럽고 불합리한 행위계산을 함으로 인하여 경제적 합리성을 무시하였다고 인정되는 경우를 말한다. (2003두15126 등)

4. 조세부담의 부당한 감소

법인의 부당한 행위의 결과로서 조세의 부담을 결과적으로 부당히 감소시키는 사실이 발생되어야 한다. 이는 경제적 손실이 발생한 것을 말한다.

5. 일정 금액 이상의 이익분여(중요성원칙)

특정 거래에 대하여는 시가와 거래가액의 차액이 3억원 이상 또는 시가의 5%에 상당하는 금액 이상인 경우에 한하여 부당행위계산부인규정을 적용한다. 다만, 주권상장법인이 발행한 주식을 한국거래소에서 거래한 경우에는 적용하지 아니한다.

**부당행위
계산부인
적용유형**

조세의 부담을 부당하게 감소시킨 것으로 인정되는 경우란 다음 중 어느 하나에 해당하는 경우를 말한다.

(1) 고가매입 또는 현물출자

자산을 시가보다 높은 가액으로 매입 또는 현물출자받았거나 그 자산을 과대상각한 경우

(2) 무수익자산을 매입 또는 현물출자받았거나 그 자산에 대한 비용을 부담한 경우

(3) 저가양도 또는 현물출자

자산을 무상 또는 시가보다 낮은 가액으로 양도 또는 현물출자한 경우. 다만, 적격주식매수선택권 등의 행사 또는 지급에 따라 주식을 양도하는 경우는 제외한다.

(4) 불공정합병 · 분할에 따른 양도손익 감소

특수관계인인 법인 간 합병(분할합병을 포함) · 분할에 있어서 불공정한 비율로 합병 · 분할하여 합병 · 분할에 따른 양도손익을 감소시킨 경우. 다만, 「자본시장과 금융투자업에 관한 법률」에 따라 합병(분할합병을 포함한다) · 분할하는 경우는 제외한다.

(5) 불량자산을 차환하거나 불량채권을 양수한 경우

(6) 출연금을 대신 부담한 경우

(7) 금전 등의 무상 또는 저이율·저요율 제공

금전, 그 밖의 자산 또는 용역을 무상 또는 시가보다 낮은 이율·요율이나 임대료로 대부하거나 제공한 경우. 다만, 다음 중 어느 하나에 해당하는 경우는 제외한다.

> ① 주식매수선택권 등의 행사 또는 지급에 따라 금전을 제공하는 경우
> ② 주주 등이나 출연자가 아닌 임원 및 직원에게 사택(임차사택을 포함)을 제공하는 경우

(8) 금전 등의 고이율·고요율 차용

금전, 그 밖의 자산 또는 용역을 시가보다 높은 이율·요율이나 임차료로 차용하거나 제공받은 경우

(9) 기획재정부령으로 정하는 파생상품에 근거한 권리를 행사하지 아니하거나 그 행사기간을 조정하는 등의 방법으로 이익을 분여하는 경우

(10) 다음 중 어느 하나에 해당하는 자본거래로 인하여 주주 등(소액주주 등은 제외)인 법인이 특수관계인인 다른 주주 등에게 이익을 분여한 경우

> ① 특수관계인인 법인 간의 합병(분할합병을 포함)에 있어서 주식 등을 시가보다 높거나 낮게 평가하여 **불공정한 비율로 합병**한 경우. 다만, 「자본시장과 금융투자업에 관한 법률」에 따라 합병(분할합병을 포함)하는 경우는 제외한다.
> ② 법인의 **자본을 증가시키는 거래**에 있어서 신주(전환사채·신주인수권부사채 또는 교환사채 등을 포함)를 배정·인수받을 수 있는 권리의 전부 또는 **일부를 포기**(그 포기한 신주가 「자본시장과 금융투자업에 관한 법률」에 따른 모집방법으로 배정되는 경우를 제외)하거나 **신주를 시가보다 높은 가액으로 인수**하는 경우
> ③ 법인의 **감자**에 있어서 주주 등의 소유주식 등의 비율에 의하지 아니하고 일부 주주 등의 주식 등을 소각하는 경우

(11) 기타 불균등자본거래

위에서 제시된 자본거래 외의 경우로서 증자·감자, 합병(분할합병을 포함)·분할, 「상속세 및 증여세법」에 따른 전환사채 등에 의한 주식의 전환·인수·교환 등 자본거래를 통해 법인의 이익을 분여하였다고 인정되는 경우. 다만, 적격주식매수선택권 등 중 주식매수선택권의 행사에 따라 주식을 발행하는 경우는 제외한다.

(12) 그 밖에 위에 준하는 행위 또는 계산 및 그 외에 법인의 이익을 분여하였다고 인정되는 경우 ➲ 유형별 포괄주의

특수관계인에 대한 우회자금 대여
(2013두20127, 2014. 4. 10.)

사실관계

(1) A법인은 2007. 12. 10. 시행사인 C법인으로부터 B건설(A법인의 특수관계법인)이 시공하고 있던 아파트 50세대를 매수하는 계약을 체결하고, 150억원을 지급하였다. 또한 A법인은 2007. 12. 14. 시행사인 C법인으로부터 B건설이 시공한 부산 해운대구 지상의 호텔의 객실 52실을 매수하는 계약을 체결하고, 그 대금 140억원을 지급하였다.

(2) C법인이 A법인으로부터 받은 분양대금은 2007. 12. 13. C법인의 동의 아래 B건설에 대한 단기대여금채무와 공사미수금채무의 변제에 전부 사용되었다.

(3) 한편 과세관청은, A법인이 특수관계자인 B건설에 부당하게 자금을 제공하기 위한 방편으로 아파트와 호텔을 매수하였다는 이유로, 아파트와 호텔에 대한 매매대금 290억원에 관한 **지급이자를 손금불산입**하고 그에 관한 **인정이자를 익금에 산입**하여, A법인에게 법인세를 부과하는 처분을 하였다.

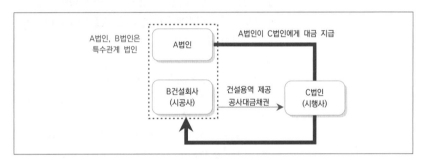

쟁점

특수관계법인의 공사대금을 회수하기 위한 방편으로 타 법인으로부터 자산을 취득하고 그 매매대금을 지급한 것을 우회자금 대여로 볼 수 있는지 여부

결론

A법인이 특수관계인 B법인에게 대여한 것이 아니기 때문에 이를 업무무관 가지급금으로 볼 수는 없다.

실질과세원칙

과세관청이 실질과세의 원칙을 적용하여 특수관계자에 대한 업무무관 가지급금으로 본 사안에 대하여, 법원이 이를 배척한 사건이다. A법인이 우회적으로 분양계약을 받은 목적은 B건설회사의 대여금채권과 공사대금채권 회수를 위한 것인데, 만일 A법인이 직접 B건설회사에 자금을 대여하였다면 B건설회사의 자금난은 해결될지라도 거래의 직접 목적인 공사대금회수는 불가능할 것이다. 이러한 점에서 **조세회피만을 목적으로 한 거래로 보기 어렵다.** 결국 특수관계 없는 자와 거래한 경우에는 그 거래가 가장행위에 해당하거나 구체적인 법규정을 통해 부인할 수 없는 한 실질과세원칙을 이유로 업무무관 가지급금 관련 규정을 적용할 수는 없다. 따라서 특수관계법인에게 대여한 것으로 의제하여 인정이자를 계산한 것은 타당하지 않다.

지급이자 손금불산입

「법인세법」상 '업무와 관련 없이 지급한 가지급금 등'에는 순수한 의미의 대여금은 물론 채권의 성질상 대여금에 준하는 것도 포함된다. 가지급금 여부는 회계상 처리와 관계없이 실질에 따라 판단한다. 그러나 업무무관 가지급금 등에 상당한 차입금의 지급이자 손금불산입규정은 법인이 특수관계에 있는 자에게 대여하였거나 이에 준하는 행위를 한 것으로 볼 수 있는 경우에 한하여 적용될 수 있을 뿐이다. 따라서 **A법인이 특수관계인 B법인에게 직접 대여한 것이 아니기 때문에** 지급이자 손금불산입 규정을 적용할 수는 없다.

지급이자의 손금불산입(「법인세법」 제28조)

다음의 차입금의 이자는 내국법인의 각 사업연도의 소득금액을 계산할 때 손금에 산입하지 아니한다.

1. 대통령령으로 정하는 채권자가 불분명한 사채의 이자
2. 채권·증권의 이자·할인액 또는 차익 중 그 지급받은 자가 불분명한 것으로서 대통령령으로 정하는 것
3. 대통령령으로 정하는 건설자금에 충당한 차입금의 이자
4. 다음 각 목의 어느 하나에 해당하는 자산을 취득하거나 보유하고 있는 내국법인이 각 사업연도에 지급한 차입금의 이자 중 대통령령으로 정하는 바에 따라 계산한 금액
   가. 업무무관 자산에 해당하는 자산
   나. 특수관계인에게 해당 법인의 업무와 관련 없이 지급한 가지급금 등으로서 대통령령으로 정하는 것

무수익자산

한편, 과세관청은 A법인이 아파트와 호텔을 구입한 것이 무수익자산을 매입한 것이고 이는 우회자금 대여와 그 성질이 같다고 주장하였다. 이에 대해 법원은 다음과 같이 판결하였다. 분양계약 당시를 기준으로 할 때 A법인이 매입한 아파트와 호텔은 임직원들을 위한 복리후생시설이나 연수시설로 사용될 수 있으므로 비용절감의 가능성이 있으며, 운용수익이나 시세차익을 기대하는 것이 전혀 불합리하다고 볼 수 없다. 따라서 아파트와 호텔이 A법인의 수익과 전혀 관련이 없는 자산에 해당한다거나 **A법인의 매입행위가 건전한 사회통념이나 상관행에 비추어 경제적 합리성을 결여한 비정상적인 행위라고 할 수 없고**, 설령 A법인과 특수관계에 있는 B건설이 A법인이 지급한 분양대금을 재원으로 하여 공사대금채권을 변제받음으로써 결과적으로 경제적인 이익을 얻었고 분양계약 이후에 A법인의 예상과 다른 사정이 일부 발생하였다고 하더라도 A법인이 무수익자산을 매입하거나 이에 준하는 행위를 함으로써 우회적으로 특수관계에 있는 B건설에 이익분여행위를 한 것으로 볼 수도 없다.

---

04 '당해 법인과 특수관계자 간의 거래'에 특수관계자 외의 자를 통하여 이루어진 거래가 포함되는지 여부 (2016두54213, 2019. 5. 30.)

사실관계

(1) 내국법인 A는 2009년 코스닥 상장업체인 B법인을 인수하여 최대주주가 되었다. 이후 B법인은 유상증자를 하였는데, A법인의 임원인 이사들은 위 일반공모 유상증자에 참여하여 합계 300,000주를 취득하게 되었다.

(2) A법인 및 그의 이사들은 2010. 3. 24. 甲과 사이에 A법인이 보유하는 B법인 주식 중 일부와 이사들이 보유하는 B법인 주식을 甲에게 양도하고, **A법인이 가진 B법인의 경영권도 甲에게 양도**하는 계약을 체결하였다.

(3) 중부지방국세청장은 2013. 6. 3. A법인과 甲 사이에 이루어진 주식양수도 계약 당시 B법인 주식의 1주당 시가는 2,300원이었는데, A법인과 그의 이사들은 모두 위 주식을 1주당 18,391원에 양도하였는 바, **A법인이 주식양수도 계약으로 특수관계인인 그의 이사들에게 A법인이 받아야 할 경영권 프리미엄에 상당하는 이익을 분여하고 A법인은 그 자신이 보유하고 있던 B법인에 대한 경영권 프리미엄을 적게 수취한 것**으로 보아 구 「법인세법」 제52조 및 같은 법 시행령 제88조 제1항의 부당행위계산부인규정을 적용하여 과세하였다.

쟁점	'당해 법인과 특수관계자 간의 거래'에 특수관계자 외의 자를 통하여 이루어진 거래가 포함되는지 여부

결론	「법인세법」 제52조, 구 「법인세법 시행령」 제88조 제2항 본문에 의하면 위 시행령 제88조 제1항의 규정은 당해 법인과 특수관계자 간의 거래에 적용되는데, 여기에는 특수관계자 외의 자를 통하여 이루어진 거래가 포함된다.

주요근거	부당행위계산부인이란, 법인이 특수관계에 있는 자와 거래할 때 **정상적인 경제인의 합리적인 방법에 의하지 아니하고** 「법인세법 시행령」 제88조 제1항 각 호에 열거된 여러 거래형태를 빙자하여 남용함으로써 조세부담을 부당하게 회피하거나 경감시켰다고 하는 경우에 과세권자가 이를 부인하고 법령에 정하는 방법에 의하여 객관적이고 타당하다고 보이는 소득이 있는 것으로 의제하는 제도이다. 이는 경제인의 입장에서 볼 때 부자연스럽고 불합리한 행위계산을 함으로써 경제적 합리성을 무시하였다고 인정되는 경우에 한하여 적용되고, **경제적 합리성의 유무에 대한 판단은 거래행위**의 여러 사정을 구체적으로 고려하여 과연 그 거래행위가 건전한 사회통념이나 상관행에 비추어 경제적 합리성을 결여한 비정상적인 것인지의 여부에 따라 판단하되, 비특수관계자 간의 거래가격, 거래 당시의 특별한 사정 등도 고려하여야 한다. A법인과 그의 이사들은 주식을 甲에게 양도하고 위 돈을 지급받아 **각자가 양도한 주식 수의 비율대로 이를 나누어 가졌는데,** 이사들은 위 돈 중 경영권 프리미엄에 해당하는 부분을 분배받을 만한 경제적이고 합리적인 이유가 **없으므로,** 이사들이 받은 돈 중 그들이 양도한 주식의 한국거래소 종가를 넘는 부분은 A법인이 특수관계자인 이사들에게 A법인이 받아야 할 경영권 프리미엄 중 일부를 분여한 것이고, 위와 같은 행위는 구 「법인세법」 제52조, 구 「법인세법 시행령」 제88조 제1항 제9호가 정한 부당행위계산부인의 대상이 된다.

1. 부당행위계산의 부인(「법인세법」 제52조)

① 납세지 관할세무서장 또는 관할지방국세청장은 내국법인의 행위 또는 소득금액의 계산이 특수관계인과의 거래로 인하여 그 법인의 소득에 대한 조세의 부담을 부당하게 감소시킨 것으로 인정되는 경우에는 그 법인의 행위 또는 소득금액의 계산과 관계 없이 그 법인의 각 사업연도의 소득금액을 계산한다.
② 제1항을 적용할 때에는 건전한 사회 통념 및 상거래 관행과 특수관계인이 아닌 자 간의 정상적인 거래에서 적용되거나 적용될 것으로 판단되는 가격(요율 · 이자율 · 임대료 및 교환 비율과 그 밖에 이에 준하는 것을 포함하며, 이하 "시가"라 한다)을 기준으로 한다.

2. 부당행위계산의 유형 등(「법인세법 시행령」 제88조 제2항)

제1항의 규정은 그 행위 당시를 기준으로 하여 당해 법인과 특수관계인 간의 거래(특수관계인 외의 자를 통하여 이루어진 거래를 포함한다)에 대하여 이를 적용한다. 다만, 제1항 제8호 가목(특수관계인간의 합병을 말함)의 규정을 적용함에 있어서 특수관계인인 법인의 판정은 합병등기일이 속하는 사업연도의 직전사업연도의 개시일(그 개시일이 서로 다른 법인이 합병한 경우에는 먼저 개시한 날을 말한다)부터 합병등기일까지의 기간에 의한다.

추가 쟁점(조세법률주의)

「법인세법」 제52조 제1항에 따르면 법인이 특수관계인과의 거래를 통해 조세를 부당하게 감소시킨 경우에 한하여 부당행위계산부인규정을 적용한다. 즉, 부당행위계산부인규정은 특수관계인 사이의 거래인 경우에 한하여 적용된다. 그런데 「법인세법 시행령」 제88조 제2항은 법률의 아무런 위임도 없이 특수관계가 없는 자와의 거래에 대해서도 부당행위계산부인규정을 적용할 수 있도록 과세범위를 확장하고 있다. 이는 모법의 위임 없이 과세대상을 확장하는 것으로서 조세법률주의를 위배한다고 볼 수 있다.

01 외국납부세액공제: 국외원천소득의 개념
(2014두5613, 2015. 3. 26.)

사실관계

(1) A미디어는 KBS 소유의 영상 및 콘텐츠를 국내외에 공급하는 사업 등을 영위하고 있으며, A미디어는 KBS에서 저작권을 소유하고 있는 방송프로그램을 국내외 방송사에 공급하여 그 대가(판권판매수입)를 받은 다음, KBS에게 판권판매수입금액에 대하여 사전에 약정한 지급비율(약 50%)에 따라 산정한 저작권 사용료를 지급하였다.

(2) A미디어는 국외사업자들로부터 대가를 수령할 때 직접외국납부세액이 발생하였다.

(3) A미디어는 외국납부세액을 공제함에 있어서 외국 방송사로부터 받은 판권판매수입금액(국외수입금액)에서 경비(저작권 사용료 및 관리부문에서 발생한 일반관리비 등 공통경비)를 공제하지 아니하고 국외수입금액 전체를 국외원천소득으로 하여 「법인세법」상 외국납부세액공제 한도액을 계산하여 법인세를 신고하였다.

(4) A미디어는 국외원천소득이 '외국에서 과세된 그 소득(즉, 외국의 과세표준)'을 의미한다고 주장하였는바, 사용료 소득과 같이 해외에서 '사용료 총액'으로 과세되었다면 국외원천소득은 그 '사용료 총액'이 된다.

(5) 반면 과세관청은 국외원천소득이 수익에서 직·간접비 등을 차감한 '순소득'을 의미한다고 주장하였는데, 이에 따르면 외국에서 '사용료 총액'으로 과세된 경우라도 국외원천소득은 사용료 총액에서 비용을 차감한 '순소득'이 된다.

(6) 참고로, 이 판례는 현행법의 규정이 마련되기 전의 사안이다.

쟁점

외국에서 벌어들이는 소득에 대해 납부하는 세금은 그 수입금액에 원천징수세율을 곱하여 산출된 법인세를 부담하더라도, 공제한도를 계산할 때에는 그 수입금액에서 그와 관련된 경비를 공제하여 국외원천소득금액을 산정하여야 하는지 여부

결론	내국법인의 각 사업연도의 소득은 그 원천이 국내인지 아니면 국외인지를 묻지 않고 그 사업연도에 속하는 익금의 총액에서 그 사업연도에 속하는 손금의 총액을 공제한 금액으로 하도록 규정하고 있는 점 등에 비추어보면, 외국법인세액공제한도를 계산할 때 '국외원천소득금액'은 내국법인의 해당 사업연도에 속하는 국외에 원천을 둔 익금 총액에서 그와 관련된 손금 총액을 공제하여 산정하여야 한다.

외국납부세액 공제한도

외국납부세액공제제도는 국제적인 이중과세를 조정하기 위한 것이다. 외국납부세액 공제한도를 둔 이유는 국외원천소득이 발생한 원천지국에서 우리나라보다 높은 법인 세율이 적용되는 경우 그에 따른 외국법인세액을 전부 공제해주면, 국내원천소득에 대하여 납부하여야 할 법인세로 외국법인세액을 납부하도록 하는 결과가 되어 이를 막기 위한 것이다. 다만, 그 한도액은 이월하여 공제할 수 있다.

외국납부세액 처리방법

1. 외국납부세액공제

다음 계산식에 따른 공제한도금액 내에서 외국법인세액을 해당 사업연도의 산출세액에서 공제하는 방법이다.

$$공제한도금액 \ = \ A \ \times \ \frac{B}{C}$$

(1) A

해당 사업연도의 산출세액(토지 등 양도소득에 대한 법인세액 및 「조세특례제한법」에 따른 투자·상생협력 촉진을 위한 과세특례를 적용하여 계산한 법인세액은 제외)

(2) B

국외원천소득(「조세특례제한법」이나 그 밖의 법률에 따라 세액감면 또는 면제를 적용받는 경우에는 세액감면 또는 면제대상 국외원천소득에 세액감면 또는 면제비율을 곱한 금액은 제외)

(3) C

해당 사업연도의 소득에 대한 **과세표준**

2. 외국납부세액의 손금산입

국외원천소득에 대하여 납부하였거나 납부할 외국법인세액을 각 사업연도의 손금에 산입하는 방법(간접외국납부세액과 의제외국납부세액은 손금산입할 수 없음)

국외원천소득

국외원천소득은 국외에서 발생한 소득으로서 내국법인의 각 사업연도 소득의 과세표준 계산에 관한 규정을 준용해 산출한 금액으로 한다. 이 경우 외국납부세액의 세액공제방법이 적용되는 경우의 국외원천소득은 해당 사업연도의 과세표준을 계산할 때 손금에 산입된 금액으로서 국외원천소득에 대응하는 직·간접비용을 뺀 금액으로 한다.

> ① 직접비용: 간접비용에 해당하지 않는 비용으로서 해당 국외원천소득에 직접적으로 관련된 비용
> ② 간접비용: 해당 국외원천소득과 그 밖의 소득에 공통적으로 관련된 비용을 다음의 방법에 따라 계산한 국외원천소득 관련 비용
> ㉠ 국외원천소득과 그 밖의 소득의 업종이 동일한 경우의 공통손금은 국외원천소득과 그 밖의 소득별로 수입금액 또는 매출액에 비례하여 안분계산
> ㉡ 국외원천소득과 그 밖의 소득의 업종이 다른 경우의 공통손금은 국외원천소득과 그 밖의 소득별로 개별 손금액에 비례하여 안분계산

외국자회사의 수입배당금

1. 이중과세 해소방법

내국법인이 외국자회사로부터 수령하는 배당금은 국제적 이중과세문제가 발생한다. 이를 해소하는 방법에는 '외국자회사 수입배당금액의 익금불산입' 제도와, '간접외국납부세액공제'가 있다.

2. 적용요건

(1) 외국자회사 수입배당금 익금불산입

① 지분율 10%(해외자원개발사업은 5%) 이상을 배당기준일 현재 6개월 이상 보유할 것

② 특정외국법인의 유보소득 배당간주, 혼성금융상품 등의 적용을 받는 배당이 아닐 것

(2) 간접외국납부세액

① 지분율 10%(해외자원개발사업은 5%) 이상을 배당기준일 현재 6개월 이상 보유할 것

② 외국자회사 수입배당금 익금불산입의 적용대상이 아닐 것

3. 「법인세법」상 과세처리방법

(1) 외국자회사 수입배당금 익금불산입

외국자회사로부터 수령하는 배당금의 95%를 익금불산입한다.

(2) 간접외국납부세액

외국자회사가 납부한 법인세액을 내국법인의 소득에 가산한 후 다시 이를 세액공제한다.

4. 제도별 장점

(1) 외국자회사 수입배당금 익금불산입

① 해외 자회사에 유보되어 있는 이익을 국내로 환류하는 것을 유도할 수 있다.

② 계산방법이 복잡하지 않으므로 이중과세 해소를 위한 기업들의 세무관리비용이 감소된다.

③ 국외자회사가 현지에서 타국기업과 실질적으로 동일한 세금을 부담하므로 기업의 국제경쟁력 확보에 도움이 된다.

(2) 간접외국납부세액공제

국외원천소득과 국내원천소득에 대해 동일한 세율이 적용되므로 '조세의 중립성'이 유지된다.

사실관계

(1) A법인의 대표이사인 甲은 법인의 운영자금이 부족하자 자신의 개인 자금을 A법인에 계속하여 입금하고 있었다.

(2) 한편, A법인이 고철판매대금으로 1억원을 수령하자 甲은 이를 개인계좌로 입금하였다가 사흘 후 그의 예금계좌에서 1억원을 다시 인출하여 운영자금 명목으로 A법인의 예금계좌에 입금하였다.

(3) A법인 담당 세무사는 대표이사 甲이 입금한 1억원을 A법인의 가수금을 증가시키는 것으로 회계처리하였다.

쟁점

매출누락액을 가수금으로 처리한 것에 대해 소득처분이 가능한지 여부

결론

특별한 사정이 없는 한 매출누락액 전액이 사외유출된 것으로 보아야 한다.

주요근거

1. 매출누락의 입증책임

법인이 매출사실이 있음에도 불구하고 그 매출액을 장부에 기재하지 아니한 경우에는 특별한 사정이 없는 한 매출누락액 전액이 사외로 유출된 것으로 보아야 하고, 이 경우 그 매출누락액이 사외로 유출된 것이 아니라고 볼 특별사정은 이를 주장하는 법인이 입증하여야 한다. (85누556, 1986. 9. 9 등)

2. 사외유출 후 다시 차입

법인이 매출에 의하여 수령한 대금을 내용이 확정되지 아니한 임시계정인 가수금 계정에 계상함으로써 그 상대계정인 현금이 일단 법인에 들어온 것으로 회계처리를 하였다고 하더라도, 만일 그 가수금 계정의 내용이 대표이사로부터의 단기 차입금 거래를 기장한 것으로서 장차 이를 대표이사에게 반제해야 할 채무라는 것이 밝혀진 경우에는 그 가수금 거래는 법인의 순자산의 변동 내지 증가를 수반하지 아니하는 것으로서 법인의 수익이나 비용과는 무관한 것이므로, 그 가수금 채무가 애당초 반제를 예정하지 아니한 명목만의 가공채무라는 등의 특별한 사정이 없는 한, 장부에 법인의 수익으로서 기재되었어야 할 매출누락액은 이미 사외로 유출되어 위 가수금 거래의 상대방인 대표이사에게 귀속된 것으로 보아야 할 것이다.

(차) 현금	100,000,000	(대) 매출	100,000,000
(차) 사외유출	100,000,000	(대) 가수금	100,000,000

따라서 추후 대표이사가 해당 가수금을 회사로부터 인출하게 되면 과세하지 않는다. 이전에 소득세를 부담한 금전을 인출하는 것에 불과하기 때문이다.

03 수정신고와 소득처분
(2018누21651, 2018. 10. 5. 2018두45787 등)

사실관계

(1) A주식회사는 2011 사업연도에 총 154회에 걸쳐 총 950,000,000원의 가공비용을 계상하면서 그 상대계정으로 A주식회사의 대표이사 가수금을 계상하였는데, 위 사업연도 기간에 총 250회에 걸쳐 이 사건 대표자 가수금 중 136,933,847원을 실제로 반제(대표이사에게 채무변제)하였다. 가공비용은 총액으로 보면 적지 않은 금액이나, 개별 건별로 보면 소액이다.

(2) 한편, A법인은 2013. 9. 2.경 **과세관청으로부터 법인세 해명자료 제출 및 수정신고 안내문을 받고** 2011 사업연도에 대한 법인세 수정신고를 하면서, 2013 사업연도에 대표자 가수금 잔액 813,066,153원을 이월이익잉여금 계정으로 대체하였다. A주식회사는 **수정신고**하면서 실제로 반제한 가수금 136,933,847원은 익금에 가산하고 사외유출로 처분하였으나, 잔액 813,066,153원은 그 **손금만 부인하고 사외유출로 처분하지는 않았다.** A법인은 위와 같은 가공비용 계상과 그에 따른 가수금 회계처리는 거래처의 납품단가 인하요구를 피하기 위해 '실제로는 자금 유출 없이 회계장부상으로만 이익을 줄일 목적'의 행위라고 주장하고 있다.

쟁점

가공비용을 계상한 후 이를 실제로 대표이사에게 지급하지 않은 가수금을 사외유출된 것으로 볼 수 있는지 여부

결론

과세관청으로부터 과세자료 해명 통지를 받은 경우로서 경정이 있을 것을 미리 알고 사외유출된 금액을 익금산입하는 경우에는 사외유출된 것으로 본다.

| 주장의
대립 | **1. 사내유보 주장 논거** |

1. 사내유보 주장 논거

(1) 가공비용을 계상하고 장부상 가수금을 계상한 것은 '회계상 처리에 불과'할 뿐이다.

(2) 실제 가수금이 사외로 유출된 바 없다.

(3) 수정신고 등을 감안해 볼 때 해당 가수금은 '자발적으로 회수'한 것으로 볼 수 있다.

2. 사외유출 주장 논거

(1) 법인이 가공비용을 장부에 계상한 경우, 특별한 사정이 없는 한 그 가공비용은 사외로 유출된 것으로 보아야 한다. 이 경우 그 매출누락액이 사외로 유출된 것이 아니라고 볼 특별사정은 이를 주장하는 법인이 입증하여야 한다. (85누556, 1986. 9. 9 등)

(2) 납세자는 과세자료 해명통지서를 수령한 후 수정신고한 점에 비추어 볼 때 처음부터 사외유출의 목적이 없었다고 단정할 수 없다.

관련 법령

소득처분(「법인세법 시행령」 제106조)

④ 내국법인이 「국세기본법」 제45조의 수정신고기한 내에 매출누락, 가공경비 등 부당하게 사외유출된 금액을 회수하고 세무조정으로 익금에 산입하여 신고하는 경우의 소득처분은 사내유보로 한다. 다만, 다음 각 호의 어느 하나에 해당되는 경우로서 경정이 있을 것을 미리 알고 사외유출된 금액을 익금산입하는 경우에는 그러하지 아니하다.
1. 세무조사의 통지를 받은 경우
2. 세무조사가 착수된 것을 알게 된 경우
3. 세무공무원이 과세자료의 수집 또는 민원 등을 처리하기 위하여 현지출장이나 확인업무에 착수한 경우
4. 납세지 관할세무서장으로부터 과세자료 해명 통지를 받은 경우
5. 수사기관의 수사 또는 재판 과정에서 사외유출 사실이 확인된 경우
6. 그 밖에 제1호부터 제5호까지의 규정에 따른 사항과 유사한 경우로서 경정이 있을 것을 미리 안 것으로 인정되는 경우

04 결손금 감액경정이 항고소송의 대상이 되는지 여부 및 행정처분성
(2017두63788, 2020. 7. 9.)

사실관계

(1) 내국법인 A는 2010 내지 2014 사업연도의 각 법인세 과세표준을 신고하면서 위 각 사업연도에 모두 결손금이 발생하였다고 신고하였다. 과세관청은 2015. 5. 28. 내국법인 A에 대하여, 특수관계인에 대한 매출채권을 정당한 사유 없이 비특수관계인인 일반거래처에 대한 매출채권의 평균회수기일보다 지연회수한 것으로 보아 그 지연회수한 매출채권의 인정이자 상당 금액을 부당행위계산으로 부인하고, 그 부인된 금액을 내국법인 A의 2010 내지 2014 사업연도의 익금으로 각산입하여 2010 내지 2014 사업연도 각 법인세 과세표준의 결손금을 감액경정하였다. (이하 '이 사건 **결손금 감액경정**'이라고 한다)

(2) 그 이후 과세관청은 2015. 7. 1. 내국법인 A에게 일용직 인건비 지급 관련 적격증빙 미수취를 원인으로 하는 가산세 부과처분을 하면서 위와 같이 경정된 과세표준을 함께 통지하였다.

쟁점

「법인세법」 개정으로 이월공제가 가능한 결손금을 신고, 결정·경정, 수정신고한 결손금으로 한정한 이후 과세관청의 결손금 감액경정이 항고소송의 대상이 되는 행정처분인지 여부

결론

과세관청의 결손금 감액경정은 이후 사업연도의 이월결손금 공제와 관련하여 법인세 납세의무자인 법인의 납세의무에 직접 영향을 미치는 과세관청의 행위로서, 항고소송의 대상이 되는 행정처분에 해당한다.

주요근거

1. 개정 전 「법인세법」 제13조

> 내국법인의 각 사업연도의 소득에 대한 법인세의 과세표준은 각 사업연도의 소득의 범위 안에서 다음 각 호에 따른 금액과 소득을 순차로 공제한 금액으로 한다.
> 1. 각 사업연도의 개시일 전 10년 이내에 개시한 사업연도에서 **발생한 결손금으로서 그 후의 각 사업연도의 과세표준계산에 있어서 공제되지 아니한 금액**

위 (개정 전) 규정에 근거하여 대법원은 법인세 과세표준에 대한 결정에 의하여 바로 과세처분이 되는 것이 아니고 그에 의한 부과처분을 다툴 수 있으므로 항고소송의 대상이 되는 행정처분이 될 수 없다는 입장을 유지하였다. 즉, (개정 전) 「법인세법」에서는 과세표준에서 공제하는 결손금의 범위를 신고나 경정한 것 등에 제한하고 있지 않고 있다는 입장이다.

2. 개정 후 (현행) 「법인세법」 제13조

> ① 내국법인의 각 사업연도의 소득에 대한 법인세의 과세표준은 각 사업연도의 소득의 범위에서 다음 각 호의 금액과 소득을 차례로 공제한 금액으로 한다. 다만, 제1호의 금액에 대한 공제는 각 사업연도 소득의 100분의 60(「조세특례제한법」 제6조 제1항에 따른 중소기업과 회생계획을 이행 중인 기업 등 대통령령으로 정하는 법인의 경우는 100분의 100)을 한도로 한다.
> 1. 제14조 제3항의 이월결손금 중 다음 각 목의 요건을 모두 갖춘 금액
>   가. 각 사업연도의 개시일 전 15년 이내에 개시한 사업연도에서 발생한 결손금일 것
>   나. 제60조에 따라 신고하거나 제66조에 따라 결정·경정되거나 「국세기본법」 제45조에 따라 수정신고한 과세표준에 포함된 결손금일 것

(1) 신설규정은 공제가 가능한 이월결손금의 범위를 신고·경정 등으로 확정된 결손금으로 축소하기 위한 것이다.

(2) 과세표준을 신고한 사업연도에 발생한 결손금 등에 대하여 과세관청의 결손금 감액경정이 있는 경우, 특별한 사정이 없는 한 납세의무자로서는 결손금 감액경정 통지가 이루어진 단계에서 그 적법성을 다투지 않는 이상 이후 사업연도 법인세의 이월결손금 공제와 관련하여 종전의 결손금 감액경정이 잘못 되었다거나 과세관청이 경정한 결손금 외에 공제될 수 있는 이월결손금이 있다는 주장을 할 수 없다.

(3) 이러한 과세관청의 결손금 감액경정은 이후 사업연도의 이월결손금공제와 관련하여 법인세 납세의무자인 법인의 납세의무에 직접 영향을 미치는 과세관청의 행위로서, 항고소송의 대상이 되는 행정처분에 해당한다.

3. 판례의 결론에 따른 납세자의 실익

결손금 감액경정에 대한 불복 시점을 앞당김으로써 납세자의 불안정한 법률관계를 조기에 다툴 수 있도록 하였다. 따라서 납세자의 법적 안정성 확보에 도움이 된다.

1. 소득금액변동통지서

과세관청의 소득처분과 그에 따른 소득금액변동통지가 있는 경우 원천징수의무자인 법인은 소득금액변동통지서를 받은 날에 그 통지서에 기재된 소득의 귀속자에게 당해 소득금액을 지급한 것으로 의제되어 그때 원천징수하는 소득세의 납세의무가 성립함과 동시에 확정되고, 원천징수의무자인 법인으로서는 소득금액변동통지서에 기재된 소득처분의 내용에 따라 원천징수세액을 그 다음 달 10일까지 관할세무서장 등에게 납부하여야 할 의무를 부담하며, 만일 이를 이행하지 아니하는 경우에는 가산세의 제재를 받게 됨은 물론이고 형사처벌까지 받도록 규정되어 있는 점에 비추어 보면, 소득금액변동통지는 원천징수의무자인 법인의 납세의무에 직접 영향을 미치는 과세관청의 행위로서, 항고소송의 대상이 되는 조세행정처분이라고 봄이 상당하다. (2002두1878, 2006. 4. 20.)

2. 세무조사 결정의 처분성

과세관청의 세무조사 결정은 납세의무자로 하여금 세무공무원의 질문에 답하고 검사를 수인하여야 할 법적 의무를 부담하게 하므로 이는 납세의무자의 권리의무에 직접 영향을 미치는 공권력의 행사에 따른 행정작용으로써 항고소송의 대상이 된다. (2009두23617, 2011. 3. 10.)

1. 결손금과 이월결손금

(1) 결손금

「법인세법」상 결손금이란 당해 사업연도에 속하는 손금의 총액이 그 사업연도에 속하는 익금의 총액을 초과하는 경우 그 초과하는 금액을 말한다.

(2) 이월결손금

당해 사업연도 개시일 전에 발생한 각 사업연도의 결손금으로서 그 후의 각 사업연도 과세표준을 계산할 때 공제되지 아니한 채 당해 사업연도로 이월된 결손금을 말한다.

2. 이월결손금공제의 취지

「법인세법」상 각 사업연도의 소득계산에 있어서는 사업연도 독립의 원칙이 적용되므로, 각 사업연도의 소득계산은 당해 사업연도의 익금과 손금으로 충당하고 이전 사업연도의 결손금을 다음 사업연도에 반영할 수 없음이 원칙이다. 그러나 이를 관철하면, 결손법인이 자본잠식 중에도 해당 사업연도에 소득이 있다는 이유로 과세되어 법인세를 부담하게 될 수 있다. 이러한 '기간과세의 모순'을 해결하고자 이월결손금을 공제한다.

PART 3 법인세법

해커스 편입세법

3. 이월결손금공제 배제

다음의 법인은 이월결손금을 배제한다.

① 각 사업연도소득금액을 추계결정 또는 추계경정하는 법인
② 당기순이익 과세를 적용받는 조합법인

4. 이월결손금공제한도 취지

내국법인에 대한 이월결손금의 공제를 각 사업연도소득의 100분의 60으로 제한한다. 다만, 중소기업, 구조조정 중인 기업 등에 관하여는 예외를 인정하여 소득금액 전액공제를 허용한다. 이는 이월결손금공제제도를 유지하되 이월결손금공제가 특정 사업연도에 집중되지 않도록 연간 공제 한도를 설정하여 흑자법인으로 하여금 매년 최소한의 법인세를 부담하도록 한 것이다. 다만, 중소기업과 구조조정 중인 회사는 자금난 해소를 위하여 공제한도를 두지 않는다.

제6장 합병·분할·현물출자

01 적격분할의 요건
(2016두40986, 2018. 6. 28.)

사실관계

(1) 화학제품 제조 등을 영위하는 A법인은 2008년 5월 화학사업부문과 도시개발사업부문을 물적분할하여 B법인을 신설하였다.

(2) A법인은 10개의 공장 중 인천에 소재한 화학제품제조공장과 도시개발사업을 막 준비하는 단계에서 토지와 함께 도시개발사업부문을 물적분할하여 B법인을 설립한 것이다.

(3) 과세관청은 해당 분할이 독립된 사업부문의 분할에 해당하지 않고, 분할사업부문의 자산부채가 포괄적으로 승계된 것도 아니며, 분할신설법인이 승계한 유형·무형자산가액의 1/2 이상을 승계한 당해 사업에 직접 사용하는 요건을 위배하였고, 분할대가의 전부를 주식으로 받은 것으로 볼 수 없다는 이유로 자산양도차익에 대한 과세이연을 인정하지 않고 분할된 사업연도의 익금에 산입하는 과세처분을 하였다.

과세관청 입장

1. 독립된 사업부분을 분할한 것인지 여부

분할 직후 분할법인인 A법인과 용역위탁계약을 체결하여 제품을 생산하였으며, 직원 95명 중 8명만을 승계하였다. 화학공장 사업부 전체가 분할된 것이 아니다. 참고로 현행 세법규정에 의하면 고용요건(80% 이상 승계)을 만족하지 못하여 적격분할에 해당하지 않으나, 과세 당시 법률에 의하면 고용유지요건은 적격분할의 요건과 관계없다.

2. 자산부채가 포괄적으로 승계된 것인지 여부

A법인은 분할등기일 5일 전에 은행으로부터 공장부지를 담보로 받은 차입금 중 일부 현금만을 승계하였다.

3. 승계받은 사업을 계속 영위하였는지 여부

화학사업부문에 관하여 B법인은 A법인과 용역위탁계약을 체결하였으므로 유형·무형자산을 직접 사용하였다고 볼 수 없다.

4. 분할대가의 전액이 주식인지 여부

A법인은 B법인이 승계한 인천공장부지를 담보로 제공하고 대출을 일으켜 그 대출금 채무를 B법인에게 부담시키면서 대출금 일부를 현금으로 받았으므로 그 금액 상당액만큼은 현금으로 분할대가를 받은 것과 다름없다.

결론

(1) '분리하여 사업 가능한 독립된 사업부문'은 독립적으로 사업이 가능하다면 단일 사업부문의 일부를 분할하는 것도 가능하다.

(2) 해당 사업활동에 필요한 자산·부채가 분할신설법인에 한꺼번에 이전되어야 함을 뜻하는 것일 뿐, 다른 사업부문에 공동으로 사용되는 자산·부채 등과 같이 분할하기 어려운 것은 승계되지 않더라도 기업의 실질적 동일성을 해치지 않는다.

(3) '승계받은 사업을 계속 영위할 것'이라는 요건은 분할 전후 사업의 실질적 동일성이 유지되도록 하는 것으로서, 분할등기일이 속하는 사업연도 종료일 전에 승계한 유형·무형자산가액의 2분의 1 이상을 처분하거나 승계한 사업에 직접 사용하지 않는 경우에는 사업의 폐지와 다름없다고 본 것이고, 처분 또는 직접 사용 여부는 입법 취지와 해당 사업내용을 고려하여 실제의 사용관계를 기준으로 객관적으로 판단하여야 한다.

(4) '분할대가 전액이 주식'이어야 한다는 요건은 분할법인이 분할되는 사업부문의 자산·부채를 분할신설법인으로 이전하는 대가로 분할신설법인 주식만을 취득하여야 한다는 것으로서, 지분관계의 계속성을 정한 것이다. 또한, 물적분할의 기본개념상으로도 현금은 분할대가가 될 수 없으며 과세관청의 주장은 「상법」상 분할대가의 개념을 오해한 것이다.

과세이연 입법취지

조직형태의 변화가 있었으나 지분관계를 비롯하여 기업의 실질적인 이해관계에 변동이 없는 때에는 이를 과세의 계기로 삼지 않는다.

적격분할요건

1. 사업목적의 분할

분할등기일 현재 5년 이상 사업을 계속하는 내국법인이 다음의 요건을 모두 갖추어 분할하여야 한다.

> ① 분리하여 사업이 가능한 독립된 사업부문을 분할하는 것일 것
> ② 분할하는 사업부문의 자산 및 부채가 포괄적으로 승계될 것. 다만, 공동으로 사용하던 자산, 채무자의 변경이 불가능한 부채 등 분할하기 어려운 자산과 부채 등으로서 대통령령으로 정하는 것은 제외한다.
> ③ 분할법인 등만의 출자에 의하여 분할하는 것일 것

2. 지분의 연속성

분할법인의 주주가 분할신설법인으로부터 받은 **분할대가의 전액이 주식인 경우로**서, 인적분할의 경우 그 주식의 분할법인 등의 주주가 소유하던 주식의 비율에 따라 배정되고 분할등기일이 속하는 사업연도의 종료일까지 그 주식을 보유하여야 한다.

3. 사업의 계속성

분할신설법인 등이 분할등기일이 속하는 사업연도의 종료일까지 분할법인 등으로부터 승계받은 사업을 계속하여야 한다.

> 분할신설법인 등이 분할등기일이 속하는 사업연도의 종료일 이전에 분할법인 등으로부터 승계한 유형·무형자산가액의 2분의 1 이상을 처분하거나 사업에 사용하지 아니하는 경우에는 승계받은 사업을 계속하지 아니하는 것으로 본다.

참조판례

> 분할신설법인이 분할법인으로부터 지배목적으로 보유하는 주식과 그와 관련된 자산·부채로 구성된 사업부문을 적격분할의 요건을 갖추어 승계받은 후, 지배목적 보유 주식의 가액은 유형·무형자산가액에 포함하여야 하고, 사업폐지 여부는 사업 전체를 기준으로 판단하여야 한다. (2016두51535, 2017. 1. 25.)

4. 고용승계

분할등기일 1개월 전 당시 분할하는 사업부문에 종사하는 근로자 중 분할신설법인 등이 승계한 근로자의 비율이 100분의 80 이상이고, 분할등기일이 속하는 사업연도의 종료일까지 그 비율을 유지하여야 한다.

사실관계

(1) A주식회사는 2012. 11. 30. B주식회사를 흡수합병하였다. 이에 따라 B주식회사가 보유하던 A주식회사의 발행주식 165,085주가 A주식회사에게 이전되었다.

(2) A주식회사는 2014. 8. 6. 그 중 45,346주를 양도한 후 2014 사업연도 법인세를 신고하면서 이 사건 주식의 양도금액을 익금에 산입하고 양도 당시의 그 장부가액을 손금에 산입하였다.

(3) A주식회사는 2016. 8. 29. '이 사건 주식의 양도는 자본의 증감에 관련된 거래로서 자본거래로 봄이 상당하고 이 사건 주식의 양도차익은 자본거래에 따른 이익으로서 익금산입 대상에서 제외된다'는 취지로 주장하면서 2014 사업연도 법인세에 대한 경정청구를 하였으나, 과세관청은 2016. 9. 28. 이를 거부하였다.

쟁점

합병법인이 피합병법인이 보유하던 합병법인 발행주식을 승계하여 양도하는 경우 그 자기주식 양도차익의 과세 여부

결론

협의의 자기주식을 양도할 때, 그 양도차익은 법인세 과세대상이다. 또한 합병법인이 적격합병으로 취득한 협의의 자기주식을 양도한 경우 그 양도차익은 양도금액에서 해당 주식의 합병등기일 당시의 시가를 차감한 가액에 합병 당시 자산조정계정으로 계상되었던 금액을 가감하는 방식으로 계산된다.

판단근거

협의의 자기주식은 피합병법인의 자산으로서 「법인세법」 제17조 제1항 제5호가 정한 합병차익을 산정하는 요소가 되기는 하지만 합병 이후 합병법인이 이를 처분하는 행위는 합병과는 구별되는 후속거래로서 순수한 자본거래에 해당한다고 보기 어렵다. 또한 협의의 자기주식 역시 양도성과 자산성을 가질 뿐만 아니라 합병에 따라 자기주식을 자산으로 취득하였다가 처분하여 이익을 얻는 것이 다른 사유로 자기주식을 취득하였다가 처분하여 이익을 얻는 것과 본질적으로 다르지 아니하다. 이러한 사정 등에 비추어 보면, 협의의 자기주식처분이익은 「법인세법」 제15조 제1항이 익금에서 제외되는 것으로 정한 대상이나 「법인세법」 제17조 제1항 제5호가 정한 합병차익에 해당한다고 볼 수 없다.

제7장 기타법인세

01 비영리법인이 유형·무형자산을 고유목적사업에 사용하지 못한 정당한 사유가 있는 경우 유형·무형자산처분이익 과세 여부
(2016두64722, 2017. 7. 11.)

사실관계

(1) A재단은 어린이 선교를 위한 선교원 설립 및 어린이 목회자 양성 등을 목적으로 설립된 비영리단체이다.

(2) A재단은 1992. 12. 9. 군포시 일대에 합계 면적 33,000㎡의 대규모 종교용지를 취득한 후 그 지상에 종교시설(교회)을 건축하여 사용하였으나, 2006. 1. 9. 군포시의 교육특구 공공사업 시행으로 인한 협의매수로 A재단의 의사와 무관하게 대규모 종교용지 중 일부인 3,000㎡(X토지)만이 남게 되는 바람에 고유목적사업에 더 이상 사용할 수 없게 되었다.

(3) A재단은 이후에도 X토지를 상당 기간 보유하다가 2011. 7. 15. 재단법인 B선교회에 매도하고 2011. 10. 5. 소유권이전등기를 마쳤다.

(4) 과세관청은 X토지의 양도차익을 「법인세법」 제3조 제3항 제5호의 유형·무형자산의 처분으로 인하여 생기는 수입으로 보아 2014. 3. 11. A재단에게 2011 사업연도 법인세를 부과하였다.

쟁점

비영리법인의 유형·무형자산처분수입 중 비과세대상 여부를 판단함에 있어 유형·무형자산을 고유목적사업에 사용하지 못한 정당한 사유를 고려하여야 하는지 여부

결론

비영리법인이 토지를 직접 사용하지 못한 정당한 사유가 있는지 여부는 살필 필요가 없다.

주요근거	## 1. 정당한 사유는 고려되지 아니함

비영리국내법인이 유형·무형자산의 처분일 현재 3년 이상 계속하여 고유목적사업에 직접 사용하지 아니하는 유형·무형자산의 처분으로 인하여 생기는 수입에 관하여 법인세를 부과한다고 규정하고 있을 뿐, 고유목적사업에 직접 사용하지 못한 데 정당한 사유가 있는 경우에는 달리 본다는 규정을 두고 있지 아니하므로, 토지의 처분대금을 법인세 과세소득으로 보아야 하는지를 결정함에 있어 해당 비영리법인이 토지를 직접 사용하지 못한 데 정당한 사유가 있는지 없는지는 따질 필요가 없다.

2. 가산세 감면사유가 있는지 여부

세법상 가산세는 과세권의 행사 및 조세채권의 실현을 용이하게 하기 위하여 납세자가 정당한 사유 없이 법에 규정된 신고·납세의무 등을 위반한 경우에 법이 정하는 바에 의하여 부과하는 **행정상의 제재**로서, 납세자의 고의·과실은 고려되지 아니하고, 법령의 부지 또는 오인은 그 정당한 사유에 해당한다고 볼 수 없다. A재단이 X토지를 양도하여 소득을 실현하였음에도 그로 인한 법인세를 신고·납부하지 않은 것은 **법률적 부지나 오해에 불과하다고 할 것**이므로, 그 의무이행을 게을리 한 것이 가산세를 면할 수 있는 정당한 사유에 해당한다고 보기 어렵다.

비영리법인	## 1. 비영리내국법인

비영리내국법인이란 내국법인 중 다음 중 어느 하나에 해당하는 법인을 말한다.

> ① 「민법」 제32조에 따라 설립된 법인
> ② 「사립학교법」이나 그 밖의 특별법에 따라 설립된 법인으로서 「민법」 제32조에 규정된 목적과 유사한 목적을 가진 법인. 단, 대통령령으로 정하는 조합법인 등이 아닌 법인으로서 그 주주·사원 또는 출자자에게 이익을 배당할 수 있는 법인은 제외한다.
>   ⊃ 대통령령으로 정하는 조합법인은 농업협동조합, 수산업협동조합 등을 공익성이 강한 조합법인을 말한다.
> ③ 「국세기본법」에 따른 법인으로 보는 단체

2. 비영리외국법인

비영리외국법인이란 외국법인 중 외국의 정부·지방자치단체 및 영리를 목적으로 하지 아니하는 법인(법인으로 보는 단체를 포함)을 말한다.

수익사업소득의 범위

비영리내국법인의 각 사업연도의 소득은 법에서 **열거하는** 일정한 수익사업에서 발생하는 소득에 한한다. 법에서 열거한 소득 이외의 소득은 비록 수익사업 부문의 순자산을 증가시키는 경우라도 과세대상에서 제외하여야 한다. 비영리법인 수익사업소득은 **사업 자체가 수익성을 갖거나 수익을 목적으로 영위하는 것**이어야 한다.

① 제조업, 건설업, 도매업·소매업, 소비자용품수리업, 부동산·임대 및 사업서비스업 등의 **사업**으로서 대통령령으로 정하는 것
  ➪ 한국표준산업분류에 의한 사업 중 축산업, 연구 및 개발업, 교육서비스업, 사회복지사업 등의 사업을 제외한 사업에서 생기는 사업소득
② 「소득세법」에 따른 **이자소득**
③ 「소득세법」에 따른 **배당소득**
④ 주식·신주인수권 또는 출자지분의 양도로 인하여 생기는 수입
⑤ 유형자산 및 무형자산의 처분으로 인하여 생기는 수입. 다만, **고유목적사업에 직접 사용하는 자산의 처분으로 인하여 생기는 대통령령으로 정하는 수입은 제외**한다.
⑥ 「소득세법」 제94조 제1항 제2호(부동산에 관한 권리의 양도) 및 제4호(기타자산)에 따른 자산의 양도로 인하여 생기는 수입
⑦ 위 ①부터 ⑥까지의 규정 외에 대가(對價)를 얻는 계속적 행위로 인하여 생기는 수입으로서 대통령령으로 정하는 것
  ➪ 채권의 매매차익

비영리법인의 사업은 공익활동에 해당하므로 비과세가 바람직하나, 영리법인과 경쟁하는 이상 양 자의 차이는 공정성을 해치므로 이를 조정하기 위해 제한적인 범위에서 과세한다.

비영리내국법인의 법령 또는 정관에 규정된 설립목적을 직접 수행하는 사업이라고 하더라도, 그 사업이 「법인세법 시행령」 제2조 제1항의 규정에 해당하는 수익사업 즉 '한국표준산업분류에 의한 각 사업 중 수입이 발생하는 것'에 해당할 경우, '고유목적사업'에 해당하지 아니하고, 그 경우 그 사업에 지출하기 위하여 적립한 준비금은 손금에 산입할 수 없다.

따라서 비영리법인(한국사학진흥재단)의 융자사업이 정관 또는 법령상의 목적사업이라도 「법인세법」상의 이자소득으로 수익사업에 해당하므로, 이를 목적사업에 사용하기 위해 고유목적사업준비금으로 적립한다고 해도 이를 손금에 산입할 수 없다. (2019두40529, 2019. 8. 30.)

| 유형자산 및 무형자산 처분 | **고유목적사업에 직접 사용하는 유형자산 및 무형자산의 처분(「법인세법 시행령」 제3조 제2항)** |

고유목적사업에 직접 사용하는 유형자산 및 무형자산의 처분(「법인세법 시행령」 제3조 제2항)

해당 유형자산 및 무형자산의 처분일 현재 3년 이상 계속하여 법령 또는 정관에 규정된 고유목적사업에 직접 사용한 유형자산 및 무형자산의 처분으로 인하여 생기는 수입을 말한다.

이 경우 해당 자산의 유지·관리 등을 위한 관람료·입장료수입 등 부수수익이 있는 경우에도 이를 고유목적사업에 직접 사용한 자산으로 보며, 비영리법인이 수익사업에 속하는 자산을 고유목적사업에 전입한 후 처분하는 경우에는 전입 시 시가로 평가한 가액을 그 자산의 취득가액으로 하여 처분으로 인하여 생기는 수입을 계산한다.

➲ 수익사업에 사용하던 유형·무형자산을 목적사업에 전입 후 매각한 경우 목적사업에 사용한 기간에 발생한 양도차익에 한하여 과세하지 않는다.

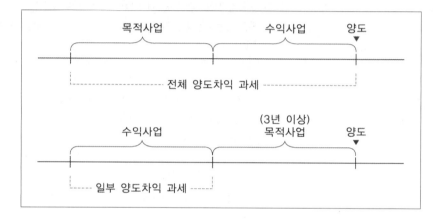

02 비영리법인의 고유목적사업지출을 수익사업의 손금으로 볼 수 있는지 여부 (2018두32330, 2020. 5. 28.)

사실관계

(1) 대한지방행정공제회(이하 A법인)는 지방자치단체 공무원의 복리증진을 위한 공제제도를 운영할 목적으로 설립된 비영리내국법인이다. A법인은 회원들로부터 수취한 퇴직급여 부담금, 한아름목돈예탁급여 부담금 등을 재원으로 금융상품, 부동산 등에 투자하고 이로써 얻는 수익으로 회원들에게 일정한 사유가 발생한 경우 회원들이 납부한 부담금에 정관 등에서 정한 지급기준에 따른 부가금을 합한 금액을 지급하는 급여사업을 한다.

(2) A법인이 회원으로부터 수취한 부담금을 운용하는 것은 「법인세법」상 수익사업에 해당하고 그 운용수익으로 마련한 부가금을 회원의 부담금 상당액에 더하여 지급하는 것은 고유목적사업에 해당한다. 회원들이 지급받은 부가금은 「소득세법」상 이자소득세 과세대상이 된다.

(3) A법인은 2010 사업연도 손익계산서상 퇴직급여 부가금 등 2,359억원을 포함하는 고유목적사업준비금 전입액 2,403억원(퇴직급여준비금 2,055억원과 한아름 급여준비금 304억원 및 제급여준비금 44억원의 합계액)을 계상하고, 그중 고유목적사업준비금 한도액 2,392원을 초과하는 11억원을 손금불산입하여 법인세를 신고·납부하였다.

(4) A법인은 2014. 3. 이 사건 부가금을 고유목적사업준비금으로 계상하는 것으로 하는 대신 수익사업의 손금(이자비용)으로 산입하여야 한다는 이유로 손금불산입한 11억원을 전액 손금산입하여 2010 사업연도 법인세 등을 환급하여 달라는 경정청구를 하였다.

쟁점

비영리법인이 수익사업의 소득으로서 고유목적사업과 관련하여 지출한 이 사건 부가금을 수익사업의 손금에 산입하는 것이 허용되는지 여부

결론

비영리법인의 경우 수익사업에서 얻은 소득을 고유목적사업 등에 지출한다고 하더라도, 특별한 사정이 없는 한 이는 수익사업의 소득을 얻기 위하여 지출한 비용으로 볼 수 없으므로, 이를 고유목적사업준비금의 손금산입 한도액 범위 안에서 손금에 산입할 수 있을 뿐, 이와 별도로 비영리법인의 선택에 따라 그 지출금을 수익사업의 수익에 대응하는 비용으로 보아 손금에 산입하는 것은 허용될 수 없다.

1. 대법원의 입장

(1) 부가금은 A법인이 고유목적사업인 급여사업에 지출한 것으로서 수익사업의 소득을 얻기 위해 지출한 비용으로 볼 수 없으므로 이를 A법인의 수익사업에 관한 손금에 산입할 수 없다.

(2) 「대한지방행정공제회법」과 A법인의 정관 등에 의하면, 퇴직급여사업과 '회원에 대한 급여의 지급'을 위한 사업으로서 A법인의 고유목적사업에 해당한다. 이 사건 부가금은 이와 같은 A법인의 고유목적사업인 급여사업에 지출된 것으로, 수익사업과 관련하여 수익을 얻기 위하여 지출한 비용이라고 볼 수 없다.

(3) 이 사건 부가금은 「법인세법」상 구분경리원칙에 따라 고유목적사업, 즉 비수익사업회계에 구분하여 기장되어야 한다. A법인은 이 사건 부가금을 고유목적사업준비금 전입액으로 수익사업 부문의 비용항목에 회계처리하였을 뿐, 수익사업 부문에서 발생하는 별도의 '이자비용' 항목으로 회계처리하지는 않았다.

(4) 이 사건 부가금이 A법인 회원들의 이자소득세 과세대상에 해당한다고 하더라도, 그 이자소득세 과세 여부와 A법인의 수익사업의 손금으로 인정되는지 여부는 무관하다.

2. 원심(고등법원)의 입장

(1) 고유목적사업준비금의 손금산입규정은 수익사업의 수익에 대응하는 비용에 해당하는지 여부에 관계없이(즉, 수익사업의 수익에 대응하지 않는 비용이라도) 손금으로 인정하는 특례이므로, 수익사업의 수익에 대응하는 비용을 손금으로 산입하는 것을 배제하는 규정이라고 볼 수 없다.

(2) 부가금의 지급이 고유목적사업에 해당한다고 하더라도 고유목적사업을 수행하기 위하여 영위하는 수익사업에 관하여는 법인세가 과세되므로 수익사업과 관련하여 발생하는 비용은 수익사업에 관한 손금으로 인정되어야 한다.

(3) 타인자본에 대한 지급이자는 수익과 직접적인 인과관계를 명확히 알 수 없더라도 비용으로 인식되어야 한다.

(4) 회원이 받는 부가금이 「소득세법」상 이자소득세 과세대상이 되는데, 그렇다면 그 이자를 지급하는 비영리법인은 이자비용을 지출한 것으로 보아야 세법 체계에 부합한다.

(5) 만약 부가금을 고유목적사업에의 지출로 보게 되면 고유목적사업준비금 손금산입 한도를 넘는 금액에 대하여는 법인세 과세단계와 회원의 소득세 과세단계에서 이중으로 과세되는 점 등을 들어 이자비용에 해당하는 부가금을 수익사업에 관한 손금으로 산입할 수 있다.

| 관련 법령 | ## 1. 과세소득의 범위(「법인세법」 제4조) |

1. 과세소득의 범위(「법인세법」 제4조)

> ① 내국법인에 법인세가 과세되는 소득은 다음 각 호의 소득으로 한다. 다만, 비영리
> 내국법인의 경우에는 제1호와 제3호의 소득으로 한정한다.
> 1. 각 사업연도의 소득
> 2. 청산소득
> 3. 제55조의2에 따른 토지 등 양도소득

2. 비영리내국법인의 고유목적사업준비금의 손금산입(「법인세법」 제29조)

> ① 비영리내국법인(법인으로 보는 단체의 경우에는 대통령령으로 정하는 단체만 해
> 당한다. 이하 이 조에서 같다)이 각 사업연도의 결산을 확정할 때 그 법인의 고유목적
> 사업이나 제24조 제3항 제1호에 따른 기부금(이하 이 조에서 "고유목적사업 등"이라
> 한다)에 지출하기 위하여 고유목적사업준비금을 손비로 계상한 경우에는 다음 각 호
> 의 구분에 따른 금액의 합계액(제2호에 따른 수익사업에서 결손금이 발생한 경우에
> 는 제1호 각 목의 금액의 합계액에서 그 결손금 상당액을 차감한 금액을 말한다)의
> 범위에서 그 계상한 고유목적사업준비금을 해당 사업연도의 소득금액을 계산할 때
> 손금에 산입한다.
> 1. 다음 각 목의 금액
>   가. 「소득세법」 제16조 제1항 각 호(같은 항 제11호에 따른 비영업대금의 이익은
>   제외한다)에 따른 이자소득의 금액
>   나. 「소득세법」 제17조 제1항 각 호에 따른 배당소득의 금액. 다만, 「상속세 및 증
>   여세법」 제16조 또는 제48조에 따라 상속세 과세가액 또는 증여세 과세가액
>   에 산입되거나 증여세가 부과되는 주식 등으로부터 발생한 배당소득의 금액
>   은 제외한다.
>   다. 특별법에 따라 설립된 비영리내국법인이 해당 법률에 따른 복지사업으로서
>   그 회원이나 조합원에게 대출한 융자금에서 발생한 이자금액
> 2. 그 밖의 수익사업에서 발생한 소득에 100분의 50(「공익법인의 설립·운영에 관
>   한 법률」에 따라 설립된 법인으로서 고유목적사업 등에 대한 지출액 중 100분의
>   50 이상의 금액을 장학금으로 지출하는 법인의 경우에는 100분의 80)을 곱하여
>   산출한 금액

사실관계

(1) 카지노 이용고객 모집 전문업체로서 필리핀에 본점을 둔 A법인(필리핀법률에 따라 법인격이 부여되었으며, 주요 투자의사결정을 위한 이사회 등도 본점에서 개최됨)은 외국인 카지노 이용고객을 국내카지노 업체에 모집·알선해 주는 대신 국내카지노 업체로부터 고객이 잃은 돈(이하 "매출액")의 70%를 모집수수료로 지급받기로 하는 계약을 체결하였다.

(2) A법인은 국내카지노 영업장에 사무실을 개설하여 직원을 고용하고, 자신이 모집한 고객을 상대로 칩 교환업무, 정산업무, 고객들이 입국하여 출국할 때까지 불편 없이 게임을 할 수 있도록 하기 위해 호텔 공항, 카지노 영업장 안내 등의 활동을 하였다.

(3) 과세관청은 위 매출액이 A법인의 국내고정사업장에 귀속되는 수입금액으로 보아, 법인세와 부가가치세를 부과처분하였다.

쟁점

(1) A법인이 외국법인에 해당하는지 여부

(2) A법인이 국내사업장을 가진 것으로 볼 수 있는지 여부

결론

(1) A법인은 실질적 관리장소가 외국에 있으므로 외국법인에 해당한다.

(2) A법인은 국내에서 본질적이고 중요한 사업 활동을 하고 있으므로 고정사업장을 가진 것으로 볼 수 있다. 따라서 과세관청의 법인세와 부가가치세 부과처분은 적법하다.

주요근거

1. 외국법인에 해당하는지 여부

A법인은 그 본점이 외국에 있으며, 주요 투자의사결정을 위한 이사회 등이 외국에서 이루어지므로 실질적 관리장소도 외국이다. 따라서 A법인은 외국법인에 해당한다.

2. 국내사업장을 가지고 있는지 여부

A법인은 국내에 고정된 장소를 두고 있으므로 장소적 요건은 충족된다. A법인이 국내카지노 업체에 제공하는 용역은 해외에서 단순히 고객을 모집하여 알선하는 데 그치는 것이 아니므로 '예비적·보조적 활동'에 해당하지 아니한다. A법인이 고객을 상대로 한 일련의 모든 업무를 종합하여 판단할 때, **A법인의 국내에서의 활동은 '본질적이고 중요한 사업 활동'에 해당**한다.

외국법인

내국법인이란 본점, 주사무소 또는 사업의 실질적 관리장소가 국내에 있는 법인을 말한다. 외국법인이란 본점 또는 주사무소가 외국에 있는 단체(사업의 실질적 관리장소가 국내에 있지 아니하는 경우만 해당)로서 다음의 기준에 해당하는 법인을 말한다.

① 설립된 국가의 법에 따라 법인격이 부여된 단체
② 구성원이 유한책임사원으로만 구성된 단체
③ 그 밖에 해당 외국단체와 동종 또는 유사한 국내의 단체가 「상법」 등 국내의 법률에 따른 법인인 경우의 그 외국단체

고정사업장

1. 고정된 장소

외국법인(비거주자)이 국내에 사업의 전부 또는 일부를 수행하는 고정된 장소를 가지고 있는 경우에는 국내사업장이 있는 것으로 한다.

국내사업장은 다음 중 어느 하나에 해당하는 장소를 포함하는 것으로 한다.

① 지점, 사무소 또는 영업소
② 상점, 그 밖의 고정된 판매장소
③ 작업장, 공장 또는 창고
④ 6개월을 초과하여 존속하는 건축 장소, 건설·조립·설치공사의 현장 또는 이와 관련되는 감독 활동을 수행하는 장소
⑤ 고용인을 통하여 용역을 제공하는 경우로서 다음 중 어느 하나에 해당되는 장소
  ㉠ 용역의 제공이 계속되는 12개월 중 총 6개월을 초과하는 기간 동안 용역이 수행되는 장소
  ㉡ 용역의 제공이 계속되는 12개월 중 총 6개월을 초과하지 아니하는 경우로서 유사한 종류의 용역이 2년 이상 계속적·반복적으로 수행되는 장소
⑥ 광산·채석장 또는 해저천연자원이나 그 밖의 천연자원의 탐사 및 채취장소

그러나 다음의 특정 활동장소가 외국법인(비거주자)의 사업 수행상 예비적이며 보조적인 성격을 가진 활동을 하기 위하여 사용되는 경우에는 고정사업장에 포함되지 않는 것으로 본다. 다만, 외국법인(비거주자)이 사업 활동을 분할하는 경우에도 특정 활동장소의 활동이 본질적인 사업 활동과 상호 보완적인 경우 국내사업장에 해당한다.

① 비거주자가 단순히 자산의 구입만을 위하여 사용하는 일정한 장소
② 비거주자가 판매를 목적으로 하지 아니하는 자산의 저장 또는 보관만을 위하여 사용하는 일정한 장소
③ 비거주자가 광고·선전·정보의 수집·제공 및 시장조사를 하거나 그 밖에 이와 유사한 활동만을 위하여 사용하는 일정한 장소
④ 비거주자가 자기의 자산을 타인으로 하여금 가공만 하게 하기 위하여 사용하는 일정한 장소

2. 종속대리인

외국법인(비거주자)이 고정된 장소를 가지고 있지 아니한 경우에도 다음의 종속대리인을 두고 사업을 경영하는 경우에는 종속대리인의 사업장 소재지에 국내사업장을 둔 것으로 본다.

> ① 국내에서 그 비거주자를 위하여 비거주자 명의 계약 등(용역 제공, 사용권 계약)을 체결할 권한을 가지고 그 권한을 반복적으로 행사하는 자
> ② 국내에서 그 비거주자를 위하여 비거주자 명의 계약 등을 체결할 권한을 가지고 있지 아니하더라도 계약을 체결하는 과정에서 중요한 역할(비거주자가 계약의 중요사항을 변경하지 아니하고 계약을 체결하는 경우로 한정)을 반복적으로 수행하는 자

후속판례

외국법인이 대한민국 내 고정사업장을 통하여 사업을 영위하는 경우에는 고정사업장이 외국법인과 독립하여 거래하는 별개의 분리된 기업으로서 얻었을 이윤만이 고정사업장에 귀속되어 대한민국에 과세될 수 있고, 이와 같이 고정사업장에 귀속되는 이윤에 관하여는 과세관청이 증명책임을 부담한다. (2017두72935, 2020. 6. 25.)

cpa.Hackers.com

해커스 판례세법

회계사 · 세무사 · 경영지도사 단번에 합격! 해커스 경영아카데미
cpa.Hackers.com

PART 4

상속세 및 증여세법

01 증여채무와 상속세 납세의무자
(2012두22706, 2014. 10. 15.)

사실관계

(1) 甲은 소유 주식을 교회에 기부하고자 회사에 기부절차의 이행을 요청하면서 증권거래카드와 도장을 맡겨두고, 회사가 상장된 후에 교회에 기부하라는 취지의 유언을 한 후 사망하였다.

(2) 상속인들은 甲 소유 주식을 상속재산에 포함하지 않고 상속세 신고를 하였으며, 회사가 상장된 후 甲 소유 주식을 교회에 기부하게 되었다.

(3) 과세관청은 해당 주식을 상속재산에 포함하되, 교회를 제외한 나머지 상속인들에게만 상속세 부과처분을 하였다.

쟁점

(1) 교회를 상속세 납세의무자로 볼 수 있는지 여부

(2) 상속세 과세가액 불산입규정을 적용할 수 있는지 여부

결론

(1) 교회도 수증자로서 상속세 납세의무자에 해당한다. 만일 일부 상속세 납세의무자에 대하여만 상속세 전액을 부과하였다면 그 중 일부 상속세 납세의무자가 납부하여야 할 세액을 초과하여 부과한 부분은 위법하다.

(2) 공익법인출연재산으로 신고한 바 없으므로 상속세 과세가액 불산입규정을 적용할 수 없다.

주요근거

1. 교회를 상속세 납세의무자로 볼 수 있는지 여부

이 사건 주식에 관한 증여계약은 甲의 사망 당시 이미 성립되어 효력이 발생함으로써 증여채무가 생겼고 그 상대방인 교회는 그에 상응하는 권리를 취득하였다. (상장 후 교회에 기부하라는 것은 불확정기한으로서 그 변제기를 유예한 것에 불과하다)

따라서 이 사건 주식은 '증여채무의 이행 중에 증여자가 사망한 경우의 당해 증여재산'에 해당하므로 상속세 과세가액에서 차감하지 않고, 피상속인에게 귀속되는 상속재산에 해당할 뿐이다.

2. 과세가액 불산입 적용 여부

상속재산 중 상속세 과세표준 신고기한 이내에 공익법인에 출연한 재산은 상속세 과세가액에 산입하지 아니할 수 있다. 다만, 과세표준 신고기한 이내에 출연을 하지 못하더라도 부득이한 사유(법령상 사유 또는 설립허가 지연 등)가 있는 경우에는 그 사유가 종료된 날이 속하는 달의 말일부터 6월 이내에 출연하면 과세가액에 산입하지 아니한다. 여기서, '부득이한 사유'는 공익법인 등에 재산을 출연하고자 하였으나 자신의 책임으로 돌릴 수 없는 법령상 또는 행정상의 장애사유 등이 있어 그 출연이 지연되는 사유를 의미하고, 상속인이 상속재산의 존재 자체를 알 수 없어 출연기한 내에 출연하지 못하였다는 사정만으로는 이에 해당한다고 볼 수 없다. 따라서 과세가액 불산입규정을 적용할 수 없다.

상속세 과세가액

1. 상속재산

상속재산이란 피상속인에게 귀속되는 모든 재산을 말하며, 다음의 물건과 권리를 포함한다. 다만, 피상속인의 일신(一身)에 전속(專屬)하는 것으로서 피상속인의 사망으로 인하여 소멸되는 것은 제외한다.

> ① 금전으로 환산할 수 있는 경제적 가치가 있는 모든 물건
> ② 재산적 가치가 있는 법률상 또는 사실상의 모든 권리

2. 상속세 과세가액

상속세 과세가액은 상속재산의 가액에서 공과금, 장례비용, 채무 등을 뺀 후 다음의 재산가액을 가산한 금액으로 한다.

> ① 상속개시일 전 10년 이내에 피상속인이 상속인에게 증여한 재산가액
> ② 상속개시일 전 5년 이내에 피상속인이 상속인이 아닌 자에게 증여한 재산가액

3. 공과금, 장례비용, 채무

거주자의 사망으로 인하여 상속이 개시되는 경우에는 상속개시일 현재 피상속인이나 상속재산에 관련된 다음의 가액 또는 비용은 상속재산의 가액에서 **뺀다**.

> ① 공과금
> ② 장례비용
> ③ 채무(상속개시일 전 10년 이내에 피상속인이 상속인에게 진 증여채무와 상속개시일 전 5년 이내에 피상속인이 상속인이 아닌 자에게 진 증여채무는 제외)

4. 증여채무

증여채무의 이행 중에 증여자가 사망한 경우의 당해 증여재산에 관하여 특별한 규정을 둔 취지는, 증여채무가 상속세의 누진효과를 회피하는 수단이 될 수 있으므로 이를 상속재산의 가액에서 차감하지 않되, 당해 증여재산은 비록 상속개시 당시에는 상속대상인 재산에 해당하더라도 결국에는 증여채무로 인하여 상속인들이 수증자에게 이전하여야 할 재산이므로 상속인들 대신 그 수증자를 곧바로 상속세 납세의무자로 삼고자 함에 있다.

상속세
납세의무자

1. 상속세 납세의무

(1) 상속인(특별연고자 중 영리법인은 제외) 또는 수유자(영리법인은 제외)는 상속재산(상속재산에 가산하는 사전증여재산 중 상속인이나 수유자가 받은 증여재산을 포함) 중 각자가 받았거나 받을 재산을 기준으로 대통령령으로 정하는 비율에 따라 계산한 금액을 상속세로 납부할 의무가 있다.

(2) 특별연고자 또는 수유자가 영리법인인 경우로서 그 영리법인의 주주 중 상속인과 그 직계비속이 있는 경우에는 대통령령으로 정하는 바에 따라 계산한 지분상당액을 그 상속인 및 직계비속이 납부할 의무가 있다.

(3) 상속세는 상속인 또는 수유자 각자가 받았거나 받을 재산을 한도로 연대하여 납부할 의무를 진다.

2. 상속인 및 수유자

(1) 상속인이란 「민법」에 따른 상속인을 말하며, 「민법」에 따라 상속을 포기한 사람 및 특별연고자를 포함한다.

(2) 수유자란 유증을 받은 자 또는 사인증여에 의하여 재산을 취득한 자를 말한다.

구분	「민법」 (상속인)	「상속세 및 증여세법」(상속인)	상속세 납세의무자	한도
「민법」상 상속인	○	○	○	○
상속 결격자	×	○	○	○
상속 포기자	×	○	○	○
특별 연고자	×	○	○	○
수유자	×	×	○	○
증여채무이행 중 수유자*	×	×	○	○
증여재산 가산 (상속인 이외의 자)	×	×	×	×

* 증여채무의 이행 중에 증여자가 사망한 경우의 증여도 사인증여에 포함한다. 이는 상속세 누진효과를 회피하는 것을 방지하고, 상속인들 대신 수증자를 곧바로 상속세 납세의무 자로 삼기 위함이다.

02 제3자를 거친 신주인수권부사채 거래와 실질과세원칙
(2018두33449, 2019. 7. 25.)

사실관계

(1) 甲은 코스닥에 상장된 주식회사 A(이하 'A회사'라 한다)의 대표이사이다. A회사는 2010. 11. 25. B회사의 주식 약 32%를 147억원에 매수하는 주식매매계약을 체결하였고, 잔금 117억원은 2010. 12. 9.에 지급하기로 하였다.

(2) A회사는 주식매매계약의 잔금 117억원을 조달하기 위하여 2010. 12. 3. 권면금액 100억원의 분리형 신주인수권부사채(이하 '이 사건 사채'라 한다)를 C사모투자전문회사(이하 '이 사건 투자회사'라 한다)에게 발행하는 계약을 체결하였다. 이 사건 투자회사는 2010. 12. 7. 사채대금을 납입한 다음 이 사건 사채를 모두 취득하였다.

(3) 甲은 2012. 1. 11. 이 사건 투자회사로부터 이 사건 사채 중 권면금액 50억원에 해당하는 부분의 신주인수권(분리형)을 2억원(권면금액 50억원 × 4%)에 매입하였다. 甲의 신주인수권 매입 후에도 A회사의 주가는 거의 변동이 없다가 2012년 11월경부터 주가가 상승하게 됨에 따라 甲은 2012. 11. 30. 이 사건 신주인수권을 행사하여 A회사의 신주를 취득한 다음, 2013. 2. 28. 증여세 약 28억원을 신고납부하였다.

(4) 이후 甲은 2013. 11. 27. 위와 같이 신고납부한 증여세 28억원에 대하여 환급을 구하는 경정청구를 하였으나 과세관청은 A회사의 투자회사에 대한 사채발행, 투자회사의 甲에 대한 신주인수권 매각, 甲의 신주인수권 행사 및 이 사건 주식 취득 등은 'A회사가 甲에게 이 사건 신주인수권의 행사차익 상당을 직접 증여하는 거래'로 재구성한 다음 실질과세원칙을 적용하여야 한다고 주장하였다.

쟁점

甲과 A회사의 다단계 행위를 재구성하여 A회사가 '직접' 甲에게 신주인수권을 부여한 것으로 볼 수 있는지 여부

결론

이 사건 신주인수권부사채의 발행부터 이 사건 신주인수권증권의 행사 및 신주 취득까지의 일련의 행위들은 별다른 사업상 목적 없이 증여세를 부당하게 회피하거나 감소시키기 위하여 비정상적으로 이루어졌다고 볼 수 없으므로, 구 「상속세 및 증여세법」 제2조 제4항, 구 「상속세 및 증여세법」 제40조 제1항 제2호, 또는 구 「상속세 및 증여세법」 제42조 제1항 제3호에 따라 증여세를 과세할 수도 없다.

주요근거

(1) A회사가 구 「상속세 및 증여세법」 제40조 제1항 제2호 나목의 적용을 회피하기 위하여 이 사건 투자회사를 이 사건 거래에 개입시켰다고 보기는 어렵다. 즉, 이 사건 거래가 조세회피를 위한 비합리적인 형식이나 외관에 해당한다고 보기 어렵다.

(2) 제3자를 통한 간접적인 방법이나 둘 이상의 행위 또는 거래를 거치는 방법으로 조세회피를 한 경우에는 실질과세원칙에 따라 직접 거래한 것으로 볼 수 있다. 다만, 이 경우에도 그러한 행위가 오로지 조세회피목적을 위한 수단에 불과한 경우이어야 한다.

(3) B회사 주식 취득자금을 안정적으로 확보하면서도 신주인수권이 제3자에게 매각될 위험을 줄일 이유가 있었던 점, 사채발행일로부터 신주인수권 행사까지 약 2년의 시간적 간격이 있었던 점, 신주인수권부사채 발행 시점에 주가상승의 예측이 어려웠던 점 등을 감안하면, A회사의 신주인수권부사채 발행과 甲의 신주인수권 취득행위를 '조세회피를 위한 수단'으로 보기 어렵다. 따라서 실질과세원칙을 적용하여 A회사가 甲에게 직접 신주인수권을 부여한 것으로 거래를 재구성하는 것은 타당하지 않다.

세법 개정

한편, 이 사건이 문제가 된 유사 법원 판례가 생성됨에 따라 입법자는 「상속세 및 증여세법」 제40조 제1항 제2호 나목을 개정하여 최대주주가 회사로부터 전환사채 등을 직접 인수한 경우뿐만 아니라 제3자에게 증권을 취득시킬 목적으로 그 증권의 전부 또는 일부를 취득한 자로부터 인수·취득한 경우까지 포함하여 과세하고 있다.

관련 이론

1. 법적 실질설

(1) 근거

납세자가 경제활동을 함에 있어서 동일한 경제적 목적을 달성하기 위하여 여러 가지 법률관계 중 하나를 선택할 수 있으므로 그것이 가장행위에 해당하지 않는 한 과세관청은 납세자의 법률관계를 존중하여야 한다. 이는 실질과세원칙의 '남용가능성'을 강조한 입장이다.

(2) 단점

법률관계를 무조건 인정하게 되면, 납세자의 조세회피행위를 적절하게 규제하기 어려울 수 있다.

2. 경제적 실질설

(1) 근거

법적 형식과 경제적 실질이 다른 경우 경제적 실질에 따라 과세할 수 있다. 이는 납세자의 고도화된 조세회피행위를 규제하기 위해 경제적 실질에 따라 과세할 필요가 있다는데 그 근거를 둔다.

(2) 단점

실질과세원칙을 남용하게 될 경우 납세자의 법적 안정성과 예측가능성을 훼손할 우려가 있다.

03 사해행위취소와 상속세 후발적 경정청구
(2014두46485, 2020. 11. 26.)

사실관계

(1) 증여 등

甲은 2008. 11. 7. 배우자인 乙에게 X토지를 증여하고 소유권이전등기를 경료하였다. 배우자 乙은 2008. 11. 28. 사망하였고, 甲은 2009. 2. 10. X토지에 관한 증여세 과세가액를 신고·납부하였다.

(2) 사해행위취소소송 등

A기금과 B은행은 2009. 4. 17. 甲에 대한 구상금채권에 기하여 乙을 상대로 증여계약의 취소와 소유권이전등기의 말소등기절차 이행을 구하는 사해행위취소의 소를 제기하였다.

(3) 2011. 4. 1.자 상속세 부과처분 등

甲은 2010. 4. 13. 사해행위취소소송 제기를 이유로 상속재산가액에 X토지의 가액을 제외한 채 상속세를 신고하였다. 이에 과세관청은 2011. 4. 1. 乙의 상속인인 甲과 그의 자녀들에게 "X토지의 가액은 상속재산가액에 포함되어야 한다."는 이유로, 상속세를 결정·고지하였다.

(4) 사해행위취소소송의 확정 등

A기금과 B은행은 2012. 2. 9. 대법원에서 "X토지에 관한 증여계약을 취소하고, 乙은 甲에게 X토지에 관한 소유권이전등기의 말소등기절차를 이행하라"는 최종판결을 받았다.

(5) 경정거부 처분 등

甲은 2012. 2. 17. 과세관청에게 "사해행위취소의 **확정판결**에 의하면 상속 개시 당시 乙이 X토지의 소유권을 보유하고 있지 않았으므로, 「국세기본법」 제45조의2 제2항 제1호에 따라 이 사건 토지를 상속재산가액에서 제외하여 상속세의 부과처분을 취소하라"고 경정청구를 하였으나, 2012. 3. 8. 과세관청으로부터 경정청구를 거부하는 처분을 받았다.

쟁점

사해행위로 취득한 재산이 상속된 이후 법원판결로 사해행위가 취소되었을 때 후발적 경정청구로 상속세 납세의무를 면할 수 있는지 여부

결론

재산을 증여받은 수증자가 사망하여 증여받은 재산을 상속재산으로 한 상속개시가 이루어졌다면, 이후 사해행위취소 판결에 의하여 그 증여계약이 취소되고 상속재산이 증여자의 책임재산으로 원상회복되었다고 하더라도, 수증자의 상속인은 「국세기본법」 제45조의2 제2항이 정한 후발적 경정청구를 통하여 상속재산에 대한 상속세 납세의무를 면할 수 없다.

주요근거

1. 사해행위취소판결의 효력

채권자가 사해행위의 취소와 함께 수익자 또는 전득자로부터 책임재산의 회복을 명하는 사해행위취소의 판결을 받은 경우 그 취소의 효과는 채권자와 수익자 또는 전득자 사이에만 미치므로, 수익자 또는 전득자가 채권자에 대하여 사해행위의 취소로 인한 원상회복 의무를 부담하게 될 뿐, 채무자와 사이에서 그 취소로 인한 법률관계가 형성되거나 취소의 효력이 소급하여 채무자의 책임재산으로 회복되는 것은 아니다. 또한 채무자가 직접 권리를 취득하는 것도 아니다. 따라서 甲과 乙 사이의 증여계약은 사해행위취소판결에 의하여 소급적으로 효력을 상실하지 아니하고, X토지의 사실상 소유자는 乙이다.

2. 사해행위취소판결에 의한 반환의 성격

사해행위취소의 상대방인 수익자 또는 전득자는 원상회복으로서 사행행위의 목적물을 채무자에게 반환할 의무를 지게 되고, 수익자는 채무자에 대하여 유상으로 취득한 경우 부당이득반환청구 또는 담보책임의 추궁에 의하여 손해를 전보받을 수 있다. 이 사건의 경우 채무자인 甲은 수익자인 乙에게 무상으로 X토지를 증여하였고, 다시 X토지를 상속하였으므로, 원상회복으로 인한 반환청구채권도 발생할 여지가 없다. 그러나 증여행위가 성립된 이후 증여계약에 따른 소유권이전등기가 일단 이루어진 이상 그 후 사해행위취소판결에 의하여 그 등기의 명의가 증여자 앞으로 원상회복되었다거나 토지의 수용으로 공탁금출급청구권이 양도된다고 하더라도, 사해행위취소

판결에는 소급효가 없으므로, 증여계약에 따라 당해 토지는 피상속인인 수증자에게 귀속되었다.

3. 「국세기본법」상의 경정사유

「국세기본법」 제45조의2 제2항 제1호에서 정한 '최초의 신고·결정 또는 경정에서 과세표준 및 세액의 계산근거가 된 거래 또는 행위 등이 그에 관한 심사청구, 심판청구, 「감사원법」에 따른 심사청구에 대한 결정이나 소송에 대한 판결(판결과 같은 효력을 가지는 화해나 그 밖의 행위를 포함한다)에 의하여 다른 것으로 확정되었을 때'란 판결에 의하여 그 거래 또는 행위 등의 존부나 그 법률효과 등이 다른 내용의 것을 확정됨으로써 최초의 신고 등이 정당하게 유지될 수 없는 경우를 말한다. 또한, 「국세기본법」 제45조의2 제2항 제5호, 동 시행령 제25조의2는 소급적으로 과세표준 및 세액의 계산근거가 된 거래 또는 행위의 취소, 해제, 소멸 등을 규정하고 있다.

따라서 **사해행위취소판결은 채무자와 수익자, 전득자 사이의 법률관계에는 아무런 영향이 없고**, 다만 책임재산만을 채무자 앞으로 회복시키는데 불과하므로, 과세표준 및 세액의 계산근거가 된 증여 또는 상속이 다른 것으로 확정되거나 이를 소급적으로 취소하는 것이 아니다.

4. 「상속세 및 증여세법」에 의한 해제(재산의 반환)

「상속세 및 증여세법」에 의하면, 증여를 받은 후 그 증여받은 재산을 당사자 사이의 합의에 따라 제68조의 규정에 의한 신고기한 이내에 반환하는 경우에는 처음부터 증여가 없었던 것으로 보고, 수증자가 증여받은 재산을 위 신고기한 경과 후 3개월 이내에 증여자에게 반환하거나 증여자에게 다시 증여하는 경우에는 그 반환하거나 다시 증여하는 것에 대하여 증여세를 부과하지 아니한다. 그런데 사해행위취소판결은 채무자 앞으로 책임재산을 원상회복할 뿐 채무자와 수익자, 전득자 사이의 법률관계에는 아무런 영향이 없고, 책임재산의 반환도 「상속세 및 증여세법」에서 정한 기간을 도과하여 이루어졌으므로, 「상속세 및 증여세법」에 의한 재산의 반환에도 해당하지 아니한다.

5. 「상속세 및 증여세법」상 경정청구(상속회복청구소송 등)

「상속세 및 증여세법 시행령」 제81조 제2항에서 '상속회복청구소송 등 대통령으로 정하는 사유'란 피상속인 또는 상속인과 그 외의 제3자와의 분쟁으로 인한 상속회복청구소송 또는 유류분반환청구소송의 확정판결이 있는 경우라고 규정하고 있다. 따라서 X토지는 사해행위취소판결이 있었을 뿐 **상속인 또는 제3자와의 분쟁으로 인한 상속회복청구소송에 해당하지 아니한다.**

제2장 | 상속세 과세가액

01 조합채무의 공제 여부
(2015두60167, 2016. 5. 12.)

사실관계

(1) 피상속인 甲은 그의 동생 乙과 A개발(부동산임대업)이라는 상호로 부동산임대업을 운영하는 조합체를 형성하여 임대부동산을 합유하였으며, 甲과 乙은 각각 지분 1/2지분에 관한 소유권이전등기를 하였다.

(2) 甲은 부동산임대업을 운영하기 위하여 A개발 명의로 사업용 계좌를 별도로 개설 관리하였으며 B은행으로부터 100억원의 대출을 받으면서도 같은 명의로 개설된 계좌를 이용하였다.

(3) 甲이 사망하자 그의 상속인(배우자 및 자녀)들은 甲의 재산을 상속하였으며, 甲의 재산으로는 예금 12억원, 주식 63억원(최대주주) 및 기타 부동산이 있었으며, 乙과 합유로 소유한 부동산의 가액은 300억원이었다.

(4) 甲의 상속인들은 상속세 신고 시 조합재산을 평가하여 그 지분(1/2)을 반영한 금액을 상속재산가액으로 신고하였다. 그리고 동 조합의 채무(100억원)도 피상속인의 지분(1/2)을 반영하여 **상속채무로서 상속재산에 산입하였다.** 한편, 금융재산상속공제 계산 시에는 조합의 채무를 반영하지 않았다.

쟁점

(1) 상속개시 당시 조합의 잔여재산이 있는 경우, 피상속인이 속한 조합의 채무가 상속재산에서 제외되는지 여부

(2) 조합의 채무 중 피상속인의 지분에 해당하는 부분이 금융재산 상속공제에서 순금융재산의 가액을 산정할 때 차감되어야 할 금융채무인지 여부

결론

(1) 조합채무는 1차적으로는 조합재산으로 책임을 부담하고, 2차적으로는 조합원의 재산으로 부담한다. 그러나 피상속인의 조합원 지위는 상속되지 않고 상속인은 환급금청구권만 가지게 된다.

(2) 따라서 조합채무는 피상속인의 상속재산에서 차감할 채무가 아니며 동시에 순금융재산의 가액을 산정할 때 차감되어야 할 금융채무도 아니다.

주요근거

1. 상속재산은 조합지분에 해당함

사안에서 상속인들이 상속받는 것은 조합지분에 해당한다. 즉, 약 100억원 [(300억원 − 100억원)×(1/2)]의 조합지분을 상속받는 것이다. 사안과 같이 조합 재산이 조합부채를 상회하는 경우에는 상속인들이 추가로 부담할 채무는 없다. 따라서 조합이 부담한 부채의 지분을 상속채무로 공제할 것은 아니다.

2. 조합의 법리

「민법」상 조합인 동 업체에 있어서 조합원 중 1인이 사망한 때에는 「민법」 제717조에 의하여 그 조합관계로부터 당연히 탈퇴되고, **특별한 약정이 없는 한 사망한 조합원의 지위는 상속인에게 승계되지 아니하므로**, 동 업체의 재산인 합유재산은 잔존 조합원이 2인 이상일 경우에는 잔존 조합원의 합유로 귀속되고 잔존 조합원이 1인인 경우에는 잔존 조합원의 단독소유로 귀속되는 반면, 그 상속인은 특단의 사정이 없는 한 잔존 조합원에 대하여 상속개시 당시 조합의 적극재산과 소극재산을 반영한 재산 상태를 기준으로 평가한 조합재산 중 피상속인의 지분에 해당하는 금액의 환급을 청구할 권리만이 있다.

3. 상속재산가액 포함 여부

상속개시 당시 상속인이 환급을 청구할 수 있는 조합의 잔여재산이 있는 경우 피상속인이 사망으로 인하여 조합을 탈퇴하기 이전에 생긴 조합의 채무는 탈퇴로 인한 계산에 따라 상속재산가액에서 제외되게 된다. 그리고 상속인은 탈퇴로 인한 계산에도 불구하고 여전히 조합과 함께 조합의 채권자에게 위 채무 중 피상속인의 지분에 해당하는 부분을 직접 부담하기는 하지만, 이는 특별한 사정이 없는 한 **상속개시 당시 피상속인이 종국적으로 부담하여 이행하여야 할 것이 확실하다고 인정되는 채무가 아니므로 금융재산 상속공제에서 순금융재산의 가액을 산정함에 있어 차감되어야 할 금융채무로 볼 수 없다.**

당사자 주장 비교 (금융상속공제에 관한 다툼)

구분	납세자 주장	과세관청 주장	법원의 판단
금융재산	예금 12억원 주식 63억원	예금 12억원	예금 12억원
금융채무	없음	50억원	없음
순금융재산	75억원	없음	12억원
금융재산 상속공제	2억원 공제	금융채무가 금융재산보다 많음	2억원 공제
법원의 판단	① 주식은 최대주주에 해당하므로 금융재산상속공제대상 아님 ② 조합지분을 상속하는 것이므로 조합지분에 반영된 금융채무는 금융재산에서 공제할 채무에 해당하지 않음 ③ 예금 12억원의 20% 금액이 2억원보다 크기 때문에 금융재산상속공제금액은 2억원임		

금융재산 상속공제

1. 취지

금융실명제가 시행된 이후에 예금 등의 금융재산은 그 세원이 쉽게 노출되고 있다. 또한 부동산은 시가가 불분명한 경우가 많아 시가에 미치지 못하는 금액인 기준시가로 평가되는 것에 비해 금융재산은 100%로 평가된다. 이러한 **상속자산 간 평가의 불균형문제를 시정**하기 위해 금융재산을 보유한 경우에는 그 금액의 일정액을 상속세 과세가액에서 공제한다.

2. 금융재산상속공제

순금융재산가액	상속공제금액
2천만원 이하	순금융재산가액 전액
2천만원 초과	Min ─ Max ─ ① 순금융재산가액 × 20% └ ② 2천만원 └ (한도) 2억원

3. 순금융재산가액

금융재산가액에서 금융채무가액을 차감한 금액을 말한다. 금융재산에는 ① 예금 등, 출자금, 금전신탁재산, 보험금, 공제금, 주식, 채권, 수익증권, 어음 등 금전 및 유가증권(자기앞 수표는 제외), ② 비상장주식 및 출자지분으로 금융회사가 취득하지 않는 것 등을 포함한다. 다만, **최대주주의 출자지분은 금융재산에 포함하지 아니한다.**

02 사전증여재산을 누락하여 신고한 경우 상속세 연대납세의무의 범위
(2016두1110, 2018. 11. 29.)

사실관계

(1) 甲이 2009. 4. 5. 사망하였으나, 그의 공동상속인인 乙 등 6인은 상속세 신고를 하지 않았다.

(2) 이에 과세관청은 생전 증여재산을 상속재산 가액에 합산하여 2011. 7. 6. 乙에게 납세고지서와 상속인별 납부할 상속세액 및 연대납부의무자 명단을 송달하면서도 연대납부의무의 한도가 없는 총세액만을 고지하였다.

(3) 과세관청은 2016. 5. 4. 乙이 납부할 세액을 294,798,802원(부담비율 28.61%), 乙의 연대납부의무 한도액을 609,178,792원으로 정정하여 乙에게 통지하였는데, 연대납세의무 한도액을 계산하면서 乙이 사전에 증여받은 재산의 가액 729,000,000원은 가산하였으나 그에 따라 乙이 납부할 증여세 결정세액 210,846,530원은 공제하지 않았다.

(4) 한편, 부과처분 당시 시행되고 있던 구 「상속세 및 증여세법」은 다음과 같다.

> 구 「상속세 및 증여세법」 제3조의2 【상속세 납부의무】
> ③ 제1항에 따른 상속세는 상속인 또는 수유자 각자가 받았거나 받을 재산을 한도로 연대하여 납부할 의무를 진다.
>
> 구 「상속세 및 증여세법 시행령」 제3조 【상속세 납부의무】
> ③ 법 제3조의2 제3항에서 "각자가 받았거나 받을 재산"이란 상속으로 인하여 얻은 자산총액에서 부채총액과 그 상속으로 인하여 부과되거나 납부할 상속세를 공제한 가액을 말한다.

쟁점

(1) 상속세 연대납세의무 한도인 '각자가 받았거나 받을 상속재산'에 사전증여재산이 포함되는지 여부

(2) 상속세 연대납세의무 한도 계산 시 사전증여로 인한 증여세액을 납부할 상속세액으로 간주할 수 있는지 여부

결론

(1) 연대납세의무 한도액을 계산할 때 '상속으로 인하여 얻은 재산'에 사전증여재산도 포함한다.

(2) 사전증여재산은 가산하고, 그에 상응하는 증여세는 차감하지 않는 것은 조문의 취지나 상속세 과세체계에 모순되는 결과가 되므로 증여세액도 상속세액에 포함하여야 한다.

PART 4 상속세 및 증여세법 │ 해커스 판례세법

1. 사전증여재산을 상속재산에 포함

상속세 과세가액을 계산할 때 사전증여재산은 상속재산에 포함한다. 그럼에도 불구하고 연대납세의무 한도규정에서만 '상속으로 인하여 얻은 재산'에 사전증여재산을 제외하는 것은 동일한 용어에 대해 조문별로 달리 해석하는 것이 되어 '체계적 해석'에 어긋난다.

2. 연대납세의무 한도 계산 시 증여세액을 상속세액에 포함

상속세와 증여세의 형평을 유지하고 누진세율에 의한 상속세의 부담을 부당하게 감소시키는 행위를 방지하기 위하여 사전증여재산을 가산하고 있으면서도, 그에 대한 조정을 위하여 사전증여재산에 관한 일정한 증여세액을 상속세 산출세액에서 공제하도록 하는 증여세액공제규정을 두어 불합리한 점을 제거하고 있다(2012두720, 2012. 5. 9.). 이처럼 피상속인이 상속인에게 미리 증여한 사전증여재산의 경우, 상속과 그 시기의 차이만 있을 뿐 당사자들 사이에 재산이 무상으로 이전된다는 실질이 동일하다는 점과 더불어 상속세 특유의 과세 목적을 달성하기 위하여 이를 일반적인 상속재산과 동등하게 취급하고 있는 것인 만큼, 미리 재산을 증여받은 상속인의 연대납부의무 한도를 정하는 '각자가 받았거나 받을 재산'에 사전증여재산을 가산하였다면 그에 상응하여 부과되거나 납부할 증여세액을 공제하여야 한다고 보는 것이 타당하다.

1. 「국세기본법」상 연대납세의무

공유물에 속하는 재산에 관계되는 국세 및 강제징수비에 대해서는 공유자가 연대하여 납세할 의무가 있다. 이 경우 연대납세의무자별 한도는 없다. 다만, 「국세기본법」 규정에도 불구하고 개별세법에 연대납세의무규정에 대해 달리 정하고 있으면 개별세법 규정에 따른다.

2. 「상속세 및 증여세법」상 연대납세의무

상속세는 상속인 또는 수유자 '각자가 받았거나 받을 재산'을 한도로 연대하여 납부할 의무가 있다. 「국세기본법」과 달리 연대납세의무의 한도를 두고 있다. 여기서 각자가 받았거나 받을 재산이라 함은 상속으로 인하여 얻은 자산총액에서 부채총액과 상속세(사전증여재산에 대한 증여세액 포함)를 공제한 가액을 말한다.

개정 전	개정 후
③ 법 제3조의2 제3항에서 "각자가 받았거나 받을 재산"이란 상속으로 인하여 얻은 자산총액에서 부채총액과 그 상속으로 인하여 부과되거나 납부할 상속세를 공제한 가액을 말한다.	③ 법 제3조의2 제3항에서 "각자가 받았거나 받을 재산"이란 상속으로 인하여 얻은 자산(법 제13조 제1항에 따라 가산한 증여재산을 포함한다)의 총액에서 부채총액과 그 상속으로 인하여 부과되거나 납부할 상속세 및 법 제13조 제1항에 따라 가산한 증여재산에 대한 증여세를 공제한 가액을 말한다.

3. 상속세 과세가액(「상속세 및 증여세법」 제13조)

① 상속세 과세가액은 **상속재산의 가액**에서 제14조(공과금, 장례비용, 채무)에 따른 것을 뺀 후 다음 각 호의 재산가액을 가산한 금액으로 한다.
1. 상속개시일 전 10년 이내에 피상속인이 상속인에게 증여한 재산가액
2. 상속개시일 전 5년 이내에 피상속인이 상속인이 아닌 자에게 증여한 재산가액

제3장 상속세 과세표준 · 세액

01 배우자상속공제의 적용요건
(2018다219451, 2018. 5. 15.)

사실관계

(1) 망인 A는 2013. 1. 9. 사망하였고, 상속인으로는 배우자 B와 자녀인 甲과 乙이 있다.

(2) 2013. 7. 30. 피상속인 A 소유의 부동산에 대해 甲과 乙은 각 2/7 지분에 관하여, B는 3/7 지분(약 13억원 상당액)에 관하여 상속을 원인으로 한 소유권이전등기를 마쳤다.

(3) 甲과 B는 2013. 7. 31. 관할세무서장에 상속부동산을 포함한 상속재산에 관하여 상속세를 각 신고 및 납부하였다.

(4) 관할세무서장은 2014. 4. 17. 甲, 乙, B에게 상속세 과세표준 및 세액 계산내용을 통지하였는데, 상속재산 분할 사실을 신고하지 않았다는 이유로 배우자상속공제를 적용하지 않았다.

쟁점

(1) '상속'을 원인으로 한 등기가 이루어진 경우 이를 상속재산분할협의가 이루어졌다고 인정할 수 있는지 여부

(2) 배우자상속재산 분할기한까지 상속재산 분할사실을 신고하는 것이 배우자상속공제 적용을 위한 필요적 요건인지 여부

(3) 배우자상속공제를 적용받을 수 있는 금액

결론

(1) 상속을 원인으로 한 등기를 마쳤다고 하여, 공동상속인들 사이에 그 등기 내용대로의 상속재산 분할협의가 이루어졌다고 인정할 수는 없다.

(2) 배우자상속재산 분할기한까지 상속재산 분할사실을 신고하여야만 배우자상속공제를 적용받을 수 있다. (필요적 요건)

(3) 따라서 배우자상속공제로 적용받을 수 있는 금액은 13억원이 아니라 5억원이다.

| **상속재산**
분할협의
법적 성격 | 상속재산분할협의는 상속이 개시되어 공동상속인 사이에 잠정적 공유가 된 상속재산에 대하여 그 전부 또는 일부를 각 상속인의 단독소유로 하거나 새로운 공유관계로 이행시킴으로써 상속재산의 귀속을 확정시키는 것이다.

「민법」에 의하면 상속재산의 분할에 의하여 각 공동상속인에게 귀속되는 재산은 상속개시 당시에 이미 피상속인으로부터 직접 분할받은 자에게 승계되는 것이다. |

| **상속등기**
법적 성격 | 상속재산은 상속인들의 공유에 속하고 공유물의 보존행위는 각자가 할 수 있으므로, 상속인 중 1인이 상속인 전부를 위하여 상속을 증명하는 서면을 첨부하여 '상속'을 원인으로 한 등기를 신청할 수 있고, 이러한 경우 공동상속인 전원을 신청인으로 하여 나머지 상속인들의 등기까지 법정상속분에 따라 신청하여야 하며, 일부 상속인의 상속지분에 대한 상속등기를 할 수는 없으므로, '상속'을 원인으로 한 등기가 마쳐졌다고 하여, 공동상속인들 사이에 그 등기 내용대로의 상속재산분할협의가 이루어졌다고 인정할 수는 없다. |

| **배우자**
상속공제 | ### 1. 배우자상속공제의 입법취지

배우자가 실제 상속받은 금액을 일정 한도 내에서 상속세 과세가액에서 공제하도록 허용하고 있는 바, 이를 '배우자상속공제'라 한다. 배우자 간 상속은 세대 간 이전이 아니고 수평적 이전이므로 이를 감안하여 상속재산 중 일정비율까지는 과세를 유보한 후 잔존배우자 사망 시 과세하도록 하는 이른바 '동일세대 1회 과세원칙'과 잔존배우자의 상속재산에 대한 기여 인정 및 생활보장을 반영한 것이다. |

2. 배우자상속공제의 적용요건

> ① 배우자상속재산 분할기한까지의 상속재산 분할협의
> ② 등기가 필요한 상속재산인 경우 상속재산 분할협의에 따른 등기
> ③ 상속재산 분할사실 신고

3. 「상속세 및 증여세법」 제19조 제2항

> 배우자상속공제는 상속세과세표준 신고기한의 다음 날부터 9개월이 되는 날(배우자 상속재산 분할기한)까지 배우자의 상속재산을 분할(등기·등록·명의개서 등이 필요한 경우에는 그 등기·등록·명의개서 등이 된 것에 한정)한 경우에 적용한다. 이 경우 상속인은 상속재산의 분할사실을 배우자상속재산 분할기한까지 납세지 관할세무서장에게 신고하여야 한다.

배우자 상속재산 분할기한

1. 분할기한을 둔 입법취지

피상속인의 배우자가 상속공제를 받은 후에 상속재산을 다른 상속인들에게 이전하는 방법으로 부의 무상이전을 시도하는 것을 방지하고 상속세에 대한 조세법률관계를 조기에 확정하기 위한 것이다.

조세회피사례

배우자가 실제로 공동상속재산을 미분할한 경우에도 배우자 법정상속지분까지 공제하게 되면 미분할상태로 최고 30억원을 공제받고, 추후 협의분할을 거쳐 자녀에게 재산을 이전하는 방법으로 재산이 무상이전될 수 있다.

---

2. 분할기한 연장의 필요성

외부적 사정에 의해 상속재산 분할을 마치지 못하였을 경우 즉, 상속인 간 이견에 따라 협의분할이 성사되지 아니하여 결국 법원의 심판에 의하여 상속재산을 분할하여야 하는 경우가 발생할 수 있다. 조세회피의 의도 없이 단순히 상속재산에 대한 분쟁으로 말미암아 재산분할이 지연되는 경우에까지 일률적으로 신고기한을 강제할 수 없으므로 「상속세 및 증여세법」은 **부득이한 사유가 있는 경우** 그 신고기한을 연장하고 있다.

3. 부득이한 사유에 의한 분할기한 연장

다음의 부득이한 사유로 인하여 배우자상속재산 분할기한까지 배우자의 상속재산을 분할할 수 없는 경우로서 **배우자상속재산 분할기한(소의 제기가 있는 경우에는 소송이 종료된 날)의 다음 날부터 6개월이 되는 날**까지 상속재산을 분할하여 신고하는 경우에만 배우자상속재산 분할기한까지 분할한 것으로 보아 배우자상속공제를 적용한다. 이 경우 상속인이 그 부득이한 사유를 배우자상속재산 분할기한까지 납세지 관할세무서장에게 상속재산미분할신고서와 함께 반드시 신고하여야 한다.

---

① 상속인등이 상속재산에 대하여 상속회복청구의 소를 제기하거나 상속재산 분할의 심판을 청구한 경우
② 상속인이 확정되지 아니하는 부득이한 사유 등으로 배우자상속분을 분할하지 못하는 사실을 관할세무서장이 인정하는 경우

---

02 대습상속인의 사전증여재산에 대한 증여세 할증과세액 처리 여부
(2016두54275, 2018. 12. 13.)

사실관계

(1) 2013. 2. 22. 사망한 거주자 甲은 자녀 乙과 丙을 두었는데, 자녀 丙은 甲이 사망하기 전인 2012년 10월 3일 사망하였다. 이에 거주자 甲의 상속재산은 자녀 乙과 丙의 대습상속인인 丁(丙의 자녀임)이 상속하게 되었다.

(2) 한편, 甲은 손자인 丁에게 2005년 현금 2억원, 2011년 현금 3억원을 증여하였고 丁은 위와 같은 증여에 대한 증여세를 납부하였는데, 위 현금증여에 대하여 그 증여세산출세액에 100분의 30이 가산된 금액(세대생략가산액)을 납부하였다.

(3) 과세관청은 2014. 12. 8. 상속개시일 전 10년 이내에 피상속인인 甲으로부터 증여받은 재산의 가액을 공동상속인들의 상속세 과세가액에 포함하여 상속세액을 산정한 다음, 총 납부할 세액과 상속인별 납부할 세액에 관하여 공동상속인들에게 납부고지하였다. 그런데 과세관청은 丁에 대한 사전증여재산을 상속재산에 가산하면서 상속세산출세액에서 세대생략가산액이 포함되지 않은 증여세산출세액만 공제하여 세액을 산정하였다.

쟁점

상속재산에 가산한 사전증여재산에 대한 증여세액을 상속세산출세액에서 공제하면서 세대생략가산액(할증과세)도 포함하여 공제하여야 하는지 여부

결론

증여자의 자녀가 아닌 직계비속에 대한 증여에 해당하여 구 「상속세 및 증여세법」에 의한 할증과세가 이루어진 이후에 증여자의 사망으로 인한 상속이 개시되어 수증자가 대습상속요건을 갖추어 상속인이 되었다면, 상속세산출세액에서 공제하는 증여세액에는 할증과세로 인한 세대생략가산액을 포함하여야 한다.

주요근거

1. 사전증여재산의 합산기간

상속세는 상속으로 인한 상속개시일 현재의 상속재산에 대하여 부과하는 것으로 상속세를 납부할 의무 역시 상속이 개시되는 때 성립하고, 상속인은 각자가 받았거나 받을 재산을 기준으로 상속세를 납부할 의무가 있다. 여기서 상속인에는 「민법」 제1001조 및 1003조에 따른 대습상속인도 포함된다.

따라서 피상속인이 사망하여 상속이 개시된 때에 대습상속의 요건을 갖추어 상속인이 되었다면, 그 상속인이 상속개시일 전 10년 이내에 피상속인으로부터 증여받은 재산의 가액은 「상속세 및 증여세법」 제13조 제1항 제1호에 따라 상속인에 대한 증여로 보아 상속세 과세가액에 포함되어야 한다.

2. 할증과세액 포함 여부

세대생략으로 인한 과세상 불균형 등을 방지하기 위하여 상속으로 인한 부의 이전이 세대를 건너뛰어 이루어진 경우 할증과세를 하되, 세대생략에 정당한 사유가 있는 대습상속의 경우를 할증의 대상에서 제외하고 있다. 같은 취지로 세대생략상속과 마찬가지로 세대생략증여에 대하여도 할증과세를 하고 있다.

세대를 건너뛴 증여로 할증과세가 되었더라도, 그 후 증여자의 사망으로 상속이 개시된 시점에 수증자가 대습상속의 요건을 갖춤으로써 세대를 건너뛴 상속에 대하여 할증과세를 할 수 없게 되어 세대생략을 통한 상속세 회피의 문제가 생길 여지가 없다면, 세대생략증여에 대한 할증과세의 효과만을 그대로 유지하여 수증자 겸 상속인에게 별도의 불이익을 줄 필요가 없다.

관련 법령

1. 증여세액공제(「상속세 및 증여세법」 제28조)

> ① 제13조에 따라 상속재산에 가산한 증여재산에 대한 증여세액(증여 당시의 그 증여재산에 대한 증여세산출세액을 말한다)은 상속세산출세액에서 공제한다. 다만, 상속세 과세가액에 가산하는 증여재산에 대하여 「국세기본법」에 따른 기간의 제척기간 만료로 인하여 증여세가 부과되지 아니하는 경우와 상속세 과세가액이 5억원 이하인 경우에는 그러하지 아니하다.
> ② 제1항에 따라 공제할 증여세액은 상속세산출세액에 상속재산(제13조에 따라 상속재산에 가산하는 증여재산을 포함)의 과세표준에 대하여 가산한 증여재산의 과세표준이 차지하는 비율을 곱하여 계산한 금액을 한도로 한다. 이 경우 그 증여재산의 수증자가 상속인이거나 수유자이면 그 상속인이나 수유자 각자가 납부할 상속세액에 그 상속인 또는 수유자가 받았거나 받을 상속재산에 대하여 대통령령으로 정하는 바에 따라 계산한 과세표준에 대하여 가산한 증여재산의 과세표준이 차지하는 비율을 곱하여 계산한 금액을 한도로 각자가 납부할 상속세액에서 공제한다.

2. 증여세 세율(「상속세 및 증여세법」 제56조)

> 증여세는 제55조에 따른 과세표준에 제26조에 규정된 세율을 적용하여 계산한 금액(이하 "증여세산출세액"이라 한다)으로 한다.

3. 직계비속에 대한 증여의 할증과세(「상속세 및 증여세법」 제57조)

> ① 수증자가 증여자의 자녀가 아닌 직계비속인 경우에는 증여세산출세액에 100분의 30(수증자가 증여자의 자녀가 아닌 직계비속이면서 미성년자인 경우로서 증여재산가액이 20억원을 초과하는 경우에는 100분의 40)에 상당하는 금액을 가산한다. 다만, 증여자의 최근친(最近親)인 직계비속이 사망하여 그 사망자의 최근친인 직계비속이 증여받은 경우에는 그러하지 아니하다.

01 사망 직전 이혼하면서 재산분할한 경우의 증여세
(2016두58901, 2017. 9. 12.)

사실관계

(1) 甲은 망인인 乙과 혼인한 후 약 30년간 혼인생활을 하여 왔다. 혼인 당시 乙에게는 전처와 사이에서 낳은 5명의 자녀가 있었고, 甲과 망인 乙 사이에는 자녀가 없었다.

(2) 甲은 2011. 3. 2. 전처의 자녀들과의 상속재산분쟁을 회피하기 위하여 당시 만 82세인 乙을 상대로 이혼 및 재산분할 청구소송을 제기하였다. 위 소송절차가 진행되던 중 2011. 4. 15. 甲과 乙 사이에 '甲과 乙은 이혼하되, 乙이 甲에게 재산분할로 현금 10억원을 지급하고 액면금액 40억원의 약속어음금 청구채권을 양도한다'는 등의 내용으로 조정이 성립되어 그에 따라 현금지급 등이 모두 이행되었다.

(3) 甲은 이혼 후에도 乙의 사망 시까지 수발을 들고 재산을 관리하면서 乙과 함께 종전과 같은 주소지에서 동거하였다. 乙은 이혼 후 약 7개월이 경과한 2011. 12. 1. 위암으로 사망하였다.

(4) 과세관청은 甲이 乙의 사망 직전 가장이혼을 하고 재산분할 명목으로 재산을 증여받은 것으로 보아 甲에 대하여 증여세를 부과처분하였다.

쟁점

사망 직전 이혼을 하면서 재산분할 명목으로 받은 재산을 증여세 과세대상으로 할 수 있는지 여부

결론

甲과 乙의 이혼은 가장이혼으로 보기 어려우므로, 원칙적으로 증여세를 부과할 수 없다. 다만, 그 재산분할의 가액이 과대하고 상속세나 증여세 등 조세를 회피하기 위한 수단에 불과하여 그 실질이 증여라고 평가할 수 있는 경우에 한하여 증여세를 부과할 수 있다.

甲과 乙의 이혼은 법률상 부부관계를 해소하려는 甲과 乙의 합의에 따라 성립된 것으로 보인다. 설령 이혼에 다른 목적이 있다 하더라도 甲과 乙에게 이혼의 의사가 없다고 할 수 없고, 이혼 후에도 甲과 乙이 동거하면서 사실혼 관계를 유지한 사정만으로는 가장이혼으로 인정하기 어렵다.

관련 내용

1. 이혼 시 재산분할

우리나라는 부부별산제를 채택하고 있으나 이혼 시 재산분할청구권을 인정하고 있다. 재산의 명의는 부부 중 일방의 명의로 되어 있다고 할지라도 그 재산은 처음부터 부부의 공동재산이므로 재산분할은 그 실질이 공유물 분할과 다름이 없다.

헌법재판소는 '이혼 시의 재산분할제도는 본질적으로 혼인 중 쌍방의 협력으로 형성된 공동재산의 청산이라는 성격에, 경제적으로 곤궁한 상대방에 대한 부양적 성격이 보충적으로 가미된 제도라 할 것이어서, 이에 대하여 재산의 무상취득을 원인으로 하는 증여세를 부과할 여지가 없다'라고 하였다. 즉, 이혼 시 재산분할로 재산을 이전하는 경우, 조세포탈의 목적이 없는 한 양 당사자 모두에게 양도소득세·증여세가 과세되지 않는다.

2. 사실혼 관계에서 재산분할

또한, 이혼 시 재산분할청구권은 법률혼의 해소 시 뿐만 아니라 사실혼 관계에 있었던 당사자들이 생전에 사실혼 관계를 해소한 경우에도 인정된다. 다만, 사망 후에는 재산분할청구권이 인정되지 않으므로 사망 후 재산분할의 명목으로 지급한 재산은 증여에 해당한다.

3. 이혼 시 위자료 지급

이혼 등에 의하여 정신적 또는 재산상 손해배상의 대가로 지급받는 위자료는 조세포탈의 목적이 있다고 인정되는 경우를 제외하고는 위자료를 지급받는 배우자의 증여재산으로 보지 않는다.

다만, 위자료의 지급은 현금이 원칙이나 이를 부동산 등으로 대물변제하게 되는 경우, 이는 유상으로 재산을 이전하는 것이므로, 부동산 등으로 위자료를 지급하는 자에게 양도소득세를 부과할 수 있다.

4. 위자료와 재산분할금액의 판단기준

재산분할금액이나 위자료 등이 적정한지에 관한 입증책임은 원칙적으로 과세관청에 있다. 다만, 이때 과세관청이 위자료나 자녀양육비 등의 액수까지 구체적으로 주장·입증할 필요는 없고, 단지 그 액수를 정할 수 있는 자료를 법원에 제출하는 것으로 충분하며, 이에 대하여 법원은 이와 같은 자료를 토대로 혼인기간, 파탄의 원인 및 당사자의 귀책사유, 재산정도 및 직업, 당해 양도자산의 가액 등 여러 사정을 참작하여 직권으로 위자료나 자녀양육비의 액수를 정하여야 할 것이다. (2001두4573, 2002. 6. 14.)

부부간
예금이체

甲이 배우자 乙에게 약 3년간 총 35회에 걸쳐 자신의 급여 합계 약 13억원을 자기앞수표 입금이나 계좌이체의 방법으로 乙 명의의 계좌로 입금한 것을 두고, 배우자 甲으로부터 계좌에 입금된 금액을 증여받았다는 이유로 乙에게 증여세를 부과한 사건이 있었다. 이에 대해 대법원은 부부 사이에서 일방 배우자 명의의 예금이 인출되어 타방 배우자 명의의 예금계좌로 입금되는 경우에는 증여 외에도 단순한 공동생활의 편의, 일방 배우자 자금의 위탁 관리, 가족을 위한 생활비 지급 등 여러 원인이 있을 수 있으므로, 그와 같은 예금의 인출 및 입금 사실이 밝혀졌다는 사정만으로는 경험칙에 비추어 해당 예금이 타방 배우자에게 증여되었다는 과세요건사실이 추정된다고 할 수 없다고 하였다. (2015두41937, 2015. 9. 10.)

제5장 증여세 계산

01 교차증여와 실질과세
(2015두46963, 2017. 2. 15.)

사실관계

(1) 甲과 乙은 남매지간이며, 甲은 자녀 A가 있으며 乙은 자녀 B가 있다.

(2) 甲과 乙은 각자 과거 10년 이내 30억 이상을 자녀에게 증여한 바 있다.
  ➔ 새로운 증여에 대해서는 증여세 최고세율 구간 적용됨

(3) 甲과 乙은 모두 내국법인 C의 주주인데, 甲은 乙의 자녀 B에게 C법인 주식 10,000주를, 乙은 甲의 자녀 A에게 C법인 주식 10,000주를 증여하였다.

(4) 이에 과세관청은 甲과 乙이 각자의 직계비속들에게 직접 증여한 것으로 보아 증여세를 과세하였다. ➔ 실질과세원칙 적용

쟁점

증여세 합산과세를 회피하고자 '교차증여'한 경우 이를 직접 증여한 것으로 재구성할 수 있는지 여부

결론

교차증여를 실질에 맞게 재구성하여 甲과 乙이 각자의 자녀에게 직접 증여한 것으로 보아 증여세를 과세할 수 있다.

주요근거

(1) 교차증여로써 증여자들은 자신의 직계후손에게 주식을 직접 증여하는 것과 동일한 효과를 얻으면서도 합산과세로 인한 증여세 누진세율 등의 적용을 회피하고자 하였고, 이러한 목적이 아니라면 군이 교차증여약정을 체결하고 직계후손이 아닌 조카 등에게 주식을 증여할 이유가 없었다.

(2) 납세의무자가 선택한 거래의 법적 형식이나 과정이 처음부터 조세회피의 목적을 이루기 위한 수단에 불과하여 그 재산이전의 실질이 직접적인 증여를 한 것과 동일하게 평가될 수 있다.

(3) 직접적인 증여로 평가하기 위해서는 당사자가 그와 같은 거래형식을 취한 목적, 제3자를 개입시키거나 단계별 거래 과정을 거친 경위, 그와 같은 거래방식을 취한 데에 조세 부담의 경감 외에 사업상의 필요 등 다른 합리적 이유가 있는지 여부, 각각의 거래 또는 행위 사이의 시간적 간격, 그러한 거래형식을 취한 데에 따른 손실 및 위험부담의 가능성 등 관련 사정을 종합하여 판단하여야 한다.

합산과세취지

증여세도 누진세율이 적용되므로 증여할 때마다 분리하여 증여세액을 계산하는 경우 분산증여를 통해 증여세 부담을 줄일 수 있다. 따라서 일정기간의 증여재산가액을 '합산과세'하여 누진세 부담을 유지하고자 한다.

합산과세요건

다음의 요건을 모두 갖춘 경우, 증여재산을 합산한다.

> ① 동일한 증여자로부터 동일한 수증자에게 증여된 재산일 것. 단, 증여자가 직계존속인 경우에는 그 직계존속의 배우자를 포함한다.
> ② 해당 증여가 있는 날로부터 소급하여 10년 이내 이루어진 증여일 것
> ③ 합산과세가액이 1천만원 이상일 것
> ④ 합산배제증여재산이 아닐 것

합산과세 과세방식

두 차례 이상의 증여가 있는 경우 10년 이내 증여재산을 합산하여 증여재산가액을 계산한 후, 과거 증여받은 재산에 대한 증여세액을 '기납부세액'으로 공제한다. 이때, 합산대상 증여재산의 평가는 '증여 당시의 시가'로 한다.

실질과세원칙

실질과세(「국세기본법」 제14조 제3항)

제3자를 통한 간접적인 방법이나 둘 이상의 행위 또는 거래를 거치는 방법으로 세법의 혜택을 부당하게 받기 위한 것으로 인정되는 경우에는 그 경제적 실질 내용에 따라 당사자가 직접 거래한 것으로 보거나 연속된 하나의 행위 또는 거래로 보아 세법을 적용한다.

02 공익법인이 재산을 출연받은 때에는 출연받은 날부터 3년 이내에 직접 공익목적사업 등에 전부 사용하여야 함 (2015두50696, 2017. 8. 18.)

사실관계

(1) A재단법인은 공익목적사업을 위해 설립된 공익법인이다. 2007. 5. 17. 甲으로부터 B임야를 증여받았으나, A재단법인은 「상속세 및 증여세법」에 따라 증여세 과세가액에 산입하지 아니하였다.

(2) 이후 A재단법인이 토지를 출연받은 날로부터 3년 이내에 직접 공익목적사업 등에 사용하지 않자, 과세관청은 A재단법인에게 증여세를 부과하였다.

(3) 이때 과세관청은 B임야의 출연 당시 시가가 아닌 3년이 경과하여 증여세를 부과하는 시점의 시가를 기준으로 증여세를 부과하였다.

쟁점

공익법인이 출연받은 재산을 과세가액 불산입한 후, 이를 3년 이내 공익목적에 사용하지 않게 된 경우 증여세를 부과하는데, 이 경우 증여재산의 평가기준일을 출연시점으로 볼지 증여세 부과시점으로 볼지 여부

결론

출연받은 이후에 사후관리규정에 따라 과세사유가 발생함으로써 증여로 의제되는 경우, 증여세를 부과할 당시의 시가(3년이 되는 시점의 평가가액)를 기준으로 하여야 한다.

주요근거

공익법인이 과세과액 불산입한 증여재산은 그 사후관리규정에 따라 사유가 발생한 때 증여받은 것으로 한다. 증여재산은 증여일 현재의 시가에 따르도록 하고 있으므로, 증여세 부과기준일은 3년이 경과한 시점이다.

| 관련 내용 | **1. 공익법인과 비영리법인** |

1. 공익법인과 비영리법인

세법상 공익법인은 「법인세법」상 비영리법인으로서 「상속세 및 증여세법 시행령」 제12조에 열거된 공익사업을 영위하는 법인을 말한다. 시행령에 열거된 공익사업은 종교, 학교사업, 사회복지사업, 의료법인 등을 말한다.

「법인세법」상 비영리법인은 다음의 법인을 말한다.

> ① 「민법」 제32조에 따라 설립된 법인
> ② 「사립학교법」 등 특별법에 따라 설립된 법인
> ③ 「국세기본법」 제13조 제4항의 법인으로 보는 단체

2. 상속세 과세가액 불산입

상속재산 중 피상속인이나 상속인이 공익법인 등에게 상속세 과세표준 신고기한 이내에 출연한 재산의 가액은 상속세과세가액에 산입하지 아니한다.

3. 증여세 과세가액 불산입

공익법인 등이 출연받은 재산의 가액은 증여세 과세가액에 산입하지 아니한다. 다만, 공익법인이 내국법인의 의결권 있는 주식을 출연받는 경우에는 일정 지분(5%, 10%, 20%)을 초과하는 가액은 증여세 과세가액에 산입한다. ➔ 상속세도 동일

4. 사후관리

출연받은 재산에 대하여 과세가액 불산입한 공익법인 등이 공익사업을 지원하려는 제도의 취지에 맞지 않게 공익사업을 성실하게 수행하지 않거나 조세회피 또는 탈루의 수단 등으로 이용하는 것을 방지하기 위하여 **출연재산 등의 사용의무 및 각종 보고의무 등을 규정하여 이를 위반하는 공익법인에게는 증여세 등을 과세한다.** 또한, 과세가액 불산입 후 해당 재산 및 그 재산에서 생기는 이익이 상속인 및 그와 특수관계 있는 자에게 귀속되는 경우에는 그 가액에 대하여 상속세 및 증여세를 추징한다.

5. 사용의무

공익법인 등이 출연받은 재산을 ① 직접 공익목적사업 등의 용도 외에 사용하거나(용도 외 사용), ② 출연받은 날부터 3년 이내에 직접 공익목적사업 등에 사용하지 아니한 경우(일정 기간 미사용)에는 공익법인 등이 증여받은 것으로 보아 즉시 증여세를 부과한다.

사실관계

(1) 甲이 최대주주인 A법인과 甲의 동문들은 B재단법인을 설립하였다. (甲은 최초 설립 시 재산 출연을 하지 않았음)

(2) B재단법인은 상호출자제한 기업집단에 속하는 법인과 동일인관련자의 관계에 있지 아니한 성실공익법인이다.

(3) 甲은 현금 15억원과 A법인 주식 90%(甲 소유 60%, 동생 소유 30%)를 B재단법인에 출연하였다.

(4) 과세관청은 B재단법인이 甲 등으로부터 주식을 출연받은 것은 B재단법인의 공익목적사업의 효율적 수행을 위한 것이기는 하나, 공익법인이 내국법인의 의결권 있는 발행주식 총수의 100분의 5를 초과하여 출연받은 경우에 해당한다고 보아 B재단법인에 증여세를 부과하고 甲과 그의 동생을 연대납세의무자로 하여 부과고지하였다.

쟁점

출연자 및 그와 특수관계에 있는 자가 출연법인의 최대주주에 해당하는지를 출연 전(또는 출연 당시)을 기준으로 판단하여야 하는지 여부

결론

비록 주식이 출연되기 전에 최대주주였다고 하더라도 그 출연에 따라 최대주주로서의 지위를 상실하게 되었다면 출연자는 더 이상 내국법인에 대한 지배력을 바탕으로 공익법인에 영향을 미칠 수 없고 공익법인을 내국법인에 대한 지배수단으로 이용할 수 없으므로, '최대주주요건'에 해당하는지 여부는 주식이 출연되기 전의 시점이 아닌 **출연된 후의 시점을 기준으로 판단하여야 한다.**

입법취지

공익법인이 내국법인의 주식을 출연받은 경우 출연받은 주식 등이 당해 내국법인의 의결권 있는 발행주식 총수의 100분의 5(성실공익법인의 경우에는 10% 또는 20%)를 초과하는 경우에는 증여세를 부과하도록 규정하고 있다. 이는 공익법인에 출연한 재산에 대하여 증여세를 부과하지 않는 점을 틈타서 공익법인에 대한 주식 출연의 방법으로 공익법인을 내국법인에 대한 지배수단으로 이용하면서도 상속세 또는 증여세를 회피하는 것을 막기 위한 것이다.

증여세 배제요건

현행 법률에 따르면, 출연자 등이 출연 전에 내국법인의 최대주주였음에도 출연 후에 증여세를 부과받지 아니하기 위해서는 다음의 요건을 모두 갖추어야 한다.

① 출연 후의 시점에서 출연자와 공익법인 사이에 특수관계가 없어 최대주주의 지위를 상실할 뿐만 아니라
② 출연자 등이 공익법인 이사의 5분의 1 이하를 차지하여야 한다.
③ 일정한 대기업집단과 특수관계에 있는 공익법인에 대한 출연이어서는 아니 되고,
④ 주무관청으로부터 주식 출연이 공익법인의 목적사업을 효율적으로 수행하기 위하여 필요하다고 인정을 받아야 한다.

이러한 요건이 모두 충족되면, 출연자가 공익법인을 내국법인에 대한 지배수단으로 이용할 우려가 없기 때문이다. 따라서 현행 법률은 매우 엄격한 요건의 충족을 전제로 내국법인의 최대주주에 대하여도 공익법인에 대한 주식 출연의 길을 열어주고 있다.

01 완전포괄주의 과세
(2014두40722, 2015. 12. 23.)

사실관계

(1) 甲은 특수관계인 아닌 자에게 180억원을 무상으로 대여하였는데, 과세관청은 완전포괄주의조항에 근거하여 세법상 이자율 9%를 적용하여 증여세를 과세하였다.

(2) 당시 「상속세 및 증여세법」 제41조의4에 따르면 과세할 수 없는 것이나, 완전포괄주의조항에 따라 과세하게 된 사건이다.

관련 법령

1. 금전 무상대출 등에 따른 이익의 증여(구 「상속세 및 증여세법」 제41조의4 제1항)

특수관계에 있는 자로부터 1억원 이상의 금전을 무상으로 또는 적정 이자율보다 낮은 이자율로 대출받은 경우에는 그 금전을 대출받은 날에 다음 각 호의 구분에 따른 금액을 그 금전을 대출받은 자의 증여재산가액으로 한다. (이하 생략)
1. 무상으로 대출받은 경우: 대출금액에 적정 이자율을 곱하여 계산한 금액

2. 증여세 과세대상(「상속세 및 증여세법」 제2조 제6항)

이 법에서 "증여"란 그 행위 또는 거래의 명칭·형식·목적 등과 관계없이 경제적 가치를 계산할 수 있는 유형·무형의 재산을 직접 또는 간접적인 방법으로 타인에게 무상으로 이전(현저히 저렴한 대가를 받고 이전(移轉)하는 경우를 포함한다)하는 것 또는 기여에 의하여 타인의 재산가치를 증가시키는 것을 말한다. 다만, 유증과 사인증여, 유언대용신탁 및 수익자연속신탁은 제외한다.
➲ 완전포괄주의 과세조항

입법배경

(1) 2003. 12. 30. 개정된 증여세 완전포괄주의 과세제도는 민사법상 증여개념에 제한되지 않고 다양한 부의 무상이전에 대해 입법적으로 증여세 과세 근거를 마련해 놓은 제도이다.

(2) 증여세 완전포괄주의는 과세가 되는 부의 무상이전의 유형에 대해 법에 규정해 놓은 것이 예시규정인지 열거규정인지를 놓고 볼 때 예시규정으로 보는 쪽에 가까운 입법방식이다.

(3) 세법상 증여 개념에 대한 구 「상속세 및 증여세법」 제2조 제3항(현행 「상속세 및 증여세법」 제2조 제6호)에서 「민법」상 증여계약(「민법」 제554조 제1항)에서의 증여보다는 좀 더 넓은 의미로 증여의 개념을 사용한다는 것을 밝힘으로써 증여세 완전포괄주의 과세제도를 채택한 것이다.

완전포괄주의 한계

(1) 구 「상속세 및 증여세법」 제41조의4 제1항은 특수관계에 있지 아니한 자 간의 금전의 무상대여 등의 거래를 증여세 과세대상에서 제외함으로써, 그 거래로 인하여 금전을 대여받은 자가 얻은 이익에 대하여는 증여세를 과세하지 않도록 하는 한계를 설정한 것으로 보아야 하므로, 이와 같은 이익에 대하여는 이를 증여세 과세대상으로 하는 별도의 규정이 있는 등의 특별한 사정이 없는 한 구 「상속세 및 증여세법」 제2조 제3항 등을 근거로 하여 증여세를 과세할 수 없다.

(2) 개별가액산정규정에서 규율하고 있는 거래·행위 중 증여세 과세대상이나 과세범위에서 제외된 거래·행위가 구 「상속세 및 증여세법」 제2조 제3항의 증여의 개념에 들어맞더라도 그에 대한 증여세를 과세할 수 없다.

(3) 납세자의 예측가능성을 보장하는 취지에서 볼 때 개별예시규정에서 정하고 있는 과세요건은 증여세 완전포괄주의에 대한 일종의 과세 한계를 설정한 것이다.

(4) 따라서 특수관계인이 아닌 자에게 금전을 무상대여한 경우까지 완전포괄주의 과세조항에 근거하여 과세할 수 없다.

현행 법령

(1) 이후 비특수관계인에 대한 무상대여도 과세할 수 있도록 관련 법령을 개정하였다.

(2) 증여세 예시조항(개별조항)을 지속적으로 개정하는 동시에 2015년 12월에 재산평가근거 규정을 신설하여 완전포괄주의 과세에 따른 세액계산이 가능하도록 법을 정비하였다.

제7장 증여추정 · 증여의제

01 부모님으로부터 아파트를 받았어도 생활비를 드렸다면 증여 아닌 매매에 해당함 (2014두9752, 2014. 10. 15.)

사실관계

(1) 甲은 2010. 6. 9. 어머니인 乙 소유의 서울 노원구 아파트에 관하여 甲 명의로 2010. 5. 24.자 매매를 원인으로 한 소유권이전등기를 마쳤다.

(2) 甲은 2007년 10월부터 2013년 1월까지 부친 丙 명의의 은행 계좌로 매월 120만원씩 합계 6,910만원을 송금하였고, 이 돈은 대부분 乙과 丙의 생활비나 채무변제 등에 사용되었다.

(3) 乙이 위 아파트를 담보로 한 6,200만원의 근저당 채무를 부담하고 있었는데, 甲은 2011. 6월경 乙 대신 위 채무도 모두 변제하였다.

(4) 이에 과세관청은 매매거래를 직계존비속 간의 증여로 보아 증여세를 고지하였다. 甲은 이에 행정심판을 청구하였고, 조세심판원은 근저당권이 설정되어 甲이 채무를 변제한 부분에 대해서는 증여에 해당하지 않는다고 하였으나, 채무인수액을 제외한 부분은 증여에 해당한다고 하였다. 이에 甲은 부모에게 생활비를 지급한 것이 매매대금을 지급한 것이라고 주장하여 행정소송을 제기하였다.

쟁점

자녀가 지급한 생활비 등을 부양의무의 이행으로 볼 것인지, 매매대금을 지급한 것으로 볼 것인지 여부

결론

부동산을 매도한 것이 아무런 대가관계가 없는 단순한 증여라기보다는 연금방식으로 매월 노후생활자금을 지급받는 주택연금과 비슷하다고 볼 여지도 있으며, 설령 부동산 취득원인이 증여라고 보더라도 적어도 상당의 대가를 지급하였다고 인정되므로 그 부분은 증여세 과세가액에서 공제되어야 한다. 따라서 甲이 乙에게 지급한 금원은 매매대금을 지급한 것에 해당한다.

주요근거	(1) 乙은 甲으로부터 지급받은 금원 외에는 정기적인 수입이 없었던 것으로 보인다.

<table>
<tr><td rowspan="1">주요근거</td><td>(1) 乙은 甲으로부터 지급받은 금원 외에는 정기적인 수입이 없었던 것으로 보인다.</td></tr>
</table>

주요근거

(1) 乙은 甲으로부터 지급받은 금원 외에는 정기적인 수입이 없었던 것으로 보인다.

(2) 부모의 경제적 상황이 여의치 않아 해당 아파트가 여러 차례 강제집행, 압류, 가처분 등의 대상이 되는 등 부모의 주거가 불안정한 상태였기 때문에 甲은 자신이 아파트를 매수하되 부모가 그곳에서 안정적으로 생활하도록 하고 乙에게 정기적으로 금원을 지급하는 내용의 매매계약을 체결할 실질적인 이유가 있었다고 보인다.

(3) 해당 거래의 경우 거래당사자인 부모와 자녀의 수입이나 재산상태, 자녀가 부모로부터 부동산을 이전받은 이후 부모에게 그 대가로 지급한 금원의 정도 등 관련된 정황을 종합하여 자녀가 부모에게 지급하는 전체적인 대가의 합계액이 이전받은 부동산의 대가에 상당하는 금액이라고 하면 증여가 아니라 일반인 매매거래로 볼 수 있다.

증여추정

배우자 등에게 양도한 재산의 증여 추정

배우자 또는 직계존비속에게 양도한 재산은 양도자가 그 재산을 양도한 때에 그 재산의 가액을 **배우자 등이 증여받은 것으로 추정**하여 이를 배우자 등의 증여재산가액으로 한다. 다만, 해당 재산이 경매절차에 따라 처분되는 경우, 파산선고로 인하여 처분된 경우, 공매된 경우 및 배우자 등에게 대가를 받고 양도한 사실이 명백히 인정되는 경우에는 증여로 추정하지 않는다. 다음의 경우에는 대가를 받은 것이 명백한 것으로 본다.

① 권리의 이전이나 행사에 등기 또는 등록을 요하는 재산을 서로 교환한 경우
② 당해 재산의 취득을 위하여 이미 과세(비과세 또는 감면받은 경우를 포함)받았거나 신고한 소득금액 또는 상속 및 수증재산의 가액으로 그 대가를 지급한 사실이 입증되는 경우
③ 당해 재산의 취득을 위하여 소유재산을 처분한 금액으로 그 대가를 지급한 사실이 입증되는 경우

부양의무

(1) 사안에서 甲이 지급한 금원은 부양의무 이행으로 본 것은 아니다. 만일 부양의무를 이행한 것으로 본다면 매매대금과는 별도로 지급된 것이므로 아파트를 증여받은 것이 되기 때문이다.

(2) **부양의무(「민법」 제974조)**

> 다음 각 호의 친족은 서로 부양의 의무가 있다.
> 1. 직계혈족 및 그 배우자 간
> 2. 기타 친족 간(생계를 같이하는 경우에 한함)

증여세 비과세

1. 비과세되는 증여재산(「상속세 및 증여세법」 제46조)

> 5. 사회통념상 인정되는 이재구호금품, 치료비, 피부양자의 생활비, 교육비, 그 밖에 이와 유사한 것으로서 대통령령으로 정하는 것

2. 비과세되는 증여재산의 범위 등(「상속세 및 증여세법 시행령」 제35조 제4항)

법 제46조 제5호에서 "대통령령으로 정하는 것"이란 다음 각 호의 어느 하나에 해당하는 것으로서 해당 용도에 직접 지출한 것을 말한다.

> 1. 학자금 또는 장학금 기타 이와 유사한 금품
> 2. 기념품·축하금·부의금 기타 이와 유사한 금품으로서 통상 필요하다고 인정되는 금품
> 3. 혼수용품으로서 통상 필요하다고 인정되는 금품

02 명의신탁증여의제 합산과세 여부
(2016두50792, 2019. 6. 13.)

사실관계

(1) 甲은 1998. 12. 31. 그가 보유하던 A주식회사 발행의 비상장주식 188,000주를 乙에게 명의신탁하는 약정을 체결하였고, 이에 따라 乙은 같은 날 위 주식에 관하여 자신의 이름으로 명의개서를 마쳤다.

(2) 乙은 2000. 12. 31. 丙 앞으로 명의개서되어 있던 甲의 A주식회사 주식 5,000주에 관하여, 2001. 12. 31. 丁 앞으로 명의개서되어 있던 甲의 A주식회사 주식 110,000주에 관하여 각각 자신의 이름으로 명의개서를 마쳤다.

(3) 이에 과세관청은 乙에 명의신탁증여의제로 인한 증여세를 부과하면서 위 모든 증여의제분을 합산하여 과세하였다.

쟁점

구 「상속세 및 증여세법」상 명문의 규정이 없음에도 불구하고 명의신탁증여의제의 경우 합산과세를 배제할 수 있는지 여부

결론

(1) 구 「상속세 및 증여세법」상 명의신탁증여의제로 인한 증여세의 경우 합산배제한다는 별도의 명문의 규정이 없는 한 합산과세하는 것이 타당하다.

(2) 한편 2018. 12. 31. 개정된 현행 「상속세 및 증여세법」은 제45조의2에 따른 명의신탁증여의제의 경우 증여세 납세의무자를 명의자에서 실제 소유자로 변경하면서(제4조의2 제2항), 제45조의2의 규정에 따른 명의신탁재산을 수증자의 증여세과세가액에서 제외되는 합산배제증여재산으로 규정하고 있다(제47조 제1항). 그러나 이는 증여로 의제되는 명의신탁재산에 대한 증여세 납세의무자가 변경됨에 따른 창설적 규정에 해당하여 이와 같은 명시적인 규정이 없었던 「상속세 및 증여세법」의 해석에 고려할 수는 없다.

➲ 신설된 「상속세 및 증여세법」에서 합산배제규정을 확인적 규정으로 볼 경우에는 위 판례에서 합산배제로 결론 냈을 것이다.

1. 증여세 과세가액(「상속세 및 증여세법」 제47조)

> ① 증여세 과세가액은 증여일 현재 이 법에 따른 증여재산가액을 합친 금액[제31조
> 제1항 제3호, 제40조 제1항 제2호 · 제3호, 제41조의3, 제41조의5, 제42조의3 및 제
> 45조의2부터 제45조의4까지의 규정에 따른 증여재산(이하 "합산배제증여재산"이라
> 한다)의 가액은 제외한다]에서 그 증여재산에 담보된 채무 …로서 수증자가 인수한
> 금액을 뺀 금액으로 한다.
> ② 해당 증여일 전 10년 이내에 동일인(증여자가 직계존속인 경우에는 그 직계존속
> 의 배우자를 포함한다)으로부터 받은 증여재산가액을 합친 금액이 1천만원 이상인 경
> 우에는 그 가액을 증여세 과세가액에 가산한다. 다만, 합산배제증여재산의 경우에는
> 그러하지 아니하다.

2. 증여재산합산규정의 취지

원래 증여세는 개개의 증여행위마다 별개의 과세요건을 구성하는 것이어서 그 시기
를 달리하는 복수의 증여가 있을 경우 부과처분도 따로 하여야 하나, 동일인으로부터
받은 복수의 증여에 대하여는 이를 합산과세함으로써 **누진세율을 피해 수 개의 부동
산 등을 한 번에 증여하지 아니하고 나누어 증여하는 행위를 방지**하기 위한 것이다.
(2003두9800 등)

이러한 취지에서 보면, 명의신탁 자체는 분할증여로 인한 명의수탁자(당시 법령에는
납세의무자가 명의수탁자)의 누진세액 경감 수단으로 이용하는 행위가 아니라는 점
에서, 신설된 합산배제조항은 확인적 규정으로 보아야 한다는 주장이 있다.

3. 합산배제증여재산

> ① 재산 취득 후 해당 재산의 가치가 증가하는 경우(제31조 제1항 제3호)
> ② 전환사채 등의 주식전환 등과 양도에 따른 이익의 증여(제40조 제1항 제2호 · 제
> 3호)
> ③ 주식 등의 상장 등에 따른 이익의 증여(제41조의3)
> ④ 합병에 따른 상장 등 이익의 증여(제41조의5)
> ⑤ 재산 취득 후 재산가치 증가에 따른 이익의 증여(제42조의3)
> ⑥ 명의신탁재산의 증여의제(제45조의2)
> ⑦ 특수관계법인과의 거래를 통한 이익의 증여의제(제45조의3)
> ⑧ 특수관계법인으로부터 제공받은 사업기회로 발생한 이익의 증여의제(제45조의4)

위와 같은 증여는 일반적인 증여와 달리 증여자를 확정하거나 부의 무상이전과 보유
자산의 가치 증가부분을 구분하기가 어렵고, 누진세율을 회피하는 수단으로 이용될
가능성 또한 낮다. 그리하여 동일인으로부터 받은 복수의 증여를 합산과세함으로써
분할증여로 인한 누진세액 경감을 방지하려는 재차 증여 합산과세의 취지에 맞지 않
는 면이 있다. (2015두3096)

03 경영상의 필요로 주식보유현황에 기초하여 발행주식의 일부를 배우자 명의로 취득한 경우 명의신탁증여의제규정의 적용이 가능한지 여부
(2017두39419, 2017. 12. 13.)

사실관계

(1) 개인사업체를 운영하던 甲이 국세 등을 연체한 상태에서 사업체를 폐업하고 A주식회사를 설립하면서 총 발행주식 중 일부를 배우자인 乙 명의로 취득하고, 약 7년 후 다른 주주들로부터 나머지 주식을 乙 명의로 양수하였으며, 다시 3년 후 A회사의 유상증자 과정에서 A회사의 주식을 乙 명의로 취득하였다.

(2) 이에 과세관청은 甲이 조세회피를 목적으로 A회사의 주식을 乙에게 명의신탁하였다고 보아 乙에게 다른 주주들로부터 양수한 주식과 유상증자 과정에서 취득한 주식에 대하여 증여세 부과처분을 한 사안이다.

쟁점

경영상의 필요로 배우자에게 주식을 명의신탁하고 이후 유상증자 주식도 배우자의 명의로 취득한 경우 명의신탁증여의제규정을 적용할 수 있는지 여부

결론

최초 주식 양수는 이미 체납상태에 빠져있던 甲이 조세채권의 확보를 곤란하게 하고 그 납부를 회피할 의도 등에서 乙에게 명의신탁을 한 것으로 보이므로 과세처분은 적법하다.

그러나 유상증자 과정에서의 주식 취득은 절차상의 번거로움을 피할 목적에서 종래 주식보유현황에 기초하여 乙 명의로 인수한 것으로서 체납된 조세채무의 회피와는 무관하게 이루어진 것이라고 볼 수 있으므로 유상증자 과정에서의 명의신탁에 대한 증여세 부과처분은 적법하지 않다.

주요근거

유상증자로 인한 주식 취득은 乙 명의로 A회사의 주식 전부를 보유하고 있던 甲이 A회사의 자본금을 늘리기 위하여 유상증자를 하면서, 주주인 乙 명의로 배정된 신주의 대금을 납입하여 취득한 것이다.

그런데 유상증자 당시에는, 최초 주식 취득의 경우와는 달리, 그 취득에 앞서 이미 자신의 명의로 금융계좌를 개설하거나 부동산을 취득하는 등 자신의 금융거래내역이나 자산보유현황을 감추려 하지 아니하였을 뿐만 아니라, 체납세금에 이르는 상당한 가액의 자산을 자신의 명의로 보유하고 있는 상태였고 예금계좌에 대한 관할세무서장의 압류도 가능하였으며, 또한 연체하고 있던 기존 채무에 대한 변제가 이루어지기도 하였다.

따라서 甲이 경영상 필요에 의하여 유상증자를 하면서 절차상의 번거로움을 피할 목적에서 종래 주식보유현황에 기초하여 乙 명의로 인수한 것으로서, 체납된 조세채무의 회피와는 무관하게 이루어진 것이라고 볼 수 있다.

명의신탁증여의제

권리의 이전이나 그 행사에 등기 등이 필요한 재산(토지와 건물은 제외)의 실제소유자와 명의자가 다른 경우에는 「국세기본법」상 실질과세원칙에도 불구하고 그 명의자로 등기 등을 한 날(그 재산이 명의개서를 하여야 하는 재산인 경우에는 소유권취득일이 속하는 해의 다음 해 말일의 다음 날)에 그 재산의 가액(그 재산이 명의개서를 하여야 하는 재산인 경우에는 소유권취득일을 기준으로 평가한 가액을 말한다)을 실제소유자가 명의자에게 증여한 것으로 본다. 다만, 다음 중 어느 하나에 해당하는 경우에는 그러하지 아니하다.

> ① 조세 회피의 목적 없이 타인의 명의로 재산의 등기 등을 하거나 소유권을 취득한 실제소유자 명의로 명의개서를 하지 아니한 경우
> ② 「자본시장과 금융투자업에 관한 법률」에 따른 신탁재산인 사실의 등기 등을 한 경우
> ③ 비거주자가 법정대리인 또는 재산관리인의 명의로 등기 등을 한 경우

조세회피목적의 추정

타인의 명의로 재산의 등기 등을 한 경우 및 실제소유자 명의로 명의개서를 하지 아니한 경우에는 조세회피목적이 있는 것으로 추정한다. 다만, 실제소유자 명의로 명의개서를 하지 아니한 경우로서 다음 중 어느 하나에 해당하는 경우에는 조세회피목적이 있는 것으로 추정하지 아니한다.

> ① 매매로 소유권을 취득한 경우로서 종전 소유자가 양도소득 과세표준신고 또는 증권거래세신고와 함께 소유권 변경 내용을 신고하는 경우
> ② 상속으로 소유권을 취득한 경우로서 상속인이 상속세 과세표준신고(수정신고 및 기한 후 신고 포함)와 함께 해당 재산을 상속세 과세가액에 포함하여 신고한 경우. 다만, 상속세 과세표준과 세액을 결정 또는 경정할 것을 미리 알고 수정신고하거나 기한 후 신고를 하는 경우는 제외한다.

입증책임

명의신탁이 조세회피의 목적이 아닌 다른 이유에서 이루어졌음이 인정되고 그 명의신탁에 부수하여 사소한 조세경감이 생기는 것에 불과하다면 그와 같은 명의신탁에 조세회피의 목적이 있었다고 단정할 수 없다. 다만 이 경우에 조세회피의 목적이 없었다는 점에 관한 증명책임은 이를 주장하는 명의자에게 있다.

유사판례1	주식의 명의신탁을 받은 자가 주식의 포괄적 교환으로 인하여 그의 명의로 완전모회사의 신주를 교부 받아 명의개서를 마친 경우 종전 대법원은 새로운 합의에 따른 명의신탁으로 간주하여, 명의신탁증여의제에 따른 증여세를 부과하였다. 그러나 근래 판례를 변경하여 명의신탁증여의제에 따른 증여세를 부과할 수 없다고 하였다. (2012두27287, 2018. 3. 29.)

비록, 전원합의체 판례 변경에는 해당하지 않으나(평석들은 전원합의체로 판례를 변경하지 않은 것이 아쉽다고 함), 근래에 들어, 대법원은 주식의 변형물은 대부분 새로운 명의신탁으로 볼 수 없다는 입장으로 선회하였다.

유사판례2	최초로 증여의제대상이 되어 과세되었거나 과세될 수 있는 명의신탁주식의 매도대금으로 취득하여 다시 동일인 명의로 명의개서된 주식은 그것이 최초의 명의신탁주식과 시기상 또는 성질상 단절되어 별개의 새로운 명의신탁주식으로 인정되는 등의 특별한 사정이 없는 한 다시 명의신탁증여의제규정이 적용되어 증여세가 과세될 수 없다. (2011두10232, 2017. 2. 21.)

명의신탁주식 변형물	(1) 명의신탁증여의제규정은 조세회피목적의 명의신탁행위를 방지하기 위하여 실질과세원칙의 예외로서 실제소유자로부터 명의자에게 해당 재산이 증여된 것으로 의제하여 증여세를 과세하도록 허용하는 규정이므로, 조세회피방지를 위하여 필요한 범위 내에서만 적용되어야 한다.
	(2) 최초의 명의신탁주식이 매도된 후 그 매도대금으로 취득하여 다시 동일인 명의로 명의개서되는 이후의 다른 주식에 대하여 각각 별도의 증여의제규정을 적용하게 되면 애초에 주식이나 그 매입자금이 수탁자에게 증여된 경우에 비하여 지나치게 많은 증여세액이 부과될 수 있어서 형평에 어긋난다.

04 증여자를 잘못 기재한 경우의 증여세 신고·납부의 효력
(2017두68417, 2019. 7. 11.)

사실관계

(1) 甲은 1985년경부터 1999년 12월경까지 주식회사 A의 주식을 취득하여 매제인 乙 앞으로 명의신탁하였다.

(2) 명의수탁자인 乙은 2007년 무렵 甲에게 A주식의 명의를 정리해 달라고 요청하였다. 이에 甲은 2007. 12. 29. 위 A주식을 일부는 甲에게 나머지 일부는 그의 자녀인 丙에게 증여하는 형식으로 주식의 명의를 변경하였다.

(3) 丙은 2008. 3. 29. '丙이 2007. 12. 29. 乙로부터 A주식을 증여받은 것'을 원인으로 증여세 신고·납부하였다.

(4) 과세관청은 구 「상속세 및 증여세법」 제45조의2에 따라 甲을 '증여자', 乙을 '수증자'로 보고, 증여세(본세) 26,581,291,883원, 부당무신고가산세 10,632,516,753원, 납부불성실가산세 16,315,596,957원 합계 53,529,405,593원을 결정·고지하면서, 연대납부를 명하였다.

쟁점

명의신탁된 주식을 증여받음에 따라 증여자를 명의신탁자(실소유자)가 아닌 명의수탁자로 하여 증여세를 신고한 경우 이를 무신고로 볼 수 있는지 여부

결론

(1) 증여세 납세의무자가 법정신고기한 내에 증여세 과세표준을 관할세무서장에게 신고한 경우에는 설령 증여자를 잘못 신고하였더라도 이를 무신고로 볼 수는 없으므로 부당한 방법으로 무신고하였는지에 관한 부분을 더 나아가 판단할 필요 없이 무신고가산세 부과처분이 위법하다.

(2) 乙의 증여세 신고가 유효한 이상 증여세 납부의 효력도 유지된다. 따라서 납부불성실가산세 부과처분은 위법하다.

주요근거

1. 증여세액의 확정방법

증여세 납세의무가 있는 자는 증여받은 날이 속하는 달의 말일부터 3개월 이내에 증여세의 과세가액 및 과세표준을 대통령령으로 정하는 바에 따라 납세지 관할세무서장에게 신고하여야 하며, 이러한 신고를 할 때에는 그 신고서에 증여세 과세표준의 계산에 필요한 증여재산의 종류, 수량, 평가가액 및 각종 공제 등을 증명할 수 있는 서류 등 대통령령으로 정하는 것을 첨부하여야 한다.

그러나 「상속세 및 증여세법」은 납세의무자가 증여세 신고를 하더라도 탈루나 오류가 발생할 수 있다는 것을 전제로 과세관청은 납세의무자가 신고한 과세표준이나 세액에 탈루 또는 오류가 있는 경우에는 그 과세표준과 세액을 조사하여 결정한다.

2. 본질적인 신고내용의 하자

이처럼 상속·증여세의 신고는 조세채무를 확정하는 효력은 없고, 과세관청의 조사결정을 위한 협력의무의 이행에 불과하다. 따라서 납세의무자가 증여세의 '과세가액 및 과세표준 산정에 관한 본질적이고 중요한 사항'을 제대로 신고하지 않음으로써 과세관청으로 하여금 과세권의 행사 및 조세채권의 실현을 저해하는 결과를 초래한 경우에만 그 신고의 효력을 부인하고 가산세를 부과할 수 있다고 보아야 한다.

문제가 된 사안에서 납세의무자가 증여세 과세요건사실 중 증여재산의 종류·수량·평가가액, 수증자 등에 대하여 제대로 신고하였다면 그 외 나머지 사항에 대하여 신고 내용이 사실과 다르다고 하여 과세관청의 과세권 행사를 저해하는 정도에까지 이르렀다고 볼 수는 없다.

사실관계

(1) 미성년자인 甲은 2008. 3. 10. 아버지인 乙로부터 현금을 증여받아 그 돈으로 같은 날 乙이 설립한 주식회사 A의 신주를 인수하였다.

(2) 주식회사 A는 주식회사 B에 흡수합병되었고, 甲은 주식회사 B로부터 합병신주를 받았다.

(3) 과세관청은 甲이 乙로부터 **실질적으로 주식회사 A의 주식을 증여받고 그날부터 5년 이내에 주식회사 A가 주식회사 B에 합병됨에 따라 그 재산가치가 증가하는 이익을 얻었다고 보고**, 甲에게 구 「상속세 및 증여세법」(2011. 12. 31. 법률 제 11130호로 개정되기 전의 것, 이하 '구 「상속세 및 증여세법」'이라 한다) 제42조 제4항 제1호(이하 '이 사건 조항'이라 한다)에 따라 각 증여세를 부과하였다.

(4) 구 「상속세 및 증여세법」의 과세요건은 다음과 같다. 참고로 현행 「상속세 및 증여세법」에는 '상장'이라는 사유가 삭제되었다.

> ④ 미성년자 등 대통령령으로 정하는 자가 다음 각 호의 사유로 재산을 취득하고 그 재산을 취득한 날부터 5년 이내에 개발사업의 시행, 형질변경, 공유물 분할, 사업의 인가·허가, 주식·출자지분의 **상장** 및 합병 등 대통령령으로 정하는 사유(이하 이 조에서 "재산가치증가사유"라 한다)로 인한 그 재산가치의 증가에 따른 이익으로서 대통령령으로 정하는 기준 이상의 이익을 얻은 경우에는 그 이익을 그 이익을 얻은 자의 증여재산가액으로 한다.

쟁점 1

현금을 증여받아 곧바로 설립자본금으로 납입한 경우 주식을 증여받은 것으로 볼 수 있는지 여부

판단

① 「국세기본법」 제14조에서 규정하는 실질과세의 원칙은, 납세의무자가 소득이나 수익, 재산, 거래 등의 과세요건사실에 관하여 실질과 괴리되는 비합리적인 형식이나 외관을 취한 경우 그 형식이나 외관에 불구하고 그 뒤에 숨어 있는 실질에 따라 과세요건이 되는 소득이나 수익, 재산, 거래 등의 발생, 귀속과 내용 등을 파악하여 과세하여야 한다는 국세부과의 원칙을 말하는 것이다. (2010두1385)

② 乙이 주식회사 A를 설립할 예정이었던 이상, 乙의 실질적 의사는 甲에게 주식회사 A의 주식을 증여하는데 있다고 본다. 그럼에도 乙은 甲에게 주식취득자금을 증여하고 甲으로 하여금 주식회사 A의 주식을 **취득하게 하는 형식을 취한 것에 불과**하므로 乙의 의사 및 그 경제적 실질이 동일한 점을 고려할 때 乙이 甲에게 A의 주식을 증여하였다고 볼 수 있다.

쟁점 2

구 「상속세 및 증여세법」상 재산가치증가사유 중 '합병'의 의미

결론

구 「상속세 및 증여세법」은 개발사업의 시행, 형질변경, 공유물 분할, 사업의 인가·허가, 주식·출자지분의 상장 및 합병을 재산가치증가사유로 예시하고 있다. 여기서 합병은 불공정합병 또는 증여 후 5년 이내 상장 등을 의미한 것으로 한정적으로 해석하여야 한다. 따라서 본 사안은 증여세를 부과할 수 없다.

06 일감몰아주기와 자기증여
(2020두52214, 2022. 10. 27.)

사실관계

(1) 甲은 A법인의 주식을 간접보유하고 있으며, B법인 주식을 50% 이상 보유하고 있었다. A법인 매출 가운데 B법인을 상대로 한 매출이 차지하는 비중은 2012년 95%, 2013년 98%이다.

(2) 甲은 「상속세 및 증여세법」 제45조의3(특수관계법인과의 거래를 통한 이익의 증여의제)에 따라 甲이 A법인의 지배주주 지위에서 B법인으로부터 일정한 이익을 증여받은 것으로 의제된다는 이유로 증여세를 납부하였다.

(3) 甲은 A법인(수혜법인)의 주식을 간접적으로 보유하고 있으므로 지배주주에 해당하지 않으며, 甲은 A법인과 B법인의 주식을 모두 직간접적으로 소유하고 있으므로 '자기증여'에 해당하는 부분은 증여세 과세대상이 아니라는 이유로 증여세 환급의 경정청구를 하였다.

쟁점

일감몰아주기에 있어서 자기증여의 문제

결론	(1) 「상법」상 주주와 세법상 지배주주의 의미는 다르므로 지배주주에 해당한다.
	(2) 자기증여에 관하여 이를 배제한다는 별도의 조항이 없는 한, 이론적으로 자기증여라고 하여 이를 증여가 없다고 할 수 없다.

판단근거

1. 「상법」상 주주와 세법상 지배주주는 의미가 다름

「상속세 및 증여세법」 제45조의3에서 지배주주의 의미를 직접 정의하고 있으므로 이를 두고 반드시 「상법」상 '주주'의 의미 내에서 해석하여야 한다고 볼 수 없다.
➔ 즉, 甲이 A법인의 주식을 1주도 가지고 있지 않더라도 지배주주에 해당함

2. 별개의 법적주체

일감몰아주기 과세에 있어 증여자는 특수관계법인, 수증자는 수혜법인의 지배주주이다. 즉, 수증자인 수혜법인의 지배주주와 특수관계법인은 별개의 법적주체이다. 따라서 수증자인 수혜법인의 지배주주 등이 동시에 특수관계법인의 주주이더라도 증여자와 수증자가 같다고 할 수 없다.

제8장 재산의 평가

01 「상속세 및 증여세법」상 보충적 평가방법의 적용
(2014두7565, 2017. 7. 18.)

사실관계

(1) 甲은 2008. 4. 26. 乙외 2인과 A토지 및 서울 광진구 B토지 등에 관하여 매매대금을 32억원으로 하는 매매계약을 체결하였으나, 乙을 포함한 매수인들이 매매대금을 지급하지 못하여 매매계약이 해제되었다.

(2) 이후, 甲이 2008. 6. 21. 사망하자 甲의 자녀들은 상속재산 중 A토지 등을 위 매매대금 32억원으로 평가하여 상속세신고를 하였다.

(3) 한편, 과세관청은 甲이 체결한 매매계약은 해지되었고, 매매대금 역시 A 및 B토지의 적정한 시가를 반영한 것으로 볼 수 없다는 이유로 「상속세 및 증여세법」상의 보충적 평가방법에 따라 공시지가로 계산하여 상속세를 경정고지하였다.

쟁점

해제된 매매계약상의 매매가액을 시가로 볼 수 있는지 여부

결론

토지를 여러 번에 걸쳐 매도하려 했는 바 그 매매금액은 다양했던 점을 종합하여 보면 토지의 시가를 인정할 수는 없고 달리 그 시가를 인정할 만한 자료도 없어 보충적 평가방법에 따라 그 가액을 산정할 수밖에 없으므로 「상속세 및 증여세법」의 보충적 평가방법에 따라 토지의 시가를 산정한 것은 적법하다.

주요근거

'시가'란 불특정 다수인 사이에 자유로이 거래가 이루어지는 경우에 통상 성립된다고 인정되는 가액, 즉 정상적인 거래에 의하여 형성된 객관적 교환가격을 말하는 것이다.

비록 거래 실례가 있다고 하여도 그 거래가액을 상속재산의 객관적 교환가치를 적정하게 반영하는 정상적인 거래로 인하여 형성된 가격이라고 할 수 없는 경우에는 시가를 산정하기 어려운 것으로 보아 「상속세 및 증여세법」에서 정한 보충적 평가방법에 따라 그 가액을 산정할 수 있다.

| 관련 법령 | ## 1. 시가평가원칙 |

1. 시가평가원칙

상속세 및 증여세가 부과되는 상속재산 또는 증여재산의 가액은 평가기준일(상속개시일 또는 증여일) 현재의 시가에 따른다. 이 경우 유가증권시장 등의 평가방법에 의하여 평가한 가액은 시가로 인정된다.

➲ 평가기준일 이전·이후 각 2개월 동안 공표된 매일의 거래소 최종 시세가액의 평균액

다만, 기업공개 준비 중인 주식, 코스닥시장에 따라 상장 준비 중인 주식의 평가 및 증자로 취득한 주식 중 아직 상장되지 아니한 주식의 평가방법에 관한 규정에 따라 평가된 가액은 제외한다.

2. 시가의 의의

시가는 불특정 다수인 사이에 자유로이 거래가 이루어지는 경우에 통상 성립된다고 인정되는 가액으로 한다. 이 경우, 수용·공매가격 및 감정가격 등 대통령령이 정하는 바에 따라 시가로 인정되는 것을 포함한다.

수용가격·공매가격 및 감정가격 등 대통령령으로 정하는 바에 따라 시가로 인정되는 것이란 평가기준일 전후 6개월(증여재산의 경우에는 평가기준일 전 6개월 후 3개월) 이내의 기간 중 매매·감정·수용·경매(「민사집행법」에 따른 경매) 또는 공매가 있는 경우에 다음 중 어느 하나에 따라 확인되는 가액을 말한다. 한편, 시가로 보는 가액이 둘 이상인 경우에는 평가기준일을 전후하여 가장 가까운 날에 해당하는 가액을 적용하며, 평가기준일 이내 거래인지 여부는 매매계약일 등을 기준으로 한다.

(1) 매매사례가액

해당 재산에 대한 매매사실이 있는 경우에는 그 거래가액. 다만, 다음 중 어느 하나에 해당하는 경우는 제외한다.

> ① 특수관계인과의 거래 등으로 그 거래가액이 객관적으로 부당하다고 인정되는 경우
> ② 거래된 비상장주식의 가액이 지분율 1% 또는 3억원 중 적은 금액 미만인 경우 ➲ 소액주식 제외

(2) 감정가액

해당 재산(주식은 제외)에 대하여 둘 이상의 기획재정부령이 정하는 공신력 있는 감정기관이 평가한 감정가액이 있는 경우에는 그 감정가액의 평균액을 말한다.

(3) 수용·경매 및 공매가액

해당 재산에 대하여 수용·경매 또는 공매사실이 있는 경우에는 그 보상가액·경매가액 또는 공매가액을 말한다. 다만, 다음 중 어느 하나에 해당하는 경우에는 해당 경매가액 또는 공매가액은 제외한다.

> ① 물납한 재산을 상속인 또는 그의 특수관계인이 경매 또는 공매로 취득한 경우
> ② 경매 또는 공매로 취득한 비상장주식의 가액(액면가액)이 지분율 1% 또는 3억원 중 적은 금액 미만인 경우 ➲ 소액주식 제외

(4) 유사거래 가액

기획재정부령으로 정하는 해당 재산과 면적·위치·용도·종목 및 기준시가가 동일하거나 유사한 다른 재산에 대한 매매사례가액·감정가액·수용·경매 및 공매가액이 있는 경우에는 해당 가액을 시가로 본다.

3. 보충적 평가방법

시가를 산정하기 어려운 경우에는 그 재산의 종류·규모·거래상황 등을 감안하여 「상속세 및 증여세법」상 보충적 평가방법으로 평가한 가액에 의한다.

보충적 평가방법에 의하여 평가한 가액이 적용되는 것은 **시가를 산정하기 어려운 경우에 한하는 것**으로 법문상 그 요건과 순서가 명시되어 있어, 자의적이거나 임의적인 해석 및 적용을 초래할 염려가 있다고 볼 수 없으므로 납세의무자의 재산권 및 사유재산제도의 본질적 내용을 침해한다고 볼 수 없다.

해커스 판례세법

회계사 · 세무사 · 경영지도사 단번에 합격! 해커스 경영아카데미
cpa.Hackers.com

PART 5

부가가치세법

제1장 부가가치세 총설

01 신탁재산을 양도하는 경우 부가가치세 납세의무자
(2012두22485, 2017. 5. 18. 전원합의체)

사실관계	(1) 이 판례 이후 세법이 개정되었으나, 그 논리를 이해하고자 기재한 것임을 이해하기 바란다.
	(2) 甲은 A건물의 매수자금에 사용하기 위하여 乙저축은행으로부터 42억원을 대출받았다.
	(3) 甲은 위 대출금채무를 담보하기 위하여 2008. 6. 30. 수탁자인 丙부동산신탁과 A건물에 관하여 신탁원본의 우선수익자를 乙저축은행으로 정한 부동산담보신탁계약을 체결하면서, 신탁부동산이 환가되는 경우 乙저축은행의 채권을 우선적으로 변제하고 잔액은 甲에게 지급하기로 약정하였다.
	(4) A건물에 관하여 2008. 7. 1. 甲명의의 소유권이전등기를 마친 다음, 곧이어 신탁을 원인으로 하여 丙부동산신탁 명의의 소유권이전등기를 마쳤다.
	(5) 甲이 위 대출금채무를 제때 변제하지 못하자 乙저축은행이 2009. 2. 23. 수의계약으로 위 대출원리금과 같은 액수인 45억원에 A건물의 소유권을 취득하였다.
	(6) 과세관청은 위탁자인 甲이 乙저축은행에게 A건물을 공급함으로써 부가가치세의 납세의무자가 되었다고 보아 2010. 1. 16. 甲에게 2009년 제1기분 부가가치세를 부과하였다.
쟁점	신탁재산의 관리·처분 시 부가가치세 납세의무자

전원합의체 판례결론

전원합의체 판례 근거

(1) 부가가치세는 실질적인 소득이 아닌 거래의 외형에 대하여 부과하는 거래세의 형태를 띠고 있으므로, 재화를 공급하는 자는 별도의 규정을 두고 있지 않는 한 계약상 또는 법률상의 원인에 의하여 그 재화를 사용·소비할 수 있는 권한을 이전하는 행위를 한 자를 의미한다고 보아야 한다.

(2) 부가가치세의 과세원인이 되는 재화의 공급으로서의 인도 또는 양도는 재화를 사용·소비할 수 있도록 소유권을 이전하는 행위를 전제로 하므로, 재화를 공급하는 자는 위탁매매나 대리와 같이 「부가가치세법」에서 별도의 규정을 두고 있지 않는 한 계약상 또는 법률상의 원인에 의하여 그 재화를 사용·소비할 수 있는 권한을 이전하는 행위를 한 자를 의미한다고 보아야 한다.

(3) 「신탁법」상 수탁자가 위탁자로부터 이전받은 신탁재산을 관리·처분하면서 재화를 공급하는 경우 수탁자 자신이 신탁재산에 대한 권리와 의무의 귀속주체로서 계약당사자가 되어 신탁업무를 처리한 것이므로, 이때의 부가가치세 납세의무자는 재화의 공급이라는 거래행위를 통하여 그 재화를 사용·소비할 수 있는 권한을 거래상대방에게 이전한 수탁자로 보아야 한다.

관련 법령

1. 신탁소득(「법인세법」 제5조)

① 신탁재산에 귀속되는 소득에 대해서는 그 신탁의 이익을 받을 수익자가 그 신탁재산을 가진 것으로 보고 「법인세법」을 적용한다.

② 제1항에도 불구하고 다음 각 호의 어느 하나에 해당하는 신탁으로서 대통령령으로 정하는 요건을 충족하는 신탁(「자본시장과 금융투자업에 관한 법률」 제9조 제18항 제1호에 따른 투자신탁은 제외한다)의 경우에는 신탁재산에 귀속되는 소득에 대하여 신탁계약에 따라 그 신탁의 수탁자(내국법인 또는 「소득세법」에 따른 거주자인 경우에 한정한다)가 법인세를 납부할 수 있다. 이 경우 신탁재산별로 각각을 하나의 내국법인으로 본다.

1. 「신탁법」 제3조 제1항 각 호 외의 부분 단서에 따른 목적신탁 ⊃ 공익목적신탁
2. 「신탁법」 제78조 제2항에 따른 수익증권발행신탁
3. 「신탁법」 제114조 제1항에 따른 유한책임신탁
4. 그 밖에 제1호부터 제3호까지의 규정에 따른 신탁과 유사한 신탁으로서 대통령령으로 정하는 신탁

③ 제1항 및 제2항에도 불구하고 수익자가 특별히 정하여지지 아니하거나 존재하지 아니하는 신탁 또는 위탁자가 신탁재산을 실질적으로 통제하는 등 대통령령으로 정하는 요건을 충족하는 신탁의 경우에는 신탁재산에 귀속되는 소득에 대하여 그 신탁의 위탁자가 법인세를 납부할 의무가 있다.

2. 신탁소득(「법인세법 시행령」 제3조의2)

① 법 제5조 제2항 각 호 외의 부분 전단에서 "대통령령으로 정하는 요건을 충족하는 신탁"이란 다음 각 호의 요건을 모두 갖춘 신탁을 말한다.
1. 수익자가 둘 이상일 것. 다만, 어느 하나의 수익자를 기준으로 제2조 제5항에 해당하는 자이거나 「소득세법 시행령」 제98조 제1항에 따른 특수관계인에 해당하는 자는 수익자 수를 계산할 때 포함하지 않는다.
2. 제2항 제1호에 해당하지 않을 것
② 법 제5조 제3항에서 "대통령령으로 정하는 요건을 충족하는 신탁"이란 다음 각 호의 어느 하나에 해당하는 신탁을 말한다.
1. 위탁자가 신탁을 해지할 수 있는 권리, 수익자를 지정하거나 변경할 수 있는 권리, 신탁 종료 후 잔여재산을 귀속 받을 권리를 보유하는 등 신탁재산을 실질적으로 지배·통제할 것
2. 신탁재산 원본을 받을 권리에 대한 수익자는 위탁자로, 수익을 받을 권리에 대한 수익자는 위탁자의 제43조 제7항에 따른 지배주주 등의 배우자 또는 같은 주소 또는 거소에서 생계를 같이하는 직계존비속(배우자의 직계존비속을 포함한다)으로 설정했을 것

3. 납세의무자(「부가가치세법」 제3조)

① 다음 각 호의 어느 하나에 해당하는 자로서 개인, 법인(국가·지방자치단체와 지방자치단체조합을 포함한다), 법인격이 없는 사단·재단 또는 그 밖의 단체는 이 법에 따라 부가가치세를 납부할 의무가 있다.
1. 사업자
2. 재화를 수입하는 자
② 제1항에도 불구하고 대통령령으로 정하는 신탁재산과 관련된 재화 또는 용역을 공급하는 때에는 「신탁법」 제2조에 따른 수탁자가 신탁재산별로 각각 별도의 납세의무자로서 부가가치세를 납부할 의무가 있다.
③ 제1항 및 제2항에도 불구하고 다음 각 호의 어느 하나에 해당하는 경우에는 「신탁법」 제2조에 따른 위탁자가 부가가치세를 납부할 의무가 있다.
1. 신탁재산과 관련된 재화 또는 용역을 위탁자 명의로 공급하는 경우
2. 위탁자가 신탁재산을 실질적으로 지배·통제하는 경우로서 대통령령으로 정하는 경우
3. 그 밖에 신탁의 유형, 신탁설정의 내용, 수탁자의 임무 및 신탁사무 범위 등을 고려하여 대통령령으로 정하는 경우

4. 신탁 관련 제2차 납세의무 및 물적납세의무(「부가가치세법」 제3조의2)

① 제3조 제2항에 따라 수탁자가 납부하여야 하는 다음 각 호의 어느 하나에 해당하는 부가가치세 또는 강제징수비를 신탁재산으로 충당하여도 부족한 경우에는 그 신탁의 수익자는 지급받은 수익과 귀속된 재산의 가액을 합한 금액을 한도로 하여 그 부족한 금액에 대하여 납부할 의무(이하 "제2차 납세의무"라 한다)를 진다.

1. 신탁 설정일 이후에 「국세기본법」 제35조 제2항에 따른 법정기일이 도래하는 부가가치세로서 해당 신탁재산과 관련하여 발생한 것
2. 제1호의 금액에 대한 강제징수 과정에서 발생한 강제징수비

② 제3조 제3항에 따라 부가가치세를 납부하여야 하는 위탁자가 제1항 각 호의 어느 하나에 해당하는 부가가치세 등을 체납한 경우로서 그 위탁자의 다른 재산에 대하여 강제징수를 하여도 징수할 금액에 미치지 못할 때에는 해당 신탁재산의 수탁자는 그 신탁재산으로써 이 법에 따라 위탁자의 부가가치세 등을 납부할 의무(이하 "물적납세의무"라 한다)가 있다.

02 납세의무자는 '당초' 재화나 용역을 공급한 자
(2014두13812, 2016. 2. 18.)

사실관계

(1) 국내사업장이 있는 외국법인 A(사업자등록은 하지 않음)는 지방자치단체에게 국내에서 과세대상 용역(건설공사 및 설계 용역) 제공을 완료하였으나 공급가액이 확정되지 않은 상태에서 다른 내국법인 B에게 용역대금 채권을 양도하고 그 후 공급가액이 확정되었다.

(2) 이에 과세관청은 A의 국내사업장에 사업자등록번호를 직권으로 부여하고, 용역업무의 대금이 확정된 날을 기준으로 외국법인 A의 국내사업장에 부가가치세 부과처분을 하였다.

쟁점

사업자가 역무 제공을 완료하였으나 공급가액이 확정되지 않은 상태에서 다른 사업자에게 용역대금 채권을 양도하고 그 후 공급가액이 확정된 경우, 당초 공급자를 납세의무자로 볼 수 있는지 여부

결론

공급이 완료(역무의 제공이 완료)된 상태에서 채권을 양도한 경우에는 그 공급가액이 추후 확정되더라도 납세의무자의 지위에 아무런 영향이 없다. 따라서 해당 부가가치세의 납세의무자는 외국법인 A이다.

용역의 공급시기 (「부가가치세법」 제16조)

① 용역이 공급되는 시기는 다음의 어느 하나에 해당하는 때로 한다.

> 1. 역무의 제공이 완료되는 때
> 2. 시설물, 권리 등 재화가 사용되는 때

② 제1항에도 불구하고 할부 또는 조건부로 용역을 공급하는 경우 등의 용역의 공급시기는 대통령령으로 정한다.

국내사업장

1. 국내사업장이 없는 외국법인의 국내용역 공급

국내사업장이 없는 외국법인으로부터 용역의 공급을 받는 경우에는 공급을 받은 자(공급받은 당해 용역을 과세사업에 제공하는 경우를 제외)가 공급자를 대리하여 부가가치세를 징수·납부하여야 하므로 외국법인은 부가가치세 징수·납부의무를 부담하지 않는다. 사안에서 A법인의 국내사업장이 없었다면 지방자치단체는 대리납부의무를 부담할 수 있다.

2. 국내사업장이 있는 외국법인의 국내용역 공급

국내사업장이 있는 외국법인이 국내에서 용역을 제공하는 경우에는 외국법인은 국내
사업장 소재지에서 부가가치세 징수·납부의무를 부담한다. 다만, 외국법인의 국내
사업장이 있더라도 그 용역의 공급이 국내사업장과 관련 없는 경우에는 대리납부의
무가 발생할 수 있다.

대리납부 제도취지	부가가치세는 재화나 용역의 최종소비가 있으면 징수되어야 한다. 국내사업자가 재화나 용역을 공급하는 경우에는 국내사업자가 거래징수하면 되고, 재화를 수입하는 경우에는 세관장이 거래징수한다. 그러나 용역을 수입하는 경우에는 국외사업자에게 거래징수의무를 부담시킬 수 없다. 우리나라에 과세권이 없기 때문이다.

그러나 국외사업자가 공급하는 용역이라는 이유로 과세하지 않는다면 다른 국내사업
자들이 공급하는 경우와 과세형평이 맞지 않게 된다. 또한 재화의 수입과 마찬가지로
용역의 수입도 소비지국 과세원칙상 과세될 필요가 있다. 따라서 외국의 사업자 대신
용역의 대가를 지급하는 자가 부가가치세를 거래징수하도록 한다.

그런데, 용역을 수입하는 자가 사업자인 경우에는 어차피 부담한 부가가치세를 다시
공제받으므로 대리납부의무를 지우더라도 과세실익이 없다. 따라서 대리납부의무는
「부가가치세법」상 사업자가 아닌 자에게 있다.

---

03 국가 또는 지방자치단체 사무의 민간위탁과 부가가치세 납세의무자
(2016두60287, 2019. 1. 17.)

사실관계	(1) A법인은 대전광역시 대덕구와 대덕구 청소년 수련관에 대한 운영·관리 위·수탁협약을 체결하고, 대덕구가 소유한 청소년 수련관을 관리·운영하고 있다.
	(2) 대덕구 청소년수련시설 설치 및 위탁운영에 관한 조례에 근거한 대덕구와 A법인 사이의 협약에 의하면, 대덕구는 A법인에게 수련관 내 각종 시설물 등 수탁재산의 유지 및 관리를 위탁하되 위탁된 사무는 A법인의 명의로 시행하여야 하고, 수련관 운영에 따른 비용은 A법인이 부담하여야 하며 대덕구는 예산의 범위 안에서 그 운영에 필요한 경비를 일부 보조할 수 있고, A법인은 위탁사무와 관련하여 이용자에게 사용료를 징수할 수 있다.

(3) 대전세무서장은 'A법인이 수련관을 운영하면서 청소년이 아닌 일반인들로부터 받은 수영장이용료, 대관료 기타 부대시설 이용료는 부가가치세 과세대상에 해당함에도, 부가가치세를 신고·납부하지 아니하였다'는 이유로 A법인에게 관련 부가가치세를 부과하였다.

쟁점

A법인이 징수당한 부가가치세를 대덕구가 얻은 부당이득으로 보아 그 지급을 청구할 수 있는지 여부

결론

국가나 지방자치단체가 어느 단체에게 시설의 관리 등을 위탁하여 이를 사용·수익하게 하고, 그 단체가 자신의 명의와 계산으로 제3자에게 재화 또는 용역을 공급하는 경우에는 국가나 지방자치단체가 아니라 거래당사자인 위 단체가 부가가치세 납세의무를 부담하는 것이다(2015두48754, 2017. 7. 11.). 따라서 시설의 관리 등을 위탁받은 단체가 재화 또는 용역을 공급하고 부가가치세를 납부한 것은 자신이 거래당사자로서 부담하는 「부가가치세법」에 따른 조세채무를 이행한 것에 불과하므로, 그와 같은 사정만으로 위탁자인 국가나 지방자치단체가 법률상 원인 없이 채무를 면하는 등의 이익을 얻어 부당이득을 하였다고 볼 수 없다.

주요근거

1. 부가가치세 면세 여부

'국가·지방자치단체·지방자치단체조합이 공급하는 재화 또는 용역'은 부가가치세가 면제된다. 이는 국가 등이 공급주체가 되어 국가 등의 명의와 계산으로 공급하는 재화 또는 용역을 의미하고, 국가 등으로부터 시설의 관리 등을 위탁받은 단체가 그 명의와 계산으로 재화 또는 용역을 공급하는 경우는 국가 등이 거래당사자로서 제3자에게 직접 재화 또는 용역을 공급한 것이 아니므로 면세대상이 아니다.

한편, 「조세특례제한법」에는 정부업무를 대행하는 특정 단체가 공급하는 일정한 재화 또는 용역에 대해서는 부가가치세를 면제하기도 한다. (「조세특례제한법」 제106조)

2. 행정재산의 무상임대

국가 등은 해당 시설을 목적물로 하여 수탁단체에게 부동산임대용역을 공급한 것으로 보아야 하고, 국가 등이 대가를 받지 않은 경우가 아닌 한 부가가치세가 과세되고 관련 매입세액은 공제된다. 이는 임대용역에 제공되는 시설이 행정재산에 해당하거나 그 단체가 공급하는 재화 또는 용역이 해당 시설의 용도 등과 결부되어 공익적 성격을 갖더라도 달라지지 아니한다. (2015두48754, 2017. 7. 11.)

제2장 과세거래

01 재화의 공급특례(비영업용 소형승용차로 사용·소비 등)
(2014두1956, 2016. 7. 7.)

사실관계

(1) D법인은 차량을 수입하여 대리점에게 차량을 판매하는 자동차판매업자이다. D법인은 매입세액공제된 차량 중 35대의 수입자동차를 고객 시승용으로 사용하였다.

(2) 한편, D법인은 매입세액공제된 차량 중 200대를 약 6개월간 임직원 출장용이나 대리점 방문용으로 사용하고 이후 이를 고객에게 할인 판매하고 관련 매출세액만을 신고·납부하였다.

(3) 이에 대해 과세관청은 D법인이 판매용으로 구입한 승용자동차를 **비영업용으로 전용**하였다는 이유로 부가가치세를 부과하는 처분을 하였다.

쟁점

(1) 사업자가 영업용 소형승용자동차를 비영업용으로 전용한 것으로 보는 시기

(2) 시승용으로 사용한 것을 비영업용으로 사용한 것으로 볼 수 있는지 여부

(3) 재화의 공급으로 의제되었는데 사업자가 계약상 또는 법률상 원인에 의하여 그 재화를 다시 인도하는 경우에도 부가가치세 과세대상이 되는지 여부

결론

(1) 사업자가 영업용 소형승용차를 **상당한 기간 비영업용으로 사용**하여 그 가치가 상당한 수준으로 하락한 경우에는 비영업용으로 전용한 것으로 봄이 타당하고, 이를 **일시적·잠정적인 사용행위로 볼 수 없다. ➔** 임직원 출장용 차량은 과세함

(2) 고가의 차량을 구입하려는 소비자들의 **구매의사를 강화**하여 판매 촉진에 기여하기 위해 판매용 차량 중 일부를 소비자들에게 시승 등의 용도로 제공한 것은 **비영업용으로 전용한 것으로 볼 수 없다. ➔** 시승용 차량은 과세하지 않음

(3) 다른 사업자들이 업무용으로 소형승용차를 매입하는 시점에 매입세액을 공제받지 못하고, 이후 매각할 때 다시 매출세액을 부담하여야 하는 것과 비교할 때 과세하는 것이 오히려 '과세형평'에 맞는다. 또한 이와 같이 재화의 공급으로 의제되어 과세된 경우라도 사업자가 계약상 또는 법률상 원인에 의하여 그 재화를 다시 인도 또는 양도하는 경우에는 특별히 면세되거나 비과세한다는 별도의 규정이 없는 한 부가가치세 과세대상 거래에 해당한다.

자가공급

1. 면세전용

자기생산·취득 재화를 자기의 면세사업을 위하여 직접 사용하거나 소비하는 것은 재화의 공급으로 본다.

이는 과세사업을 위하여 생산·취득한 재화를 면세사업에 사용하는 것은 **사업자가 최종소비자의 지위에서 재화를 사용·소비하는 것과 동일한 것으로 볼 수 있기 때문이**다. ⊃ 과세형평

2. 비영업용 소형승용차

운수업, 자동차 판매업 등을 경영하는 사업자가 개별소비세 과세대상 승용차의 구입 및 유지와 관련하여 매입세액을 공제받고 이를 해당 업종에 직접 사용하지 않고 다른 용도에 사용하는 경우에는 재화의 공급으로 본다.

사업자가 부가가치세 매입세액을 공제받은 재화를 비영업용 소형승용차나 그 유지를 위한 용도로 사용하는 경우에 이를 재화의 공급으로 의제하는 취지는 **사업자가 이러한 재화를 비영업용으로 취득하여 부가가치세 매입세액을 공제받지 못한 경우와 과세의 형평을 유지**하기 위한 데 있다.

3. 판매목적 타사업장 반출

둘 이상의 사업장을 가진 과세사업자가 자기의 사업과 관련하여 생산·취득한 재화를 판매목적으로 다른 사업장에 반출하는 경우에는 재화의 공급으로 본다.

이는 제조 사업장에서는 매입세액만 발생하고 직매장에서는 매출세액만 발생하게 되어 **부가가치세 신고 시 불필요한 자금압박이 생기는 것을 방지**하기 위한 것이다.

영업용 vs 업무용

영업용이란 업무용보다 좁은 개념으로 부가가치 또는 매출 창출에 직접 기여한 것을 영업용이라고 하고, 간접적으로 기여한 것을 업무용이라고 한다.

과세표준

재화의 공급으로 보는 경우의 공급가액인 재화의 시가는 원칙적으로 공급의제 당시의 정상적인 거래에 의하여 형성된 객관적인 교환가격으로 산정하여야 한다.

감가상각자산을 전용한 경우에는 낮은 유통성으로 인하여 거래가격에 의하여 시가를 산정하기 어려운 점을 감안하여, '간주시가'를 적용하나, 판매용 재고자산인 소형승용차가 비영업용으로 전용된 경우와 같이 사업자의 과세사업에 사용되지 아니한 재화가 공급으로 의제된 경우에는 공급가액을 「부가가치세법」에 따라 취득가액을 기초로 하여 산정할 수 없고 **당해 차량의 거래가격에 의하여 산정**하여야 한다.

비교판례

국민주택초과분 아파트에 대하여 관련 매입세액을 공제한 후 동 아파트가 미분양되어 해당 아파트를 2년간 임대한 경우에도 면세전용으로 의제하여 과세하였다. 주된 이유는 아파트를 일시적·잠정적으로 임대한 것으로 볼 수 없고, 건설회사가 자신의 과세사업과 관련하여 생산한 아파트를 자기의 면세사업인 주택임대사업을 위하여 직접 사용한 것으로 보는 것이 타당하다고 판단하였기 때문이다. 이 판례에서도 **주택임대가 일시적·잠정적인 것인지 여부가 쟁점**이었다. 법원은 ① 임대기간을 잔금지급일로부터 2년으로 정하고 있는 점, ② 아파트를 재고자산에서 임대사업을 전제로 한 유형자산으로 대체하고 회계처리한 점, ③ 임대기간 중에 제3자에게 분양이 가능하다는 등의 특약사항이 전혀 기재되어 있지 않는 점 등을 이유로 일시적인 사용으로 볼 수 없다고 판단하였다. (2017두34865, 2017. 5. 16.)

02 게임머니의 매도가 재화의 공급에 해당하는지 여부
(2011두30281, 2012. 4. 13.)

사실관계

(1) 甲은 사업자등록을 하지 아니한 채 게임아이템 중개업체의 인터넷사이트를 통하여 온라인 게임인 '리니지'에 필요한 사이버 화폐인 게임머니를 게임제공업체나 다른 게임이용자로부터 매수한 다음, 이를 또 다른 게임이용자에게 수백 번에 걸쳐 매도하고, 그 중개업체를 경유하여 게임이용자로부터 대가를 지급받았다.

(2) 이에 과세관청은 甲이 「부가가치세법」의 납세의무자인 사업자(업태: 소매업, 종목: 전자상거래)로서 게임아이템을 판매하면서도 매출신고를 누락하였다는 이유로 甲의 주소지를 사업장으로 직권 등록한 다음 관련 세액을 산출하여 부가가치세 및 종합소득세 부과처분을 하였다.

쟁점

인터넷사이트를 통해 온라인 게임에 필요한 사이버 화폐인 게임머니를 게임제공업체나 게임이용자로부터 매수한 후 이를 다시 다른 게임이용자에게 매도한 거래가 부가가치세 과세대상인 재화의 '공급'에 해당하는지 여부

납세자 주장

(1) 게임머니는 온라임 게임 내에서만 사용될 수 있는 정보장치코드에 불과하여 재산적 가치가 없으므로 「부가가치세법」상 '재화'에 해당하지 않는다.

(2) 설사 게임머니를 재화로 본다고 하더라도, 이는 게임제공업체의 소유이고, 게임이용자 간 게임머니에 금전을 덧붙여 거래하였다 하더라도 **소유권의 변동**이 일어나지 아니하므로, 甲이 게임머니를 제공한 행위를 재화의 '공급'으로 볼 수는 없다.

결론

1. '재화'에 해당

다른 게임이용자 등으로부터 대가를 지급하고 매수한 게임머니를 지배·관리하면서, 또 다른 게임이용자에게 보다 높은 가격에 게임머니를 판매함으로써 이윤을 남기고 매도한 이상, 위 게임머니는 재산적 가치가 있는 거래의 객체로서 온라인 게임서비스상의 게임 등을 이용할 수 있는 권리 내지 기타 재산적 가치가 있는 무체물(권리)로서 「부가가치세법」상 재화에 해당한다.

특히, '관리할 수 있다'는 의미는 사람이 이를 지배할 수 있다는 의미로서, 이러한 배타적 지배가능성 및 관리가능성은 시대에 따라 변천하는 상대적인 것이다.

2. 재화의 '공급'에 해당

부가가치세의 과세거래인 재화의 '공급'은 '계약상 또는 법률상의 모든 원인에 의하여 재화를 인도 또는 양도하는 것'을 의미하는데, 다른 게임이용자 등으로부터 매수한 게임머니를 관리하면서, 또 다른 게임이용자에게 온라인상 계정으로 그 게임머니를 이전하는 방법으로 '매도'하면, 이전받은 게임이용자는 이를 온라인 게임서비스상의 게임에서 이용할 수 있으므로, 甲의 게임머니 '매도거래'는 재화의 '공급'에 해당한다.

3. 사업자에 해당

부가가치를 창출해낼 수 있는 정도의 사업형태를 갖추고 계속적이고 반복적인 의사로 재화인 게임머니를 게임이용자에게 공급하였다고 봄이 상당하므로, 甲은 사업자에 해당한다.

비교판례

A법인은 봉안당 안치기수를 약 25,000기로 하는 상황에서 안치기수를 80,000기 이상으로 확대신고하는 것을 전제로 투자금액에 따라 일정한 수량의 안치기수를 분양하는 내용으로 투자를 받았다. 이후 투자자들 사이에서도 해당 분양권이 양도되기도 했는데, 과세관청은 이때의 봉안당 분양권을 「부가가치세법」상 권리로 보아 과세하고, 부가가치세 포탈로 고발하였다.

그러나 대법원은 다음과 같은 이유로 봉안당 분양권이 「부가가치세법」상 권리에 해당하지 않는다고 보았다. 관계 법령상 사업시작시점부터 500구 이상의 납골당(봉안당)을 설치할 수 있는 자는 「민법」에 의하여 납골시설의 설치·관리를 목적으로 설립된 재단법인이거나 종교단체일 것을 그 요건으로 하였는데, A법인은 애초에 그러한 요건을 갖추지 못하였다. 봉안당 설치신고는 수리를 요하는 신고인데 실제로 그 요건 미비를 이유로 수리가 반려되어 그 패소 판결도 확정되었다. 따라서 이러한 상태에서 봉안당 분양권은 아직 현실적으로 이용할 수 있는 것으로서 객관적인 재산적 가치가 있는 권리에 해당한다고 보기 어렵다. (2015두2284, 2015. 12. 10.)

정의

1. 정의(「부가가치세법」 제2조)

이 법에서 사용하는 용어의 뜻은 다음과 같다.

> 1. 재화란 재산 가치가 있는 **물건 및 권리**를 말한다. 물건과 권리의 범위에 관하여 필요한 사항은 대통령령으로 정한다.
> 2. 용역이란 재화 외에 재산 가치가 있는 모든 역무(役務)와 그 밖의 행위를 말한다. 용역의 범위에 관하여 필요한 사항은 대통령령으로 정한다.
> 3. 사업자란 사업 목적이 영리이든 비영리이든 관계없이 사업상 독립적으로 재화 또는 용역을 공급하는 자를 말한다.

2. 재화의 범위(「부가가치세법 시행령」 제2조)

> ① 「부가가치세법」 제2조 제1호의 물건은 다음 각 호의 것으로 한다.
>   1. 상품, 제품, 원료, 기계, 건물 등 모든 유체물(有體物)
>   2. 전기, 가스, 열 등 관리할 수 있는 자연력
> ② 법 제2조 제1호의 권리는 광업권, 특허권, 저작권 등 제1항에 따른 물건 외에 재산적 가치가 있는 모든 것으로 한다.

3. 사업의 범위 해석(「부가가치세법 시행규칙」 제2조 관련)

> 부동산의 양도행위가 '부동산매매업'의 일환으로 이루어져 부가가치세의 과세대상이 되는지 여부 또는 그로 인한 소득이 사업소득에 해당하는지 여부는 **양도인의 부동산 취득 및 보유현황, 조성의 유무, 양도의 규모, 횟수, 태양, 상대방 등에 비추어 그 양도가 사업활동으로 볼 수 있을 정도의 계속성과 반복성이 있는지** 등을 고려하여 사회통념에 따라 판단하여야 하고, 그 판단을 할 때에는 단지 당해 양도 부동산에 대한 것뿐만 아니라, 양도인이 보유하는 부동산 전반에 걸쳐 당해 양도가 이루어진 시기의 전후를 통한 모든 사정을 참작하여야 한다. 따라서 그 부동산 거래가 전체적으로 사업 목적 하에 계속성과 반복성을 가지고 이루어진 이상 위 규정상의 판매횟수에 미달하는 거래가 발생하였다고 하더라도 그 과세기간 중에 있는 거래의 사업성이 부정되는 것이 아니다. 즉, 건설업과 부동산업 중 재화를 공급하는 사업의 범위에 관한 규정은 '예시' 규정으로 본다. (2010두29192)

공급

1. 재화의 공급(「부가가치세법」 제9조 제1호)

재화의 공급은 **계약상 또는 법률상의 모든 원인**에 따라 재화를 인도(引渡)하거나 양도(讓渡)하는 것으로 한다.

2. 용역의 공급(「부가가치세법」 제11조 제1호)

용역의 공급은 **계약상 또는 법률상의 모든 원인**에 따른 것으로서 다음의 어느 하나에 해당하는 것으로 한다.

> 1. 역무를 제공하는 것
> 2. 시설물, 권리 등 재화를 사용하게 하는 것

03 온실가스배출권이 권리에 해당하는지 여부
(2017두65524, 2018. 4. 12.)

사실관계

(1) 「에너지이용 합리화법」에서는 사업시행자가 온실가스 배출 감축을 목적으로 시행하는 일정한 사업을 온실가스 배출 감축사업으로 하면서, 감축사업의 등록, 이행과 더불어 감축실적의 인증 및 관리 등에 관하여 구체적으로 정하고 있다.

(2) 「에너지이용 합리화법」에서는 정부가 사업자로부터 인증받은 감축실적을 구매할 수 있고, 정부구매기준가격은 국제시세의 가격변동율, 감축실적 발생톤, 당해연도 예산규모 등을 고려한 산식에 따라 산정하며, **정부가 구매한 감축실적의 소유권이 정부에 귀속**된다고 규정하고, 감축실적의 해외 판매 등과 더불어 민간거래에 관하여도 규정하고 있다.

(3) A법인은 위에서 언급한 온실가스 배출 감축사업에 참여하였는데, 정부로부터 해당 사업을 위탁받은 에너지관리공단에 온실가스 감축실적을 판매하는 형식으로 일정한 지급금을 받았다.

(4) 과세관청은 **온실가스 감축실적이 재산적 가치가 있는 권리로서 '재화'에 해당**하고, A법인이 수령한 지급금은 정부에 감축실적을 공급한 대가로서 부가가치세 과세표준에 포함된다고 보아 과세하였다.

(5) 이에 대해 A법인은 온실가스 감축실적은 **재산적 가치가 없으므로 부가가치세 과세대상인 '권리'로 볼 수 없으며**, 그 '판매'라는 형식에도 불구하고 거래의 실질은 A법인이 온실가스 배출량을 감축한 데 대하여 **정부가 인센티브로서 보조금을** 지급하는 것이므로, A법인이 수령한 지급금은 감축실적의 이전과 대가관계가 없는 국고보조금으로서 부가가치세 과세표준에 포함될 수 없다고 주장하였다.

쟁점

(1) 온실가스배출권의 **재산적 가치**가 있는지 여부
(2) 온실가스배출권에 대한 지급대가가 정부의 **재정상 원조**인지 여부

재산적 가치

법령 등의 규제가 없다면 사업자들은 온실가스를 자유롭게 배출할 수 있으므로 이 경우 온실가스 배출권 자체의 재산적 가치를 인정하기는 어려우나, 법령 등에 따라 온실가스 배출이 규제된다면 그 규제를 벗어날 수 있는 권리로서 온실가스 배출권의 재산적 가치를 인정할 수 있다. 따라서 **온실가스 배출권의 재산적 가치는 기본적으로 법령이나 정부정책 등에 따라 창설**되는 것이다.

재화인지 여부의 판단 기준이 되는 재산적 가치의 유무는 그 재화의 경제적 효용가치에 의하여 객관적으로 결정되어야 하고 거래당사자의 주관적인 평가에 따라 달라져서는 아니 되므로, 권리가 현실적으로 이용될 수 있고 경제적 교환가치를 가지는 등으로 객관적인 재산가치가 인정되는 경우에 비로소 「부가가치세법」상 '권리의 공급'에 해당한다.

재정상 원조 여부

감축실적은 장래 수요가 있을 것으로 예상되는 등의 사정에 기초하여 일정한 재산적 가치를 지니고 있고, 사업자가 정부에 감축실적을 판매하는 경우 그 **감축실적은 정부에 귀속되어 사업자는 더 이상 감축실적을 판매 또는 이용할 수 없게 된다.**

정부가 감축실적에 대하여 지급하는 돈은 정부가 구매하는 감축실적의 양에 비례하고, 그 지급단가는 국제시세의 가격변동율, 감축실적 발생톤, 당해연도 예산규모 등에 따라 정해지는 점 등의 사정을 종합하여 판단했을 때, A법인이 수령한 지급금은 **사업자가 정부에 감축실적을 공급한 대가**에 해당하므로, 이를 감축사업의 조성 및 재정상 원조라고 보기는 어렵다. 따라서 A법인이 수령한 지급금은 권리의 공급대가로 수령한 것으로서 부가가치세 과세표준에 포함된다.

신의성실원칙

정부의 사업 위탁을 받은 에너지관리공단이 2010. 12. 28. A법인에게 '2010년 하반기 감축실적 정부구매 실시결과 알림'이라는 제목의 공문에서 '정부에서 지급되는 보조금은 「부가가치세법」 제13조에 따라 과세표준에 포함되지 않는다'고 밝힌 바 있다. 이에 대해 신의성실원칙 적용이 쟁점이 되었는데 법원은 에너지관리공단이 부가가치세 과세에 관한 권한이 있는 기관이 아니고, 따라서 납세자가 에너지관리공단이 견해를 신뢰하였다고 하더라도 납세자에게 귀책사유가 없다고 보기 어려운 사정 등에 비추어보면, 과세관청의 부과처분이 신의성실의 원칙에 위반된다고 보기 어렵다고 판단하였다.

가산세

A법인이 지급금을 지급받을 당시 감축실적의 판매가 부가가치세 과세대상 재화의 공급에 해당한다는 점을 판단하기 어려웠을 것으로 보이고, 주관부처로부터 사업을 위탁받아 수행하는 에너지관리공단이 이 사건 지급금이 부가가치세 과세대상 재화의 공급인지에 관하여 적법한 판단을 내리지 못하였음을 알 수 있는 등의 사정에 비추어 보면, A법인이 감축실적의 판매에 관하여 세법상 의무를 알지 못한 데에 **정당한 사유**가 있다. 따라서 가산세 부과처분은 위법하다.

04 외국법인의 용역공급
(2014두13829, 2016. 2. 18.)

사실관계

(1) 영국법인인 A법인은 국내에 지점을 설치하고 인천대교 건설사업의 시행자인 B 법인에게 사업 개발 및 관리 서비스, 기술관리 서비스, 건설예측 서비스 등의 용역을 제공하였다.

(2) A법인은 주요 업무수행자의 국내 또는 국외 체류 여부를 주요한 기준으로 삼아 국외제공용역의 대가를 산정하여, 국내제공용역계약에 따른 용역에 관하여는 지점(국내사업장)을 통하여 제공된 것으로 보아 부가가치세를 신고·납부하였으나, 국외제공용역계약에 따른 용역은 국외에서 제공된 것으로 보아 부가가치세를 신고·납부하지 않았다.

(3) 이에 과세관청은 A법인이 '국외제공용역계약'으로 간주하여 부가가치세를 신고하지 않은 것을 매출 누락으로 판단하여 부가가치세를 과세하였다.

쟁점

외국법인이 국외에서 수행한 용역을 국내제공용역과 별도로 구분할 수 있는지 여부

결론

(1) A법인이 별도로 구분한 국외제공용역은 그 자체로 독자적인 목적을 수행하는 것이라기보다 국내제공용역과 결합하여 제공되어야만 용역 공급의 목적을 달성할 수 있다.

(2) 국외제공용역은 전체적으로 평가할 때 국내제공용역과 유기적으로 결합하여 실질적으로 하나의 인적 용역으로서 그 중요하고도 본질적인 부분이 국내에서 제공된 것이다.

(3) 따라서 일부 용역이 해외에서 제공되었더라도 이는 결국 인천대교 건설로 연결될 수밖에 없어 국내에서 제공되는 용역에 부수적인 용역으로 볼 수 있다.

05 용역의 공급장소
(2018두39621, 2022. 7. 28.)

사실관계

(1) A신용카드회사는 「여신전문금융업법」에 따라 신용카드업을 하는 사업자들이고, 마스터카드사는 미합중국 법률에 따라 설립된 미합중국법인으로 「법인세법」 제94조에 따른 국내사업장을 가지고 있지 않다.

(2) A신용카드회사는 마스터카드와 상표 등을 국내에서 사용할 수 있는 라이선스계약을 체결하고 국내에서 마스터카드의 상표를 부착한 신용카드를 발급하여 왔다.

(3) A신용카드회사는 마스터카드의 상표를 부착한 신용카드의 사용과 관련하여 마스터카드에게 ① 국내 거래금액 중 신용결제금액의 0.03% 및 현금서비스금액의 0.01%에 해당하는 돈(Issuer Assessment 또는 Domestic Assessment, 이하 '발급사분담금'이라 한다)과 ② 국외 거래금액 중 신용결제금액 및 현금서비스금액의 각 0.184%에 해당하는 돈(Daily Assessment Incoming 또는 Cross-border volume fee, 이하 '발급사일일분담금'이라 하고, 발급사분담금과 통틀어 '이 사건 분담금'이라 한다)을 지급하였다.

쟁점

용역이 공급되는 장소(국내사업장이 없는 외국법인에게 국내에서 공급된 용역에 대하여 대가를 지급하는 경우에 한하여 대리납부의무가 있기 때문임)

결론

발급사분담금은 상표권의 사용대가로서 **사용료 소득**에 해당하고, 발급사일일분담금은 **사업소득**에 해당한다. 이 사건 분담금과 관련한 **용역이 공급되는 장소는 국내**로 보아야 하므로, A신용카드회사에게 위 용역에 관한 부가가치세 대리납부의무가 있음을 전제로 한 이 사건 부가가치세 처분은 적법하다.

판단근거	## 1. 대리납부의무

역무를 제공하는 용역의 경우 과세권이 미치는 거래인지는 역무가 제공되는 장소를 기준으로 판단하여야 하고, 외국법인이 제공한 역무의 **중요하고도 본질적인 부분**이 국내에서 이루어졌다면 그 일부가 국외에서 이루어졌더라도 역무가 제공되는 장소는 국내라고 보아야 한다(대법원 2006. 6. 16. 선고, 2004두7528, 7535 판결 등). 한편 역무가 제공되기 위해서 이를 제공받는 자의 협력행위가 필요한 경우에는 그 협력행위가 어디에서 이루어졌는지도 아울러 고려하여 역무의 중요하고도 본질적인 부분이 어디에서 이루어졌는지를 판단하여야 한다. 마스터카드가 A신용카드회사에게 사용을 허락한 상표권은 국내에서 사용된 것으로 보아야 하는 점, 마스터카드가 A신용카드회사에게 신용카드의 사용과 관련하여 제공하는 **역무의 주된 내용은 시스템을 통해 신용카드의 국외 사용이 가능하도록 서비스 및 관련 정보를 제공하는 것으**로 이는 마스터카드가 A신용카드회사의 국내사업장에 설치한 결제 네트워크 장비와 소프트웨어를 통해 A신용카드회사가 이 사건 시스템에 접속하여 신용카드 거래승인, 정산 및 결제 등에 관한 정보를 전달받거나 전달함으로써 그 목적이 달성되므로 위 역무의 중요하고도 본질적인 부분은 국내에서 이루어졌다고 보아야 하는 점 등에 비추어 보면, 이 사건 분담금과 관련한 용역이 공급되는 장소는 국내로 보아야 하므로, A신용카드회사에게 위 용역에 관한 부가가치세 대리납부의무가 있음을 전제로 한 이 사건 부가가치세 처분은 적법하다.

2. 제공된 용역이 면세인지 여부

A신용카드회사가 마스터카드에게 이 사건 분담금을 지급하고 이 사건 시스템을 이용하거나 참가인의 상표권 사용권한을 부여받았으므로, **A신용카드회사가 마스터카드로부터 제공받은 용역은 부가가치세가 면제되는 금융·보험용역인 여신전문금융업 또는 그와 유사한 용역에 해당하지 않는다.**

관련 법령	## 용역의 공급장소(「부가가치세법」 제20조 제1항)

> 용역이 공급되는 장소는 다음 각 호의 어느 하나에 해당하는 곳으로 한다.
> 1. 역무가 제공되거나 시설물, 권리 등 재화가 사용되는 장소
> 2. 국내 및 국외에 걸쳐 용역이 제공되는 국제운송의 경우 사업자가 비거주자 또는 외국법인이면 여객이 탑승하거나 화물이 적재되는 장소
> 3. 제53조의2 제1항에 따른 전자적 용역의 경우 용역을 공급받는 자의 사업장 소재지, 주소지 또는 거소지

제3장 영세율과 면세

01 영세율, 용역의 공급장소 관련 판결
(2016두49679, 2017. 1. 12.)

내국신용장

A회사는 외항선 또는 원양어선의 선원이나 국제항로에 취항하는 항공기 또는 여객선의 승객에게 판매할 목적으로 반출신고된 특수용 담배를 국내업체인 도매거래업체들에게 수출용으로 판매하면서 수출신고필증은 교부받았으나 내국신용장 또는 구매확인서를 교부받지 않았다. 도매거래업체들은 공급받은 특수용 담배 중 일부를 중국으로 수출하였고 나머지는 대부분 국내로 유통시켰다. 법원은 A회사가 도매업체들에게 내국신용장 또는 구매확인서를 받지 않고 수출용으로 공급한 사실만으로 영세율을 적용할 수 없다고 하였다. (2016두49679, 2017. 1. 12.)

원화로 수령

국내회사가 국내사업장이 없는 외국법인과의 공급계약에 따라 그 법인이 지정하는 자에게 서비스를 제공하고 그 대가를 그 법인에게 지급하여야 할 금액에서 차감하는 방식(상계방식)으로 지급받는 거래에 대하여 과세관청이 부가가치세 부과처분을 한 사안에서, 국내사업장이 없는 '외국법인 등이 지정한 자에게' 국내에서 용역 등을 제공하는 경우도 영세율 적용대상으로 규정한 「부가가치세법 기본통칙」은 「부가가치세법 시행령」의 취지 등에 부합되는 해석으로 볼 수 있어, 그 거래는 외화획득 거래로서 영세율이 적용되어온 과세관행에 포섭될 수 있으므로, 과세관청의 부과처분은 신의성실원칙 내지 새로운 해석에 의한 소급과세금지원칙에 반하여 위법하다. (2007두19294, 2010. 4. 15.) 이 판례 이후로 「부가가치세법 시행규칙」을 다음과 같이 개정하였다.

대가의 지급방법에 따른 영세율의 적용 범위(「부가가치세법 시행규칙」 제22조)

> 영 제33조 제2항 제1호 각 목 외의 부분 본문 및 같은 항 제2호 단서에서 "기획재정부령으로 정하는 방법"이란 다음 각 호의 어느 하나에 해당하는 방법을 말한다.
> 1. 국외의 비거주자 또는 외국법인으로부터 외화를 직접 송금받아 외국환은행에 매각하는 방법
> 2. 국내사업장이 없는 비거주자 또는 외국법인에 재화 또는 용역을 공급하고 그 대가를 해당 비거주자 또는 외국법인에 지급할 금액에서 빼는 방법
> 3. 국내사업장이 없는 비거주자 또는 외국법인에 재화 또는 용역을 공급하고 그 대가를 국외에서 발급된 신용카드로 결제하는 방법
> 4. 국내사업장이 없는 비거주자 또는 외국법인에 재화 또는 용역을 공급하고 그 대가로서 국외 금융기관이 발행한 개인수표를 받아 외국환은행에 매각하는 방법
> 5. 국내사업장이 없는 비거주자 또는 외국법인에 재화 또는 용역을 공급하고 그 대가로서 외화를 외국환은행을 통하여 직접 송금받아 외화예금 계좌에 예치하는 방법(외국환은행이 발급한 외화입금증명서에 따라 외화 입금사실이 확인되는 경우에 한정한다)

국외제공용역

A법인은 금융자문 컨설팅업 등을 영위하고 있는 법인으로서, 홍콩에 본점을 두고 있는 B외국법인으로부터 해외우량채권 백투백 거래구조의 설계에 관한 컨설팅 용역을 제공받았으며, 그에 대한 대가로 용역대금을 B에게 지급했다.

과세관청은 A법인에 대한 법인세 통합조사를 실시한 결과, '국내사업장이 없는 B가 국내에서 이 사건 용역을 A법인에게 공급하고, 그에 대한 대가로서 이 사건 용역대금을 지급받았으므로, 위 금원에 대해 A법인이 「부가가치세법」 제52조 제1항 제1호에 따른 부가가치세 대리납부의무를 부담한다'고 보아 과세하였다. 그러나 법원은 이 사건 용역의 수행 및 해당 결과물의 전달이 모두 국외에서 이루어진 이상 이 사건 용역이 제공되는 장소는 국내가 아닌 국외라고 봄이 합리적이고, 원고가 단지 국내법인으로서 이 사건 용역의 결과물인 이 사건 거래지시서를 바탕으로 국내 투자회사 등에 채권 거래를 별도로 지시했다는 이유만으로 이 사건 용역의 공급장소가 국내라고 볼 수는 없다는 이유로 대리납부의무가 없다고 하였다. (2014두8766, 2016. 1. 14.)

02 면세 교육용역을 제공하는 '비영리단체'의 범위
(2016두57472, 2017. 4. 13.)

사실관계

A박물관은 유리만들기 체험학습 프로그램을 운영하여 박물관 입장료와 별도로 체험학습 신청자들로부터 체험학습비를 받았는데, 이를 부가가치세 면세수입금액으로 신고하였다. 과세관청은 이를 부가가치세 과세대상으로 판단하고 A박물관에 부가가치세를 부과하였다.

쟁점

(1) 박물관에서 체험학습비로 수령한 것이 박물관 입장료(면세)에 해당하는지 여부

(2) 박물관을 교육용역이 면세되는 '비영리단체'에 해당한다고 볼 수 있는지 여부

결론

(1) 박물관의 입장과 관련한 재화 또는 용역의 공급에 한하여 부가가치세를 면제한다. 그러나 체험학습비는 관람객의 박물관 입장과 관련한 재화 또는 용역의 공급으로 인하여 발생한 것이라고 볼 수 없다. 따라서 **별도의 교육용역**으로 볼 수 없는 한 과세되어야 한다.

(2) 박물관은 「평생교육법」에 따른 평생교육기관으로서 부가가치세 면세조항에서 정한 '그 밖의 비영리단체'에 해당하며, 유리공예품·조형물 등을 전시하는 박물관에서 제공하는 유리만들기 체험학습은 박물관자료에 관한 지식·기술 등을 가르치는 문화예술교육 내지 시민참여교육으로서 부가가치세가 면제되는 교육용역에 해당한다.

비영리단체

「부가가치세법 시행령」 제30조에서 정한 '그 밖의 비영리단체'는 주무관청의 허가나 인가 등을 받아 설립된 **모든 비영리단체를 의미하는 것은 아니며** 원칙적으로 「초·중등교육법」, 「고등교육법」, 「영유아보육법」, 「유아교육법」, 「학원의 설립·운영 및 과외교습에 관한 법률」, 「체육시설의 설치·이용에 관한 법률」, 「평생교육법」 등과 같이 학교나 학원 등에 대한 구체적 시설 및 설비의 기준을 정한 법률에 따른 허가나 인가 등을 받아 설립된 비영리단체를 의미한다.

➲ 박물관은 「평생교육법」에 따른 「평생교육법」에 따라 인가 등을 받아 설립되어 평생교육 프로그램을 실시하는 평생교육기관인 단체 등과 차이가 없어, '그 밖의 비영리단체'에 포함된다.

관련 법령

1. 재화 또는 용역의 공급에 대한 면세(「부가가치세법」 제26조)

다음의 재화 또는 용역의 공급에 대해서는 부가가치세를 면제한다.
6. 교육 용역으로서 대통령령으로 정하는 것

2. 교육용역의 범위(「부가가치세법 시행령」 제36조)

① 법 제26조 제1항 제6호에 따른 교육 용역은 다음의 어느 하나에 해당하는 시설 등에서 학생, 수강생, 훈련생, 교습생 또는 청강생에게 지식, 기술 등을 가르치는 것으로 한다.
1. 주무관청의 허가 또는 인가를 받거나 주무관청에 등록되거나 신고된 학교, 학원, 강습소, 훈련원, 교습소 또는 그 밖의 비영리단체
2. 「청소년활동 진흥법」에 따른 청소년수련시설
3. 「산업교육진흥 및 산학연협력촉진에 관한 법률」에 따른 산학협력단
4. 「사회적기업 육성법」에 따라 인증받은 사회적기업
5. 「과학관의 설립·운영 및 육성에 관한 법률」에 따라 등록한 과학관
6. 「박물관 및 미술관 진흥법」에 따라 등록한 박물관 및 미술관
   ➲ 대법원 판례 반영하여 신설된 조항

참고판례

A법인이 국내에서 시행하는 국제공인자격시험센터를 운영하기 위하여 외국법인과 시험문제 및 관련 소프트웨어 제공에 관한 계약을 체결하고 대가를 지급한 것과 관련하여, 대리납부의무가 있는지가 쟁점이 되었다.

여기서 A법인이 국내에서 시험응시료를 받은 것이 부가가치세 과세대상이라면 대리납부의무는 없게 되는데, 대법원은 **시험이라는 용역은 학원의 수강생 등에게 학습의 성취도 평가 등을 목적으로 실시하는 모의시험 등과는 구별되는 것으로서 '지식·기술 등을 가르치는 것'에 해당하는 교육용역이라고 보기 어려우므로 부가가치세 과세대상**이라고 하였다. 그 결과 A법인은 대리납부의무가 없다. (2007두14190, 2008. 6. 12.)

03 정육매장에서 판매한 쇠고기가 음식용역에 포함되는지 여부
(2012두28636, 2015. 1. 29.)

사실관계

(1) 甲은 강원도에 있는 건물 중 1층에서는 쇠고기와 부산물들을 판매하는 정육매장을, 2층에서는 고객들이 구입하여 온 쇠고기를 조리하여 먹을 수 있는 접객시설을 갖춘 식당을 운영하였다.

(2) 甲이 운영하는 1층 정육매장과 2층 식당은 출입문이 별도로 구분되어 있고, 각 층마다 별도의 계산대를 설치하여 계산이 이루어지고 있으며, 2층 식당의 메뉴는 기본 상차림, 양념, 된장찌개, 공기밥, 냉면류, 주류 및 음료 등으로서 쇠고기를 제외한 음식 부재료 등으로만 이루어져 있다. 손님들은 1층에서 쇠고기를 직접 구입하여 2층 식당에 가서 직접 고기를 구워 먹었다.

쟁점

2층 식당에서 음식용역을 공급하는 것에 부수하여 1층 정육매장에서 쇠고기를 공급한 것인지 여부

결론

소비자가 실질적으로 면세대상인 정육을 별도로 구입해서 그것을 조리할 수 있는 시설과 반찬 등만 제공받는 경우라면 그 정육은 면세대상이 된다.

주요근거

(1) 음식업은 「부가가치세법」상 과세대상인 용역으로 분류되는데 음식점에서 제공하는 정육이 과세대상인지 면세대상인지 여부는 그 실질에 따라야 한다.

(2) 소비자가 1층 정육식당에서 정육을 구입하여 같은 식당 2층에서 즉시 조리하여 먹는 경우, 소비자가 직접 정육을 가지고 오지 않고 2층 식당에서 직원에게 정육과 음식 부재료 등을 일괄 주문하여 식사를 하는 형태로 영업이 이루어 졌다면 구체적인 주문방식 및 정육의 제공형태에 따라 **2층 식당에서의 정육의 공급이 부수재화로서 과세대상인 음식용역의 제공에 해당**된다고 한다.

(3) 그러나 1층 정육매장과 2층 식당의 출입문이 별도로 구분되어 있고 각 층마다 별도의 계산대를 설치하여 계산이 이루어지고 있으며 2층 식당의 메뉴는 기본 상차림비, 양념비, 된장찌개, 공기밥, 냉면류, 주류 및 음료 등으로 정육을 제외한 음식 부재료 등으로만 이루어져 있는 사실이 인정되는 경우에는 **정육의 판매를 과세대상인 음식용역에 포함**된다고 할 수 없다.

(4) 음식업은 원칙적으로 과세대상 용역에 해당되기 때문에 식당 내에서 다른 음식과 함께 일괄 제공되는 정육은 부수재화로서 과세대상이 되지만, 소비자가 실질적으로 면세대상인 정육을 별도로 구입해서 그것을 조리할 수 있는 시설과 반찬 등만 제공받는 경우라면 그 정육은 면세대상이 된다.

(5) 세법 중 과세표준의 계산에 관한 규정은 소득, 수익, 재산, 행위 또는 거래의 명 칭이나 형식에 관계없이 그 실질 내용에 따라 적용한다. 그러나 납세의무자가 경 제활동을 함에 있어서는 동일한 경제적 목적을 달성하기 위하여서도 여러 가지의 법률관계 중 하나를 선택할 수 있으므로 그것이 과중한 세금의 부담을 회피하기 위한 행위라고 하더라도 가장행위에 해당한다고 볼 특별한 사정이 없는 이상 유 효하다고 보아야 한다. ➲ 과세관청이 실질과세원칙을 적용하여 과세하여야 한다는 주장에 대한 법원의 입장

부수재화 ·
부수용역

1. 주된 거래에 부수되는 재화 또는 용역

주된 재화 또는 용역의 공급에 부수되어 공급되는 것으로서 다음 중 어느 하나에 해당하는 재화 또는 용역의 공급은 주된 재화 또는 용역의 공급에 포함되는 것으 로 본다.

> ① 해당 대가가 주된 재화 또는 용역의 공급에 대한 대가에 통상적으로 포함되어 공 급되는 재화 또는 용역
> ② 거래의 관행으로 보아 통상적으로 주된 재화 또는 용역의 공급에 부수하여 공급 되는 것으로 인정되는 재화 또는 용역

[사례 1] 과세대상인 조경공사용역을 공급하면서 제공하는 면세대상인 수목은 조경공 사용역에 포함되는 것으로 보아 부가가치세가 과세된다.

[사례 2] 「학원의 설립·운영에 관한 법률」에 의한 설립요건을 갖추어 주무관청에 등 록한 메이크업학원에서 수강생에게 메이크업 교육용역을 제공하는 경우에는 부가가 치세가 면제되는데, 해당 교육용역의 제공에 필요한 화장품의 대가를 수강료에 포함 하여 받거나 별도로 받는 경우 그 화장품은 주된 용역인 교육용역에 부수되는 것이므 로 부가가치세가 면제된다. 다만, 해당 교육용역의 제공과 관계없이 별도로 화장품 을 공급하는 경우에는 부가가치세 과세대상이 된다.

[사례 3] 주된 공급의 부수공급이 되기 위해서는 해당 대가가 주된 재화 또는 용역의 공급에 대한 대가에 **통상적으로 포함**되어 공급되는 재화 또는 용역으로 주된 공급과 부수공급은 불가분의 관계에 있어야 한다. 그러나 수분양자가 주택을 분양받으면서 이루어진 **발코니 확장**은 선택사양에 해당되고 발코니 확장공사가 주택의 이용에 필 수적으로 필요한 것은 아니다. 또한 주택의 공급과 발코니확장 공급에 대하여 **별도의 계약서를 작성하고 대금을 구분하여 지급**하는 등 상호 간의 불가분성을 인정하기는 어렵다. 따라서 발코니 확장공사는 면세용역인 아파트 건설용역의 일부에 불과하다 고 할 수 없고, 위 건설용역과 구별되는 **별개의 과세용역**에 해당한다. (2019두 44682, 2019. 10. 17.)

2. 주된 사업에 부수되는 재화 또는 용역

주된 사업에 부수되는 다음 중 어느 하나에 해당하는 재화 또는 용역의 공급은 별도의 공급으로 보되, 과세 및 면세 여부 등은 주된 사업의 과세 및 면세 여부 등에 따른다.

> ① 주된 사업과 관련하여 우연히 또는 일시적으로 공급되는 재화 또는 용역
> ② 주된 사업과 관련하여 주된 재화의 생산 과정이나 용역의 제공 과정에서 필연적으로 생기는 재화

[사례 1] 면세사업자인 금융업자가 면세사업에 사용하던 건축물을 양도하는 경우 해당 건축물의 공급은 면세이다.

[사례 2] 면세사업자인 의료보건업자가 면세사업에 사용하던 건물이나 의료기기를 매각하는 경우에 그 건물이나 의료기기의 공급에 대해서는 부가가치세가 면제된다.

[사례 3] 과세대상인 복숭아 통조림을 제조하는 사업자가 판매하는 복숭아씨는 미가공 농산물임에도 불구하고 주된 재화인 복숭아 통조림이 과세대상이므로 복숭아 통조림 제조업자가 공급하는 복숭아씨는 부가가치세 과세대상이 된다.

04 장례식장(면세사업)을 운영하면서 음식물을 제공한 경우
(2013두0932, 2013. 6. 28.)

사실관계

(1) 의료법인으로부터 장례식장을 임차하여 운영하는 A법인은 장의용역과 함께 상주 및 문상객에게 음식물을 제공하고 상주로부터 대가를 지급받았다.

(2) A법인이 장례식장을 운영하여 얻은 매출액 중 음식물 제공용역에 대한 대가가 차지하는 비율은 약 40% 이내였으며, 또한 음식물 제공용역을 제3자에게 위탁하기도 하였다. 위탁의 경우 제3자는 과세, 이를 공급받은 A는 관련 매입세액을 공제하지 아니하였다.

(3) A법인은 음식물 제공용역은 장의용역에 부수되어 공급되므로 장의용역과 함께 부가가치세는 면세된다고 판단하고 부가가치세를 신고하지 않았다. 이에 과세관청은 장의용역 제공에 음식물을 제공한 것이 포함되지 않는다고 하여 부가가치세를 과세하였다.

쟁점

장례식장에서의 음식물 제공용역의 공급이 장의용역의 공급에 부수되는 용역인지 여부

결론

1. 거래 관행상 통상적으로 부수하여 제공되는 것인지 여부

장례식장에서의 음식물 제공용역의 공급은 일반인이 아니라 특정 조문객만을 대상으로 빈소 바로 옆 공간이라는 제한된 장소에서 이루어지는 것이 일반적인 점 등에 비추어보면, 거래의 관행상 장례식장에서 음식물 제공용역의 공급이 부가가치세 면세 대상인 장의용역의 공급에 '통상적'으로 부수되고 있음을 충분히 인정할 수 있다.

2. 음식물을 위탁하여 제공한 것이 영향을 미치는지 여부

음식물 제공용역의 공급이 장의용역에 해당하지 않는 것은 사실이나, 부수성 인정 여부의 핵심은 거래 관행상 장의용역 공급과정에서 누구에 의해서건 음식물 제공용역의 공급이 부수되어 이루어지고 있는 것인지에 있을 뿐, 음식물 제공용역의 공급이 장의용역 공급자에 의해 직접 이루어져야만 부수성을 인정할 수 있는 것으로 제한하여 해석할 아무런 이유가 없다. 따라서 음식물 제공과 관련하여 위탁한 것은 부수성을 판단하는 데 영향이 없다.

비교판례

병원을 운영하는 학교법인의 병원 부설주차장은 의료보건 용역의 공급과는 별도의 계약에 의하여 이루어지고, 그 대가도 별도로 수수되고 있으며, 병원 이용액 중 환자 등 의료보건 용역 공급과 관련이 있는 자에게 일정한 할인 등의 특례를 제공하고 있는 것에 불과하다. 따라서 주차장 용역이 거래의 관행으로 보아 통상적으로 의료보건 용역의 공급에 부수하여 공급된다고 볼 수 없다.

또한 병원 구내식당의 식비는 공장, 광산, 건설사업장 등의 종업원만을 의미하므로, 학교의 경영자가 그 종업원이라고 할 수 있는 교직원의 복리후생을 목적으로 공급하는 식당 용역은 면세대상으로 볼 수 없다. (2018두62058, 2022. 4. 14.)

개정 전(판례 근거 법률)	개정 후(현행 법률)
공장, 광산, 건설사업현장 및 이에 준하는 것으로서 대통령령으로 정하는 사업장과 「초·중등교육법」 제2조 및 「고등교육법」 제2조에 따른 학교(이하 이 호에서 "사업장 등"이라 한다)의 경영자가 그 종업원 또는 학생의 복리후생을 목적으로 해당 사업장 등의 구내에서 식당을 직접 경영하여 공급하거나 「학교급식법」 제4조 각 호의 어느 하나에 해당하는 학교의 장의 위탁을 받은 학교급식공급업자가 같은 법 제15조에 따른 위탁급식의 방법으로 해당 학교에 직접 공급하는 음식용역(식사류로 한정한다). 이 경우 위탁급식 공급가액의 증명 등 위탁급식의 부가가치세 면제에 관하여 필요한 사항은 대통령령으로 정한다.	2. 다음 각 목의 어느 하나에 해당하는 음식용역(식사류로 한정한다). 이 경우 위탁급식 공급가액의 증명 등 위탁급식의 부가가치세 면제에 필요한 사항은 대통령령으로 정한다. 가. 공장, 광산, 건설사업현장 및 「여객자동차 운수사업법」에 따른 노선 여객자동차운송사업의 경영자가 그 종업원의 복리후생을 목적으로 해당 사업장의 구내에서 식당을 직접 경영하여 공급하는 음식용역 다. 「초·중등교육법」 제2조 및 「고등교육법」 제2조에 따른 학교의 경영자가 학생의 복리후생을 목적으로 학교 구내에서 식당을 직접 경영하여 공급하는 음식용역

05 주택과 이에 부수되는 토지의 임대용역
(2013두1225, 2013. 6. 14.)

사실관계

(1) A는 이른바 '서비스드레지던스업'을 영위하기 위하여 건물 소유자들(이하 B라고 함)로부터 임차하여 다시 투숙객들에게 임대하였다.

(2) A는 장·단기 투숙객 모두에게 투숙에 필요한 세탁, 청소 등을 포함한 각종 생활편의서비스를 제공하고 있다.

(3) A가 B로부터 임차하여 다시 투숙객들에게 임대한 이 사건 부동산의 경우 7일 이하의 일회성 투숙객의 비율이 가장 높고 나머지 투숙객들도 그 사용기간이 대부분 1년 미만이다.

(4) A가 장·단기 투숙객 모두에게 투숙에 필요한 침구와 가구 및 세탁, 청소 등 각종 생활편의서비스를 제공하고 있고(장기투숙객의 경우 침구 및 수건 등 목욕용품 교체, 세탁 등의 서비스는 별도의 비용을 받고 제공한다), 장·단기 투숙객 모두 이 사건 건물 내에 있는 수영장, 피트니스센터, 리셉션 데스크 등을 자유로이 이용할 수 있다.

(5) B는 A로부터 수령한 수수료(임대료)가 주택임대소득으로서 면세대상이므로, 별도로 부가가치세를 징수하지 않았다. 이에 A는 지급한 금액 전액을 손비로 처리하였다.

(6) 과세관청은 A가 B에게 지급한 수수료가 부가가치세 과세대상이 된다고 하면서, A가 B에게 지급한 수수료 중 매입부가가치세 상당액을 손금불산입하고, 청구취지 기재와 같이 법인세와 과소신고가산세, 납부불성실가산세를 부과하였다.

쟁점

주택임대용역에 해당하는지 여부를 최초 임차인(A)을 기준으로 판단할지, 최종소비자를 기준으로 판단하여야 하는지 여부

결론

1. A가 제공한 용역의 성격

A의 사업형태는 주택의 임대업이라기보다는 오히려 숙박업에 가깝다. 따라서 A가 부동산의 소유자인 B로부터 공급받은 용역은 부가가치세 면세대상인 주택의 임대용역에 해당한다고 볼 수 없다.

2. 면세 여부

국민의 주거생활 안정과 임차인의 후생복지를 고려하여 주택임대용역은 부가가치세를 과세하지 않도록 한 법규정의 취지를 종합하여 볼 때, 임대인으로부터 건물을 임차한 자가 다시 이를 이용하여 용역을 제공하는 경우에도 **최종적인 용역 소비자의 사용행태를 기준으로 부가가치세 면세 여부를 판별하여야** 할 것이다. 따라서 부동산의 소유자들이 A에게 제공한 용역은 부가가치세 면세대상인 주택의 임대용역에 해당한다고 볼 수 없다.

06 금융지주사의 이자수입을 공통매입세액 안분계산 시 면세공급가액에 포함하는지 여부 (2015두60662, 2019. 1. 17.)

사실관계	
	(1) A법인은 「금융지주회사법」에 따라 설립된 금융지주회사로서, 자회사의 지배 또는 경영관리, 자금지원 등의 업무를 수행하면서 브랜드 사용료 수익과 자회사 주식 보유에 따른 배당금 수익, 자회사 등에 대한 자금지원에 따른 대여이자 등의 수익 등을 얻고 있다.
	(2) A법인은 2009년 제2기부터 2012년 제2기까지 부가가치세 부과기간 동안, **브랜드사용료 수익에 대하여 자회사로부터 부가가치세액을 거래징수하여 이를 매출세액으로 가산하였고, 자회사 등에 대한 자금지원에 따른 대여이자 전부를 면세사업의 공급가액으로 보아** 「부가가치세법 시행령」 제61조 제1항에 따라 그 공급가액을 기준으로 공통매입세액을 안분하여 부가가치세를 신고납부하였다.
	(3) A법인은 대여이자가 **비과세사업 관련일 뿐 면세사업 관련 공급가액에 포함될 수 없다는 이유** 등을 들어 경정청구를 하였으나, **과세관청은 대여이자가 면세사업의 공급가액에 해당하는 것으로 보아** 그 부분에 대한 경정청구를 거부하는 이 사건 처분을 하였다.

쟁점	
	금융지주회사가 자회사에 자금을 대여하고 수령한 이자수입을 부가가치세가 면제되는 금융·보험용역과 관련된 면세수입으로 보아 부가가치세 공통매입세액 안분계산 시 면세공급가액에 포함하여야 하는지 여부

결론	해당 사업자가 비과세사업에 해당하는 용역의 공급과 관련하여 거래상대방 등으로부터 돈을 받았더라도 이를 비과세사업에 해당하는 용역공급에 대한 대가로 볼 수 없는 경우라면 과세사업과 면세사업의 공급가액 비율에 따라 공통매입세액을 안분하여 계산하도록 한 「부가가치세법 시행령」 제61조 제1항의 규정을 유추 적용할 수 없다.

주요근거	### 1. 금융기관의 이자수입 면세근거

은행업이나 대부업은 관련 법령에 따른 인가 등의 절차를 마친 다음 불특정 다수를 상대로 자금을 융통하거나 중개하는 용역을 제공하는 것을 업으로 하여 그에 대한 수수료 성격의 대가를 지급받는 것을 본질로 하는 것으로서, 이러한 금융·보험용역의 공급은 이론적으로는 부가가치세 부과대상에 해당하는 것이다.

다만, 은행업자 등이 자금융통 등의 용역을 제공하고 이자 명목으로 돈을 받더라도 이것에는 위와 같은 용역의 대가 이외에도 다른 요소들이 섞여 있으므로, 그 받은 돈 전부를 곧바로 용역 공급의 대가로 볼 수 없고 용역 공급의 대가만을 구분해 내기도 어려운 사정 등을 고려하여 부가가치세를 면제할 뿐인 것이다.

2. 금융기관이 아닌 자의 이자수입

이와 달리 자금융통 등이 은행업자 등의 개입 없이 개별적으로 이루어진 경우라면, 부가가치세 부과대상 자체가 되지 않는 비과세사업이어서 부가가치세 면제에 해당할 여지가 없다. (자금의 융통이나 중개가 이루어진 것이 아니므로 용역을 제공한 것이 없다)

금융지주회사가 경영관리업무나 그에 따른 자금지원의 일환으로 은행업자 등의 개입 없이 자신이 지배·경영하는 자회사에 개별적으로 자금을 대여하고 순수한 이자 명목으로 돈을 받은 것이라면, 소비세인 부가가치세 부과대상 자체가 되지 않는 비과세사업을 하는 것에 지나지 않는 바, 이것을 부가가치세 부과대상이기는 하지만 면제될 뿐인 금융·보험용역이나 이와 유사한 용역을 제공한 것이라고 할 수 없다.

3. 안분계산 유추 적용 가능 여부

과세사업과 비과세사업에 공통으로 사용되어 실지귀속을 구분할 수 없는 매입세액이 있다면 원칙적으로 과세사업과 면세사업을 겸영하는 경우의 공통매입세액 안분에 관한 「부가가치세법 시행령」 규정을 유추 적용하여 비과세사업에 안분되는 매입세액을 가려내야 한다. 다만 해당 사업자가 비과세사업에 해당하는 용역의 공급과 관련하여 거래상대방 등으로부터 돈을 받았더라도 이를 비과세사업에 해당하는 용역공급에 대한 대가로 볼 수 없는 경우라면(➡ 자금의 융통이나 중개가 이루어진 것이 아니므로 용역을 제공한 것이 없다) 과세사업과 면세사업의 공급가액 비율에 따라 공통매입세액을 안분하여 계산하도록 한 구「부가가치세법 시행령」 제61조 제1항의 규정을 유추 적용할 수 없다.

07 면세사업의 적용대상인 여객운송의 범위
(2020두45742, 2020. 11. 26.)

사실관계

(1) A는 여행알선업 등을 영위하는 회사로 서울 시내 광화문을 기점으로 도심명소, 고궁 등의 관광지를 순환하는 시내순환관광버스를 운행하는 사업을 영위하기 시작한 이래 현재 도심고궁남산, 파노라마, 어라운드 강남, 야경의 4개 코스를 운행하는 사업을 영위하고 있다.

(2) A는 2013년 제1기부터 2013년 제1기까지의 부가가치세 과세기간에 대한 부가가치세를 신고하면서, 이 사건 사업을 통해 제공하는 용역의 공급에 따른 판매수입금액을 구 「부가가치세법」 제26조 제1항 제7호에 따라 면세수입금액으로 신고하였다.

(3) 과세관청은 이 사건 사업 용역이 부가가치세 면세대상이 아니라고 보아, 2018. 5. 1. A에 대하여 부가가치세 증액경정처분을 하였다.

쟁점

이 사건 사업 용역이 「부가가치세법」 제26조 제1항 제7호 본문에서 면세대상으로 규정한 여객운송용역에 해당하는지 여부

결론

이 사건 사업 용역은 부가가치세가 면제되지 않는 관광용역에 해당한다.

주요근거

1. 여객운송 용역 해당 여부

이 사건 사업 용역에는 여객운송 용역의 요소가 포함되어 있기는 하나 그 주된 목적은 관광·유흥을 위한 것에 있다고 판단되고, 따라서 A가 이 사건 사업을 통해 승객들에게 제공하는 용역은 「부가가치세법」 제26조 제1항 제7호 본문에서 면세대상으로 규정한 여객운송 용역에는 해당하지 않는다.

2. 부가가치세 면세제도의 입법 취지

「부가가치세법 시행령」 제3조에서 용역의 범위에 관하여 '재화 외에 재산 가치가 있는 다음 각 호의 사업에 해당하는 모든 역무와 그 밖의 행위로 한다'고 규정하면서 각 호의 사업을 열거하고 있고, 제4조는 재화나 용역을 공급하는 사업에 관한 구분기준을 정하면서 '재화나 용역을 공급하는 사업의 구분은 「부가가치세법 시행령」에 특별한 규정이 있는 경우를 제외하고는 통계청장이 고시하는 해당 과세기간 개시일 현재의 한국표준산업분류에 따른다. '용역을 공급하는 경우 제3조 제1항에 따른 사업과 유사한 사업은 한국표준산업분류에도 불구하고 같은 항의 사업에 포함되는 것으로 본다'고 규정하고 있다.

한편 「부가가치세법」 제4조는 '사업자가 행하는 재화 또는 용역의 공급과 재화의 수입의 거래에 대하여 과세한다'고 규정하고 있고, 이러한 원칙에 대한 **예외**로서 일반 국민의 기초생활필수품, 국민후생과 관련이 높은 용역, 문화용역 및 기타 공익용역 등에 대하여 부가가치세 부담을 없애고 국민 생활을 보호하고자 하는 목적으로 구 「부가가치세법」 제26조 제1항에서 면제대상이 되는 재화 또는 용역의 종류에 대하여 규정하고 있다.

이때 구 「부가가치세법」 제26조 제1항 제7호는 여객운송 용역을 부가가치세 면제대상으로 규정하면서 그 단서로 "항공기, 고속버스, 전세버스, 택시, 특수자동차, 특종선박 또는 고속철도에 의한 여객운송 용역으로서 대통령령으로서 정하는 것은 제외한다."고 규정하고 있는 바, 구 「부가가치세법」 제26조 제1항 제7호 본문이 **여객운송 용역을 부가가치세 면제대상으로 규정한 것은, 여객운송 용역이 일반 국민에게 한 장소에서 다른 장소로 이동하는 편익을 제공하는 것**으로서 일반 국민의 기초적 생활에 필수적이라는 데 그 취지가 있다.

또한 「부가가치세법 시행령」에서 과세대상으로 삼는 여객운송 용역은, 대체로 정기적인 노선이 구비되어 있는 별도의 저렴한 대체 운송수단이 마련되어 있으나 승객이 직접 노선을 정할 수 있거나 또는 보다 빠른 이동의 편익을 누리기 위하여 선택하게 되는 종류의 운송수단이라는 특성을 지니고 있다. 이처럼 위 규정을 통해서도 여객운송 용역 중 일반 국민의 기초적 생활에 필수적으로 관련되는 여객운송 용역의 경우에만 부가가치세면제대상에 해당한다는 취지를 확인할 수 있다.

3. 한국표준산업분류에 따른 구분

한국표준산업분류의 개정 경위와 내용, 그 분류구조와 체계, 국내 여행사업 또는 기타 여행보조 및 예약 서비스업의 개념 등에 비추어 보면, 국내 여행사업 또는 기타 여행보조 및 예약 서비스업에 해당하는 어떠한 사업이 여객운송 용역의 내용을 일부 가지고 있다고 하더라도 그 주된 용역의 특성에 따라 그 사업의 내용을 구분하여야 하는 것이지, 여객을 운송하는 산업활동 부분만을 주목하여 이를 여객운송용역에 해당하는 것이라고 볼 수는 없다. 이 사건 **용역은 주된 특성이 관광의 편의를 위한 서비스를 제공하는 용역의 제공에 있고, 여기에 여객운송 용역의 특성이 결합**되어 있는 것에 불과하다.

관련 법령	**재화 또는 용역의 공급에 대한 면세(「부가가치세법」 제26조)**

> ① 다음 각 호의 재화 또는 용역의 공급에 대하여는 부가가치세를 면제한다.
> 7. **여객운송 용역**. 다만, 다음 각 목의 어느 하나에 해당하는 여객운송 용역으로서 대통령령으로 정하는 것은 제외한다.
>   가. 항공기, 고속버스, 전세버스, 택시, 특수자동차, 특종선박 또는 고속철도에 의한 여객운송 용역
>   나. 삭도, 유람선 등 관광 또는 유흥 목적의 운송수단에 의한 여객운송 용역
> ➲ 본 판결 이후 개정된 것임(법원은 이 규정을 창설적 규정이 아닌 확인적 규정으로 봄)

08 정부위탁사업자의 부가가치세 면세 판단 기준
(2017두69908, 2022. 3. 17.)

사실관계

(1) A법인은 환경오염방지사업을 수행하기 위하여 설립된 비영리법인으로, 정부업무대행사업, 정부위탁사업, 환경시설설치지원사업, 환경시설수탁운영사업, 연구용역사업 등과 관련하여 공급한 재화 또는 용역이 그 **고유의 사업목적을 위하여 실비로 공급된 것으로서 부가가치세 면세대상**이라고 보아 부가가치세를 신고 · 납부하지 않았고, 위 각 사업을 수익사업과 비수익사업으로 구분한 다음 수익사업에서 발생한 소득에 대하여 법인세를 신고 · 납부하여 왔다.

(2) 과세관청은 A법인이 이 사건 사업과 관련하여 공급한 재화 또는 용역이 실비로 공급된 것이 아니어서 부가가치세 면세대상이 아니라고 보아 과세처분하였다.

쟁점

사업분야 전체를 기준으로 실비 공급 여부를 판단하여야 하는지 여부

결론

개별적인 재화 또는 용역을 기준으로 실비 공급 여부를 판단하여야 한다.

판단근거

1. 실비의 개념

'실비'란 '재화 또는 용역을 공급받은 자로부터 받은 공급대가가 그 공급에 필요한 비용을 초과하지 않는 경우'를 의미한다.

2. 면세 판단 기준

「부가가치세법」은 일정한 '재화 또는 용역의 공급'을 부가가치세 면세대상으로 규정하고 있다. 세금계산서 교부 및 부가가치세 거래징수는 부가가치세 면세 여부에 따라 그 의무의 존부가 달라지는데 이는 모두 재화 또는 용역을 공급할 때 이루어진다. 따라서 사업에 관한 재화 또는 용역이 실비로 공급되어 부가가치세 면세대상에 해당하는지 여부는 **개별 재화 또는 용역을 기준으로 판단하여야 하고, 각 사업분야 전체를 기준으로 판단할 수 없다.** 원심(고등법원)이 정부대행사업, 정부위탁사업, 기타 용역사업은 부가가치세 면세대상에, 환경시설설치지원사업은 부가가치세 과세대상에 해당한다고 판단한 것에 대법원은 개별 재화 또는 용역을 기준으로 판단하라고 파기환송한 사건이다.

1. 재화 또는 용역의 공급에 대한 면세(「부가가치세법」 제26조)

> ① 다음 각 호의 재화 또는 용역의 공급에 대하여는 부가가치세를 면제한다.
> 18. 종교, 자선, 학술, 구호, 그 밖의 공익을 목적으로 하는 단체가 공급하는 재화 또는 용역으로서 대통령령으로 정하는 것

2. 종교, 자선, 학술, 구호 등의 공익 목적 단체가 공급하는 재화 또는 용역으로서 면세하는 것의 범위(「부가가치세법 시행령」 제45조)

> 법 제26조 제1항 제18호에 따른 종교, 자선, 학술, 구호, 그 밖의 공익을 목적으로 하는 단체가 공급하는 재화 또는 용역은 다음 각 호의 재화 또는 용역으로 한다.
> 1. 주무관청의 허가 또는 인가를 받거나 주무관청에 등록된 단체(종교단체의 경우에는 그 소속단체를 포함)로서 「상속세 및 증여세법 시행령」 제12조 각 호의 어느 하나에 따른 사업 또는 기획재정부령으로 정하는 사업을 하는 단체가 그 고유의 사업목적을 위하여 일시적으로 공급하거나 실비 또는 무상으로 공급하는 재화 또는 용역

제4장 | 과세표준

01 홈쇼핑 할인쿠폰
(2014두144, 2016. 6. 23.)

사실관계

(1) A법인은 컴퓨터 판매회사로서, 홈쇼핑업체와 위탁판매계약을 체결하고 컴퓨터를 판매하였다.

(2) A법인과 홈쇼핑업체는 사전에 약정을 맺고 홈쇼핑업체가 할인쿠폰을 발행하고 당초 지정된 가격보다 할인된 가격으로 소비자에게 저렴한 가격에 판매하였다.

(3) 홈쇼핑업체는 상품구매자로부터 할인된 판매대금만 지급받고 A법인에 청구하는 수수료 금액도 할인액만큼 차감된 수수료만을 지급받았다. 예를 들면, 홈쇼핑업체가 상품 판매가액의 30%를 수수료로 받기로 하였을 때 소비자 판매가격이 10,000원에서 1,000원을 차감한 9,000원에 판매된 경우, 홈쇼핑은 A법인에게 2,000원(10,000원 × 30% − 1,000원)을 수수료로 청구하였다.

쟁점

제3자가 발행한 할인쿠폰을 「부가가치세법」상 '에누리'로 볼 수 있는지 여부

결론

위 사건의 할인액은 상품의 공급조건에 따라 그 재화의 공급대가인 통상의 상품가격에서 직접 공제되는 것으로서 「부가가치세법」상 에누리액에 해당한다.

법률관계 분석

A법인이 홈쇼핑업체를 통하여 컴퓨터 등을 판매하는 것은 위탁매매에 해당한다. 위탁매매 또는 대리인에 의한 매매를 할 때에는 위탁자 또는 본인이 직접 재화를 공급하거나 공급받은 것으로 본다. 따라서 홈쇼핑업체와 상품구매자 사이의 거래에 따른 부가가치세 효과는 모두 A법인에게 귀속된다. 위탁매매의 거래는 두 단계의 거래 구조를 취하고 있다. 하나는 홈쇼핑업체가 위탁사무를 처리하는 용역을 제공하는 것이고, 다른 하나는 A법인이 상품구매자에게 상품을 판매하는 재화의 공급이다. A법인과 홈쇼핑업체 사이의 판매수수료 지급은 A법인과 상품구매자 사이의 상품대금의 지급과는 별개의 거래이다. 그 법률관계가 각각 다르면 공급가액 산정도 각 거래 단계별로 독립적으로 이루어져야 한다.

제3자가 지급한 대가	공급자가 어떠한 공급과 관련하여 재화나 용역을 공급받는 자가 아닌 제3자로부터 금전 또는 금전적 가치가 있는 것을 받는 경우에 그것이 그 공급과 대가관계에 있는 때에는 부가가치세의 과세표준에 포함될 수 있을 것이나, 그것이 해당 공급과 구별되는, 제3자와 공급자 사이의 다른 공급과 관련되어 있을 뿐 해당 공급과 대가관계에 있다고 볼 수 없는 경우에는 해당 공급에 관한 부가가치세의 과세표준에 포함되지 아니한다. 제3자가 지급하는 금전 또는 금전적 가치가 있는 것이 해당 공급과 대가관계에 있는지 여부는 그 지급의 명목과 근거, 이와 관련하여 공급자와 제3자가 추구하는 목적과 동기, 공급자와 제3자 사이의 별도의 계약관계 등 법률관계의 존부 및 문제된 금전 등의 지급이 그러한 법률관계에 따른 이행으로 평가될 수 있는지 등을 비롯한 여러 사정을 종합하여 해당 공급과 직접적 관련성이 인정될 수 있는지에 따라 판단하여야 한다.

에누리	A법인 입장에서 수수료가 할인되므로 결국 그 혜택이 A법인에게 돌아간다고 볼 수 있지만, A법인이 홈쇼핑업체에게 지급하는 수수료는 상품 판매 거래 자체와는 직접 관련이 없다. 따라서 할인액은 A법인이 상품구매자에게 상품 판매가격에서 '직접 깎아준 것'이 되고, 할인쿠폰사용은 공급조건에 따른 '에누리'에 해당한다.

과세표준 (「부가가치세법」 제29조)	① 재화 또는 용역의 공급에 대한 부가가치세의 과세표준은 해당 과세기간에 공급한 재화 또는 용역의 공급가액을 합한 금액으로 한다. ② 재화의 수입에 대한 부가가치세의 과세표준은 그 재화에 대한 관세의 과세가격과 관세, 개별소비세, 주세, 교육세, 농어촌특별세 및 교통·에너지·환경세를 합한 금액으로 한다. ③ 제1항의 공급가액은 다음 각 호의 가액을 말한다. 이 경우 대금, 요금, 수수료, 그 밖에 어떤 명목이든 상관없이 재화 또는 용역을 공급받는 자로부터 받는 금전적 가치 있는 모든 것을 포함하되, 부가가치세는 포함하지 아니한다.

> 1. 금전으로 대가를 받는 경우: 그 대가. 다만, 그 대가를 외국통화나 그 밖의 외국환으로 받은 경우에는 대통령령으로 정한 바에 따라 환산한 가액
>   ➲ 여기서 대가는 반대급부가 있는 것을 말한다.
> 2. 금전 외의 대가를 받는 경우: 자기가 공급한 재화 또는 용역의 시가
>   …
> 6. 외상거래, 할부거래, 대통령령으로 정하는 마일리지 등으로 대금의 전부 또는 일부를 결제하는 거래 등 그 밖의 방법으로 재화 또는 용역을 공급하는 경우: 공급 형태 등을 고려하여 대통령령으로 정하는 가액

⑤ 다음 각 호의 금액은 공급가액에 포함하지 아니한다.

1. 재화나 용역을 공급할 때 그 품질이나 수량, 인도조건 또는 공급대가의 결제방법이나 그 밖의 공급조건에 따라 통상의 대가에서 일정액을 직접 깎아주는 금액
   ➲ 에누리
2. 환입된 재화의 가액
3. 공급받는 자에게 도달하기 전에 파손되거나 훼손되거나 멸실한 재화의 가액
4. 재화 또는 용역의 공급과 직접 관련되지 아니하는 국고보조금과 공공보조금
5. 공급에 대한 대가의 지급이 지체되었음을 이유로 받는 연체이자
6. 공급에 대한 대가를 약정기일 전에 받았다는 이유로 사업자가 당초의 공급가액에서 할인해준 금액

02 휴대폰 단말기보조금을 에누리로 볼 수 있는지 여부
(2013두19615, 2015. 12. 23.)

사실관계

(1) 이동통신사인 A법인은 대리점에 정해진 출고가격(1대당 100만원)으로 휴대폰 단말기를 판매하였다.

(2) 이동통신사인 A법인과 대리점 간에 체결된 약정에 따르면 '2년 약정 고객'에게 A법인이 보조금(1대당 20만원)을 지원하기로 합의하였으며, 그에 따라 대리점은 가입자들에게 보조금만큼 감액된 가격으로 단말기를 판매한 다음, 출고가격에서 보조금이 차감된 금액(1대당 80만원)만을 A법인에게 지급하였다.

(3) A법인은 당초 휴대폰 단말기의 공급가액을 출고가격(1대당 100만원)으로 신고하였으나, 대리점에 지급한 보조금이 '에누리'에 해당한다는 취지로 경정청구를 하였다.

쟁점

휴대폰 단말기보조금을 에누리로 볼 수 있는지 여부

과세관청	(1) A법인과 대리점 간에 단말기 공급가액에서 보조금을 할인해 주기로 약정한 사실이 없다. 단지, 대리점이 A법인에게 지급하여야 할 판매대금에서 차감한 것에 불과하다. (2) 보조금은 A법인이 이동전화 서비스 가입자를 유치할 목적으로 가입자에게 단말기 구입비용을 지원하기 위한 것으로서, A법인과 대리점 사이의 단말기 공급거래와는 관련 없다. 따라서 보조금은 에누리에 해당하지 아니한다.

결론	### 1. 공급조건 대리점이 2년 약정 고객을 유치하는 것을 '공급조건'으로 하여 대가를 차감한 것으로 볼 수 있다. ### 2. 직접 깎아주는 것 A법인이 그 보조금을 가입자들에게 지급한 바도 없고 단지 가입자들은 그 보조금만큼 감액된 금액을 단말기 구입대금으로 하여 대리점에 지급하였을 뿐이다. 그 이후 대리점은 그 지급받은 금액만을 A법인에게 지급함으로써 단말기의 공급대금을 정산한 것이다. 따라서 A법인 입장에서 수취한 금액은 대리점으로부터 공급가액에서 그 보조금 상당액을 직접 깎아주고 받은 금액이 된다. ### 3. 시기 및 방법(사후에누리) 매출에누리는 그 발생시기가 재화나 용역의 '공급시기' 전으로 한정되지 아니하고 그 공제·차감의 '방법'도 특별한 제한이 없다. 따라서 A법인이 대리점에게 단말기를 공급하는 시점에 통상의 공급가액에서 일정액을 공제·차감한 나머지 가액만 받는 방법뿐만 아니라, 단말기에 대한 공급가액을 전부 받은 후 그 중 일정액을 다시 반환하는 방법에 의한 경우에도 매출에누리로 볼 수 있다.

비교판례

1. 단말기 보조금을 통신 용역의 에누리로 볼 수 있는지

이동통신 용역을 제공하는 통신회사가 단말기를 판매하지 않으면서 단말기 구매보조금을 지원하였다. 이때 통신회사는 해당 단말기 지원금은 이동통신 용역의 가격을 직접 깎아준 것이라고 주장하였으나 대법원은 이를 에누리로 보지 않았다. (2017두53170, 2022. 8. 31.)

2. 단말기 대금 결제에 통신사 포인트를 사용한 경우를 에누리로 볼 수 있는지

통신회사가 제조사로부터 단말기를 납품받아 대리점에 출고가격으로 판매한다. 이때 대리점은 가입자에게 보조금(통신사 포인트 차감 방식)을 감액한 가액으로 판매하고 나머지 대금만 받으며, 대리점이 가입자로부터 덜 받은 금액만큼은 다시 통신회사에 단말기 대금을 지급할 때 차감한다. 이 경우 대리점의 단말기 공급가액에 보조금(포인트 차감)은 포함하지 않는다. (2022두33149, 2022. 11. 17.)

마일리지 점수의 적립과 사용
(2015두58959, 2016. 8. 26. 전원합의체)

사실관계

(1) 이 판례의 사실관계는 현행 법령이 신설되기 전의 판례이다. 그러나 공급가액의 의미를 밝히는 데 있어서 중요한 지침을 제공한다.

(2) 유통업체인 L그룹은 고객에게 1차 거래의 구매액에 따라 일정 비율의 포인트나 일정 금액의 상품권 등을 제공하였다.

(3) 고객은 2차 거래에서 그 포인트나 상품권을 사용하여 구매대가 중 일부를 할인받았다.

(4) 나아가 L그룹 계열사들은 서로 간에 업무제휴계약을 체결하여, 고객이 포인트나 상품권을 계열사들 간에 교차사용함으로써 발생한 차액에 대하여 서로 정산금을 지급하기로 하였다.

제3자로부터 정산받지 않은 경우

사업자가 포인트 적립에 의한 대금공제제도를 다른 사업자들과 함께 운영하면서 각자의 1차 거래에서 고객에게 포인트를 적립해주고 그 후 고객이 사업자들과 2차 거래를 할 때 적립된 포인트를 대금에서 공제하고 나머지 금액만 현금으로 결제받은 경우, 2차 거래에서 사용된 포인트만큼 감액된 가액을 에누리로 볼 수 있는지 여부

(1) 이 부분은 다수의견과 소수의견이 갈리지 않고, 다음과 같이 결론 내렸다.

(2) 2차 거래에서 **포인트를 사용하여 결제하면 그 상당액을 할인해준다는 것은 '공급조건'과 관련이 있다.** 포인트를 사용할 것을 조건으로 할인해준 것이기 때문이다. 고객이 가지고 있는 포인트는 2차 거래에서 가격을 깎아달라고 할 수 있는 권리일 뿐이고, 이에 따라 회사가 고객에게 직접 현실적으로 현금의 지급을 청구할 수 없다. 따라서 이는 공급조건에 따라 대금을 직접 깎아준 것이므로 에누리에 해당한다.

제3자로부터 정산받은 경우

이 부분은 다수의견과 소수의견이 첨예하게 대립된 사항이다. 특히 마일리지가 '금전적 가치'를 가지는 '금전 외의 대가'에 해당하는지 여부

(1) 다수의견

적립된 포인트는 사업자가 고객에게 약속한 할인약정의 내용을 수치로 표현한 것에 불과하므로 금전적 가치를 가지는 '금전 외의 대가'가 아니다. 또한, 제3자로부터 대가를 수령하는 것은 재화나 용역의 공급대가와는 관계없이 수령한 금전에 불과하다.

(2) 소수의견

교차사용과 정산이 이루어지면 고객이 사용하는 포인트는 금전적 가치가 있는 것으로서 '금전 외의 대가'가 되므로 포인트 상당만큼 감액된 가액도 공급가액에 포함되어야 한다고 본다. 즉, **고객으로부터 직접 수령한 금전은 없더라도 제3자로부터 대가를 수령할 수 있는 경우라면 '금전 외의 대가'를 수령한 것이 된다.** 일종의 정산금을 받을 권리가 '금전 외의 대가'를 수령한 것에 해당한다.

외상거래 등 그 밖의 공급가액의 계산(「부가가치세법 시행령」 제61조)

① 법 제29조 제3항 제6호에서 "대통령령으로 정하는 마일리지 등"이란 재화 또는 용역의 구입실적에 따라 마일리지, 포인트 또는 그 밖에 이와 유사한 형태로 별도의 대가 없이 적립받은 후 다른 재화 또는 용역 구입 시 결제수단으로 사용할 수 있는 것과 재화 또는 용역의 구입실적에 따라 별도의 대가 없이 교부받으며 전산시스템 등을 통하여 그 밖의 상품권과 구분 관리되는 상품권을 말한다.

② 법 제29조 제3항 제6호에서 "대통령령으로 정하는 가액"이란 다음 각 호의 구분에 따른 가액을 말한다.

> 9. 마일리지 등으로 대금의 전부 또는 일부를 결제받은 경우(제10호에 해당하는 경우는 제외한다): 다음 각 목의 금액을 합한 금액
>   가. 마일리지 등 외의 수단으로 결제받은 금액
>   나. 자기적립마일리지 등[당초 재화 또는 용역을 공급하고 마일리지 등을 적립하여 준 사업자에게 사용한 마일리지 등을 말한다]외의 마일리지 등으로 결제받은 부분에 대하여 재화 또는 용역을 공급받는 자 외의 자로부터 보전받았거나 보전받을 금액
> 10. 자기적립마일리지 등 외의 마일리지 등으로 대금의 전부 또는 일부를 결제받은 경우로서 다음 각 목의 어느 하나에 해당하는 경우: 공급한 재화 또는 용역의 시가
>   가. 제9호 나목에 따른 금액을 보전받지 아니하고 법 제10조 제1항에 따른 자기생산 · 취득재화를 공급한 경우
>   나. 제9호 나목과 관련하여 특수관계인으로부터 부당하게 낮은 금액을 보전받거나 아무런 금액을 받지 아니하여 조세의 부담을 부당하게 감소시킬 것으로 인정되는 경우

사실관계

(1) S법인은 그 이동통신 용역을 공급받는 고객 중 '이 사건 서비스'의 이용에 동의한 사람에게 그로부터 지급받은 통신요금에 일정 비율을 곱하여 산정한 '이 사건 포인트'를 적립해주었다.

(2) S법인은 이 사건 서비스를 관리·운영하는 에스케이플래닛 주식회사와 업무제휴계약을 맺고, 위와 같이 적립해주는 이 사건 포인트에 상응하는 대금을 포인트의 사용 여부와 상관없이 에스케이플래닛에 지급하고 있다.

(3) 이 사건 서비스의 이용자는 위와 같이 적립받는 이 사건 포인트를 향후 제휴가맹점에서 상품을 구매하거나 용역을 공급받을 때 1포인트당 1원으로 환산하는 방식으로 사용하여 그 대금의 전부 또는 일부를 지급하지 않을 수 있다. 다만 에스케이플래닛은 제휴가맹점의 종류에 따라 사용 가능한 최저 포인트 기준을 두고 있다.

(4) 이 사건 서비스 중 '카드서비스'의 이용자는 천재지변 등의 사유로 제휴가맹점이 재화 또는 용역을 제공하기 어려워 이 사건 포인트를 사용하지 못하게 되는 등의 특별한 사정이 없는 한 포인트를 현금으로 바꿀 수 없다.

(5) 이 사건 서비스 중 '회원서비스'의 이용자는 이 사건 포인트 중 사용 가능한 포인트가 50,000포인트 이상일 때 1포인트당 1원으로 환산하여 현금으로 바꿀 수 있고, 마지막으로 이용한 날로부터 60개월이 지나도록 이 사건 서비스를 단 한 차례도 이용하지 않을 경우 적립된 포인트는 자동적으로 소멸한다.

(6) 한편 S법인은 고객의 통신요금 전액을 과세표준으로 하여 2011년 제2기부터 2013년 제2기까지의 부가가치세를 신고·납부하였다가 2017. 1. 25. 관할세무서장에게 이 사건 포인트 적립대금에 관한 부가가치세의 환급을 구하는 경정청구를 하였다. 그러나 관할세무서장은 2017. 3. 27. 이 사건 포인트 적립대금이 에누리액에 해당하지 않는다는 이유로 이를 거부하였다.

쟁점

이 사건 포인트 적립대금을 에누리로 보아 공급가액에서 차감할 수 있는지 여부

결론

이 사건 포인트 적립대금을 이동통신 용역의 공급가액에서 제외되는 에누리액으로 인정할 수 없다.

주요근거	

(1) S법인은 고객으로부터 **이동통신 용역의 공급에 대한 대가로 통신요금을 지급받았으므로 특별한 사정이 없는 한 그 통신요금 전부를 공급가액으로 보아야 한다.**

(2) S법인이 고객과의 별도 약정을 통해 이 사건 포인트를 고객에게 적립해주고, 향후 고객이 제휴가맹점에서 상품을 구매하거나 용역을 공급받을 때 대금의 전부 또는 일부를 지급하지 않거나 일정한 요건을 갖추어 이 사건 포인트를 현금으로 바꿀 수 있도록 하였더라도, 이러한 약정 내용은 S법인이 공급한 이동통신 용역의 공급조건과 아무런 관련이 없다. 이 사건 포인트는 단순히 S법인이 이동통신 용역을 공급할 때 고객에게 약속한 할인 등 약정의 내용을 수치화하여 표시한 것에 불과하다.

(3) 이 사건 포인트는 사용범위와 조건이 제한되어 있는 등 유통성이 없고, 일정한 요건을 충족한 경우에만 현금으로 바꿀 수 있으며, 일정 기간 이 사건 서비스를 이용하지 않으면 소멸하므로, 비록 「전자금융거래법」상 '선불전자지급수단'에 해당한다고 하더라도 현금과 동일한 금전적 가치가 있다고 평가하기 어렵다. 따라서 S법인이 에스케이플래닛에 이 사건 포인트 적립대금을 지급하고 에스케이플래닛으로 하여금 고객에게 이 사건 포인트를 적립하도록 한 사정만으로는 이동통신 용역의 대가인 **통신요금 중 일정액을 고객에게 반환하였다고 볼 수 없다.**

관련 법령	

과세표준(「부가가치세법」 제29조)

① 재화 또는 용역의 공급에 대한 부가가치세의 과세표준은 해당 과세기간에 공급한 재화 또는 용역의 공급가액을 합한 금액으로 한다.
⑤ 다음 각 호의 금액은 공급가액에 포함하지 아니한다.
1. 재화나 용역을 공급할 때 그 품질이나 수량, 인도조건 또는 공급대가의 결제방법이나 그 밖의 공급조건에 따라 통상의 대가에서 일정액을 직접 깎아 주는 금액
2. 환입된 재화의 가액
3. 공급받는 자에게 도달하기 전에 파손되거나 훼손되거나 멸실한 재화의 가액
4. 재화 또는 용역의 공급과 직접 관련되지 아니하는 국고보조금과 공공보조금
5. 공급에 대한 대가의 지급이 지체되었음을 이유로 받는 연체이자
6. 공급에 대한 대가를 약정기일 전에 받았다는 이유로 사업자가 당초의 공급가액에서 할인해 준 금액

관련 이론

대상 판결은 1차 거래에서 다른 사업자를 상대로 사용할 수 있는 마일리지 등을 적립하고 그 사업자에게 정산금을 지급한 경우, 해당 정산금이 에누리에 해당하지 않는다는 점을 확인하였다. 다만, 2차 거래에서 소비자가 재화나 용역을 공급받은 경우 다시 과세되는 문제점이 있다. 그 결과 **적립시점과 사용시점에 모두 공급가액에 포함되어 결과적으로 이중과세가 될 소지가** 있다. 예를 들어, S법인이 통신요금으로 100,000원을 수령하고 정산금으로 에스케이플래닛에 5,000원을 적립하고, 이후 소비자가 해당 정산금으로 다른 회사에서 5,000원의 포인트를 사용하여 소비한 경우, 다른 회사는 5,000원을 공급가액으로 하여 부가가치세를 납부하여야 한다. 그 결과 소비자가 최종적으로 부담한 금액은 100,000원임에도 불구하고 총 부가가치세 공급가액은 105,000원이 된다. 이를 해결하기 위해서는 공급자가 아닌 소비자의 입장에서 할인을 받았는지 여부가 에누리의 판단기준으로 되어야 한다.

05 부가가치세 과세표준에서 포함되는 위약금
(2017두61119, 2019. 9. 9.)

사실관계

(1) K통신사는 서비스 이용자와 사이에 **의무사용약정**을 체결하고 요금의 일부를 할인해주고 만약 이용자가 약정기간 내에 그 약정을 위반하여 **중도 해지할 경우**에는 위 할인금액 범위 내에서 일정 금액의 **위약금 또는 할인반환금을 받기로 하는** 내용의 약정을 체결하였다.

(2) K통신사는 부가가치세 신고 시 중도 해지한 이용자들로부터 수령한 위약금 또는 할인반환금을 과세표준에 포함하여 신고하였다.

(3) K통신사는 재화(단말기 공급) 또는 용역의 공급 없이 받은 위약금에 해당하여 부가가치세 과세대상이 아니라는 이유로 위약금 등에 관한 부가가치세의 환급을 구하는 경정청구를 하였고, 과세관청은 이를 거부하였다.

쟁점

할인약정에 대한 위약금이 부가가치세 과세표준이 되는 공급가액에 포함되는지 여부

결론

의무사용약정을 체결한 이용자가 중도 해지를 선택함으로써 할인받은 금액 중 일부를 추가로 납부하여야 하는 금액으로 볼 수 있으므로, K통신사의 재화 또는 용역의 공급과 대가관계에 있다. 따라서 부가가치세 과세표준이 되는 공급가액에 포함된다.

주요근거

1. 부가가치세 과세표준

재화 또는 용역의 공급에 대한 부가가치세의 과세표준은 해당 과세기간에 공급한 재화 또는 용역의 공급가액을 합한 금액으로 한다.

2. 부가가치세 공급가액(「부가가치세법」 제29조 제3항)

「부가가치세법」 제29조 제3항에서는 "공급가액은 다음 각 호의 가액을 말한다. 이 경우 대금, 요금, 수수료, 그 밖에 어떤 명목이든 상관없이 재화 또는 용역을 공급받는 자로부터 받는 금전적 가치 있는 모든 것을 포함하되, 부가가치세는 포함하지 아니한다."라고 규정하면서 제1호에 '금전으로 대가를 받는 경우: 그 대가'를 들고 있다.

3. 위약금의 성격에 따른 구분

위 각 법령의 문언 내용과 체계에 의하면, 부가가치세의 과세표준이 되는 **공급가액이란** 금전으로 받는 경우 재화나 용역의 공급에 대가관계가 있는 가액 곧 그 대가를 말한다 할 것이므로 재화나 용역의 공급대가가 아닌 위약금이나 손해배상금 등은 공급가액이 될 수 없다(81누412, 97누15722 등). 다만 재화나 용역을 공급하는 자가 이를 공급받는 자로부터 위약금 명목의 돈을 지급받았다고 하더라도 그 실질이 재화나 용역의 공급과 대가관계에 있는 것이라면, 이는 부가가치세의 과세표준이 되는 공급가액에 포함된다고 봄이 타당하다.

4. 위약금이 재화 또는 용역의 공급과 대가관계에 있는 이유

(1) 의무사용약정에 따른 이동전화요금 등의 할인은 이용자의 중도 해지를 해제조건으로 하는 **조건부 할인**으로서, 이용자는 의무사용 기간을 유지하여 끝까지 이동전화요금 등의 할인을 받거나 중도 해지를 하고 할인받은 금액의 일부를 반환하는 것을 선택할 수 있었다.

(2) 의무사용약정에 따라 이용자가 약정기간 내에 계약을 중도 해지하는 경우 반환하여야 하는 금액은 사용일수가 경과함에 따라 증가하다가 일정 기간이 지난 후에 비로소 줄어들거나 예외적으로 계속하여 증가하게 되어 있는데, 이는 **기본적으로 할인받은 금액이 증가함에 따라 반환하여야 하는 금액도 함께 증가하는 구조이**다. 따라서 이용자가 지급하는 위약금 또는 할인반환금은 할인받은 금액의 반환이라는 성격을 가지고, 일정 기간이 지난 후에 반환하여야 하는 금액이 줄어드는 것은 단지 장기간 서비스를 이용한 이용자의 부담을 경감하기 위한 조치에 불과하다고 볼 수 있다.

(3) 설령 **일정한 공급조건에 따라 할인하여 준 요금을 에누리로 보아 공급가액에서 제외하여** 세금계산서를 발급하였더라도, 이용자가 약정기간 사용을 조건으로 요금할인 혜택을 제공받았다가 계약을 중도 해지함으로써 할인받은 요금의 일부를 추가 지급하는 것은 **후발적 사유로 인하여 당초 세금계산서상 공급가액이 증가한 경우에 해당**하므로, 그 증가분에 대하여는 이러한 후발적 사유가 발생한 시점이 속하는 과세기간의 과세표준에 반영하여 **수정세금계산서를 발급**할 수 있었을 것이다.

(4) 결국 이 사건 위약금은 K통신사와 의무사용약정을 체결한 이용자가 중도 해지를 선택함으로써 **할인받은 금액 중 일부를 추가로 납부하여야 하는 금액으로 볼 수** 있으므로, K통신사의 재화 또는 용역의 공급과 **대가관계**에 있다고 보인다.

제5장 거래징수와 세금계산서

01 도급계약의 하자보수에 갈음한 손해배상액에서 부가가치 상당액을 공제할 수는 없음 (2021다210195, 2021. 8. 12.)

쟁점

입주자대표회의는 아파트 사업의 시행자인 재건축조합을 대신하여 시공사인 건설사에게 하자보수에 갈음하는 손해배상 청구소송을 할 수 있다. 이때 재건축조합(입주자대표회의)은 「부가가치세법」상 납세의무자인 사업자로서 자신이 하자보수공사 시 부담한 부가가치세를 환급받을 수 있으므로, 손해배상액 중 부가가치세 상당액이 공제될 수 있는지 여부가 쟁점이 되었다.

결론

① 원칙적으로 수급인의 도급공사상 하자로 인하여 도급인이 수급인을 상대로 하자보수에 갈음하는 손해배상청구를 하는 경우 원칙적으로 도급인이 하자보수공사에 소요되는 부가세까지 부담하여야 한다면 그 배상을 청구할 수 있다.

② 그러나 도급인이 부가세 과세사업자로서 그 하자보수에 소요되는 부가세를 자기의 매출세액에서 공제하거나 환급받을 수 있는 때에는 그 부가세는 실질적으로 도급인의 부담으로 돌아가지 않게 되므로, 특별한 사정이 없는 한 도급인이 수급인에게 위 부가가치세 상당의 손해배상을 청구할 수 없다.

③ 도급인이 면세사업자로서 그 하자보수에 소요되는 부가가치세가 면세사업과 관련된 매입세액에 해당하여 이를 자기의 매출세액에서 공제하거나 환급받을 수 없는 때에는 그 부가가치세는 실질적으로 도급인의 부담이 되므로, 원칙으로 돌아가 도급인은 수급인에게 그 부가가치세 상당의 손해배상을 청구할 수 있다. (2015다218570)

④ 도급인에게 책임지울 수 없는 사유로 부가가치세액의 공제나 환급이 사실상 불가능하게 된 때에는 하자보수에 갈음하는 손해배상액에서 이를 공제할 것은 아니므로, 재건축조합이 부가세의 공제나 환급이 사실상 불가능한 상황이라면, 국민주택규모 세대 여부에 관계없이 하자보수에 갈음하는 손해배상액에서 부가가치세 상당액을 공제할 수 없고, 그 결과 입주자대표회의는 부가가치세 상당의 손해배상 청구가 가능하다.

관련 법령	**거래징수(「부가가치세법」 제31조)**

사업자가 재화 또는 용역을 공급하는 경우에는 제29조 제1항에 따른 공급가액에 제30조에 따른 세율을 적용하여 계산한 부가가치세를 재화 또는 용역을 공급받는 자로부터 징수하여야 한다.

비교판례

① 사업자가 재화 또는 용역을 공급하는 때 부가가치세 상당액을 그 공급받는 자로부터 징수하여야 한다고 규정하고 있는 「부가가치세법」 제31조는 사업자로부터 징수하는 부가가치세 상당액을 공급을 받는 자에게 차례로 전가시킴으로써 궁극적으로 최종소비자에게 이를 부담시키겠다는 취지를 선언한 것에 불과한 것이어서 사업자가 위 규정을 근거로 공급을 받는 자로부터 부가가치세 상당액을 징수할 사법상 권리는 없는 것이다. 거래당사자 사이에 부가가치세를 부담하기로 하는 약정이 따로 있는 경우에는 사업자는 그 약정에 기하여 공급을 받는 자에게 부가가치세 상당액의 지급을 청구할 수 있는 것이고, 부가가치세 부담에 관한 위와 같은 약정은 반드시 재화 또는 용역의 공급 당시에 있어야 하는 것은 아니고 공급 후에 한 경우에도 유효하며, 또한 반드시 명시적이어야 하는 것은 아니고 묵시적 형태로 이루어질 수도 있다 할 것이다. (99다33984)

② 임대인의 해지통고로 건물 임대차계약이 해지되어 임차인의 점유가 불법점유가 된다고 하더라도, 임차인이 건물을 명도하지 아니하고 계속 사용하고 있고 임대인 또한 임대보증금을 반환하지 아니하고 보유하고 있으면서 향후 월임료 상당액을 보증금에서 공제하는 관계에 있다면, 이는 부가가치세의 과세대상인 용역의 공급에 해당하는 것이다. (95누4018)

③ 임대차계약 해지 후의 계속 점유를 원인으로 차임 상당액을 부당이득으로 반환하는 경우에 종전 임대차에서 약정 차임에 대한 부가가치세 상당액을 공급을 받는 자인 임차인이 부담하기로 하는 약정이 있었다면, 달리 특별한 사정이 없는 한 부당이득으로 지급되는 차임 상당액에 대한 부가가치세 상당액도 계속 점유하는 임차인이 부담하여야 하는 것으로 봄이 상당하다. (2002다38828)

02 월합계 세금계산서의 공급가액을 부풀린 경우 가공세금계산서로 볼 수 있는지 여부 (2016두31920, 2016. 12. 1.)

사실관계

거액의 투자손실로 거액의 채무를 부담하게 된 A법인은 회계장부를 분식할 필요가 있었다. 이에 A법인은 매월 10회 이상의 거래가 있었던 B법인에게 월합계 세금계산서를 발급하면서 공급가액 중 일부를 실제 상품을 공급하지 아니한 금액을 포함하여 발급하였다. 이에 관할세무서장은 A법인이 발급한 월합계 세금계산서가 재화의 공급 없이 발급된 가공세금계산서라고 판단하여 그에 해당하는 **가산세**(현행 법률에 따르면 **공급가액의 3%**)를 부과하였다.

쟁점

공급가액이 부풀려 기재된 월합계 세금계산서가 재화나 용역의 공급 없이 발급한 가공세금계산서에 해당하는지 여부

결론

일반세금계산서와 월합계 세금계산서가 외형상 구분되지 않고, 세금계산서 그 자체만으로는 개별거래의 구분이 불가능하므로 재화 또는 용역의 공급이 일부 있지만 그 공급가액을 부풀린 **월합계 세금계산서**도 일반 세금계산서와 마찬가지로 공급가액을 과다하게 기재한 경우에 적용되는 가산세(현행 법률에 따르면 **공급가액의 2%**)를 적용하여야 한다.

주요근거

월합계 세금계산서 제도는 **개별 거래마다 각각의 세금계산서를 발행하여야 하는 원칙에 대한 예외**로서 사업자의 편의를 위하여 1역월의 범위 내에서 동일한 거래처에 대한 여러 거래의 공급가액의 합계액만을 그 공급가액으로 기재하고 기간 말일을 발행일자로 하여 1장의 세금계산서로 발행할 수 있도록 하는 특례이고, 이에 따라 발행된 월합계 세금계산서는 그 형식이 일반 세금계산서와 동일하여 외관상 구분되지 아니할 뿐만 아니라 세금계산서 자체로는 개별거래의 구분이 불가능하고, 세금계산서 불성실가산세조항에서 이를 달리 취급하도록 규정하고 있지도 아니하다.

가산세

1. 가공발급, 허위발급에 관한 가산세

현행 법률은 가공세금계산서(재화나 용역 등을 공급하지 아니하거나 받지 아니하고 발급한 세금계산서)의 경우와 사실과 다른 세금계산서 중 공급가액을 과다하게 기재한 경우에 대한 제재를 강화하였다.

(1) 가공세금계산서 발급

재화 또는 용역을 공급하지 아니하고 세금계산서 또는 신용카드매출전표 등을 발급한 경우: 그 세금계산서 등에 적힌 공급가액의 3%

(2) 가공세금계산서 수취

재화 또는 용역을 공급받지 아니하고 세금계산서 등을 발급받은 경우: 그 세금계산서 등에 적힌 공급가액의 3%

(3) 위장발급

재화 또는 용역을 공급하고 실제로 재화 또는 용역을 공급하는 자가 아닌 자 또는 실제로 재화 또는 용역을 공급받는 자가 아닌 자의 명의로 세금계산서 등을 발급한 경우: 그 공급가액의 2%

(4) 위장수취

재화 또는 용역을 공급받고 실제로 재화 또는 용역을 공급하는 자가 아닌 자의 명의로 세금계산서 등을 발급받은 경우: 그 공급가액의 2%

(5) 공급가액을 부풀려 발급한 경우

재화 또는 용역을 공급하고 세금계산서 등의 공급가액을 과다하게 기재한 경우: 실제보다 과다하게 기재한 부분에 대한 공급가액의 2%

(6) 공급가액을 부풀려 발급한 세금계산서를 수취한 경우

재화 또는 용역을 공급받고 위의 (5)가 적용되는 세금계산서 등을 발급받은 경우: 실제보다 과다하게 기재된 부분에 대한 공급가액의 2%

2. 위장발급과 미발급이 동시에 적용되는지 여부

최근 유권해석을 반영하여, 甲이 乙에게 재화 또는 용역을 공급하고 이를 丙을 공급받는 자로 하여 세금계산서를 발급한 경우 甲에게 미발급가산세를 적용하지 않고 위장세금계산서 발급에 관한 가산세만 적용하기로 하였다. 즉, 미발급가산세와 위장발급가산세를 중복하여 적용하지 않는다.

03 세금계산서 부실기재에 대한 제재가 「헌법」상 과잉금지원칙에 위배되는지 여부 (2014헌바267, 2015. 11. 26.)

사실관계

(1) B법인은 보강토공사업을 하여 오던 중 2011. 11. 15. A건설 주식회사로부터 도급받은 골프장 조성공사 중 보강토공사의 일부 공사를 C글로벌 주식회사에 공사대금 374,000,000원으로 정하여 하도급하였고, C글로벌은 2011. 12. 31. 위 공사를 완료하였다. C글로벌은 2012. 1. 27. B법인에게 위 공사에 관하여 매입자 B법인, 매출자 C글로벌, 공급가액 374,000,000원, 공급시기 2011. 12. 31. 로 하는 전자세금계산서를 발급하여 주었다.

(2) B법인은 2011년 제2기 부가가치세 확정신고를 하면서 위 374,000,000원을 부가가치세 확정신고서에 매입세액으로 기재한 후 이를 매출세액에서 공제하여 신고하였다.

(3) 관할세무서장은 2012. 12. 20. B법인에게, 이 사건 세금계산서는 그 공급시기로 기재된 2011. 12. 31.이 아닌 2012. 1. 27. 발급되어 세금계산서의 필요적 기재사항인 '작성연월일'이 사실과 다르게 작성되었다는 이유로, 매입세액인 374,000,000원을 공제하지 아니하고 과소신고 및 납부불성실가산세 6,551,800원을 가산하여 2011년 제2기 부가가치세 40,551,800원을 증액 경정하는 부과처분을 하였다.

(4) B법인은 관련 부과처분의 근거조항인 「부가가치세법」에 대하여 헌법소원심판을 청구하였다.

쟁점

세금계산서의 작성연월일이 사실과 다르게 기재된 경우 그에 해당하는 매입세액의 공제를 허용하지 아니하는 것은 일종의 제재로서, 그 제재방법이 지나치게 가혹하여 납세자의 재산권을 과도하게 제한하는 것은 아닌지 여부

결론

이 사건 법률조항은 청구인의 재산권을 침해한다고 할 수 없다.

세금계산서의 의의

1. 전단계세액공제법 적용을 위한 필수적 요소

「부가가치세법」은 사업자의 자기생산 부가가치에 대해서만 과세가 이루어지도록 하기 위하여 매출세액에서 매입세액을 공제함으로써 부가가치세 납부세액을 계산하는 이른바 '전단계세액공제법'을 채택하고 있다.

전단계세액공제법을 채택하고 있는 「부가가치세법」 하에서 세금계산서 제도는 당사자 간의 거래를 노출시킴으로써 부가가치세뿐 아니라 소득세와 법인세의 세원포착을 용이하게 하는 납세자 간 상호검증의 기능을 하므로, 사업자등록과 함께 부가가치세 제도를 효과적으로 시행하기 위한 필수적인 요소이다.

2. 기간 대응의 필요성

부가가치세 세액의 산정 및 상호검증이 과세기간별로 행하여지는 부가가치세의 특성상 위와 같은 상호검증 기능이 제대로 작동하기 위해서는 세금계산서의 작성 및 교부가 그 거래시기가 속하는 과세기간 내에 정상적으로 이루어지는 것이 필수적이다.

3. 적법한 세금계산서

사업자는 재화 또는 용역을 공급하는 때에 상대방으로부터 부가가치세를 거래징수하고, 그 상대방에게 세금계산서를 작성·발급한다. 세금계산서를 교부받은 사업자가 매입세액공제를 받으려면 매입 거래 시에 발급받은 세금계산서를 과세관청에 제출하여야 한다. 이때 제출하는 세금계산서는 법정의 요건을 갖춘 세금계산서여야 하고, 적법한 매입세금계산서란 공급자의 사업자등록번호와 성명 또는 명칭, 공급받는 자의 사업자등록번호, 공급가액과 부가가치세액, 작성연월일이 하자 없이 기록된 세금계산서를 말한다.

부실세금계산서의 제재

「부가가치세법」은 세금계산서의 발급에서 신고에 이르기까지 모든 과정에 걸쳐 다양한 의무사항을 규정하고 있으며, 이러한 의무사항을 효율적으로 담보하기 위하여 여러 유형의 **가산세규정**을 두고 있다. 그런데 세금계산서에 관한 의무사항 중 세금계산서 미수취나 세금계산서의 필요적 기재사항이 누락되었거나 허위인 경우에는 매입자(공급받는 자)에 대하여 **가산세 외에 매입세액불공제**라는 보다 과중한 제재를 가하고 있다.

작성연월일이 사실과 다르게 적힌 경우의 의의

1. 공급시기에 세금계산서를 발급하도록 한 취지

「부가가치세법」은 세금계산서를 거래시기(재화·용역의 공급시기)에 발급하도록 하고 있으므로 세금계산서는 공급과 동시에 발행하는 것이 원칙이며, 특별한 이유가 없는 한 그 시기에 수수할 것이 요구된다. 그럼으로써 각 거래시기별로 과세기간의 귀속이 결정되고, 그에 따른 정상적인 납세의무가 이행될 수 있기 때문이다.

2. 작성연월일이 사실과 다르게 적힌 경우

따라서 매입세액의 공제가 부인되는 세금계산서의 '작성연월일'이 사실과 다르게 기재된 경우라 함은 세금계산서의 실제 작성일이 거래사실과 다른 경우를 의미한다. 매입자(공급받는 자)는 거래시기(재화·용역의 공급시기)에 세금계산서를 수취한 경우에만 매입세액을 공제받을 수 있으며, 실제 거래한 일자로 작성되지 아니한 세금계산서는 사실과 다른 세금계산서로 보아 가산세와 매입세액불공제의 제재를 받게 된다.

예외사유

1. 예외적으로 매입세액공제를 허용하고 있음

부실기재한 세금계산서라 하더라도 과세자료로서의 기능에 영향이 없거나 미미한 경우 또는 제재를 가하는 것이 납세자에게 지나치게 가혹하거나 불합리한 결과를 초래할 수 있는 경우에는 매입세액불공제의 제재를 가하지 않을 수 있는 근거를 마련하고 있다.

세금계산서의 작성연월일이 착오로 적혔으나 해당 세금계산서로 보아 거래사실이 확인되는 경우나 공급시기 이후에 발급받은 세금계산서로서 해당 공급시기가 속하는 과세기간 내 발급받은 경우 기타 합리적인 사유가 있는 때에는 구제를 받을 수 있도록 규정되어 있다.

2. 매입자발행세금계산서

간혹 실제 거래에 있어서는 매 공급 시마다 계산하여 세금계산서를 발행하지 못하는 경우도 있고, 공급사업자가 고의 혹은 과실로 세금계산서를 발행하지 아니하는 경우도 있을 수 있으나, 이 경우 공급받은 사업자는 관할세무서장의 확인을 받아 세금계산서를 발행할 수 있다.

가산세 이외의 제재가 필요한지 여부

세금계산서의 필요적 기재사항이 사실과 다르게 기재된 경우 이를 교부받은 사업자에 대한 제재로서 매입세액 전부의 공제를 허용하지 아니하는 강력한 제재보다 적정율의 가산세 부과 등 가벼운 제재를 고려할 수 있으나, 가산세를 부과하는 것만으로는 부가가치세 제도 운영의 기초가 되는 세금계산서의 정확성과 진실성 확보라는 입법목적을 달성할 수 있는지 명확하지 않다.

관련 개정세법

공급시기가 속한 확정신고기한 이후에 작성된 세금계산서라고 하여 무조건 매입세액을 공제하지 않는 것은 납세자의 재산권을 지나치게 침해한다는 주장이 계속 제기되어 2019년부터 적용되는 재화 또는 용역의 공급시기가 속하는 과세기간에 대한 확정신고기한 이후 세금계산서를 발급받았더라도 그 세금계산서의 발급일이 재화 또는 용역의 공급시기가 속하는 과세기간에 대한 확정신고기한 다음 날부터 1년 이내이고 다음 중 어느 하나에 해당하는 경우에는 매입세액공제를 허용하는 것으로 개정하였다.

> ① 발급받은 세금계산서와 함께 「국세기본법」에 따른 과세표준수정신고서 및 경정청구서를 제출하는 경우
> ② 거래사실이 확인되어 납세지 관할세무서장 등이 결정 또는 경정하는 경우

04 타인명의 사업자등록의 경우라도 매입세액공제 가능
(2016두62726, 2019. 8. 30.)

사실관계

(1) A법인은 2002. 10. 2.부터 소규모사업자의 생활형 광고대행업을 영위하는 사업자로서 전국에 직영 가맹점 32개, 비직영 가맹점 6개를 두고 있었는데, 그중 직영가맹점은 A법인이 직원을 파견하여 직원 명의로 개인 사업자등록을 하여 운영한 가맹점이다. 이 사건 사업장에 대하여 A법인은 각 가맹점별로 직원 명의의 개인 사업자등록을 하고 그 사업자등록에 따라 세금계산서를 수수하여 부가가치세를 신고 · 납부하였다.

(2) 이에 과세관청은 각 사업장의 실제 사업자가 A법인임을 전제로 각 사업장의 각 매출 · 매입을 A법인의 거래로 인정한 후 각 사업장의 매입거래에 대해서는 A법인의 매입세액으로 공제를 인정하여 A법인에게 각 법인세 및 부가가치세를 경정 · 고지하였다. (당초 처분)

(3) 이후 과세관청은 업무감사의 결과에 따라 당초 처분에 추가하여, ① 각 사업장에 대하여 구 「부가가치세법」에 따른 **명의위장등록가산세**를 부과하고, ② 각 사업장에서 2008년 제1기부터 2013년 제1기까지의 부가가치세 과세기간 동안 다른 사업자로부터 재화나 용역을 공급받고 발급받은 세금계산서상 **매입세액을 불공제**하여 부가가치세를 부과하는 한편, 「국세기본법」에 따른 **부당과소신고가산세**와 납부불성실가산세를 부과하였다. (제2처분)

쟁점

(1) 명의위장등록가산세의 부과제척기간

(2) 타인명의 사업자등록의 경우에도 매입세액공제가 가능한지 여부

결론

(1) 「국세기본법」에 명의위장등록가산세에 관한 특례제척기간규정이 없으므로 일반적인 부과제척기간을 적용하여 제척기간은 5년이다.

(2) 명의인의 등록번호가 실제 사업자의 등록번호로 기능하는 것인 경우에는 설령 타인 명의로 사업자등록을 한 후 발급받은 세금계산서라고 하여도 사실과 다른 세금계산서로 볼 수 없다.

<table>
<tr><td>주요근거</td><td>

1. 부과제척기간

「국세기본법」에 의하면, 국세는 이를 부과할 수 있는 날부터 5년이 경과한 후에는 부과할 수 없고, 다만 납세자가 사기 기타 부정한 행위로써 국세를 포탈하거나 환급·공제받는 경우에는 10년, 납세자가 법정신고기한 내에 과세표준신고서를 제출하지 아니한 경우에는 7년이 경과한 후에는 부과할 수 없다.

한편 「부가가치세법」은 '사업자가 타인(자기의 계산과 책임으로 사업을 경영하지 아니하는 자)의 명의로 사업자등록을 하고 실제 사업을 하는 것으로 확인되는 경우 사업 개시일부터 실제 사업을 하는 것으로 확인되는 날의 직전 일까지의 공급가액에 대하여 100분의 1에 해당하는 금액을 납부세액에 더하거나 환급세액에서 뺀다'고 규정하고 있다. (명의위장등록가산세)

이러한 명의위장등록가산세는 부가가치세 본세 납세의무와 무관하게 타인명의로 사업자등록을 하고 실제 사업을 한 것에 대한 제재로서 부과되는 **별도의 가산세**이고, 「국세기본법」에 따라 납세자의 부정행위로 부과대상이 되는 경우 10년의 부과제척기간이 적용되는 별도의 가산세에도 포함되어 있지 않으며, 이에 대한 신고의무에 대하여도 별도의 규정이 없으므로, 그 부과제척기간은 5년이다.

2. 매입세액공제 여부

매입세액공제 여부 판단의 기준이 되는 필요적 기재사항은 '공급하는 사업자'와 관련하여서는 '등록번호와 성명 또는 명칭'인 반면, '공급받는 자'와 관련하여서는 '등록번호'에 한정된다. 필요적 기재사항이 사실과 다르게 적힌 세금계산서에 의한 매입세액공제를 제한하는 취지는 「부가가치세법」에서 채택한 전단계세액공제 제도의 정상적인 운영을 위해서는 과세기간별로 각 거래 단계에서 사업자가 공제받을 매입세액과 전단계 사업자가 거래 징수할 매출세액을 대조하여 상호 검증하는 것이 필수적인 점을 고려하여 세금계산서의 정확성과 진실성을 확보하기 위한 것이다.

세금계산서에 기재된 '공급받는 자의 등록번호'를 실제 공급받는 자의 등록번호로 볼 수 있다면 '공급받는 자의 성명 또는 명칭'이 실제 사업자의 것과 다르다는 사정만으로 이를 매입세액 공제가 인정되지 않는 사실과 다른 세금계산서라고 단정할 수는 없다. 따라서 자기의 계산과 책임으로 사업을 영위하지 아니하는 타인의 명의를 빌린 사업자가 어느 사업장에 대하여 그 타인의 명의로 사업자등록을 하되 온전히 자신의 계산과 책임으로 사업을 영위하며 부가가치세를 신고·납부하는 경우와 같이 그 **명칭이나 상호에도 불구하고 해당 사업장이 온전히 실제 사업자의 사업장으로 특정될 수 있는 경우** 그 명의인의 등록번호는 곧 실제 사업자의 등록번호로 기능하는 것이므로, 그와 같은 등록번호가 '공급받는 자'의 등록번호로 기재된 세금계산서는 사실과 다른 세금계산서라고 할 수 없다.

</td></tr>
</table>

관련 법령	**국세의 부과제척기간(「국세기본법」 제26조의2 제2항)**

> 제1항에도 불구하고 다음 각 호의 어느 하나에 해당하는 경우에는 다음 각 호의 구분에 따른 기간을 부과제척기간으로 한다.
>
> 1. 납세자가 법정신고기한까지 과세표준신고서를 제출하지 아니한 경우: 해당 국세를 부과할 수 있는 날부터 7년(역외거래의 경우 10년)
> 2. 납세자가 대통령령으로 정하는 사기나 그 밖의 부정한 행위(부정행위)로 국세를 포탈하거나 환급·공제를 받은 경우: 그 국세를 부과할 수 있는 날부터 10년(역외거래에서 발생한 부정행위로 국세를 포탈하거나 환급·공제받은 경우에는 15년). 이 경우 부정행위로 포탈하거나 환급·공제받은 국세가 법인세이면 이와 관련하여 「법인세법」 제67조에 따라 처분된 금액에 대한 소득세 또는 법인세에 대해서도 또한 같다.
> 3. 납세자가 부정행위를 하여 다음 각 목에 따른 가산세 부과대상이 되는 경우: 해당 가산세를 부과할 수 있는 날부터 10년
>   가. 「소득세법」 제81조의10 제1항 제4호
>   나. 「법인세법」 제75조의8 제1항 제4호
>   다. 「부가가치세법」 제60조 제2항 제2호, 같은 조 제3항 및 제4항

「국세기본법」 제26조의2 제2항 제3호에 따른 가산세에는 타인명의로 등록한 경우에 적용되는 가산세가 포함되어 있지 않다. 해당 가산세(가공발급, 허위발급, 미발급 등)세금계산서에 대한 부과제척기간 특례규정은 자료상이 가공의 세금계산서 등을 수수하더라도 매출, 매입세액을 맞추어 본 세액의 포탈이 없을 수 있으므로 그에 대응하기 위한 규정이다.

제6장 납부세액의 계산

01 타인명의로 사업자등록을 한 자가 발행한 세금계산서의 매입세액 공제 여부 (2016두43077, 2016. 10. 13.)

사실관계

(1) 인테리어 업체들의 대표 甲은 A법인의 대표이사인 乙과 친인척 관계에 있는 사람들이다.

(2) 乙은 甲의 명의를 차용하여 사업자등록을 마친 후 인테리어업체를 운영하였다.

(3) A법인은 인테리어업체들로부터 세금계산서를 발급받았는데, 그 세금계산서의 '상호'란에는 인테리어업체의 상호가, '성명'란에는 乙 대신 명의대여자인 甲의 성명이 기재되었다.

(4) A법인은 인테리어업체들로부터 발급받은 세금계산서에 적힌 매입세액을 공제받는 것으로 신고하였는데, 과세관청은 해당 세금계산서가 사실과 다른 세금계산서라는 이유로 매입세액을 공제하지 않는 처분을 하였다.

쟁점

명의대여자의 명의로 발급한 세금계산서가 사실과 다른 세금계산서에 해당하여 매입세액을 공제받을 수 없는지 여부

결론

甲의 명의로 발급된 세금계산서는 필요적 기재사항인 '공급하는 사업자의 성명'이 다른 세금계산서에 해당하므로 사실과 다른 세금계산서에 해당한다. 따라서 A법인은 매입세액을 공제받을 수 없다.

필요적 기재사항

1. 세금계산서 등(「부가가치세법」 제32조 제1항)

사업자가 재화 또는 용역을 공급(부가가치세가 면제되는 재화 또는 용역의 공급은 제외)하는 경우에는 다음의 사항을 적은 세금계산서를 그 공급을 받는 자에게 발급하여야 한다.

> 1. 공급하는 사업자의 등록번호와 성명 또는 명칭
> 2. 공급받는 자의 등록번호. 다만, 공급받는 자가 사업자가 아니거나 등록한 사업자가 아닌 경우에는 대통령령으로 정하는 고유번호 또는 공급받는 자의 주민등록번호
> 3. 공급가액과 부가가치세액
> 4. 작성 연월일
> 5. 그 밖에 대통령령으로 정하는 사항

2. 공제하지 아니하는 매입세액(「부가가치세법」 제39조 제1항)

제38조에도 불구하고 다음의 매입세액은 매출세액에서 공제하지 아니한다.

> 2. 세금계산서 또는 수입세금계산서를 발급받지 아니한 경우 또는 발급받은 세금계산서 또는 수입세금계산서에 제32조 제1항 제1호부터 제4호까지의 규정에 따른 기재사항(필요적 기재사항)의 전부 또는 일부가 적히지 아니하였거나 사실과 다르게 적힌 경우의 매입세액. 다만, 대통령령으로 정하는 경우의 매입세액은 제외한다.

사실과 다른 세금계산서

1. 사실과 다른 세금계산서의 매입세액공제 여부

「부가가치세법」은 세금계산서의 필요적 기재사항 중 하나로 '공급하는 사업자의 등록번호와 성명 또는 명칭'을 규정하고 있고, 세금계산서에 법령의 규정에 따른 필요적 기재사항의 전부 또는 일부가 사실과 다르게 적힌 경우의 매입세액은 매출세액에서 공제하지 아니한다.

2. 예외사유 I(「부가가치세법」 제75조)

1. 사업자등록을 신청한 사업자가 사업자등록증 발급일까지의 거래에 대하여 해당 사업자 또는 대표자의 주민등록번호를 적어 발급받은 경우
2. 세금계산서의 필요적 기재사항 중 일부가 **착오로 사실과 다르게 적혔으나** 그 세금계산서에 적힌 나머지 필요적 기재사항 또는 임의적 기재사항으로 보아 거래사실이 확인되는 경우
3. 재화 또는 용역의 공급시기 이후에 발급받은 세금계산서로서 해당 공급시기가 속하는 과세기간에 대한 **확정신고기한까지 발급받은 경우**
4. 전자세금계산서로서 국세청장에게 전송되지 아니하였으나 발급한 사실이 확인되는 경우
5. 전자세금계산서 외의 세금계산서로서 재화 또는 용역의 공급시기가 속하는 과세기간에 대한 확정신고기한까지 발급받았고, 그 거래사실도 확인되는 경우
6. 실제로 재화 또는 용역을 공급하거나 공급받은 사업장이 아닌 사업장을 적은 세금계산서를 발급받았더라도 그 사업장이 총괄 납부하거나 사업자단위과세사업자에 해당하는 사업장인 경우로서 그 재화 또는 용역을 실제로 공급한 사업자가 납세지 관할세무서장에게 해당 과세기간에 대한 납부세액을 신고하고 납부한 경우
7. 재화 또는 용역의 공급시기가 속하는 과세기간에 대한 확정신고기한 이후 세금계산서를 발급받았더라도 그 세금계산서의 발급일이 재화 또는 용역의 공급시기가 속하는 과세기간에 대한 **확정신고기한 다음 날부터 1년 이내**이고 다음 각 목의 어느 하나에 해당하는 경우
   가. 발급받은 세금계산서와 함께 **과세표준수정신고서 및 경정청구서를 제출**하는 경우
   나. 거래사실이 확인되어 납세지 관할세무서장 등이 **결정 또는 경정하는 경우**
8. 재화 또는 용역의 공급시기 전에 세금계산서를 발급받았더라도 재화 또는 용역의 공급시기가 그 **세금계산서의 발급일부터 6개월 이내**에 도래하고 해당 거래사실이 확인되어 법 제57조에 따라 납세지 관할세무서장 등이 결정 또는 경정하는 경우

(이하 생략)

3. 예외사유 II(선의 무과실)

타인명의로 발급한 세금계산서라도 공급받는 자가 명의위장사실을 알지 못하였고 알지 못한 데 과실이 없다는 특별한 사정이 있는 경우에는 그 매입세액을 공제받을 수 있다. 다만, 공급받는 자가 명의위장사실을 알지 못한 데에 과실이 없다는 점은 매입세액의 공제 내지 환급을 주장하는 자가 이를 입증하여야 한다. (2002두2277, 2004. 7. 8.)

02 대가관계 없이 수령한 국고보조금에 대한 공통매입세액 안분
(2017두55329, 2018. 1. 25.)

사실관계

(1) A법인은「부가가치세법」상 과세대상인 고속철도 여객운송, 화물운송, 임대사업 등과 면세대상인 일반철도, 광역철도 여객운송사업을 영위하고 있다.

(2) A법인은 2008. 6. 26. 구「철도산업발전기본법」에 따라 국토해양부장관과 '2008년도 공익서비스비용 보상계약'을 체결하였는데, 그 주요 내용은 A법인이 2008. 1. 1.부터 2008. 12. 31.까지 구「철도산업발전기본법」및 보상계약에 따라 3가지 종류의 공익서비스, 즉 ① 노인, 장애인, 국가유공자에 대한 철도운임 감면, ② 철도이용수요가 적어 수지균형의 확보가 극히 곤란하여 철도서비스를 제한 또는 중지하여야 함에도 공익목적을 위하여 기초적인 철도서비스를 계속하는 노선의 운영(벽지노선 운영), ③ 국가의 특수목적 수행을 위한 특별동차의 운영(특별동차 운영)을 제공하고, 국토해양부장관이 위 공익서비스 제공에 소요되는 비용을 보상하는 것이다.

(3) 이후 A법인은 보상계약에 따라 국토해양부장관으로부터 2008년 공익서비스 제공비용 보상액으로 합계 266,168,000,000원(운임감면 92,354,000,000원, 벽지노선 운영 172,298,000,000원, 특별동차 운영 1,516,000,000원)을 지급받았다.

(4) A법인은 2008년 제2기 부가가치세를 신고하면서, 공통매입세액 716,522,000,000원을 앞서 본 부가가치세 과세대상 및 면세대상 사업의 총 공급가액에 대한 면세대상 사업의 공급가액 비율을 적용하여 면세사업 관련 매입세액을 계산하고, 이를 매출세액에서 공제하지 아니하였다.

(5) 과세관청은 2014. 1. 22. A법인에게, 공익서비스보상액은 A법인이 철도이용객에게 제공하는 서비스에 대한 비용을 국가가 대신 부담한 것으로서「부가가치세법」상 **비과세대상에 해당하므로 공통매입세액을 안분계산하면서 이를 반영하여야 한다**면서, 2008년 제2기분 부가가치세 합계 5,713,236,200원(가산세 포함)을 경정·고지하는 이 사건 처분을 하였다.

쟁점

(1) A법인이 수령한 국고보조금이 용역의 공급에 대한 대가인지 여부

(2) 비과세사업에 해당하는지 여부

결론	A법인이 수령한 국고보조금은 용역 제공의 반대급부로 수령한 것이 아니므로, 공통 매입세액 안분계산 시 비과세사업의 공급가액에 포함할 수 없다. 따라서 과세관청의 부가가치세 부과처분은 타당하지 않다.

주요근거

1. 대가관계가 있는지 여부

「부가가치세법」은 부가가치세의 과세표준에 포함하지 아니하는 것의 하나로 국고보조금을 들고 있는데, 이는 재화 또는 용역을 공급함으로써 부가가치세 납세의무를 지는 사업자가 국고보조금의 교부대상이 되는 보조사업의 수행자로서 재화 또는 용역을 공급하고 국고보조금을 지급받은 경우에는 당해 사업자의 재화 또는 용역의 공급에 따른 부가가치세 과세표준에 위 국고보조금 상당액을 포함시키지 않는다는 것을 의미한다. (2000두369 판결 등)

사안에서 A법인이 제공한 용역을 공급받는 상대방은 공익서비스를 직접 제공받은 철도이용자로 보아야 한다. A법인이 수령한 공익서비스보상액은 철도이용자에 대한 용역의 공급으로 인하여 발생하는 비용을 보상받기 위하여 공익서비스 수행자인 A법인이 국토해양부장관과 체결한 보상계약에 따라 국가로부터 지급받은 것이므로, 용역의 공급 그 자체에 대한 반대급부로서의 대가가 아닌 재정상의 원조를 목적으로 교부된 시설·운영자금에 해당한다. 그러므로 공익서비스보상액은 「부가가치세법」에 따라 부가가치세 과세표준에서 제외되는 국고보조금에 해당한다.

2. 구 「부가가치세법 시행령」규정을 유추 적용할 수 있는지 여부

과세사업과 비과세사업에 관련된 매입세액은 원칙적으로 실지귀속에 따라 계산하여야 하고, 매입세액이 오로지 비과세사업과 관련되는 경우에는 이를 매출세액에서 공제할 수 없으며, 과세사업과 비과세사업에 공통으로 사용되어 실지귀속을 구분할 수 없는 매입세액이 있다면 원칙적으로 과세사업과 면세사업을 겸영하는 경우의 공통매입세액 안분에 관한 「부가가치세법 시행령」규정을 유추 적용하여 비과세사업에 안분되는 매입세액을 가려내야 한다(2009두16268 판결 등). 다만 해당 사업자가 비과세사업에 해당하는 용역의 공급에 관하여 거래상대방으로부터 별도의 공급대가를 지급받는 경우가 아니라 국가나 지방자치단체로부터 국고보조금 등을 지급받은 경우로서 비과세사업에 해당하는 용역의 공급에 대한 대가로 볼 수 없는 경우라면 면세사업과 과세사업의 공급가액 비율에 따라 공통매입세액을 안분하여 계산하도록 한 「부가가치세법 시행령」의 규정을 유추 적용할 수는 없다.

현행 세법

1. 공통매입세액의 안분(「부가가치세법」 제40조)

사업자가 과세사업과 면세사업 등을 겸영(兼營)하는 경우에 과세사업과 면세사업 등에 관련된 매입세액의 계산은 실지귀속(實地歸屬)에 따라 하되, 실지귀속을 구분할 수 없는 매입세액(이하 "공통매입세액"이라 한다)은 총 공급가액에 대한 면세공급가액의 비율 등 대통령령으로 정하는 기준(이하 "공통매입세액 안분기준"이라 한다)을 적용하여 대통령령으로 정하는 바에 따라 안분(按分)하여 계산한다.

2. 공통매입세액 안분계산(「부가가치세법 시행령」 제81조 제1항)

법 제40조에 따라 과세사업과 면세사업 등을 겸영(兼營)하는 경우로서 실지귀속(實地歸屬)을 구분할 수 없는 공통매입세액이 있는 경우 면세사업 등에 관련된 매입세액은 다음 계산식에 따라 안분하여 계산한다. 다만, 예정신고를 할 때에는 예정신고기간에 있어서 총 공급가액에 대한 면세공급가액(면세사업 등에 대한 공급가액과 사업자가 해당 면세사업 등과 관련하여 받았으나 법 제29조의 과세표준에 포함되지 아니하는 국고보조금과 공공보조금 및 이와 유사한 금액의 합계액을 말한다)의 비율에 따라 안분하여 계산하고, 확정신고를 할 때에 정산한다.

$$\text{면세사업 등에 관련된 매입세액} = \text{공통매입세액} \times \frac{\text{면세 공급가액}}{\text{총 공급가액}}$$

개정취지

'재화 또는 용역의 공급과 직접 관련 없는 보조금은 공통매입세액 안분에 있어서 비과세 공급가액으로 볼 수 없다'는 여러 건의 대법원 판례에 영향을 받아 매입세액을 불공제하기 위한 근거규정을 마련하였다.

KBS 판결

방송용역은 원칙적으로 무상용역의 공급(수신료는 방송에 대한 대가가 아님)이다. KBS가 실제 영위하고 있는 방송업은 부가가치세 과세사업은 물론 면세사업에도 해당되지 않아 「부가가치세법」상으로 KBS는 과세사업인 광고업만을 영위하고 있는 것과 같다. 방송수신료나 국고보조금 등은 재화나 용역의 공급대가로 보기 어려워 면세공급가액에 포함시킬 수 없다. KBS의 수신료 수입에 의한 방송용역의 공급은 원칙적으로 무상용역의 공급으로서 그 공급가액을 확정할 수 없다. 즉, 비과세사업의 공급대가를 확정할 수 없으므로 과세사업과 면세사업 안분규정 적용 또는 유추적용이 불가하다.

EBS 판결

EBS의 방송용역(유상의 광고방송용역은 제외) 제공은 무상의 용역 제공으로서 비과세사업에 해당하고 수신료 등은 그에 대한 대가가 아니어서 그 비과세사업의 공급가액이 없는 경우에 해당한다. 따라서 비과세사업과 과세사업에 공통되는 공통매입세액의 안분계산에 관하여 면세사업과 과세사업의 공급가액 비율에 따라 공통매입세액을 안분계산하도록 규정한 구 「부가가치세법 시행령」을 유추 적용할 수는 없다고 할 것이다.

카지노 판결

입장료수입은 부가가치세 과세대상에 해당하나 도박수입은 부가가치를 창출하는 것이 아니어서 부가가치세 과세대상에 해당하지 아니한다. 카지노 기구, 기계 등은 과세사업에 사용되는 것이 아니므로 매입세액 전액을 공제받을 수 없다. 이에 반해, 카지노 호텔 건설비용 관련 매입세액은 카지노업과 호텔업의 면적비율에 따라 안분계산이 필요하다. 카지노 사업은 부가가치세 과세사업과 부가가치세 비과세사업을 함께 하는 사업인 바, 매입세액은 그 전체가 과세사업과 비과세사업에 공통으로 사용되어 실지귀속을 구분할 수 없는 공통매입세액이므로 그 매입세액을 안분계산하여 그 중 과세사업에 관련된 부분은 매출세액에서 공제하여야 하나, 비과세사업에 관련된 부분은 매출세액에서 공제할 수 없다.

폐비닐 재활용

한국환경공단이 국가로부터 국고보조금을 지급받으면서 폐비닐 재활용 용역(비과세)과 폐비닐·가공품(과세)을 공급하던 상황에서, 이러한 국고보조금은 용역의 공급에 대한 대가로 볼 수 없다. (2013두19875, 2016. 3. 24.)

연구용역

한국섬유개발연구원이 국가 등으로부터 국고보조금을 받으면서 연구용역(비과세)과 섬유의 품질분석 및 인증용역(과세)을 제공하는 경우에도, 이때의 국고보조금은 재화 또는 용역의 공급대가가 아니므로 비과세 공급가액에 해당하지 아니하여 공급가액을 기준으로 공통매입세액을 안분할 수 없다. (2015두45731, 2016. 6. 23.)

03 회생에 따른 대손세액공제
(2017두68295, 2018. 6. 28.)

사실관계

(1) 채권자 A는 채무자 B에게 일정한 재화 또는 용역을 공급한 후 세금계산서를 발급하고 관련 부가가치세를 신고·납부하였다. 그러던 중 채무자 B가 자금난을 이유로 대금을 지급하지 못하고 2012. 7. 10. 의정부지방법원에 회생절차개시신청을 하였고, 위 법원으로부터 2012. 8. 24. 회생절차개시결정을, 2014. 2. 18. 회생계획인가결정을 각 받았다.

(2) 회생계획에 따라 채권자 A가 보유하던 채권의 2%는 현금으로 변제되고, 나머지는 출자전환 후 무상감자를 통해 모두 소각되었다.

(3) 채권자 A는 이와 관련하여 채무자 B에 대해 보유하던 채권에 대해 대손이 발생한 것으로 보고 「부가가치세법」상 대손세액공제를 적용하여 경정을 청구하였고, 과세관청은 출자전환 후 무상감자된 부분에 관하여 대손세액공제를 인정하고 환급하였다. 이후 이러한 사실이 채무자 B의 관할세무서장에게 통보되어 채무자 B는 「부가가치세법」 제45조 제3항에 따라 채권자 A의 매출세액에서 공제된 금액만큼 채무자 B의 매입세액에서 공제하여 부가가치세를 부과하였다. 이에 채무자 B는 대손세액공제를 인정하지 않는 것이 타당하다며 불복하였다.

쟁점

'출자전환 후 무상감자'가 「법인세법 시행령」 제19조의2 제5호에서 규정하는 대손사유인 「채무자 회생 및 파산에 관한 법률」에 따른 회생계획인가의 결정 또는 법원의 면책결정에 따라 **회수불능으로 확정된 채권**에 해당하는지 여부

결론

회생계획에서 별도의 납입 등을 요구하지 아니하고 신주발행 방식의 출자전환으로 기존 회생채권 등의 변제에 갈음하기로 하면서도 그 출자전환에 의하여 발행된 주식은 무상으로 소각하기로 정하였다면 그 인가된 **회생계획의 효력에 따라 새로 발행된 주식은 그에 대한 주주로서의 권리를 행사할 여지가 없고 다른 대가 없이 그대로 소각**될 것이 확실하게 된다. 그렇다면 위와 같은 **출자전환의 전제가 된 회생채권 등**은 **회생계획인가의 결정에 따라 회수불능으로 확정**되었다고 봄이 상당하다.

실무상 쟁점

회생계획에 따른 출자전환으로 주식을 취득한 경우 대손세액공제를 인정하면 실무상 다음과 같은 모순이 발생하게 된다. 회생채권자는 부가가치세액을 환급받지만 회생채무자는 추가적인 세부담으로 인하여 회생을 어렵게 만들 수 있다. 그렇다고 대손세액공제를 인정하지 않는다면 채권자는 채권도 소멸하면서 대손세액공제도 받을 수 없게 되어 지나친 불이익을 받게 될 수 있다.

개정 전
대손사유

「부가가치세법 시행령」 제87조 제1항 제2호가 신설되기 전에 「부가가치세법」상 대손사유는 「법인세법」 또는 「소득세법」을 따르도록 되어 있었다.

> **대손금의 손금불산입(「법인세법 시행령」 제19조의2)**
> ① 법 제19조의2 제1항에서 채무자의 파산 등 "대통령령으로 정하는 사유로 회수할 수 없는 채권"이란 다음 각 호의 어느 하나에 해당하는 것을 말한다.
> 1. 「상법」에 따른 소멸시효가 완성된 외상매출금 및 미수금
>   …
> 5. 「채무자 회생 및 파산에 관한 법률」에 따른 회생계획인가의 결정 또는 법원의 면책 결정에 따라 회수불능으로 확정된 채권

현행 법령

2018년 해당 판례가 나온 후, 2019년에 개정(신설)된 「부가가치세법」상 대손사유는 다음과 같다.

> **대손세액공제의 범위(「부가가치세법 시행령」 제87조)**
> ① 법 제45조 제1항 본문에서 "파산·강제집행이나 그 밖에 대통령령으로 정하는 사유"란 다음 각 호의 어느 하나에 해당하는 경우를 말한다.
> 1. 「소득세법 시행령」 제55조 제2항 및 「법인세법 시행령」 제19조의2 제1항에 따라 대손금으로 인정되는 경우
> 2. 「채무자 회생 및 파산에 관한 법률」에 따른 법원의 회생계획인가 결정에 따라 채무를 출자전환하는 경우. 이 경우 대손되어 회수할 수 없는 금액은 출자전환하는 시점의 출자전환된 매출채권 장부가액과 출자전환으로 취득한 주식 또는 출자지분의 시가와의 차액으로 한다.

관련 법령

1. 자산의 취득가액 등(「법인세법 시행령」 제72조)

> ② 법 제41조 제1항 및 제2항에 따른 자산의 취득가액은 다음 각 호의 금액으로 한다.
> 4의2. 채무의 출자전환에 따라 취득한 주식 등: 취득 당시의 시가. 다만, 제15조 제1항 각 호의 요건(회생 등)을 갖춘 채무의 출자전환으로 취득한 주식 등은 출자전환된 채권(채무보증으로 발생한 구상채권 및 업무무관 가지급금은 제외)의 장부가액으로 한다.

2. 일반적인 출자전환의 경우

(1) 채권자 입장

① 채무자와 특수관계가 있으면 부당행위계산부인규정을 적용한다. 단, 경제적 합리성이 있으면 적용되지 않는다. (2009두12822)

② 채무자와 특수관계가 없고 그 채무면제에 업무관련성이 없으면 이는 비지정기부금으로 처리한다.

③ 채무자와 특수관계가 없고 업무관련성이 있지만 친목을 두텁게 할 목적에서 채무면제를 한 것이라면 접대비로 처리한다.

④ 특수관계자 외의 자와의 거래에서 발생한 채권으로서 채무자의 부도발생 등으로 장래에 회수가 불확실한 어음·수표상의 채권 등을 조기에 회수하기 위하여 당해 채권의 일부를 불가피하게 포기한 경우 동 채권의 일부를 포기하거나 면제한 행위에 객관적으로 정당한 사유가 있는 때에는 동 채권포기액을 대손으로서 손금에 산입할 수 있다. (「법인세법 기본통칙」 19의 2-19의 2···5)

(2) 채무자 입장

출자전환에 따라 채무를 면제받은 금액(채권액과 시가의 차이)은 익금에 산입하되, 이월결손금 보전에 충당하는 금액만큼은 익금에 산입하지 않을 수 있다.

3. 회생계획에 따른 출자전환의 경우

(1) 채권자 입장

① 회생계획에 따른 출자전환이 있는 경우 일단 채권자는 그 출자전환에 따른 채무면제액을 대손으로 처리할 수 있음이 원칙이다. 다만, 「법인세법 시행령」 제72조 제2항 제4호의2 단서 규정(회생계획에 따른 출자전환의 경우 등)에 따라 출자전환으로 취득하는 주식의 취득가액이 전환된 채무의 장부가액이 되는 경우에는 대손처리할 수 없고 이후 주식을 처분하는 시점에 손금으로 처리할 수 있다.

② 한편, 회생계획에 따라 채무를 면제(채무의 출자전환으로 채무를 면제한 경우를 포함)한 금융채권자는 해당 사업연도의 소득금액을 계산할 때 그 면제한 채무에 상당하는 금액을 손금에 산입한다. (「조세특례제한법」 제44조 제4항)

(2) 채무자 입장

채무자의 경우 출자전환에 따라 면제된 이익도 통상의 출자전환과 마찬가지로 익금으로 처리하되, 이를 이월결손금 보전에 충당하면 익금불산입할 수 있다. 다만, 회생계획에 따른 출자전환의 경우에는 이월결손금공제 후 남은 잔액에 대해서도 그 이후 사업연도의 결손금 보전에 충당하여 익금에 산입하지 아니할 수 있다.

조세심판원은 다음과 같은 입장에서 대손세액공제를 허용하는 것이 타당하다고 하였다. (조심2012서1842, 2013. 9. 11.)

> ① 「법인세법 시행령」 제72조 제1항 제4호의2 단서의 입법취지는 채권자 법인의 대손 및 채무자 법인의 채무면제이익으로 인한 법인세 문제를 해소하려는 것이지 채권자 법인의 부가가치세 대손세액공제를 배제하려는 것으로는 보기 어렵다.
> ② 출자전환 주식을 회생채권의 장부가액으로 평가할 경우 출자전환시점에서 법인세는 대손금을 손금산입 못하지만 주식 처분 시 처분손실 계상이 가능한 반면, 부가가치세는 채권의 장부가액 전부가 주식으로 변제된 것으로 취급되어 추후 매각되더라도 사실상 대손세액공제가 불가능하게 된다.
> ③ 부가가치세 매출세액은 물론 원래의 채권조차 회수하지 못한 채권자 법인에게 그 거래징수하지 못한 부가가치세까지 부담하도록 하는 경우 채권자에게만 너무 과도한 부담을 주는 것이다.

04 겸영사업의 신축건물 매입세액 안분
(2014두10714, 2016. 12. 29.)

(1) A는 종합병원을 운영하는 비영리법인이다. A는 면세사업인 의료업과 과세사업인 부동산임대업, 주차장업, 장례식장임대업을 영위하였다.

(2) A는 기존건물에서 병원을 운영해오다가 기존건물 바로 옆에 신관건물을 신축하고, 신관건축비용 관련 공통매입세액을 '예정사용면적 비율'로 안분하여 매입세액을 공제하였다.

(3) 신관건물에는 백화점, 상가건물 등이 입점하기는 하나 기존건물과 그 연결통로가 있으며, 기존건물에 있는 병원시설 등이 재배치되었다.

(4) 이에 과세관청은 신관건물 면적이 확정되지 않아 실지귀속이 구분되지 않고, 기존병원을 확장하여 병원 전체의 일부로 운영되는 것이므로 신관건물 건축 관련 매입세액을 기존건물에서 발생하는 병원 전체의 과세사업과 면세사업의 공급가액 비율로 안분하여 재계산하였다.

겸영사업자가 종전 사업을 확장하면서 새로운 건물을 신축할 때, 그 건물의 신축비용 관련 매입세액의 안분계산방법

결론

(1) 신관건물이 기존건물과 연결통로 등으로 구조적으로 연결되어 있는 점, 기존건물의 일부를 신관건물에 재배치하는 점, 신관건물을 신축한 주된 이유는 기존건물의 공간부족을 해결하기 위한 것인 점을 고려해볼 때, 신관건물의 사업이 기존사업과 완전히 분리된 별개의 사업에 해당한다고 보기 어렵다.

(2) 따라서 신관건축 관련 공통매입세액은 해당 건물의 예정사용면적 비율로 안분할 수 없고, 병원 전체의 과세사업과 면세사업의 공급가액 비율에 따라 안분하여 계산하여야 한다.

(3) 참고로 공통매입세액공제와 관련한 대부분의 사건에서 대법원은 공통매입세액 안분은 현저하게 불합리하다고 볼만한 특별한 사정이 없으면 관련 법령에서 정한 안분계산방식과 순서에 따라야 한다는 입장이다.

독립된 사업

1. 신관건물을 독립된 사업에 사용할 경우

매입세액은 원칙적으로 실지귀속을 구분하여 계산하여야 하되, 만약 실지귀속을 구분할 수 없는 공통매입세액을 안분계산할 때에는 여러 사업 중 공통매입세액에 관련되는 과세사업과 면세사업을 가려내어 그 부분만 해당 과세기간의 총 공급가액에 대한 면세공급가액의 비율에 의하여 계산하여야 한다.

2. 신관건물을 독립된 사업에 사용하지 않을 경우

공통매입세액이 하나의 과세사업 또는 면세사업 중 일부분에 관련되는 경우, 그 부분이 사업장소와 운영실태 등에 비추어 나머지 부분과 구분되는 별개의 독립된 사업 부분이라고 볼 수 없다면 해당 사업 전체의 공급가액을 기준으로 하여 면세사업에 관련된 매입세액을 계산하여야 한다.

공통매입세액

해당 과세기간 중 과세사업과 면세사업 등의 공급가액이 없거나 그 어느 한 사업의 공급가액이 없는 경우 해당 과세기간에 대한 안분계산은 다음의 순서에 따른다. 다만, 건물 또는 구축물을 신축하거나 취득하여 과세사업과 면세사업 등에 제공할 예정면적을 구분할 수 있는 경우에는 ③을 ①, ②에 우선하여 적용한다.

> ① 총 매입가액(공통매입가액은 제외)에 대한 면세사업 등에 관련된 매입가액의 비율
> ② 총 예정공급가액에 대한 면세사업 등에 관련된 예정공급가액의 비율
> ③ 총 예정사용면적에 대한 면세사업 등에 관련된 예정사용면적의 비율

PART 6

개별소비세법

01 유흥음식행위에 대하여 개별소비세를 부과하는 장소(과세유흥장소)의 기준 (2017두63320, 2018. 1. 31.)

사실관계

(1) 甲은 ×2. 1. 5. 서울시 마포구에 A사업장을 설치하여 사업자등록을 신청하고, 과세관청은 사업장 현지 확인 후 무도장이 설치되지 않은 사실 등을 감안하여 '기타주점업'으로 분류하여 사업자등록신청을 받아들였다.

(2) 이후 A사업장에서 유흥시설인 무도장 등이 설치되어 있고 그곳에서 고객들이 춤을 추는 행위가 허용되는 내용으로 실제 영업을 하고 있다는 사실이 ×8. 2. 5.에 확인되어, 과세관청은 ×4. 1. 1. 이후 A사업장의 영업과 관련하여 甲에게 개별소비세 및 관련 가산세 부과처분을 하였다. 한편, A사업장의 손님 1인당 평균 매출액은 2만원 정도로 소액이며 매장면적은 90제곱미터에 불과하다.

쟁점

(1) 「지방세법」상 취득세, 재산세 중과대상에 해당하는 유흥주점영업장과 마찬가지로 「개별소비세법」에서 과세유흥장소도 영업장의 면적이 일정한 구조와 규모를 갖춘 경우에 한해 과세영업장소로 볼지 여부

(2) 신의성실원칙이 적용되는지 여부

(3) 소급과세금지원칙이 적용되는지 여부(비과세관행의 성립 여부)

결론

(1) 「지방세법」상 취득세, 재산세 중과대상에 해당하는 유흥주점영업장은 영업장의 면적이 일정한 구조와 규모를 갖춘 경우에 한해 중과세가 되는 것임에 반해, 「개별소비세법」에는 유흥주점영업장에 관하여 그 규모나 구조, 시설 등에 대해 별도로 제한을 두고 있지 않으므로 개별소비세 부과처분은 적법하다.

(2) 과세관청이 '향후 실제 영업이 유흥종사자를 두거나 손님이 춤을 추는 행위 등을 허용하는 내용으로 이루어져 개별소비세 과세요건에 해당되는 경우에도 개별소비세를 과세하지 않겠다'는 취지의 공적 견해를 표명한 것이 아니므로 신의성실원칙은 적용되지 아니한다.

(3) 고객들이 춤을 추는 행위가 허용되는 내용으로 실제 영업을 하고 있다는 사실을 확인함에 따라 ×4년 이후분에 대해서만 처분을 하게 되었는 바, 이에 의하면 과세관청이 개별소비세 과세가 가능함을 알면서도 상당한 기간 동안 이를 과세하지 아니한 비과세관행이 성립하였다고 할 수 없다. 따라서 소급과세금지원칙에 위반되지 않는다.

과세유흥장소

1. 과세대상과 세율(「개별소비세법」 제1조)

① 개별소비세는 특정한 물품, 특정한 장소 입장행위, 특정한 장소에서의 유흥음식행위 및 특정한 장소에서의 영업행위에 대하여 부과한다.
④ 과세유흥장소와 그 세율에 대하여 '유흥음식행위'에 대하여 개별소비세를 부과하는 장소(과세유흥장소)와 그 세율은 다음과 같다.
유흥주점, 외국인전용 유흥음식점, 그 밖에 이와 유사한 장소: 유흥음식요금의 100분의 10

2. 용어의 정의(「개별소비세법 시행령」 제2조)

「개별소비세법」 제1조 제4항에서 '그 밖에 이와 유사한 장소'란 「식품위생법 시행령」에 따른 유흥주점과 사실상 유사한 영업을 하는 장소(유흥종사자를 두지 않고, 별도의 춤추는 공간이 없는 장소는 제외한다)를 말한다. (2020년 개정세법)

3. 영업의 종류(「식품위생법 시행령」 제21조 제8호)

유흥주점영업은 '주로 주류를 조리·판매하는 영업으로서 유흥종사자를 두거나 유흥시설을 설치할 수 있고 손님이 노래를 부르거나 춤을 추는 행위가 허용되는 영업'이라고 규정하고 있으며, 여기서 '유흥시설'이란 유흥종사자 또는 손님이 춤을 출 수 있도록 설치한 무도장을 말한다.

「개별소비세법」상 과세유흥장소인지 여부는 ① 주로 주류를 조리·판매하는 영업이고, (and) ② 유흥종사자를 두거나 (or) 유흥시설(무도장)이 설치되어 있으며, (and) ③ 손님이 노래를 부르거나 춤을 추는 행위가 허용되는지에 따라서 결정된다.
➔ 「지방세법」상 취득세 중과규정과는 다름

신의성실원칙

일반적으로 조세법률관계에서 **과세관청의 행위**에 대하여 신의성실의 원칙이 적용되는 요건은 다음과 같다.

> ① 과세관청이 납세자에게 신뢰의 대상이 되는 **공적인 견해표명**을 하여야 한다.
> ② 과세관청의 견해표명이 정당하다고 신뢰한 데 대하여 납세자에게 **귀책사유가 없**어야 한다.
> ③ 납세자가 그 견해표명을 신뢰하고 이에 따라 무엇인가 **행위**를 하여야 한다.
> ④ 과세관청이 위 견해표명에 반하는 처분을 함으로써 납세자의 **이익이 침해되는 결과**가 초래되어야 한다.

사안에서 과세관청의 사업자등록증 발급 행위는 과세관청의 공적 견해표명으로 볼 수 없다.

소급과세금지원칙

세법 해석의 기준 및 소급과세의 금지(「국세기본법」 제18조 제3항)

> 세법의 해석이나 국세행정의 관행이 일반적으로 납세자에게 받아들여진 후에는 그 해석이나 관행에 의한 행위 또는 계산은 정당한 것으로 보며, 새로운 해석이나 관행에 의하여 소급하여 과세되지 아니한다.

비과세관행이 성립하려면, 상당한 기간에 걸쳐 과세를 하지 아니한 **객관적 사실**이 존재할 뿐만 아니라, 과세관청 자신이 그 사항에 관하여 과세할 수 있음을 알면서도 어떤 특별한 사정 때문에 과세하지 않는다는 **의사**가 있어야 한다.

사안에서 과세관청이 개별소비세 과세가 가능함을 알면서도 상당한 기간 동안 이를 과세하지 아니한 비과세관행이 성립하였다고 할 수 없다.

 「개별소비세법」상 완성품의제 사례
(소비22641-1962, 1988. 11. 18.)

사실관계

개별소비세 과세물품인 "침대"는 통상 몸체와 매트리스가 합쳐져서 "침대"의 기능을 다할 수 있는 것이라 판단되나 제조장에서 몸체와 매트리스가 별개로 반출되고 판매장에서 몸체와 매트리스를 조합하여 하나의 조를 이루어 소비자에게 판매하는 경우 과세대상인지 여부

회신

(1) 제조장에서 몸체 또는 매트리스 한 가지만을 제조하여 반출하는 경우는 당해 부분품은 비과세이나, 동일 제조장에서 몸체와 매트리스를 같이 제조하여 각각 개별로 반출하는 경우에는 **과세물품인 침대를 분해하였거나 미조립 상태로 반출하는 것으로 보아 완제품(과세물품)으로 취급**하는 것임

(2) 매트리스를 타인으로부터 **상품으로 구입하여 몸체를 제조하는 자기 제조장에 반입한 후 자기상표, 모델명 등을 표시한 것이면 '제조의 의제'에 해당되는 것이므로 개별로 반출되더라도 완제품의 반출로 보는 것임

(3) 판매장에서 몸체와 매트리스를 다른 제조장에서 각각 구입하여 조립·판매하는 경우는 '제조의 의제'에 해당하여 과세물품으로 취급하는 것임

완성품의제

과세물품이 분해되었거나 미조립 상태로 반출되는 경우에는 이를 완제품으로 취급한다.

취지

개별소비세는 완성품으로서 소비되는 것을 과세대상으로 하므로 완성품을 분해한 부품이나 미조립 상태에 있는 각 부품은 완성품은 아니라 하더라도 조립만 하면 완성품으로서의 기능을 할 수 있기 때문에 조세회피를 방지하기 위해 그 부품도 과세물품으로 보는 것이다.

제조의제

제조로 보는 경우(「개별소비세법」 제5조)

다음 중 어느 하나에 해당하는 경우에는 해당 물품을 제조하는 것으로 본다.

---

1. 제조장이 아닌 장소에서 판매 목적으로 다음 각 목의 어느 하나에 해당하는 행위를 하는 것
   가. 대통령령으로 정하는 물품을 용기에 충전하거나 재포장하는 것
      ➔ 적용대상 없음
   나. 과세물품에 가치를 높이기 위한 **장식, 조립, 첨가** 등의 가공을 하는 것
   다. 프로판 및 부탄의 물품을 혼합하는 것(그 혼합물이 부탄인 경우만 해당)
2. 중고품을 신품과 동등한 정도로 그 가치를 높이기 위하여 대부분의 재료를 대체 또는 보완하거나 중고품의 부분품의 전부 또는 일부를 재료로 하여 새로운 물품으로 가공 또는 개조하는 것

---

03 대중제 골프장에서 우선권을 부여한 회원에 대한 입장료
(조심2016전3624, 2017. 2. 21.)

사실관계

(1) A법인은 「체육시설의 설치·이용에 관한 법률 시행령」에 따른 대중체육시설업에 해당하는 대중제 골프장을 충청북도 일대에 조성하고 이를 충청북도로부터 승인 받았다.

(2) A법인은 골프장을 건설하던 중 부족한 공사대금을 확보하기 위하여 유상증자를 통해 자금을 조달하였고, 자금조달에 참여한 주주들에게 골프장 우선 이용혜택을 부여하였다.

(3) 과세관청은 전체 이용객 중 일부 이용객에게 '특별 분양 및 우선주주 모집의 방법'으로 유사회원권을 분양하고 유사회원권 소지자에게 회원제 골프장에 준하는 특혜를 제공한 것으로 보고 우선 이용권이 부여된 이용객의 입장 횟수를 감안하여 개별소비세를 부과하였다.

쟁점

대중제 골프장으로 승인을 받아 운영하는 A법인이 일부 주주들에게만 우선권을 제공하는 것이 '회원제' 골프장의 성격과 동일한 것으로 간주하여 이에 대해 개별소비세를 부과하는 것이 적법한지 여부

결론

골프장의 개별소비세 과세요건은 과세장소이므로 어떤 골프장인지에 따라 과세 여부가 결정되는데, 대중제 골프장은 과세장소에서 제외되어 있다. 따라서 과세요건과 무관하게 누가 회원으로 이용하는지를 과세요건으로 하여 일부만 과세하는 것은 허용되지 않는다. 과세관청의 개별소비세 부과처분은 타당하지 않다.

과세대상

1. 과세대상과 세율(「개별소비세법」 제1조)

③ 입장행위(관련 설비 또는 용품의 이용을 포함한다. 이하 같다)에 대하여 개별소비세를 부과할 장소(이하 "과세장소"라 한다)와 그 세율은 다음과 같다.
4. 골프장: 1명 1회 입장에 대하여 1만 2천원

2. 과세물품·과세장소 및 과세유흥장소의 세목 등(「개별소비세법 시행령」 제1조)

> 「개별소비세법」 제1조 제6항에 따른 과세물품(담배)의 세목은 별표 1과 같이 하고, 과세장소의 종류는 별표 2와 같이 하며, 과세유흥장소의 종류는 유흥주점·외국인전용 유흥음식점 및 그 밖에 이와 유사한 장소로 하고, 과세영업장소의 종류는 「관광진흥법」 제5조 제1항에 따라 허가를 받은 카지노(「폐광지역 개발 지원에 관한 특별법」 제11조에 따라 허가를 받은 카지노를 포함한다)로 한다.

별표 2. 과세장소

> 3. 골프장. 다만, 다음 각 목의 어느 하나에 해당하는 골프장은 제외한다.
>   나. 「체육시설의 설치·이용에 관한 법률 시행령」 제7조 제1항 제2호에 따른 대중 체육시설업에 해당하는 골프장

실질과세원칙

실질과세(「국세기본법」 제14조)

> ① 과세의 대상이 되는 소득, 수익, 재산, 행위 또는 거래의 귀속이 명의일 뿐이고 사실상 귀속되는 자가 따로 있을 때에는 **사실상 귀속되는 자를** 납세의무자로 하여 세법을 적용한다.
> ② 세법 중 **과세표준의 계산에** 관한 규정은 소득, 수익, 재산, 행위 또는 거래의 명칭이나 형식에 관계없이 그 실질 내용에 따라 적용한다.
> ③ 제3자를 통한 간접적인 방법이나 둘 이상의 행위 또는 거래를 거치는 방법으로 이 법 또는 세법의 혜택을 부당하게 받기 위한 것으로 인정되는 경우에는 그 경제적 실질 내용에 따라 **당사자가 직접 거래를 한 것으로 보거나 연속된 하나의 행위 또는 거래를 한 것으로 보아** 이 법 또는 세법을 적용한다.

「국세기본법」 제14조 제2항

「국세기본법」 제14조 제2항의 적용대상이 과세표준의 계산에 한정된다는 일부 견해가 있기는 하지만 통설은 납세의무자를 제외한 모든 과세요건에 적용된다고 본다. 실질과세의 원칙의 제도적 취지에 비추어볼 때 제14조 제2항의 적용대상을 법문구대로 과세표준의 계산만으로 한정할 것은 아니고, 과세표준의 구성과 관련되는 과세물건 및 비과세 여부, 과세표준의 산정, 세율의 적용과 세액의 계산, 세액감면 및 세액공제의 적용 여부 등과 같은 사항을 모두 포함하는 것이 타당하다.

04 사용예정서 제출
(조심2016관0117, 2017. 9. 26.)

사실관계

(1) A가스공사는 2015. 6. 30. 「개별소비세법 시행령」의 개정으로 발전용 이외의 천연가스에 대하여 kg당 42원의 탄력세율을 적용받기 위해서는 수입신고 시 '용도별 탄력세율 적용물품 사용예정서'를 제출하도록 되어 있음에도, 수입할 당시 천연가스의 용도를 확정하기 어렵다는 사유로 2015년 7월부터 2015년 9월까지 천연가스를 수입하면서 사용예정서를 처분청에 제출하지 아니하고 수입 전량 kg당 60원의 기본세율을 적용하여 개별소비세를 신고·납부하였다.

(2) A가스공사는 천연가스의 판매가 완료되어 탄력세율 적용대상 물량이 확정되자 2015. 12. 28. 및 2015. 12. 29. 수입통관 시 기본세율을 적용했던 발전용 외의 천연가스에 대하여 탄력세율을 적용하여 개별소비세의 환급을 구하는 경정청구를 하였으나, 과세관청은 A가스공사가 수입신고 당시 사용예정서를 제출하지 아니하였다는 이유로 이를 거부하였다.

쟁점

탄력세율을 적용받기 위해 사용예정서의 제출이 필요적 요건인지 여부

결론

사용예정서는 탄력세율 적용을 위한 필요적 요건이라기보다는 절차적 협력의무를 규정한 것이므로, 과세관청이 천연가스의 수입신고 당시 사용예정서를 제출하지 아니하였다는 것을 이유로 경정청구를 거부한 처분은 잘못이다.

주요근거

대법원은 법률에 '제출하는 경우에 한하여'라는 형식으로 규정되어 있거나, 법률이나 시행령에서 '제출하여야 한다'는 형식으로 규정되어 있다고 하더라도 신청서의 기재내용에 관한 실질적인 심사나 승인을 거쳐 감면요건 해당 여부 등이 결정되는 경우에만 최초 신고납부 당시 신청서를 제출하는 것이 납세자에게 유리한 법령 적용을 위한 종국적인 필요요건이라는 일관된 견해를 유지하고 있다. 따라서 과세관청이 탄력세율 적용 여부를 결정하기 위하여 사용예정서의 기재내용을 심사하거나 승인에 활용하지 아니한 점 등에 비추어 볼 때, 과세관청이 천연가스의 수입신고 당시 사용예정서를 제출하지 아니하였다는 것을 이유로 청구법인의 경정청구를 거부한 처분은 잘못이 있다고 판단된다.

---

05 과세물품의 세율 차이를 이용한 경제적 이익에 대한 개별소비세 납세의무 (2015두35413, 2015. 3. 3.)

사실관계

(1) 차량용 액화석유가스 충전판매업을 영위하는 A법인은 액화석유가스 제조업체 B로부터 주문한 '부탄'을 탱크로리 차량에 탑재된 탱크에 출고받은 후, 그 탱크로리 차량을 프로판 도매업체로 이동시켜 프로판 도매업체로부터 주문한 '프로판'을 탱크로리 차량에 탑재된 탱크에 주입(부탄이 주입된 탱크 안에 프로판이 주입되어 자동으로 혼합됨)받은 후, 탱크로리 차량을 A법인의 쟁점충전소로 이동시켜 탱크 안의 LPG(부탄과 프로판의 혼합물)를 충전소 저장탱크로 반출한 후, 쟁점충전소를 찾은 LPG차량 운전자들에게 차량연료용 부탄으로 판매하였다.

(2) 프로판 도매업체는 A법인이 고용한 운전사가 프로판 도매업체에 탱크로리 차량을 입고할 때 탱크로리 차량의 무게를 측정한 후 주문한 물량을 탱크로리 차량에 탑재된 탱크에 주입한 다음 다시 탱크로리 차량의 무게를 측정하는 등 입·출고 시의 탱크로리 차량의 무게 차이를 산정하여 그에 해당하는 프로판 판매대금을 A법인으로부터 지급받았다.

(3) 과세관청은 A법인에 대하여 '가짜 석유제품 불법유통혐의자 유통과정추적조사'를 실시한 결과, A법인의 이러한 행위가 개별소비세 과세물품의 제조의제행위에 해당한다고 보아 과세하였다.

탈세구조

1. 개별소비세 세율

프로판에 대하여 kg당 20원, 부탄(부탄과 프로판을 혼합한 것으로서 프로판에 해당하지 아니하는 것을 포함)에 대하여 kg당 252원(그 탄력세율은 kg당 275원)의 개별소비세를 부과한다. 한편, 제조장이 아닌 장소에서 판매 목적으로 프로판 및 부탄의 물품을 혼합하는 것(그 혼합물이 부탄인 경우만 해당)은 당해 물품을 제조하는 것으로 본다. 「개별소비세법 시행령」 제2조의2(탄력세율) 및 [별표 1]에 따르면 부탄과 프로판을 혼합한 것으로서 프로판 비율이 90% 미만인 것은 그 혼합물 전체를 부탄으로 보아 부탄의 개별소비세(kg당 275원)를 부과한다.

2. 세율 차이를 이용한 탈세행위

A법인은 충전소에서 부탄에 프로판을 임의로 섞어 차량용 액화석유가스(LPG)로 판매하였다. 이는 가짜 LPG를 고가로 판매하여 개별소비세 차액만큼의 부당이득을 취한 것이다. 즉, A법인이 처음부터 부탄으로 구매하였다면 물량의 100%를 부탄의 세율을 적용받은 금액으로 구매하였을 텐데, 물량의 12~15% 정도를 프로판의 세율이 적용된 금액으로 구입하고 이를 혼합하는 방법으로 세율 차이를 이용한 탈세를 한 것이다.

쟁점

(1) 프로판과 부탄의 혼합물이 개별소비세 부과대상인지 여부

(2) A법인을 개별소비세 납세의무자로 볼 수 있는지 여부

결론

(1) 「개별소비세법」에서는 제조장이 아닌 장소에서 판매목적으로 석유가스 중 프로판과 부탄의 물품을 혼합하는 것을 제조의제행위로 간주하면서 그 혼합물(과세물품)을 제조하여 반출하는 자에 대하여 개별소비세를 부과하므로, 혼합물은 개별소비세 과세대상이다.

(2) A법인은 프로판과 부탄을 혼합하여 새로운 과세물품을 제조하여 자신의 사업장으로 반출한 행위의 지배자이며, 세율 차이로 인한 경제적 이익을 누린 자에도 해당한다. 따라서 혼합물에 대한 개별소비세 납세의무자는 A법인이다.

| 주요근거 | **1. 제조의제** |

「개별소비세법」에서 규정된 '제조장'은 액화석유가스 제조업자의 사업장을 일컫는 것이므로 제조장에서 프로판과 부탄을 혼합하는 행위는 제조업자가 자신의 사업장에서 설비를 이용하여 프로판과 부탄을 혼합하는 행위를 의미하므로, 이와 달리 제조업자가 아닌 A법인이 프로판 도매업자의 사업장에서 소비자에게 판매하기 위해 프로판과 부탄을 혼합한 것은 제조장이 아닌 장소에서 판매목적으로 프로판과 부탄을 혼합하는 행위에 해당한다.

2. 납세의무자

비록 프로판과 부탄을 혼합하는 행위는 프로판 도매업자의 사업장에서 그 설비를 이용하여 이루어졌으나, 프로판 도매업자는 A법인이 고용한 운전사들이 주문한 프로판 수량만큼 수동적으로 탱크로리 차량에 탑재된 탱크에 주입한 후 그 대금만을 지급받았을 뿐이고 위 탱크로리 차량에 저장된 내용물(부탄)도 알지 못하였으며, A법인이 고용한 탱크로리 운전사들을 통해 프로판과 부탄의 혼합물을 반출하였으므로, A법인이 부탄을 매입한 후 그 프로판과 부탄 혼합의 제조용역만을 프로판 도매업자에게 의뢰한 것으로 보아야 한다. 따라서 프로판과 부탄을 혼합하여 새로운 과세물품을 제조하여 자신의 사업장으로 반출한 행위의 지배자는 프로판 도매업자라기보다는 A법인으로 보는 것이 타당하다. A법인이 프로판과 부탄이 혼합된 부탄을 구입하였다면 부탄의 개별소비세율이 적용된 가격으로 혼합된 부탄을 구입하였을 것인데, 프로판 도매업자로부터 프로판대금만 지급하고 프로판을 구입하여 부탄에 혼합한 후 이를 부탄으로 소비자들에게 판매함으로써 **부탄과 프로판의 세율 차이를 이용한 경제적 이익**을 누렸으므로, 그에 대한 귀속 개별소비세는 A법인에게 부담시키는 것이 타당하다.

| 관련 법령 | **제조로 보는 경우의 납세의무자(「개별소비세법 기본통칙」 3-0…3)** |

> 제조장 이외의 장소에서 과세물품(중고품을 포함)의 가치를 증대하는 것이 법 제5조에서 규정하는 "제조로 보는 경우"에 해당하는 경우에는 다음 각호에서 정하는 자를 납세의무자로 본다.
> 1. 사업자가 주요재료(부분품)를 매입한 후, 제조용역만을 타인에게 의뢰한 경우에는 당해 사업자
> 2. 주요재료(부분품)와 설치용역을 같이 제공하는 경우에는 당해 제조용역 제공자

06 매트리스의 기준가격 적용
(서면-2017-소비-2771, 2017. 10. 20.)

사실관계

(1) 질의회사는 아래와 같이 침대를 수입·판매하고 있다.

> ① 헤드보드(300만원) + 다리가 부착된 하부 매트리스(600만원)
> ② 다리가 부착된 하부 매트리스(600만원) + 상부 매트리스(200만원)
> ③ 헤드보드(300만원) + 다리가 부착된 하부 매트리스(600만원) + 상부 매트리스
>   (200만원)
> ④ 상부 매트리스(200만원)

(2) 위 침대 구성품들은 세트 또는 낱개로 수입·판매한다.

질의내용

헤드보드와 다리가 부착된 하부 매트리스로 이루어진 '침대'에 별매로도 판매되는 상부 매트리스가 추가된 경우 개별소비세 기준가격 적용 시 "개"에 해당되는지 아니면 "조"에 해당되는지 여부

회신

침대는 몸체와 매트리스가 합하여진 것을 말하는 것으로서 침대의 「개별소비세법 시행령」 제4조 기준가격은 침대의 구성품을 이루는 매트리스 개수와 상관없이 개당 가격을 적용하는 것이다.

1. 과세대상과 세율(「개별소비세법」제1조)

② 개별소비세를 부과할 물품(과세물품)과 그 세율은 다음과 같다.
2. 다음 각 목의 물품에 대해서는 그 물품가격 중 대통령령으로 정하는 기준가격을 초과하는 부분의 가격(과세가격이라 한다)에 해당 세율을 적용한다.
　가. 다음의 물품에 대해서는 과세가격의 100분의 20
　　　1) 보석
　　　2) 귀금속 제품
　　　3) 삭제
　　　4) 고급 시계
　　　5) 고급 융단
　　　6) 고급 가방
　나. 다음의 물품에 대해서는 과세가격의 100분의 20
　　　1) 고급 모피와 그 제품[토끼 모피 및 그 제품과 생모피(生毛皮)는 제외한다]
　　　2) 고급 가구
…
⑥ 과세물품, 과세장소, 과세유흥장소 및 과세영업장소의 세목과 종류는 대통령령으로 정한다.
…
⑩ 과세물품이 분해되었거나 미조립 상태로 반출되는 경우에는 이를 완제품으로 취급한다.

2. 용어의 정의(「개별소비세법 시행령」제2조)

① 「개별소비세법」또는 이 영에서 사용하는 용어의 뜻은 다음과 같다.
3. "조"란 2개 이상이 함께 사용되는 물품으로서 보통 짝을 이루어 거래되는 것을 말한다.

3. 기준가격(「개별소비세법 시행령」제4조)

법 제1조 제2항 제2호의 물품에 대하여 적용하는 기준가격은 다음 각 호의 구분에 따른다.
1. 보석, 귀금속 제품, 고급모피와 그 제품: 1개당 500만원
2. 고급시계, 고급융단, 고급가방: 1개당 200만원. 다만, 고급융단은 그 물품의 면적에 제곱미터당 10만원을 곱하여 계산한 금액이 200만원을 초과하는 경우에는 그 금액
3. 고급가구: 1조당 800만원 또는 1개당 500만원

01 개별소비세 징수행위 등 위헌 확인(개별소비세 납세의무자와 담세자)
(헌재2017헌마872, 2017. 8. 29.)

사실관계

(1) 청구인은 A개발 주식회사가 운영하는 회원제 골프장에 입장하면서 사용료 등으로 86,000원을 지급하였는데, 여기에는 개별소비세 12,000원과 이에 대해 부과되는 교육세 3,600원 및 농어촌특별세 3,600원, 부가가치세 1,920원, 국민체육진흥기금 부가금 3,000원이 포함되어 있었다. 청구인은 국지성 호우 때문에 골프장 이용을 중도에 그만두었는데도 개별소비세 등과 부가가치세, 국민체육진흥기금 부가금을 돌려받지 못하였다.

(2) 청구인은 동청주세무서장이 19,200원의 개별소비세 등과 1,920원의 부가가치세를 과세한 행위로 인하여 평등권 등 기본권을 침해당하였다고 주장하며, 2017. 8. 7. 이 사건 헌법소원심판을 제기하였다.

판시사항

1. 납세의무자

헌법소원심판이 적법하려면 공권력작용에 대하여 청구인 자신이 스스로 법적으로 관련되어 있어야 한다. 그런데 이 사건에서 개별소비세 등의 납세의무자는 골프장 경영자이고, 부가가치세 납세의무자도 사업자인 골프장 경영자이다.

2. 기본권 침해의 자기관련성

청구인과 같이 재화 또는 용역을 공급받는 소비자는 사실상 담세자로서의 지위를 가지고 있을 뿐 조세법상 납세의무자로서의 지위에 있지 않아 과세행위에 관한 제3자에 불과하다. 청구인이 개별소비세 등과 부가가치세의 전가로 인해 경제적 부담이 증가된다고 하더라도 이는 간접적, 사실적 또는 경제적인 이해관계에 불과할 뿐이다.

따라서 청구인은 이 사건 과세행위에 대해 기본권 침해의 자기관련성이 인정될 수 없다.

임가공업체가 수탁제조물품을 반출하면서 개별소비세를 신고·납부하지 않고 미납세반출 승인신청도 하지 않은 경우 위탁자에게 개별소비세 납세의무가 있는지 여부 (조심2016서232, 2016. 5. 19.)

사실관계

(1) A법인은 모피제품 전문 제조법인으로, 모피제품의 원재료인 원피를 해외에서 수입하거나 국내업체로부터 매입하여 임가공업체에 제조를 위탁한 후 백화점을 통해 소비자에게 판매하고 있다.

(2) 관할세무서장은 A법인에 대한 세무조사를 실시하여 A법인이 임가공업체들에 위탁가공을 의뢰하여 납품받은 모피제품이 개별소비세 과세대상임에도 임가공업체들이 미납세반출 승인을 받지 아니하고 반출한 사실을 확인하고 임가공업체들을 납세의무자로 하여 임가공업체들의 관할세무서장에게 과세자료를 통보하였다.

(3) 임가공업체들은 2015. 7. 8. 위 개별소비세 부과처분에 불복하여 국세청장에게 심사청구를 제기하였고, 국세청장은 2015. 9. 4. 임가공업체가 개별소비세 과세대상이 되는 모피제품을 제조하여 반출한 납세의무자라고 하기는 어려우며, 임가공업체가 임가공한 모피제품을 청구법인에게 인계한 시점에 개별소비세 과세대상 물품에 해당하는지 여부를 알 수 없을 뿐만 아니라 과세표준을 산정할 수 없어 임가공업체에게 개별소비세 납세의무를 이행하기를 기대하기 어렵다는 취지로 임가공업체를 개별소비세 납세의무자로 본 과세처분을 취소한다는 결정(국세청심사 기타 2015-0037, 2015. 9. 4.)을 하였다.
   ➲ 대상 심판결정에 반하는 선행결정임

(4) 관할세무서장은 위 심사결정에 따라 A법인을 개별소비세 납세의무자로 보아 2015. 10. 23. A법인에게 개별소비세 부과처분을 하였다.

쟁점

임가공업체가 수탁제조물품을 반출하면서 개별소비세를 신고·납부하지 않고 미납세반출 승인신청도 하지 않은 경우 위탁자에게 개별소비세 납세의무가 있는지 여부

결론

「개별소비세법」상 납세의무자는 과세물품인 모피제품을 제조하여 반출하는 자이다. 다만, 위·수탁 계약에 따라 그 제품을 제조하는 경우 수탁자가 위탁자에게 과세대상 모피제품을 미납세반출한 후, 위탁자가 동 물품을 다시 반출하는 경우에만 위탁자가 개별소비세 납세의무자가 된다. 따라서 수탁자가 위탁자인 A법인에게 모피제품을 납품하는 과정에서 관할세무서에 미납세반출을 신청하거나 승인받은 사실이 없으므로 개별소비세 납세의무자(임가공업체)가 아닌 위탁자(A법인)에게 과세처분한 것은 잘못이다.
➲ 납세의무자는 수탁자이다.

주요근거	## 1. 제조한 자

주요근거

1. 제조한 자

「개별소비세법 기본통칙」상 제조란 재료 또는 원료에 물리적 또는 화학적 변화를 가하여 새로운 과세물품을 생산하는 행위를 말하는바, 수탁자의 임가공행위는 원피에 물리적, 화학적 변화를 가하여 모피제품이라는 새로운 과세물품을 생산하는 행위로서 위탁자의 검수 여부에 관계없이 「개별소비세법」상 제조에 해당한다. 반면에 위탁자가 수행하는 검수는 임가공을 거친 모피제품에 아무런 물리적, 화학적 변화를 가하지 아니하므로 「개별소비세법」상의 제조에 해당한다고 보기 어렵다.

2. 개별소비세 납세의무자

수탁자의 입장에서는 개별 모피제품의 가격을 알 수 없기 때문에 개별소비세 신고대상 물품인지를 판단할 수 없었다고 하나, 「개별소비세법 시행령」에서는 이러한 상황을 감안하여 수탁 가공한 물품에 대한 과세표준을 수탁자가 인도하는 시점의 당해 물품의 가격으로 하지 않고, 그 물품을 인도한 날에 위탁자가 실제로 판매하는 가격에 상당하는 금액으로 하도록 규정하고 있다.

「개별소비세법」상 납세의무자를 과세물품인 모피제품을 '제조'하여 '반출'하는 자로 규정하고 있고, 위·수탁 계약에 따라 그 제품을 제조하는 경우 수탁자가 위탁자에게 과세대상 모피제품을 미납세반출한 후, 위탁자가 동 물품을 다시 반출하는 경우에만 위탁자가 동 물품에 대한 개별소비세 납세의무자가 된다 할 것이다.

관련 통칙

1. 제조의 의의(「개별소비세법 기본통칙」 4-0…3)

> 제조란 법 제5조(제조의제)에 따라 "제조로 보는 경우" 이외에 재료 또는 원료에 물리적 또는 화학적 변화를 가하여 새로운 과세물품(보석, 귀금속 제품, 고급 시계, 고급 융단, 고급 가방은 제외)을 생산하는 행위를 말하며, 그 행위주체 및 행위장소를 불문한다.

2. 수탁제조물품의 납세의무(「개별소비세법 기본통칙」 3-0…2)

> ① 과세물품(보석, 귀금속 제품은 제외)을 수탁받아 제조하는 경우에 동 물품에 대한 납세의무자는 수탁자이다.
> ② 위탁자에게 미납세반출한 후, 위탁자가 같은 물품을 다시 반출하는 경우에는 위탁자가 납세의무자가 된다.

수탁가공 시 과세표준

수탁가공(위탁자가 물품을 직접 제조하지 아니하고 수탁자에게 의뢰하여 제조하는 경우로서 다음 요건을 모두 충족하는 것을 말한다)한 물품(보석, 귀금속 제품은 제외)에 대하여 수탁자가 해당 세액을 납부하는 경우: 그 물품을 인도한 날에 위탁자가 실제로 판매하는 가격에 상당하는 금액

수탁가공요건

① 위탁자가 생산할 물품을 직접 기획(고안·디자인 및 견본제작 등을 말함)할 것
② 해당 물품을 위탁자의 명의로 제조할 것
③ 해당 물품을 인수하여 위탁자의 책임하에 직접 판매할 것

수탁가공 사례

1. 원재료 제공

위탁자는 임가공업체에 제조 위탁 시 직접 매입한 원재료(원피)를 제공하고, 모피제품의 디자인 등을 작업지시서에 기재하여 임가공업체에 제품제조를 위탁하였다.

2. 제품의 기획

모피제품에 대한 디자인은 모두 위탁자의 디자인실에서 이루어지고 있으며, 샘플은 샘플제작 시 필요한 원재료 및 디자인을 임가공업체로 보내 제작을 의뢰하였다.

3. 작업지시 및 생산

최종적으로 모피제품 제조결정이 나면 위탁자의 디자인실에서 작업지시서를 작성하고, 작업지시서에는 모피제품 제조에 필요한 디자인 및 제품 1착당 필요한 원재료 수량, 라벨부착, 악세사리 등 제품제조와 관련된 내용을 기재하여 임가공업체에 제조 위탁하였다.

위탁자가 제조위탁한 제품은 전부 위탁자가 인수하며, 해당 물품 입고 시에는 위탁자의 라벨을 부착하여 완제품 상태로 입고하였다.

4. 제품의 판매

입고된 제품은 자체 검품과정을 거쳐 가격이 결정되면 위탁자 명의 및 책임 하에 백화점으로 출고되어 최종소비자에게 판매되었다.

5. 단순공임만 수령

위탁자는 임가공업체에 제조 위탁 시 원재료 및 디자인 등 제품제조와 관련된 모든 사항을 제공하고 있으며, 임가공업체는 단순히 임가공용역을 제공하며 공임만을 받았다.

01 조건부 면세로 구입한 승용차를 면세승인절차 없이 반입한 날로부터 5년 이내에 같은 용도로 사용하려는 자에게 반출한 경우 개별소비세 과세대상에 해당하는지 여부 (조심2017전2794, 2017. 8. 24.)

사실관계

(1) 자동차대여업(렌트카업)을 영위하고 있는 A법인은 2015. 12. 10. ~ 2016. 3. 7. 기간 동안 개별소비세 조건부 면세승용차 26대를 구입하여 2016. 1. 4. ~ 2016. 3. 17. 기간 동안 차량등록을 한 후 동 등록일로부터 6개월 이내인 2016. 5. 4. 면세승인절차 없이 A법인과 같은 용도로 사용하려는 B법인에게 반출하였다.

(2) 과세관청은 A법인이 개별소비세 조건부 면세로 반입한 승용차를 반입일(차량등록일)로부터 5년 이내에 같은 용도로 사용하려는 자에게 재반출(양도)하였음에도 신고하지 아니한 사실을 확인하여 A법인에게 2016년 5월분 개별소비세를 결정·고지하였다.

쟁점

조건부 면세로 구입한 승용차를 면세승인절차 없이 반입한 날로부터 5년 이내에 같은 용도로 사용하려는 자에게 반출한 경우 개별소비세 과세대상에 해당하는지 여부

결론

재반출(양도) 시 별도로 면세승인을 얻지 않은 경우에는 개별소비세를 추징하여야 한다.

주요근거

1. 재승인을 얻어야 한다.

조건부 면세로 반입한 승용차를 반입일(차량등록일)로부터 5년 이내에 같은 용도로 사용하려는 자에게 재반출(양도)할 때에는 당초 반입자가 처음 반출할 때와 동일한 절차에 따라 제반 신고의무를 이행하여야만 개별소비세를 조건부로 다시 면세받을 수 있다.

2. 별도의 안내문을 받지 못한 것은 정당한 사유가 되지 못한다.

A법인은 면세로 반입한 승용차를 B법인에게 재반출하면서 반출사실을 처분청에 신고하지 아니한 점, A법인이 조건부 면세로 반입한 승용차를 재반출할 때에는 당초와 동일한 절차에 따라 신고하여야 개별소비세가 면제될 것이라는 안내를 받지 못하였다 하더라도 그러한 안내는 행정서비스의 한 방법에 불과하고 납세의무자의 법령에 대한 무지·착오 등은 그 의무위반을 탓할 수 없는 정당한 사유에 해당하지 아니하는 점, 개별소비세는 원칙적으로 납세의무자의 신고를 통하여 확정되는 세목이고 이를 이행하지 아니한 경우 과세관청은 부과제척기간 내에 과세할 수 있는 점 등에 비추어 과세관청이 A법인의 개별소비세 조건부 면세승용차 재반출 무신고에 대하여 개별소비세를 부과처분한 것은 적법하다.

사후관리 취지

조건부 면세제도는 원래 개별소비세를 과세할 물품에 대하여 당해 물품이 법령에 정한 특수한 용도에 '계속 사용되는 것을 조건'으로 하여 면세혜택을 부여하는 것이다. 따라서 과세관청으로 하여금 그와 같은 조건의 이행 여부를 확인, 점검하는 등의 엄격한 사후관리를 하게 하기 위한 절차적 규제는 당연히 필수적이라고 하겠다. (대법원 92누12445)

조건부 면세
(「개별소비세법」
제18조 제1항)

다음 각 호의 어느 하나에 해당하는 물품에 대해서는 대통령령으로 정하는 바에 따라 개별소비세를 면제한다. 다만, 제3호 가목의 물품에 대한 개별소비세(장애인을 위한 특수장비 설치비용을 과세표준에서 제외하고 산출한 금액을 말한다)는 500만원을 한도로 하여 면제한다.

> 3. 승용자동차로서 다음 각 목의 어느 하나에 해당하는 것
>   가. 대통령령으로 정하는 장애인이 구입하는 것(장애인 1명당 1대로 한정한다)
>   나. 환자 수송을 전용으로 하는 것
>   다. 「여객자동차 운수사업법」에 따른 여객자동차운송사업에 사용하는 것
>   라. 「여객자동차 운수사업법」 제2조 제4호에 따른 자동차대여사업에 사용되는 것. 다만, 구입일로부터 3년 이내에 동일인 또는 동일 법인에 대여한 기간의 합이 6개월을 초과하는 것은 제외한다.

과세표준	**조건부면세의 사후관리 위반 시 과세표준**

조건부면세의 사후관리 위반 시 과세표준

(1) 반입증명서 등 미제출

조건부면세물품으로서 지정기한 내에 반입증명서를 제출하지 아니하여 제조·반출자 또는 수입신고인에게 개별소비세를 징수하는 때에는 '면세된 물품의 가격'을 과세표준으로 한다.

(2) 용도변경

조건부면세물품으로서 반입지에 반입된 후 용도변경 또는 양도하여 개별소비세를 신고·납부하는 경우에는 '판매가격 상당액'을 과세표준으로 한다.

(3) 소형승용차 특칙

조건부면세를 받은 승용자동차에 대하여 자동차등록일로부터 5년 이내 '무단양도' 또는 '용도위반'의 사유로 당초 면세조건을 위반한 경우의 과세표준은 '취득가격에 경과연수별 잔존가치율을 곱한 금액'으로 한다.

다만, 동일인에게 대여한 기간의 합이 6개월을 초과하는 경우에는 '면제받은 개별소비세를 납부'하여야 하는데, 이때 최초로 대여한 일자가 '반입 후 3개월 이후'인 경우에는 경과연수별 잔존율을 곱한 금액으로 한다.

[6개월 초과 대여 시 과세표준]

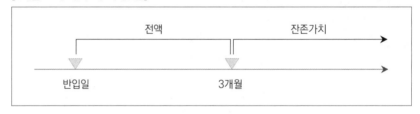

장애인이 면세승용자동차를 구입하여 5년 이내에 양도하는 경우 개별소비세를 경감 또는 면제할 수 있는지 여부
(조심2013서1081, 2013. 6. 13.)

사실관계

(1) 甲은 「장애인복지법」에 따른 3급 장애인으로서 2008. 7. 7. A주식회사로부터 승용자동차 X를 취득하면서 개별소비세를 면제받았으며, 2012. 3. 2. 乙에게 양도하였다.

(2) 과세관청은 甲이 승용자동차 X를 취득 후 5년 이내에 양도하였다 하여 「개별소비세법」규정에 따라 2013. 2. 8. 甲에게 2012년 귀속 개별소비세를 결정·고지하였다.

청구인 주장

甲은 승용자동차 X를 취득하여 운행하다가 주차장에서 접촉사고가 발생함에 따라 취득 후 5년 이내에 부득이하게 싼 가격으로 양도하게 되었는데, 甲은 3급 장애인으로서 소득이 없으므로 청구인에게 부과된 개별소비세를 감면 또는 취소하여야 한다.

결론

장애인이 구입하는 승용자동차는 개별소비세를 면제하도록 되어 있고, 승용자동차를 반입(구입)한 자가 반입한 날로부터 5년 내에 그 용도를 변경하거나 양도한 때에는 그 반입자로부터 개별소비세를 추징하는 것으로 되어 있으며, 반입자가 반입한 날부터 5년 이내에 사망한 때에 한하여 그 추징을 제외하는 것으로 규정하고 있다.

따라서 장애인이 구입하는 승용자동차에 대해 개별소비세를 면제하는 규정은 반입(구입) 시 확정적으로 개별소비세가 면제되는 것이 아닌 **조건부 면세규정**으로, 甲이 승용자동차 X를 사고로 인해 부득이하게 양도하였다거나 장애인이며 소득이 없다는 사유는 추징 예외사유에 해당하지 아니한다.

03 장애인용 승용차를 신규로 취득한 날부터 3개월 이내에 종전 장애인용 승용차를 처분하지 아니하여 신규 취득한 장애인용 승용차에 대하여 면제한 개별소비세를 추징하여 과세한 처분의 당부 (조심2014서2793, 2014. 7. 22.)

사실관계

(1) 甲은 「장애인복지법」에 따른 3급 장애인으로서 2006. 4. 21. A주식회사로부터 소형승용차 X를 취득한 후, 개별소비세(교육세 포함, 이하 같다)를 면제받았고, 2012. 1. 8. B주식회사로부터 소형승용차 Y를 취득하면서 다시 개별소비세를 면제받았다.

(2) 과세관청은 甲이 소형승용차 Y를 취득한 날부터 3개월 내에 개별소비세를 면제받은 종전 승용차를 처분하지 않았으므로 소형승용차 Y에 대한 개별소비세 추징 대상이라고 보아 2014. 5. 8. 甲에게 2012년 귀속 개별소비세를 결정·고지하였다.

청구인 주장

2006년에 취득한 종전승용차가 노후되어 2012년 1월 소형승용차 Y를 취득할 당시 판매사원은 甲이 3급 장애인이라는 사실을 알고 관련 세금 사항을 일괄 처리하여 소형승용차 Y를 甲에게 인도함에 따라 甲으로서는 개별소비세 면제에 대하여는 전혀 알지 못하였음에도 과세관청이 이러한 사정을 고려하지 아니하고 甲이 소형승용차 Y를 취득한 날부터 3월 이내에 종전 승용차를 처분하지 않았다는 사실만으로 甲에게 개별소비세를 부과처분한 것은 부당하다.

결론

(1) 장애인이 구입하는 승용자동차의 경우 1인 1대에 한하여 개별소비세를 면제한다.

(2) 노후한 장애인용 승용차를 교체하거나 폐차하기 위하여 장애인용 승용차를 취득하여 1인 2대가 된 경우에는 종전의 승용차를 새로 취득한 장애인용 승용차의 취득일부터 3개월 이내에 처분하고, 같은 기간 내에 그 처분 사실을 관할세무서장에게 알려야 한다.

(3) 신규로 장애인용 승용차를 취득한 날부터 3개월 이내에 종전 장애인용 승용차를 처분하지 않는 경우 면제한 개별소비세를 징수한다.

(4) 판매사원이 甲을 대신하여 소형승용차 관련 각종 세금 등을 납부하거나 면제신청을 하여 甲으로서는 소형승용차 취득일부터 3개월 내에 종전 승용차를 처분하지 않는 경우 신규로 취득한 승용차에 대하여 면제된 개별소비세가 추징된다는 사실을 알 수 없었다고 하더라도 이와 같은 사유가 면제된 개별소득세의 추징 예외사유에는 해당된다고 보기는 어렵다. 따라서 甲에 대한 개별소비세 부과처분은 적법하다.

04 개별소비세가 부과된 승용자동차를 소비자 또는 자동차매집상으로부터 매입하여 수출하는 경우의 개별소비세 환급 여부
(서울중앙지방법원 2010가합131031, 2012. 4. 26.)

사실관계

(1) 자동차 제조회사는 해외대리점 및 해외정보망 보호, A/S문제, 자사제품 이미지 관리 등을 위하여 자동차 수출업체에 내수용 신차를 판매하지 못하도록 국내대리점 등에 지시함에 따라 A법인은 제조회사로부터 직접 자동차를 구입하여 수출하기 어렵게 되었다.

(2) A법인은 제3자(개인 또는 자동차매집상)로부터 내수용 자동차를 매입하여 수출하였는데, 그 과정을 보면, 자동차 제조회사로부터 신차를 출고받은 개인은 차량등록을 한 후, 3~7일 사이에 매입한 자동차를 자동차매집상 또는 청구법인과 같은 수출업체에 판매하고 A법인과 같은 수출업체는 개인 또는 자동차매집상으로부터 매입한 자동차의 차량등록을 말소하고, 매입 후 수일 내(통상 3~15일 사이)에 선적하여 베트남·요르단·시리아 등지로 수출하였다.

(3) A법인은 수출한 자동차 6대에 대하여 2010. 2. 9. 처분청에 개별소비세 4,717,883원과 교육세 1,415,365원의 환급을 신청하였으나 처분청은 이를 거부하였다.

쟁점

자동차 제조회사로부터 직접 구입한 것이 아닌 내수용 신차를 수출하는 경우에도 개별소비세 환급이 가능한지 여부

결론

A법인은 개별소비세를 직접 부담한 자가 아니므로 개별소비세 환급신청권자가 아니다. 따라서 개별소비세 환급대상이 아니다.

주요근거

1. 수출물품의 개별소비세 환급의 취지

「개별소비세법」에서 개별소비세의 납세의무자와 실질적인 부담자를 달리 규정한 이유는 과세대상 물품을 실질적으로 소비하는 최종소비자가 개별소비세를 부담하여야 하나, 납세의 편의를 위하여 과세물품을 제조하여 반출하는 자가 그 반출하는 시점에 개별소비세도 함께 징수하도록 하고 있기 때문이다. 「개별소비세법」에서 수출물품에 대하여 이미 납부한 개별소비세를 환급하도록 하고 있는 이유는 소비세에 있어서는 국제적으로 소비지국 과세주의를 일반적으로 채택하고 있고, 또한 수출물품에 대한 세부담을 경감시켜 가격경쟁력을 지원하려는 데 있다.

2. 실질적인 담세자는 자동차를 직접 매입한 개인

쟁점자동차는 내수용으로 제작된 자동차이므로 원칙적으로 개별소비세 과세대상이다. 따라서 그 실질적인 담세자는 국내에서 소비할 목적으로 제작회사로부터 **쟁점자동차를 직접 매입한 개인(최종소비자)**이 되어야 한다. 이후 그 개인이 쟁점자동차를 제3자에게 다시 판매하는 경우에 개별소비세가 그 재판매가격에 포함되어 있다 하더라도 이를 제3자로부터 거래징수하여야 하는 것은 아니므로, 사업자가 아닌 최종소비자의 재판매가격에 사실상 포함되어 있는 개별소비세에 대하여는 최종소비자로부터 그 자동차를 매입한 사업자나 개인이 이를 수출하였다 하더라도 해당 개별소비세를 환급받을 수 없다 할 것이다.

3. 수출한 자는 개별소비세를 직접 부담한 자가 아님

개별소비세의 환급을 신청하는 자는 개별소비세를 납부한 자와 연명으로 당해 개별소비세를 부과하였거나 부과할 관할세무서장 또는 세관장에게 신청하되, 환급신청인과 실제 개별소비세를 부담한 자가 다를 경우에는 실제 부담한 자가 개별소비세를 납부한 자와 연명으로 신청할 수 있다고 규정하고 있다. 사안에서 A법인은 개별소비세 등을 직접 부담한 사실이 없고, 개별소비세 등의 과세절차가 종료된 이후 단계에서 개인 또는 사업자들로부터 승용자동차를 구입한 것일 뿐이다.

개별소비세 납세의무자	**납세의무자(「개별소비세법」 제3조)** 다음 중 어느 하나에 해당하는 자는 개별소비세를 납부할 의무가 있다.

① 과세물품을 제조하여 반출하는 자
② 「관세법」에 따라 관세를 납부할 의무가 있는 자로서 과세물품을 「관세법」에 따른 보세구역에서 반출하는 자
③ 위 ②의 경우 외에 관세를 징수하는 물품에 대해서는 그 관세를 납부할 의무가 있는 자
④ 과세장소의 경영자
⑤ 과세유흥장소의 경영자
⑥ 과세영업장소의 경영자

개별소비세는 납세자와 담세자가 서로 다른 간접세이다. 여기서 담세는 납세의무자가 납부하는 세액이 납세의무자가 반출하거나 장소를 이용하게 하는 가격을 통하여 소비자에게 전가되는 경제현상으로서 파악된 개념일 뿐이다. 최종적으로 **국가와 직접적으로 납세에 관한 권리·의무를 갖게 되는 것은 납세의무자이다.**

과세대상

과세대상과 세율(「개별소비세법」 제1조 제2항)

개별소비세를 부과할 물품(이하 "과세물품"이라 한다)과 그 세율은 다음과 같다.

> 3. 다음 각 목의 자동차에 대해서는 그 물품가격에 해당 세율을 적용한다.
>   가. 배기량이 2천cc를 초과하는 승용자동차와 캠핑용 자동차: 100분의 5
>   나. 배기량이 2천cc 이하인 승용자동차(배기량이 1천cc 이하인 것으로서 대통령령으로 정하는 규격의 것은 제외한다)와 이륜자동차: 100분의 5
>   다. 전기승용자동차(「자동차관리법」 제3조 제2항에 따른 세부기준을 고려하여 대통령령으로 정하는 규격의 것은 제외한다): 100분의 5

참고 **대통령령으로 정하는 규격**
배기량이 1,000cc 이하의 것으로서 길이가 3.6미터 이하이고 폭이 1.6미터 이하인 것

세액환급사유

이미 개별소비세가 납부되었거나 납부될 물품 또는 그 원재료가 다음 중 어느 하나에 해당하는 경우에는 대통령령으로 정하는 바에 따라 이미 납부한 세액을 환급한다. 이 경우 납부 또는 징수할 세액이 있으면 이를 공제한다.

> ① 과세물품 또는 과세물품을 사용하여 제조ㆍ가공한 물품을 수출하거나 주한외국군에 납품하는 경우
> ② 개별소비세가 면제되는 물품과 그 물품의 원재료로 사용되는 물품
> ③ 제조장으로부터 반출된 과세물품을 품질 불량, 변질, 자연재해, 그 밖에 대통령령으로 정하는 사유로 같은 제조장 또는 하치장에 환입한 것(중고품은 제외하되, 「소비자기본법」에 따라 교환이나 환불되어 환입한 중고품을 포함)으로서 그 환입한 날이 속하는 분기의 다음 달 25일(석유류 등은 환입한 날이 속하는 달의 다음 달 말일)까지 환입된 사실을 관할세무서장에게 신고하여 대통령령으로 정하는 바에 따라 확인을 받은 경우. 이 경우 하치장에 환입해서 확인을 받으면 같은 제조장에 환입한 것으로 본다.

용어의 정의

이미 개별소비세가 '납부되었거나 납부될 물품의 원재료'란 다음 중 어느 하나에 해당하는 것을 말한다.

> ① 과세물품 또는 수출물품을 형성하는 원재료
> ② 과세물품 또는 수출물품을 상품화하는 데에 필요한 포장 또는 용기
> ③ 과세물품 또는 수출물품을 형성하지는 아니하나 해당 물품의 제조ㆍ가공에 직접적으로 사용되는 것으로서 화학반응을 하는 물품과 해당 과세물품과 해당 과세물품 또는 수출물품의 제조ㆍ가공 과정에서 해당 물품이 직접적으로 사용되는 단용(單用)원자재

| 세액환급절차 | **1. 환급신청** |

환급을 받으려는 자는 환급신청서에 해당 사유의 발생 사실을 증명하는 서류와 개별소비세가 이미 납부되었거나 납부될 사실을 증명하는 서류를 첨부하여 관할세무서장 또는 세관장에게 신청하여야 한다.

2. 환급신청기한

세액환급을 받으려는 자는 해당 사유가 발생한 날부터 6개월이 지난 날이 속하는 달의 말일까지 대통령령으로 정하는 서류를 개별소비세 과세표준신고와 함께 관할세무서장 또는 세관장에게 제출하여야 한다.

3. 개별소비세 납세의무자 이외의 자가 환급신청하는 경우

환급을 받으려는 자가 개별소비세를 납부한 자가 아닌 경우에는 개별소비세를 납부한 자와 연명으로 신청하여야 한다. 다만, 환급을 받으려는 자가 개별소비세를 실제 부담하지 아니한 경우에는 개별소비세를 실제 부담한 자가 개별소비세를 납부한 자와 연명으로 신청할 수 있다. ⊃ 판례사안에서 개인소비자가 개별소비세를 '부담한 자'이며, 자동차 제조회사가 '납부한 자'이다.

| 유사사례 | **내수용 승용자동차를 반출하는 경우 잔존 유류량에 대한 교통·에너지·환경세(개별소비세)의 환급 여부(소비세과-24, 2010. 1. 27.)** |

특별소비세 과세물품인 승용차의 성능검사 및 소비자에게 인도 등의 용도에 공하기 위하여 반입되어 사용한 유류(휘발유 및 경유)는 과세물품 제조과정에 직접적으로 사용되는 원재료에 해당하지 아니하므로 이미 납부된 유류에 대한 개별소비세는 공제받을 수 없다.

05 사업자가 사후적으로 면세담배에 대한 반입증명서 등을 제출하는 경우 개별소비세 공제환급 여부 (사전-2015-법령해석부가-0298)

사실관계

(1) 신청인은 담배의 제조와 판매를 주업종으로 하며, 국내는 물론 중동, 중앙아시아 및 러시아 등 60여 개국에도 담배를 수출하고 있는 내국법인으로 신청인은 외항선 또는 원양어선 선원에게 제공하기 위한 용도, 주한 외국군 종사자에게 제공하기 위한 용도 등 「지방세법」이 사유를 정하고 「개별소비세법」이 그 사유를 준용하고 있는 면세담배를 공급하고 있다.

(2) 신청인의 면세담배 공급구조를 살펴보면, 신청인은 면세담배의 제조자로서 「담배사업법」이 정하는 바에 따라 면세담배를 1차 공급자에게만 공급할 수 있고 그 후 1차 공급자는 외항선, 원양어선, 주한외국군 영내소매점 등의 주문에 따라 신청인으로부터 공급받은 면세담배를 각 최종 소비처에 판매·공급하고 있다.

(3) 2014. 12. 24. 개정된 「개별소비세법」에 따라 2015. 1. 1. 이후부터는 신청인의 제조장에서 반출하는 담배에 대하여 「개별소비세법」이 적용되며 「개별소비세법」 제20조의3 제3항에서 담배에 대한 개별소비세 공제·환급 '사유'는 「지방세법」을 준용하되 그 '절차'는 「개별소비세법」의 공제·환급절차를 따르도록 규정하고 있다.

(4) 신청인은 2015. 1. 1. 이후 본 건 면세담배를 면세반출함에 있어서 「개별소비세법」이 정하고 있는 조건부 면세반출 절차 내지 같은 법 시행령이 정하고 있는 면세반출 특례 절차를 따르고 있으며 신청인은 면세반출된 담배에 관하여 「개별소비세법 시행령」이 정한 반입·용도증명 기한 내에 최종 소비처에 면세용도로 제공되었음을 증명하는 반입증명서를 소관 세무서장에게 제출하여야 하며 만약 그 기한을 준수하지 못할 경우 개별소비세를 신고납부하여야 한다.

(5) 그러나 본 건 면세담배는 다른 개별소비세 과세물품과는 달리 「담배사업법」의 규제에 따라 1차 공급자를 통하여만 최종 소비처에 공급될 수 있고, 외항선, 원양어선 등의 경우 선박의 입항시기를 극히 예측하기 어려운 특성상 면세담배가 1차 공급자에게 반출된 후 반입·용도 증명기간이 도과한 후에 선박에 공급되는 경우도 빈번히 발생하고 있다.

질의내용	사업자가 반출한 담배에 대하여 면세반입·용도증명 기한 내에 반입증명서를 제출하지 못하여 개별소비세를 신고·납부하고, 그 후 반입·용도증명서를 수취하여 공제·환급 신고기한 내 제출한 경우 기납부한 개별소비세 공제·환급이 가능한지 여부
회신	사업자가 면세반출한 면세담배에 대하여 반입·용도증명 기한 내에 반입증명서를 제출하지 못하여 개별소비세를 신고·납부하고, 그 후 반입·용도증명서를 수취하여 공제환급기한 내 제출하는 경우 기납부한 개별소비세를 공제·환급받을 수 있다.
유사사례	과세관청은 A법인이 쟁점차량을 「개별소비세법」규정에 의한 면세대상자인 장애인 및 자동차 대여사업자에게 판매한 날부터 6월이 지난 날이 속하는 달의 말일을 경과하여 개별소비세 등의 환급을 신청하였으므로 A법인의 환급신청을 거부하였다.

그러나 「개별소비세법」은 장애인의 통학, 출·퇴근, 통원치료 등에 사용하는 차량에 한하여 장애인 복지차원에서 일정조건(차량등록조건, 세대를 함께하는 보호운전자가 상시보호 조건, 5년 이상 사용 조건 등) 하에서 개별소비세 면세를 통하여 이를 지원하고 있는 점, 「개별소비세법」상 「여객자동차 운수사업법」에 의한 자동차 대여사업용으로서 여객운송에 사용되는 승용자동차에 대하여 개별소비세를 면제하도록 규정하고 있는 점 등을 종합하여 보면, 관련 규정에 의하여 당해 사실을 증명하는 서류를 갖추어 소관 과세관청에 공제신청을 하면 개별소비세의 매입세액을 공제받을 수 있다 할 것(대법원 1989. 3. 14. 선고, 88누3697, 같은 뜻임)이다.

따라서 대통령령이 정하는 서류는 갖추었으나 개별소비세 등의 환급신청을 당해 사유가 발생한 날로부터 6월이 지난 날이 속하는 달의 말일까지 신청하지 못하였다는 이유로 환급을 거부한 처분청의 처분은 잘못된 것이다. (조심 2013관0310, 2014. 3. 6., 국심 2006관152, 2007. 4. 11., 등)

06 미납세반출
(2013두16074, 2015. 12. 23.)

사실관계

(1) 甲은 해외 전시회에 출품하기 위해 보석을 출품하였다가 전시가 끝난 뒤 이를 재수입하면서 보세구역 외로 반출하였다.

(2) 甲은 「관세법」상 감면신청을 얻은 경우에는 개별소비세 미납세반출이 필요 없는 것으로 판단하고 미납세반출 승인을 별도로 얻지 않았다. 이에 관할세무서장은 미납세반출의 승인 없이 개별소비세 과세물품을 보세구역에서 반출하였다는 이유로 개별소비세를 부과하였다.

(3) 참고로 사안에서 甲은 미납세반출에 관한 승인 특례규정(과세표준신고서에 반입증명서 또는 용도증명서를 첨부하여 미납세반출 승인에 갈음)을 적용받을 수 없었다. 승인 특례규정은 판매장, 제조장 또는 하치장에서 판매 또는 반출하는 물품에 대하여만 적용되는 것이며, 보세구역에서 반출하는 물품에 대하여는 적용될 수 없기 때문이다.

쟁점

(1) 미납세반출 승인이 필수적 요건인지 여부

(2) 「관세법」상 감면을 받은 것으로 미납세반출 승인에 갈음할 수 있는지 여부

결론

(1) 개별소비세 납세의무자는 미납세반출 승인대상 물품을 판매장, 제조장 또는 하치장에서 반출하거나 보세구역에서 반출하려는 자는 해당 물품을 반출할 때에 (수입물품의 경우에는 그 수입신고 시부터 수입신고 수리 전까지) 미납세반출신청서를 관할세무서장 또는 세관장에게 제출하여 '승인'을 받아야 한다. 이는 미납세반출을 적용받기 위한 **'필요적 요건'**에 해당한다.

(2) 일시적인 과세유보조치인 미납세반출 제도는 특정한 정책목표를 달성하기 위하여 일정한 요건을 갖춘 수입물품에 대한 관세를 감세 또는 면세하는 관세감면 제도와는 그 제도의 취지, 규율 대상 및 법적 효과 등이 상이할 뿐만 아니라 그 신청의 내용이나 사후관리의 절차도 다른 별개의 제도인 점 등에 비추어보면, 「관세법」상 감면을 받은 것으로 미납세반출 승인에 갈음할 수 없다.

미납세반출 취지

미납세반출은 일종의 과세유보조치로서 개별소비세가 최종소비자를 담세자로 예정하여 과세되는 조세인 점을 감안하여, 과세물품의 단순한 보관 장소 변경이나 제조공정상 필요에 의한 반출 등의 경우에는 개별소비세의 부담이 유보된 상태로 반출을 허용함으로써 반출과세원칙에 따른 문제점을 보완하려는 데 그 취지가 있다.

미납세반출요건

미납세반출을 적용받기 위해서는 다음의 요건을 모두 갖추어야 한다.

(1) 미납세반출사유 존재(수출할 물품을 다른 장소에 반출하거나, 소비목적이 아닌 사유로 반출하는 경우 등의 사유)

(2) 반출 전(해당 물품을 반출하거나 수입신고하는 때)에는 '반출에 대한 승인'과 반입 후에는 '반입사실에 대한 증명절차'가 요구된다. 단, 과세표준신고서에 반입증명서 또는 용도증명서를 첨부하여 제출하는 것으로 미납세반출 승인에 갈음할 수 있다.

미납세반출사유

미납세반출(「개별소비세법」제14조 제1항)

다음 각 호의 어느 하나에 해당하는 물품에 대해서는 대통령령으로 정하는 바에 따라 **개별소비세를 징수하지 아니한다.**

1. 수출할 물품을 다른 장소에 반출하는 것
2. 국내에서 개최하는 박람회 등에 출품하기 위하여 제조장에서 반출하는 것, 국내 또는 국외에서 개최한 박람회 등에 출품한 물품을 제조장에 환입(還入)하거나 보세구역에서 반출하는 것, 국제적인 박람회 등에 출품할 것을 조건으로 외국에서 수입하는 것 또는 국내에서 개최하는 박람회 등에 출품하기 위하여 무상으로 수입하는 것으로서 관세가 면세되는 것
3. 원료를 공급받거나 위탁 공임만을 받고 제조한 물품을 제조장에서 위탁자의 제품 저장창고에 반출하는 것
4. 제조장 외의 장소에서 규격 검사를 받기 위하여 과세물품을 제조장에서 반출하거나 그 제조장에 환입하는 것
5. 제1호·제3호·제15조 제1항(수출 및 군납 면세)·제16조 제1항(외교관 면세)·제17조 제1항(외국인전용판매장 면세)·제18조 제1항(조건부 면세) 또는 제19조(무조건 면세)를 적용받아 반입(搬入)된 물품으로서 품질 불량이나 그 밖의 사유로 제조장에 반환하는 것
6. 개별소비세 보전이나 그 밖에 단속에 지장이 없다고 인정되는 것으로서 대통령령으로 정하는 것

07 외교관면세
(소비세과-2871, 2008. 12. 12.)

질의사항

외교통상부에 등록하여 운용해오던 '국제연합 거버넌스사업사무소' 소유 관용차량 (공용품)을 센터 사정에 의해 일반인 또는 외교관에게 매각 추진 중이며, 매각대금은 행정안전부에 반납 예정인 바 이 경우 차량 구입 시 면세된 개별소비세를 추징하는지 여부

회신

(1) 「개별소비세법」에 따라 개별소비세를 면제받은 물품을 면세승인일로부터 3년 내에 타인에게 양도하는 경우에는 **이를 양수한 자가 반출한 것으로 보아 개별소비세를 징수하는 것**이며, 이때의 과세표준은 「개별소비세법 시행령」에 따라 양수한 금액으로 하는 것이다.

(2) 한편, 외교관으로서 우리나라에 주재하는 자가 구입하는 국산승용자동차에 대하여는 「조세특례제한법」에 따라 개별소비세를 면제하는 것이다.

관련 법령

외교관면세(「개별소비세법」 제16조)

① 다음 각 호의 어느 하나에 해당하는 물품에 대해서는 대통령령으로 정하는 바에 따라 개별소비세를 면제한다.

> 1. 우리나라에 주재하는 외교공관과 이에 준하는 주한외교공관 등에서 공용품 (公用品)으로 수입하거나 제조장에서 구입하는 것
> 2. 우리나라에 주재하는 외교관과 이에 준하는 사람으로서 대통령령으로 정하는 사람(이하 "주한외교관 등"이라 한다)과 그 가족이 자가용품(自家用品)으로 수입하는 것
> 3. 주한외교공관 등과 주한외교관 등이 사용하는 자동차에 사용되는 석유류

② 제1항에 따라 개별소비세를 면제받은 물품을 대통령령으로 정하는 바에 따라 면세 승인을 받은 날부터 3년 내에 타인에게 양도한 경우에는 이를 양수한 자가, 면세 승인을 받은 날부터 3년 내에 타인이 소지한 경우에는 이를 소지한 자가 반출 또는 수입신고를 한 것으로 보아 개별소비세를 징수한다. 다만, 제1항에 따라 개별소비세를 면제받은 물품 중 자동차에 대해서는 **주한외교관 등이 이임(移任)하는 등 대통령령으로 정하는 부득이한 사유**가 있는 경우에는 면세 승인을 받은 날부터 3년 내에 타인에게 양도하거나 타인이 소지한 경우에도 개별소비세를 징수하지 아니한다.

PART 7

지방세법

제1장 | 지방세 총설

01 소유권이전등기 이후 매매계약이 해제되어도 취득세 경정청구는 불가능 (2018두38345, 2018. 9. 13.)

사실관계

(1) A법인은 2012. 12. 28. 乙로부터 매수한 X토지에 관하여 잔금을 모두 지급하지 않은 채 2013. 2. 25. **소유권이전등기**를 마치고 그에 대한 취득세 등을 신고·납부하였다.

(2) 매도인 乙이 A법인의 잔금 지급 지체를 이유로 매매계약의 해제를 원인으로 한 X토지에 관한 소유권이전등기 청구의 소를 제기하였고, 이 소송에서 '매매계약이 해제되었음을 확인하는 취지의 조정에 갈음하는 결정'이 2015. 12. 12. 확정되었다.

(3) A법인은 「지방세기본법」상 후발적 경정청구사유인 '최초의 신고·결정 또는 경정에서 과세표준 및 세액의 계산근거가 된 거래 또는 행위 등이 그에 관한 소송의 **판결**(판결과 동일한 효력을 가지는 화해나 그 밖의 행위를 포함한다)에 의하여 다른 것으로 확정되었을 때'에 해당한다는 이유로 경정청구를 하였다.

쟁점

매매계약해제를 원인으로 한 판결이 있는 경우 취득세를 환급받을 수 있는지 여부

결론

「지방세기본법」에서 후발적 경정청구사유로 인정되는 판결은 적법하게 취득세 납세의무가 성립한 것을 부정하는 '무효 판결' 등을 의미한다. 사안에서의 '조정'은 해제권 행사를 전제로 한 것에 불과하므로, 甲법인의 후발적 경정청구는 인용되지 않는다.

판단근거

1. 취득세의 성격

일단 '적법'하게 취득행위가 존재하였던 이상 특별한 사정이 없는 한 이미 성립한 조세채권에는 아무런 영향이 없다.

2. 계약의 해제 등

취득세 납세의무가 '적법'하게 성립한 후 계약이 해제된 것만으로는 취득세 납세의무에 영향이 없다.

1. 경정 등의 청구(「지방세기본법」 제50조)

② 과세표준 신고서를 법정신고기한까지 제출한 자 또는 지방세의 과세표준 및 세액의 결정을 받은 자는 다음 각 호의 어느 하나에 해당하는 사유가 발생하였을 때에는 제1항에서 규정하는 기간에도 불구하고 그 사유가 발생한 것을 안 날부터 90일 이내에 결정 또는 경정을 청구할 수 있다.

1. 최초의 신고·결정 또는 경정에서 과세표준 및 세액의 계산근거가 된 거래 또는 행위 등이 그에 관한 심판청구, 「감사원법」에 따른 심사청구에 대한 결정이나 소송의 판결(판결과 동일한 효력을 가지는 화해나 그 밖의 행위를 포함한다)에 의하여 다른 것으로 확정되었을 때
2. 조세조약에 따른 상호합의가 최초의 신고·결정 또는 경정의 내용과 다르게 이루어졌을 때
3. 제1호 및 제2호의 사유와 유사한 사유로서 대통령령으로 정하는 사유가 해당 지방세의 법정신고기한이 지난 후에 발생하였을 때

2. 후발적 사유(「지방세기본법 시행령」 제30조)

법 제50조 제2항 제3호에서 "대통령령으로 정하는 사유"란 다음 각 호의 어느 하나에 해당하는 경우를 말한다.

1. 최초의 신고·결정 또는 경정(更正)을 할 때 과세표준 및 세액의 계산근거가 된 거래 또는 행위 등의 효력과 관계되는 관청의 허가나 그 밖의 처분이 취소된 경우
2. 최초의 신고·결정 또는 경정을 할 때 과세표준 및 세액의 계산근거가 된 거래 또는 행위 등의 효력과 관계되는 계약이 해당 계약의 성립 후 발생한 부득이한 사유로 해제되거나 취소된 경우
3. 최초의 신고·결정 또는 경정을 할 때 장부 및 증명서류의 압수, 그 밖의 부득이한 사유로 과세표준 및 세액을 계산할 수 없었으나 그 후 해당 사유가 소멸한 경우
4. 제1호부터 제3호까지의 규정에 준하는 사유가 있는 경우

비교 「국세기본법 시행령」 제25조의2 제2호
2. 최초의 신고·결정 또는 경정을 할 때 과세표준 및 세액의 계산근거가 된 거래 또는 행위 등의 효력과 관계되는 계약이 해제권의 행사에 의하여 해제되거나 해당 계약의 성립 후 발생한 부득이한 사유로 해제되거나 취소된 경우

02 자동차등록원부에 기재된 사용본거지는 차량의 취득세 납세지에 해당함 (2016두55643, 2017. 11. 9.)

사실관계

(1) 리스회사인 A법인의 법인등기부상 본점은 서울이고 부산, 인천, 창원, 고양에 각 지점을 두고 있다. A법인은 각 지점 소재지를 사용본거지로 하여 자동차등록을 하고 그 각 지점을 관할하는 지방자치단체에 취득세를 신고·납부하였다.

(2) 그런데 서울특별시 강남구청장은 2012. 9. 10. A법인에게 위 각 지점은 인적·물적 설비가 없는 허위사업장으로서 사용본거지에 해당하지 않고, 리스차량의 사용본거지는 리스차량 취득 당시 A법인의 본점 소재지이므로, A법인의 본점 소재지를 관할하는 서울특별시장으로부터 징수권을 위임받은 자신이 정당한 과세권자라는 이유로 A법인에게 취득세(가산세 포함)를 부과하였다.

(3) 이에 A법인은 2012. 12.경 각 지점의 지방자치단체장들에게 서울특별시 강남구청장의 부과처분으로 인한 취득세 이중납부의 위험을 제거하여야 하므로 이미 납부한 이 사건 취득세를 환급하여 달라는 취지의 경정청구를 하였으나, 지점의 지방자치단체장들은 A법인이 적법한 납세지에 취득세를 납부하였으므로 경정청구 대상에 해당하지 않는다는 이유로 A법인의 경정청구를 거부하는 처분을 하였다.

쟁점

법인이 자동차등록을 하면서 등록관청으로부터 주사무소 소재지 외의 다른 장소인 지점 등을 사용본거지로 인정받아 그 장소가 자동차등록원부에 사용본거지로 기재된 경우, 차량의 취득세 납세지가 어디인지 여부

결론

차량의 취득세 납세지가 되는 '사용본거지'는 법인의 주사무소 소재지가 아니라 '자동차등록원부에 기재된 사용본거지'를 의미한다. (원칙적으로 자동차등록원부에 기재된 사용본거지) 따라서 A법인의 경정청구는 적법하지 않다.

1. 취득세 납세지

취득세의 납세지는 원칙적으로 취득일을 기준으로 해당 취득물건의 소재지로 보아야 한다. 그런데 차량은 움직이는 것이기 때문에 취득물건의 소재지를 파악하는 것이 간단하지 않다. 이에 「지방세법」은 차량의 경우 「자동차관리법」에 따른 등록지를 납세지로 하되, 등록지가 사용본거지와 다른 경우에는 사용본거지를 납세지로 한다.

2. 자동차관리법

「자동차관리법」에 따르면 차량의 사용본거지는 자동차의 소유자가 자동차를 주로 보관·관리 또는 이용하는 곳으로서 국토해양부령으로 정하는 일정한 장소로 정의하고, 구체적으로 개인의 경우에는 그 소유자의 주민등록지, 법인의 경우에는 주사무소 소재지를 말한다. 다만, 법인의 주사무소 소재지 외에 다른 장소를 사용본거지로 인정받으려는 자동차 소유자는 그 사유를 증명하는 서류를 제출하여야 한다.

3. 주사무소 소재지 외의 장소를 사용본거지로 인정받은 경우

법인이 자동차등록을 하면서 등록관청으로부터 주사무소 소재지 외의 다른 장소를 사용본거지로 인정받아 그 장소가 자동차등록원부에 사용본거지로 기재되었다면, 그 등록이 당연무효이거나 취소되었다는 등의 특별한 사정이 없는 한 차량의 취득세 납세지가 되는 사용본거지는 법인의 주사무소 소재지가 아니라 자동차등록원부에 기재된 사용본거지를 의미한다고 보아야 한다.

지방세에서 납세지의 중요성

지방세는 납세지가 속한 지방자치단체의 세입으로 귀속되기 때문에 국세와 달리 납세지가 중요하다. 때로는 납세지가 분명하지 않은 경우 지방자치단체들 사이에 서로 과세권을 주장하는 경우도 있으며 이에 따라 납세자의 권리가 부당하게 침해되는 경우도 더러 있다.

후발적 경정청구

후발적 경정청구 가능 여부

사안에서 패소한 A법인은 다시 서울특별시 강남구청장에게 납부한 취득세를 환급해 줄 것을 청구할 수 있어야 한다. 그렇지 않으면 부당하게 취득세를 2번 납부하게 된 것이 되기 때문이다. 이때, A법인이 **어떻게 환급청구를 할 수 있는지** 여부가 문제가 될 수 있다.

현행 「지방세기본법」(「국세기본법」도 마찬가지임)에 따르면 다른 과세관청에 잘못 납부한 것은 **후발적 경정청구의 사유로 규정되어 있지 않기** 때문이다. 이처럼 과세권자 사이에 경합이 발생하여 어느 한쪽 과세처분에 대하여 불복하였으나 패소확정된 경우에는 양립할 수 없는 중복과세에 해당하므로 경정청구기간의 제한에 관계없이 당연무효로 보아야 한다.

03 재산세 감경세율의 적용대상을 특정한 조례 개정은 조세법률주의에 위배되지 않음 (2020추5169, 2022. 4. 14.)

사실관계

서울특별시는 서초구 관내 공시가격 9억원 이하 1가구 1주택에 대한 2020년도 재산세를 감면하는 서초구 구세조례안에 관하여 조례안의결무효확인 소송을 제기하였다.

관련 법령

세율(「지방세법」 제111조)

① 재산세는 제110조의 과세표준에 다음 각 호의 표준세율을 적용하여 계산한 금액을 그 세액으로 한다.

3. 주택

　가. 제13조 제5항 제1호에 따른 별장: 과세표준의 1천분의 40

　　⊃ 2023. 3. 14. 별장에 대한 취득세 중과와 재산세 중과 규정을 삭제함

　나. 그 밖의 주택

과세표준	세율
6천만원 이하	1,000분의 1
6천만원 초과 1억 5천만원 이하	60,000원 + 6천만원 초과금액의 1,000분의 1.5
1억 5천만원 초과 3억원 이하	195,000원 + 1억 5천만원 초과금액의 1,000분의 2.5
3억원 초과	570,000원 + 3억원 초과금액의 1,000분의 4

③ 지방자치단체의 장은 특별한 재정수요나 재해 등의 발생으로 재산세의 세율 조정이 불가피하다고 인정되는 경우 조례로 정하는 바에 따라 제1항의 표준세율의 100분의 50의 범위에서 가감할 수 있다. 다만, 가감한 세율은 해당 연도에만 적용한다.

쟁점

(1) 재산세 조정이 불가피한 경우에 해당하는지 여부

(2) 이 사건 조례안이 조세법률주의 원칙에 위배되는지 여부

결론

재해 등이 발생한 경우 조례로 감경하는 세율의 적용대상을 재해 피해자 등 일정 범위로 한정하는 것은 해당 조항의 위임범위 내로서 허용된다.

판단근거

1. 재산세 조정이 불가피한 경우에 해당하는지

이 사건 조례안은 COVID-19의 확산으로 인하여 민간의 경제활동이 위축되고 있는 상황에서 2020년 주택 공시가격 현실화에 따른 재산세 급증으로 인한 어려움을 해소하기 위하여 제정된 사실을 인정할 수 있다.

이 사건 조례안이 COVID-19의 확산이라는 재해 발생의 상황에서 민간의 경제적 어려움을 해소하기 위하여 제정된 이상, 「지방세법」 제111조 제3항의 요건을 충족하지 못하였다고 볼 수 없다.

2. 조세법률주의 위배 여부

「지방세법」 제111조 제3항의 취지는 지방자치단체의 조례로 재산세의 표준세율을 가감할 수 있도록 함으로써 지방자체단체의 과세자주권을 보장하는 한편, 재해 등의 발생으로 불가피하다고 인정되는 경우 해당 연도에 한하여 재산세 표준세율을 감경할 수 있도록 함으로써 지방자치단체의 무분별한 재산세 감경을 방지하고자 하는 데에 있다.

한편 「지방세법」 제111조 제1항 제3호 나목은 주택에 대하여 시가표준액별로 재산세 과세표준 구간을 나누고 구간별로 재산세의 표준세율을 달리 정하고 있다.

이 사건 조례안이 감경하는 세율의 적용대상을 한정함으로써 과세표준 구간이 창설되고 과세표준 구간별 누진 정도가 변경되는 결과가 발생하더라도, 이는 이 사건 근거 조항이 감경세율의 적용대상을 조례로 정하도록 위임하였기 때문에 생기는 반사적 효과에 불과하거나 이 사건 근거조항이 예정하고 있는 것으로 볼 수 있다. 따라서 이 사건 조례안이 조세법률주의에 위배되어 무효라고 평가할 수 없다.

제2장 | 취득세

01 수용재결로 인한 취득이 원시취득에 해당하는지 여부
(2016두34783, 2016. 6. 23.)

사실관계

(1) A법인은 택지개발사업의 사업시행자로서 「공익사업을 위한 토지 등의 취득 및 보상에 관한 법률」에 따라 중앙토지수용위원회의 2013. 5. 23. 수용재결을 통하여 사업지구에 편입된 토지 및 건물을 취득하였다.

(2) A법인은 부동산을 승계취득하였음을 전제로 「지방세법」 제11조 제1항 제7호에 규정된 취득세율 4%를 적용하여 취득세를 약 35억원으로 계산한 후 이를 신고납부하였다.

(3) 그 후 A법인은 부동산을 원시취득하였으므로 「지방세법」 제11조 제1항 제3호에 규정된 취득세율인 2.8%를 적용하여야 함에도 취득세율을 4%로 잘못 적용하여 취득세 등을 신고납부하였다고 주장하면서 취득세 등의 경정청구를 하였다.

쟁점

사업시행자가 「공익사업을 위한 토지 등의 취득 및 보상에 관한 법률」에 따른 수용재결을 통하여 부동산을 취득하는 경우 이를 「지방세법」상 원시취득으로 볼 수 있는지 여부

결론

개정 전 법령에 따르면, 세법상 원시취득에 관한 별도의 규정이 없다. 따라서 「지방세법」에서 수용재결에 의한 취득을 원시취득에서 제외하는 별도의 규정이 없는 한, 다른 법률의 의미를 '차용'하여 그대로 사용할 수밖에 없다. 따라서 해당 부동산은 원시취득에 해당하여 1천분의 28의 표준세율을 적용하여야 한다.

관련 법률 (「지방세법」 제6조)	개정 전 법률	개정 후 법률
	"취득"이란 매매, 교환, 상속, 증여, 기부, 법인에 대한 현물출자, 건축, 개수(改修), 공유수면의 매립, 간척에 의한 토지의 조성 등과 그 밖에 이와 유사한 취득으로서 원시취득, 승계취득 또는 유상·무상의 모든 취득을 말한다.	"취득"이란 매매, 교환, 상속, 증여, 기부, 법인에 대한 현물출자, 건축, 개수(改修), 공유수면의 매립, 간척에 의한 토지의 조성 등과 그 밖에 이와 유사한 취득으로서 원시취득(수용재결로 취득한 경우 등 과세대상이 이미 존재하는 상태에서 취득하는 경우는 제외한다), 승계취득 또는 유상·무상의 모든 취득을 말한다.

원시취득

「공익사업을 위한 토지 등의 취득 및 보상에 관한 법률」에 따른 수용재결의 효과로서 수용에 의한 사업시행자의 소유권은 토지 등 소유자와 사업시행자와의 법률행위에 의한 승계취득이 아니라 법률의 규정에 의한 원시취득에 해당하는 점, 「지방세법」은 원시취득에서 수용재결에 의한 부동산의 취득을 제외하는 규정을 따로 두고 있지 않은 점 등을 종합하면, 수용재결로 인한 취득은 원시취득에 해당한다.

고유개념

(1) 판례는 수용재결에 의한 부동산의 취득을 원시취득에서 제외하도록 하는 규정을 따로 두고 있지 않은 점을 전제로 판단하였다.

(2) 현행 세법은 실질과세의 원칙을 고려하여, 원시취득은 건축물의 신축, 공유수면 매립 등과 같이 과세물건이 새롭게 생성되는 경우에만 인정하는 것이 타당하므로 '과세대상이 이미 존재하는 상태에서 취득하는 것'은 원시취득에서 배제한다. 따라서 일반적인 유상취득의 표준세율 1천분의 40을 적용하여야 한다.

(3) 이는 「지방세법」에서 별도로 원시취득의 개념을 창설한 것으로서 세법상 고유개념에 해당한다.

잔금 지급 전 매수인의 지위를 이전한 경우 취득세 납세의무
(2021두54880, 2022. 1. 27.)

사실관계

(1) 甲 등 8인은 2011년 한국토지주택공사로부터 토지를 매수하면서, 매매대금을 6차에 걸쳐 나누어 납부하는 연부취득약정을 했고, 계약금 및 중도금 납부 시마다 취득세를 신고·납부하기로 했다.

(2) 甲 등 8인은 5차 할부금(5차 할부금까지 합하여 전체 매매대금의 85%에 해당함)까지 납부한 후, 2014. 7. 이 사건 토지를 둘러싼 다수인 사이의 복잡한 권리관계를 간명히 하고, 토지의 관리처분상의 편의를 도모하기 위해 주식회사 乙을 설립했고, 甲이 그 대표이사로 취임했다.

(3) 甲 등 8인은 2014. 8. 4. 乙회사에게 이 사건 토지를 매도하는 계약을 체결했고 甲 등과 乙회사, 한국토지주택공사는 甲 등이 이 사건 매매계약에 따라 부담했던 일체의 권리의무를 乙이 그대로 승계하기로 하는 **권리의무 승계계약**을 체결했다.

(4) 甲은 2014. 8. 5. 자신의 은행계좌에서 한국토지주택공사 은행계좌로 6차 할부금을 송금해 이 사건 매매대금을 완납했다. 乙회사는 2014. 10. 이 사건 토지에 관해 소유권이전등기를 마쳤고, 취득세 등도 모두 신고·납부했다. 이에 따라 같은 날 甲 등은 연납분 취득세를 환급받았다.

(5) 과세관청은 6차 할부금을 납부한 것은 乙이 아닌 甲 등이고 甲 등과 乙 사이에 실질적인 **미등기 전매**가 이루어진 것으로 봐, 2019. 4. 甲 등에게 이 사건 토지 취득에 따른 취득세, 지방교육세, 농어촌특별세를 부과했다.

쟁점

甲 등을 부동산을 사실상 취득한 자로 볼 수 있는지 여부

결론

甲 등은 부동산을 사실상 취득한 자로 볼 수 없다.

판단근거

1. 甲 등이 매매대금의 거의 전부를 지급해 토지를 사실상 취득한 것으로 볼 수 있는지 여부

'사실상 취득'이란 등기와 같은 소유권 취득의 형식적 요건을 갖출 수 있음을 전제로, 그와 같은 형식적 요건을 갖추지 못했다고 하더라도 대금 지급과 같은 실질적 요건을 갖춘 경우에는 소유권을 취득한 것으로 의제하기 위한 개념이다. 따라서 토지 소유권을 취득할 수 없는 자가 토지 매매대금을 모두 실질적으로 지급했다고 하여 토지 소유권을 사실상 취득했다고 볼 수는 없다. 甲 등이 6차 할부금을 납부하지 않은 상태에서 이 사건 매매계약의 매수인 지위를 乙에게 이전하였고 6차 할부금이 15%에 달

하였던 점을 고려하면, 甲 등이 이 사건 매매대금을 전부 지급하였다고 볼 수 없다. 또한 6차 할부금 납입 전에 권리의무를 승계하였으므로 甲 등은 매수인의 지위도 없다.

2. 실질과세원칙을 적용할 수 있는지 여부

甲 등은 이 사건 토지를 둘러싼 다수인 사이의 복잡한 권리관계를 간명히 하고, 토지의 관리처분상의 편의를 도모하기 위해 乙회사를 설립하고 乙회사 명의로 이 사건 토지 소유권을 취득하도록 했던 것이다. 甲 등이 거래형식 선택 자유를 남용해 조세부담을 회피할 목적으로 과세요건사실에 관해 실질과 괴리되는 비합리적인 형식이나 외관을 취하였다고 보기도 어렵다. 따라서 실질과세원칙을 적용해 甲 등이 이 사건 토지를 사실상 취득한 다음 이를 乙회사에 양도한 것으로 보아 취득세 등을 과세할 수도 없다.

관련 법령

취득의 시기(「지방세법 시행령」 제20조)

① **무상취득**의 경우에는 그 **계약일**(상속 또는 유증으로 인한 취득의 경우에는 상속 또는 유증 개시일을 말한다)에 취득한 것으로 본다. 다만, 해당 취득물건을 등기·등록하지 않고 다음 각 호의 어느 하나에 해당하는 서류로 계약이 해제된 사실이 입증되는 경우에는 취득한 것으로 보지 않는다.
1. 화해조서·인낙조서(해당 조서에서 취득일부터 60일 이내에 계약이 해제된 사실이 입증되는 경우만 해당한다)
2. 공정증서(공증인이 인증한 사서증서를 포함하되, 취득일부터 60일 이내에 공증받은 것만 해당한다)
3. 행정안전부령으로 정하는 계약해제신고서(취득일부터 60일 이내에 제출된 것만 해당한다)
② **유상승계취득**의 경우에는 다음 각 호에서 정하는 날에 취득한 것으로 본다.
1. **사실상의 잔금지급일**
2. 사실상의 잔금지급일을 확인할 수 없는 경우에는 그 계약상의 잔금지급일(계약상 잔금지급일이 명시되지 않은 경우에는 계약일부터 60일이 경과한 날을 말한다). 다만, 해당 취득물건을 등기·등록하지 않고 다음 각 목의 어느 하나에 해당하는 서류로 계약이 해제된 사실이 입증되는 경우에는 취득한 것으로 보지 않는다.
    가. 화해조서·인낙조서(해당 조서에서 취득일부터 60일 이내에 계약이 해제된 사실이 입증되는 경우만 해당한다)
    나. 공정증서(공증인이 인증한 사서증서를 포함하되, 취득일부터 60일 이내에 공증받은 것만 해당한다)
    다. 행정안전부령으로 정하는 계약해제신고서(취득일부터 60일 이내에 제출된 것만 해당한다)
    라. 부동산 거래신고 관련 법령에 따른 부동산거래계약 해제 등 신고서(취득일부터 60일 이내에 등록관청에 제출한 경우만 해당한다)
⑭ 제1항, 제2항 및 제5항에 따른 **취득일 전에 등기 또는 등록을 한 경우**에는 그 등기일 또는 등록일에 취득한 것으로 본다.

03 계약명의신탁에 있어서 취득세 납세의무자
(2015두39026, 2017. 9. 12.)

사실관계

(1) A법인은 공동주택 분양사업을 원활하게 추진할 목적으로 감사로 재직 중이던 甲과 부동산을 甲의 명의로 매수하기로 약정하였다. ➡ 계약명의신탁약정

(2) 甲은 그 명의로 乙(매도인)과 부동산에 관한 매매계약을 체결하고 매매대금을 전부 지급하였다. ➡ 매도인은 선의

(3) 甲은 매도인 乙과 부동산의 매수자를 A법인으로 변경하기로 합의하였고, 그에 따라 A법인이 乙로부터 직접 부동산을 매수하는 내용의 매매계약서가 작성되었으며, 실제로 소유권이전등기도 甲을 거치지 아니한 채 바로 A법인으로 이루어졌다.

쟁점

(1) 계약명의신탁에서 취득세 납세의무자가 누구인지 여부

(2) 적극적인 부정행위가 있어, 10년의 제척기간이 적용되는지 여부

결론

(1) 계약명의신탁의 경우 매도인이 계약명의신탁 사실을 몰랐다면 계약명의자인 수탁자는 부동산 소유권을 확정적으로 취득하므로 취득세 납세의무를 부담하며, 이후 제3자(사례에서 A법인은 당초에는 명의신탁자였으나, 甲으로부터 취득하는 때에는 제3자에 해당함)에게 전매하고서도 최초의 매도인이 제3자에게 직접 매도한 것처럼 소유권이전등기를 마친 경우에도 마찬가지이다. 따라서 甲은 명의수탁자로서 취득세 납세의무를 부담하고, 다시 A법인도 취득세 납세의무를 부담한다.

(2) 甲은 부동산의 취득과 관련하여 조세의 부과징수를 곤란하게 하는 적극적인 부정행위를 하였다고 봄이 타당하므로, 甲의 부동산 취득에 관해서는 10년의 부과제척기간이 적용되어야 한다.

주요근거

1. 취득세 납세의무자

취득세는 취득세 과세물건인 부동산 등을 취득한 자에게 부과하고, 「민법」 등 관계법령의 규정에 의한 등기 등을 이행하지 아니한 경우라도 사실상 취득한 때에는 이를 취득한 것으로 보도록 하고 있다. 여기서 사실상의 취득이란 일반적으로 등기와 같은 소유권 취득의 형식적 요건을 갖추지는 못하였으나 대금의 지급과 같은 소유권 취득의 실질적 요건을 갖춘 경우를 말한다.

해가스 판례세법

2. 소유권이전등기를 마치지 아니한 명의수탁자

명의신탁자와 명의수탁자가 계약명의신탁약정을 맺고 명의수탁자가 당사자가 되어 명의신탁약정이 있다는 사실을 알지 못하는 소유자와 부동산에 관한 매매계약을 체결한 경우 그 계약은 일반적인 매매계약과 다를 바 없이 유효하므로, 그에 따라 매매대금을 모두 지급하면 소유권이전등기를 마치지 아니하였더라도 명의수탁자에게 취득세 납세의무가 성립한다.

3. 제척기간

① 소유권이전등기도 甲을 거치지 아니한 채 바로 A법인 앞으로 마쳐진 점, ② 그 결과 취득세 부과권자인 과세관청으로서는 甲이 부동산을 취득한 사실을 알기 어렵게 되었고, 이와 같은 상황에서 과세관청이 통상의 제척기간 안에 취득세 등을 부과하는 것을 기대하기는 어려운 점, ③ 甲이 자신의 명의로 소유권이전등기를 마치지 아니한 것은 그에 따른 비용이나 조세부담 등을 회피하기 위한 것으로 보일 뿐이고, 이에 관하여 납득할 만한 다른 이유나 사정도 밝혀지지 아니한 점 등에 비추어 보면, 甲은 부동산의 취득과 관련하여 조세의 부과징수를 곤란하게 하는 적극적인 부정행위를 하였다고 봄이 타당하므로, 甲의 부동산 취득에 관해서는 10년의 부과제척기간이 적용되어야 한다.

제척기간

지방세는 대통령령으로 정하는 바에 따라 부과할 수 있는 날부터 다음의 기간이 만료되는 날까지 부과하지 아니한 경우에는 부과할 수 없다.

(1) 납세자가 사기나 그 밖의 부정한 행위로 지방세를 포탈하거나 환급·공제 또는 감면받은 경우

10년

(2) 납세자가 법정신고기한까지 과세표준신고서를 제출하지 아니한 경우

7년. 다만, 아래 유형의 취득으로서 법정신고기한까지 과세표준신고서를 제출하지 아니한 경우에는 10년으로 한다.

> ① 상속 또는 증여를 원인으로 취득하는 경우
> ② 「부동산 실권리자명의 등기에 관한 법률」에 따른 명의신탁약정으로 실권리자가 사실상 취득하는 경우
> ③ 타인의 명의로 법인의 주식 또는 지분을 취득하였지만 해당 주식 또는 지분의 실권리자인 자가 과점주주가 되어 간주취득세를 부담하는 경우

(3) 그 밖의 경우

5년

명의신탁자의 취득세 납세의무

계약명의신탁에 의하여 부동산의 등기를 매도인으로부터 명의수탁자 앞으로 이전한 경우 명의신탁자는 매매계약의 당사자가 아니고 명의수탁자와 체결한 명의신탁약정도 무효이어서 매도인이나 명의수탁자에게 소유권이전등기를 청구할 수 있는 지위를 갖지 못한다. 따라서 명의신탁자가 매매대금을 부담하였더라도 그 부동산을 사실상 취득한 것으로 볼 수 없으므로, 명의신탁자에게는 취득세 납세의무가 성립하지 않는다. (2012두28414, 2017. 7. 11.)

관련 법률

명의신탁약정의 효력(「부동산 실권리자명의 등기에 관한 법률」 제4조)

① 명의신탁약정은 무효로 한다.

② 명의신탁약정에 따른 등기로 이루어진 부동산에 관한 물권변동은 무효로 한다. 다만, 부동산에 관한 물권을 취득하기 위한 계약에서 명의수탁자가 어느 한쪽 당사자가 되고 상대방 당사자는 명의신탁약정이 있다는 사실을 알지 못한 경우에는 그러하지 아니하다.

③ 제1항 및 제2항의 무효는 제3자에게 대항하지 못한다.

> **해설**
>
> 부동산명의신탁은 원칙적으로 무효이다. 따라서 2자 간 명의신탁, 3자 간 명의신탁에 따른 수탁자의 등기도 무효이다. 다만, 「부동산 실권리자명의 등기에 관한 법률」 제4조 2항 단서 규정에 따라 계약명의신탁의 경우 매도인이 선의인 경우에는 수탁자의 등기는 유효하다.

사실관계

(1) A법인은 2006. 12. 18. A레미콘 주식회사로부터 B토지를 매수하고 매매대금을 모두 지급한 후, 「농지법」상 토지취득에 관한 제한을 피하고자 3자 간 등기명의신탁약정에 따라 2007. 12. 27. A법인의 직원인 甲의 명의로 소유권이전등기를 마치고, 2008. 1. 10. 甲 명의로 취득세를 납부하였다. ➲ 제1취득세

(2) 과세관청은 A법인이 B토지의 실제 취득자라는 이유로 2011. 11. 8. A법인에게 취득세를 부과하였고, A법인은 2011. 11. 30. 취득세를 납부하였다. ➲ 제2취득세

(3) A법인은 2012. 4. 13. 甲과 B토지를 A법인이 매수키로 하는 계약을 체결하였다.

(4) A법인은 2012. 5. 10. B토지에 관하여 '2012. 4. 13. 매매'를 원인으로 한 소유권이전등기를 마친 후, 같은 날에 과세관청에게 취득세를 신고·납부하였다.
➲ 제3취득세

(5) A법인은 2012. 10. 19. 과세관청에게 'B토지의 취득에 따른 취득세 등을 이중으로 납부하였다'는 이유로 마지막으로 신고·납부한 취득세(제3취득세) 등을 환급하여 달라는 내용의 경정청구를 하였는데, 과세관청은 2012. 10. 23. 위 경정청구를 거부하였다.

쟁점

(1) 3자 간 등기명의신탁(매매계약상 매수인은 명의신탁자로 하고, 등기는 제3자 명의로 하는 경우)을 하는 경우 명의신탁자와 명의수탁자 중 취득세 납세의무자를 누구로 할지 여부

(2) 3자 간 등기명의신탁에 있어서 명의신탁자의 취득시기가 언제인지 여부

(3) 구체적 취득세 납세범위 즉, 제1취득세, 제2취득세, 제3취득세 중 어디까지를 취득세 납세범위로 할지 여부

결론

A법인은 잔금지급일에 토지를 취득하였으므로, 소유권이전등기의 형식을 빌려 토지를 등기한 2012. 5. 10. 에 토지를 새로 취득한 것이 없다. 따라서 A법인의 취득세 환급에 관한 경정청구는 타당하다.

1. 사실상 취득자

제3자 등기명의신탁에서 매도인으로부터 부동산 매매계약의 체결 및 대금지급을 한 자는 '명의신탁자'인 A법인이다. 따라서 부동산의 사실상 취득자는 명의신탁자 A법인이다.

2. 취득시기에 납세의무가 성립하였으며, 새로운 취득으로 볼 수 없음

'사실상 취득'이란 일반적으로 등기와 같은 소유권 취득의 형식적 요건을 갖추지는 못하였으나 대금의 지급과 같은 소유권 취득의 실질적 요건을 갖춘 경우를 말하는 점 등을 종합하여 보면, 매수인이 부동산에 관한 매매계약을 체결하고 소유권이전등기에 앞서 매매대금을 모두 지급한 경우 사실상의 잔금지급일에 '사실상 취득'에 따른 취득세 납세의무가 성립하고, 그 후 그 사실상의 취득자가 그 부동산에 관하여 매매를 원인으로 한 소유권이전등기를 마치더라도 이는 잔금지급일에 '사실상 취득'을 한 부동산에 관하여 소유권 취득의 형식적 요건을 추가로 갖춘 것에 불과하므로, 잔금지급일에 성립한 취득세 납세의무와 별도로 그 등기일에 '취득'을 원인으로 한 새로운 취득세 납세의무가 성립하는 것은 아니다.

3. 명의수탁자의 취득세 납세의무

부동산 등의 취득에 있어서 외견상 취득행위가 있는 것처럼 보이더라도 그 원인행위가 무효인 경우에는 유효한 취득행위가 있다고 볼 수 없다. 따라서 실질과세원칙에 따라 취득세의 과세요건이 충족될 수 없고, 취득세 납세의무도 성립하지 않는다고 보아야 한다.

무효인 명의신탁약정에 따라 아무런 효력이 없는 등기만을 보유하고 있을 뿐인 명의수탁자는 신탁부동산을 유효하게 취득한 것이 아니므로 명의수탁자에게 취득세 납세의무가 성립한다고 볼 수 없다.

명의수탁자 명의로 등기할 때 객관적으로 취득세 납세의무가 존재하지 않음에도 위법한 행위를 숨기기 위해 취득세를 신고·납부하였다면, 위의 취득세 신고·납부에 대해서는 경정청구를 통하여 신고·납부한 취득세를 환급받을 수 있다.

3자 간 등기명의신탁	다수의견 (재산세 성격 강조)	소수의견 (유통세 성격 강조)
① 매도인 → 수탁자	수탁자 취득세 ×	수탁자 취득세 ○
② 수탁자 → 신탁자(환원)	신탁자 취득세 × (당초 잔금지급 시 취득세 납세의무)	신탁자 취득세 ○
③ 수탁자 → 제3자	제3자 취득세 ○	제3자 취득세 ○

1. 형식설(소수의견): 취득세를 유통세로 보는 입장

(1) 취득세는 재화의 이전에 부과하는 유통세의 일종으로서 취득자가 그 부동산을 사용·수익·처분함으로써 얻는 이익에 부과하는 것이 아니다. 따라서 실질적으로 소유권을 취득하는지와 관계없이 소유권 이전의 형식으로 부동산을 취득하는 모든 경우를 포함하고, 취득세 납세의무의 성립도 등기를 원칙적인 기준으로 삼아야 한다.

(2) 명의수탁자가 제3자에게 신탁부동산을 임의로 처분하면 제3자는 유효하게 소유권을 취득하게 되므로 취득세 납세의무도 당연히 성립한다. 그럼에도 명의수탁자에게 취득세 납세의무가 성립하지 않는다고 보면 이상한 결과가 되고 재산이 이전될 때마다 그 이전 자체에 담세력을 인정하고 부과하는 취득세의 유통세로서의 성격에도 반한다.

(3) 사실상 취득한 때에 취득한 것으로 보는 규정은 대금을 치르고 이전등기만 하면 부동산을 취득할 수 있음에도 등기를 미루어 취득세 납세의무의 시기를 조절하는 것을 방지하기 위한 것일 뿐이다. 따라서 명의신탁자는 취득세 납세의무의 시기를 조절하기 위하여 등기를 미루거나 회피하는 것이 아니고, 명의수탁자 명의로 이전등기를 하면서 취득세 역시 명의신탁자가 부담하는 경우가 일반적이므로 제3자 등기명의신탁에는 위 규정이 적용될 수 없다.

2. 실질설(다수의견): 취득세를 재산세의 일종으로 보는 입장

(1) 취득세는 유통세로 분류할 수 있지만, 재산이전을 통한 재산 취득을 과세대상으로 하므로, 취득행위로 인하여 취득세 부과를 정당화하는 '담세력'이 발생하였는지를 살펴보아야 한다.

(2) 외견상 취득행위가 있더라도 원인행위가 무효이면 담세력의 전제가 되는 유효한 취득행위가 없다. 원인행위나 등기의 효력에 관한 고려 없이 유통세의 성격만을 내세워 등기를 갖추기만 하면 취득세 납세의무가 성립한다고 보는 것은 이와 같은 취득세의 본질에 반한다.

(3) 유통세로 분류된 각 조세도 과세요건은 서로 다르다. 등록세는 등기라는 사실을 과세대상으로 하는 반면 취득세는 재산의 취득을 과세대상으로 한다. 따라서 대법원은 이전등기가 원인무효이면 등록세 납세의무는 긍정하면서도 취득세 납세의무는 부정하고 있다.

(4) 등기를 하지 않더라도 사실상 취득한 때에 취득한 것으로 본다는 것은 실질과세의 원칙에 부합한 해석이다.

05 건설자금이자의 취득세 과세표준 포함 여부
(2014두46935, 2018. 3. 29.)

사실관계

(1) A법인은 아파트 등을 신축하기 위하여 2005. 12. 9.부터 2010. 5. 14.까지 고양시 716-1 외 581필지 및 그 지상의 건물을 매수하고 그 무렵 과세관청에 그 매수대금 3천억원을 취득가격으로 하여 취득세 등을 신고·납부하였다.

(2) A법인은 위 기간 동안 발생한 여러 차입금에 대한 지급이자 합계 140억원 전부를 비용계정으로 회계처리하였다. 과세관청은 위 지급이자 140억원이 과세표준에 포함되어야 한다는 이유로 A법인에게 취득세를 부과하였다.

쟁점

비용으로 회계처리한 **일반차입금의 지급이자**를 「법인세법」이나 기업회계기준의 산정 방법을 준용하여 취득세 과세표준에 포함할 수 있는지 여부

결론

특별한 사정이 없는 한 차입금이 과세물건의 취득을 위하여 간접적으로 소요되어 실질적으로 투자된 것으로 볼 수 있어야 취득세의 과세표준에 합산할 수 있으며, 이에 대한 **입증책임은 과세관청이 부담**한다.

주요근거

건설자금에 충당한 차입금의 이자를 취득세의 과세표준에 포함하도록 규정하는 것은 그것이 **취득을 위하여 간접적으로 소요된 금액**임을 근거로 한다(2009두17179, 2010. 4. 29. 등). 그렇다면 어떠한 자산을 건설 등에 의하여 취득하는 데에 사용할 목적으로 직접 차입한 자금의 경우 그 지급이자는 취득에 소요되는 비용으로서 취득세의 과세표준에 포함되지만, 그 밖의 목적으로 차입한 자금의 지급이자는 **납세의무자가 자본화하여 취득가격에 적정하게 반영하는 등의 특별한 사정이 없는 한 그 차입한 자금이 과세물건의 취득을 위하여 간접적으로 소요되어 실질적으로 투자된 것으로 볼 수 있어야 취득세의 과세표준에 합산할 수 있다**고 할 것이다. 따라서 **과세요건사실의 존재 및 과세표준에 대한 증명책임은 과세관청**에게 있고, 그 밖의 목적으로 차입한 자금의 지급이자가 과세물건의 취득을 위하여 소요되었다는 점에 관하여도 원칙적으로 과세관청이 그 증명책임을 부담한다.

관련 법령

1. 취득세 과세표준

① 취득세의 과세표준은 **취득 당시의 가액**으로 한다. 다만, 연부로 취득하는 경우 취득세의 과세표준은 연부금액으로 한다.

② 취득 유형별로 구분하면 **유상취득 및 원시취득은 사실상 취득가격, 무상취득(상속은 제외)은 시가인정액**으로 한다.

③ 상속으로 인한 취득은 시가표준액을 과세표준으로 하고, 시가표준액 1억원 이하인 부동산은 시가인정액과 시가표준액 중에서 납세자가 선택하도록 한다.

2. 시가인정액

매매사례가액, 감정가액, 경매·공매가액 등 대통령령으로 정하는 바에 따라 시가로 인정되는 금액을 말한다. 매매사례가액 등을 시가인정액으로 적용하기 위해서는 취득일 전 6개월부터 취득일 후 3개월 이내 거래된 것이어야 한다. 예외적으로 취득일 전 2년부터 취득 신고납부기한의 만료일 6개월 기간의 가액 중 지방세심의위원회의 심의를 거쳐 적용할 수 있다.

3. 사실상 취득가액(「지방세법」 제10조 제5항)

취득가액은 과세대상물건의 취득시기를 기준으로 그 이전에 당해 물건을 취득하기 위하여 거래상대방 또는 제3자에게 지급하였거나 지급하여야 할 직접비용과 간접비용의 합계액으로 한다.

> 1. 국가, 지방자치단체 또는 지방자치단체조합으로부터의 취득
> 2. 외국으로부터의 수입에 의한 취득
> 3. 판결문, 법인장부 중 대통령령으로 정하는 것에 따라 취득가격이 증명되는 취득
> 4. 공매방법에 의한 취득
> 5. 「부동산 거래신고 등에 관한 법률」에 따른 신고서를 제출하여 검증이 이루어진 취득

한편, 부동산을 취득할 수 있는 권리를 타인으로부터 이전받은 자가 「지방세법」 제10조 제5항 각 호의 어느 하나에 해당하는 방법으로 부동산을 취득하는 경우라 하더라도, 「소득세법」 또는 「법인세법」상 부당행위계산부인규정이 적용되는 특수관계에 있는 자와의 거래인 경우에는 「지방세법」 제10조 제5항의 규정이 적용되지 않는다.

06 상속등기를 생략한 경우에 적용되는 취득세율
(2017두74672, 2018. 4. 26.)

사실관계

(1) 망인 甲은 2013. 1. 25. 乙에게 서울 강남구(주소 생략) 지상 4층 다세대주택을 21억원에 매도하였으나, 乙에게 부동산에 관한 소유권이전등기를 마쳐주지 못한 상태에서 2013. 3. 28. 사망하였다.

(2) 甲의 상속인들은 2013. 4. 2. 「부동산등기법」 제27조에 따라 망인 甲으로부터 직접 乙에게 위 매매를 원인으로 다세대주택에 관한 소유권이전등기를 마쳐주었다. 한편, 그 잔금은 상속인들이 수령하였다.

(3) 과세관청은 甲의 사망으로 그의 상속인들이 부동산을 취득하였음에도 취득세 등을 신고·납부하지 않았다는 이유로 2016. 10. 4. 취득세(적용세율 1,000분의 28)를 결정·고지하는 이 사건 처분을 하였다.

(4) 이에 납세의무자인 상속인들은 상속등기 없는 취득이므로 종전 취득세 세율에 해당하는 중과기준세율(1,000분의 20)을 적용하여야 한다고 주장하였다.

쟁점

상속등기 없이 상속으로 부동산을 취득하는 경우 적용되는 취득세율

결론

「지방세법」이 2010. 3. 31. 전부 개정되기 전에는 등기가 필요한 부동산의 취득을 과세대상으로 한 취득세와 등기행위 자체를 과세대상으로 한 등록세가 별도로 존재하였다. 그러나 세목 체계를 간소화하기 위해 취득과 관련된 등록세의 과세대상을 취득세로 통합하고 이러한 통합 취득세의 세율을 취득세와 등록세의 세율을 합산한 것으로 조정하였으며, 취득과 관련이 없는 등록세의 나머지 과세대상에 대하여는 별도의 세목인 등록면허세를 신설하였다.

그렇다면 종래와는 달리 **부동산을 상속한 경우 통합 취득세의 과세대상이 되는 것 외에는 별도로 등록면허세의 과세대상이 될 여지가 없으므로**, 그 세율을 정할 때 상속에 따른 등기가 마쳐지지 않았다는 이유로 별도의 세목인 등록면허세에 관한 세율을 고려하거나 반영할 이유가 없다. 따라서 상속을 원인으로 이 사건 부동산을 취득한 상속인들이 부동산의 취득에 따라 납부하여야 할 취득세의 세율은 개정된 **「지방세법」조항에 따른 1,000분의 28이 타당**하다.

고등법원

대법원의 판단과 달리 고등법원은 다음과 같은 이유로 종전 세율(중과기준세율)이 타당하다고 하였다.

「부동산등기법」제27조에 따르면, 상속인들은 자신들 앞으로 이 사건 부동산의 취득에 따른 등기를 할 필요가 없어 망인 甲으로부터 乙에게 직접 소유권이전등기를 마쳐 주었다. 이에 따라 구「지방세법」에 의할 경우 상속인들은 상속으로 인한 부동산의 취득과 관련하여 1,000분의 20의 세율에 따른 취득세만 납부하면 되었다. 이처럼 예외적으로 법률의 규정에 의해 상속인을 거치지 않고 직접 제3자에게 등기가 이루어지는 경우, 개정「지방세법」의 취득세율(1,000분의 28)을 적용한다면 납세의무자는 결과적으로 구「지방세법」의 등록세에 해당하는 세율 부분만큼의 세액을 추가로 부담하는 결과가 되는데, 이는 **개정「지방세법」의 입법 취지와 목적에 맞지 않는다**. 따라서 상속과 관련한 등기를 요하지 않는 경우에는, 종전 취득세 세율에 해당하는 중과기준세율(1,000분의 20)을 적용하여 계산한 금액을 세액으로 한다고 해석함이 상당하다.

유추해석
확장해석

고등법원과 같은 결론에 이르기 위해서는 명백한 법률의 조항에도 불구하고 유추해석 또는 확장해석을 하여야 하는 부담이 있다. 「지방세법」제15조 제2항에 따르면 등기·등록을 요하지 않는 취득 중 **개수로 인한 취득, 과점주주의 취득 등과 같은 특정한 취득**에 대하여는 중과기준세율인 1,000분의 20을 적용하여 계산한 금액을 그 세액으로 하도록 특례규정을 두고 있으나, **상속을 원인으로 한 취득에 관하여는 그러한 특례규정이 없다**. 따라서 법률의 규정도 없는 상태에서 특례세율을 적용하는 것은 유추해석 또는 확장해석에 해당한다.

07 사실혼 재산분할 시 취득세 특례세율의 적용
(2016두36864, 2016. 8. 30.)

사실관계

(1) 甲과 乙은 혼인신고를 마치고 슬하에 2명의 자녀를 두었으나, 2002년 이혼하였다. 이혼 이후에도 甲과 乙은 사실혼 관계를 유지하면서 함께 자녀를 양육하였고, 재산분할을 하지 않았다.

(2) 그러나 이후 2011년 甲과 乙의 관계가 다시 급격하게 악화되자, 甲은 乙을 상대로 乙명의로 된 부동산에 관하여 명의신탁해지를 원인으로 한 소유권이전등기 소송 및 재산분할반환청구소송을 제기하여 승소하였다.

(3) 이후 甲은 부동산에 관하여 3.5%의 표준세율을 적용하여 취득세를 납부하고 이후 과세관청에 甲의 취득은 재산분할로 인한 취득에 해당하므로 취득세 세율 1.5%를 적용하여 달라는 취지로 경정청구를 제기하였다.

쟁점

취득세 특례세율을 적용하는 것이 법률혼 재산분할에만 적용되어 사실혼 재산분할에는 적용되지 않는지 여부

결론

사실혼 배우자에게 재산분할청구권을 인정한 취지에 비추어 세법상의 차별은 정당하지 않다. 따라서 사실혼 청산에 따른 재산분할청구권에도 특례세율을 적용하여야 한다.

주요근거

1. 특례세율 적용 취지

재산분할은 실질적 부부 공동재산을 청산·분배하는 것으로서 형식적인 취득에 불과하므로 다른 형식적 취득과 마찬가지로 취득세가 비과세되어야 한다. 이에 취득세를 비과세하는 것으로 입법이 이루어진 후, 기존 형식적 취득에 관한 취득세 비과세규정은 특례세율 적용 방식(표준세율에서 중과세율 차감)으로 변경되었다.

2. 긍정설(대법원)

(1) 재산분할의 본질은 부부가 공유하고 있던 재산을 나누는 청산요소가 주요 법적 성질이므로 혼인신고라는 형식과는 무관하게 특례세율을 적용하여야 한다.

(2) 민사법과 세법을 달리 취급할 필요는 없다. 이는 조세의 중립성을 해치게 된다.

(3) 증여세와 양도소득세도 사실혼을 차별하지 않는다.

3. 부정설(고등법원)

(1) 재산분할의 본질이 동일하더라도 명시적 특례규정이 필요하다. 해석만으로 특례 세율의 적용대상을 확대하는 것은 비과세, 감면규정의 해석에 있어서 문언을 엄격하게 해석하는 기존 판례의 흐름과도 맞지 않다.

(2) 민사법과 세법을 달리 취급하는 것이 부당한 것은 아니다. 종합소득공제의 경우에도 사실혼 배우자는 제외되어 있다.

관련 법령

1. 부동산 취득의 세율(「지방세법」 제11조 제1항)

부동산에 대한 취득세는 제10조의 과세표준에 다음 각 호에 해당하는 **표준세율**을 적용하여 계산한 금액을 그 세액으로 한다.

> 1. 상속으로 인한 취득
>   가. 농지: 1천분의 23
>   나. 농지 외의 것: 1천분의 28
> 2. **제1호 외의 무상취득: 1천분의 35.** 다만, 대통령령으로 정하는 비영리사업자의 취득은 1천분의 28로 한다.
> 3. 원시취득: 1천분의 28
> 4. (삭제)
> 5. 공유물의 분할 또는 「부동산 실권리자명의 등기에 관한 법률」 제2조 제1호 나목에서 규정하고 있는 부동산의 공유권 해소를 위한 지분이전으로 인한 취득(등기부등본상 본인 지분을 초과하는 부분의 경우에는 제외한다): 1천분의 23
> 6. 합유물 및 총유물의 분할로 인한 취득: 1천분의 23
> 7. **그 밖의 원인으로 인한 취득**
>   가. 농지: 1천분의 30
>   나. 농지 외의 것: 1천분의 40

2. 세율의 특례(「지방세법」 제15조 제1항)

다음 각 호의 어느 하나에 해당하는 취득에 대한 취득세는 **표준세율에서 중과기준세율(2%)을 뺀 세율**로 산출한 금액을 그 세액으로 하되, 주택의 취득에 대한 취득세는 해당 세율에 100분의 50을 곱한 세율을 적용하여 산출한 금액을 그 세액으로 한다. 다만, 취득물건이 제13조 제2항에 해당하는 경우에는 이 항 각 호 외의 부분 본문의 계산방법으로 산출한 세율의 100분의 300을 적용한다.

1. 환매등기를 병행하는 부동산의 매매로서 환매기간 내에 매도자가 환매한 경우의 그 매도자와 매수자의 취득

2. 상속으로 인한 취득 중 다음 각 목의 어느 하나에 해당하는 취득

   가. 대통령령으로 정하는 1가구 1주택의 취득

   나. 「지방세특례제한법」 제6조 제1항에 따라 취득세의 감면대상이 되는 농지의 취득

   …

4. 공유물·합유물의 분할 또는 「부동산 실권리자명의 등기에 관한 법률」 제2조 제1호 나목에서 규정하고 있는 부동산의 공유권 해소를 위한 지분이전으로 인한 취득 (등기부등본상 본인 지분을 초과하는 부분의 경우에는 제외한다)

5. 건축물의 이전으로 인한 취득. 다만, 이전한 건축물의 가액이 종전 건축물의 가액을 초과하는 경우에 그 초과하는 가액에 대하여는 그러하지 아니하다.

6. 「민법」 제834조, 제839조의2 및 제840조에 따른 재산분할로 인한 취득

7. 그 밖의 형식적인 취득 등 대통령령으로 정하는 취득

08 동일한 과밀억제권역 안에 있던 기존의 본점 또는 주사무소에서 이전해오는 경우 취득세 중과 여부 (2012두6551, 2012. 7. 12.)

사실관계

(1) H중공업은 법인등기부상 부산에 본점을 두고 선박의 건조, 수리, 창고업, 토목건축업 등을 목적사업으로 하는 법인이다.

(2) A건설 주식회사는 1991. 2. 26. 서울 구기동에 지하 3층, 지상 7층 규모의 건물을 소유하면서 건설업 등을 하고 있었는데, H중공업은 A건설을 흡수합병한 후 위 건물에 서울지점을 설치하여 건설업, 제조, 도소매업 등을 하였다.

(3) H중공업은 2003. 3. 1. 건축허가를 받아 서울 용산구 갈월동에 지하 6층, 지상 20층 규모의 건물을 신축하여 2008. 5. 14. 사용승인을 받아 소유권을 취득하였고, 2008. 6.경 구기동 사옥의 인력, 조직 및 기능을 갈월동 건물로 모두 이전하였다. H중공업이 구기동 사옥에서 갈월동 건물로 이전한 후 구기동 사옥은 전부 제3자에게 임대하였다.

(4) H중공업은 2008. 6. 13. 회장사무실로 사용하는 이 사건 갈월동 건물의 20층에 대해서는 과밀억제권역 내 본점 또는 주사무소 사업용 부동산으로 보아 중과세율(현행 「지방세법」 제13조 제1항)을 적용하고, 나머지 층은 지점의 사업용 부동산으로 보아 일반세율을 적용하여 산출한 취득세를 자진신고납부하였다.

(5) 과세관청은 2008. 12. 12. 이 사건 건물 중 9층과 10층을 제외한 나머지 전체가 본점 사업용 부동산에 해당한다고 보아 전체에 중과세율을 적용한 세액에서 H중공업이 자진신고납부한 세액을 제외한 취득세를 H중공업에게 부과고지하였다.

쟁점	(1) 「상법」상 본점으로 등기한 경우만을 본점으로 보는지 여부
	(2) 동일한 과밀억제권역 안에 있던 기존의 본점 또는 주사무소에서 이전해오는 경우까지 본점용 건물을 취득하였다는 이유로 취득세를 중과할 것인지 여부
결론	(1) '본점 또는 주사무소의 사업용 부동산'에 해당하는지 여부는 실질적으로 사업의 내용이 본점의 기능을 수행하는지 여부에 따라야 한다. H중공업의 건설부문도 본점기능을 하고 있으므로 본점용 부동산 취득에 해당한다.
	(2) 과밀억제권역 안에서 본점 또는 주사무소용 건축물을 신축 또는 증축하여 취득하면 동일한 과밀억제권역 안에 있던 기존의 본점 또는 주사무소에서 이전해오는 경우라고 하더라도 취득세 중과대상(제13조 제1항)에 해당한다.
본점의 의미	「상법」규정은 단순히 본점의 소재지를 등기사항으로 규정하고만 있을 뿐, 단일한 법인에 본점이 반드시 1개만 존재하여야 한다는 것을 의미하는 것은 아니고, 「지방세법」상 '본점 또는 주사무소의 사업용 부동산'에 해당하는지 여부는 실질적으로 사업의 내용이 본점의 기능을 수행하는지 여부를 살펴 판단해야 할 것이다.
	H중공업은 조선부문과 건설부문을 명확히 구분하여 각 본사로 부산 본점, 갈월동 건물을 내세우면서 각 대표자를 따로 두고 독립적으로 사업을 하고 있으며, 2개 부문을 통합하는 인적·물적 설비를 따로 두고 있지는 않았다. 또한, 갈월동 건물에서의 H중공업 건설부문 사업이 부산 본점의 지휘 또는 명령에 따라 이루어진 바도 없다. 따라서 갈월동 건물은 H중공업의 '본점 또는 주사무소의 사업용 부동산'에 해당한다.
조세법률주의	### 1. 입법취지에 따른 해석(고등법원)
	과밀억제권역 내의 법인의 본점 또는 주사무소의 사업용 부동산의 취득세를 중과하는 것은 과밀억제권역 내에서 인구유입에 따른 인구팽창과 산업집중을 막고, 인구와 산업의 분산을 촉진하여 국민경제의 균형 있는 발전과 국토의 효율적인 이용·개발 및 보전을 위하여 인구팽창과 산업집중을 유발시키는 **본점 또는 주사무소의 신설 및 증설을 억제**하려는 것인 바, 이미 과밀억제권역 안에 본점 또는 주사무소용 사무실을 가지고 있다가 같은 권역 안의 다른 곳으로 사무실을 이전하는 경우 그것이 위의 입법 취지에 어긋나지 아니하면 취득세 중과대상에 해당하지 않는다.

2. 조세법률주의에 따라 문구에 따른 해석(대법원)

(1) 과밀억제권역 안에서 본점 또는 주사무소의 사업용 부동산을 취득하는 경우 중 인구유입과 산업집중의 효과가 뚜렷한 신축 또는 증축에 의한 취득만을 그 적용 대상으로 규정하고 그 입법 취지에 어울리지 않는 그 밖의 승계취득 등은 미리 그 적용대상에서 배제하였으므로 조세법률주의의 원칙상 위 규정은 특별한 사정이 없는 한 법문대로 해석하여야 하고 더 이상 함부로 축소해석하여서는 아니된다.

(2) 과밀억제권역 안에서 신축 또는 증축한 사업용 부동산으로 본점 또는 주사무소를 이전하면 동일한 과밀억제권역 안의 기존 사업용 부동산에서 이전해오는 경우라 하더라도 전체적으로 보아 그 과밀억제권역 안으로의 인구유입이나 산업집중의 효과가 없다고 할 수 없다.

(3) 과밀억제권역 안에서 본점 또는 주사무소용 건축물을 신축 또는 증축하여 취득하면 동일한 과밀억제권역 안에 있던 기존의 본점 또는 주사무소에서 이전해 오는 경우라고 하더라도 취득세 중과대상에 해당한다.

**「지방세법」
제13조 제1항**

과밀억제권역에서 대통령령으로 정하는 본점이나 주사무소의 사업용으로 신축하거나 증축하는 건축물(「신탁법」에 따른 수탁자가 취득한 신탁재산 중 위탁자가 신탁기간 중 또는 신탁 종료 후 위탁자의 본점이나 주사무소의 사업용으로 사용하기 위하여 신축하거나 증축하는 건축물을 포함한다)과 그 부속토지를 취득하는 경우와 과밀억제권역에서 공장(산업단지 또는 공업지역 내 공장은 제외)을 신설하거나 증설하기 위하여 사업용 과세물건을 취득하는 경우의 취득세율은 제11조(부동산 표준세율) 및 제12조(부동산 외 자산의 표준세율)의 세율에 중과기준세율의 100분의 200을 합한 세율을 적용한다.

종전 규정	통합 취득세
종전 취득세만 3배 중과	표준세율 + 중과기준세율(2%)의 2배

중과세율
(「지방세법」 제13조 제2항)

다음 중 어느 하나에 해당하는 부동산(「신탁법」에 따라 수탁자가 취득한 신탁재산을 포함한다)을 취득하는 경우의 취득세는 제11조 제1항의 표준세율의 100분의 300에서 중과기준세율의 100분의 200을 뺀 세율을 적용한다. 다만, 과밀억제권역에 설치가 불가피하다고 인정되는 대도시 중과 제외 업종에 직접 사용할 목적으로 부동산을 취득하거나, 법인이 사원에 대한 분양 또는 임대용으로 직접 사용할 목적으로 사원주거용 부동산을 취득하는 경우의 취득세는 제11조에 따른 해당 세율을 적용한다.

> ① 대도시에서 법인을 설립[대통령령으로 정하는 휴면(休眠)법인을 인수하는 경우를 포함]하거나 지점 또는 분사무소를 설치하는 경우 및 법인의 본점·주사무소·지점 또는 분사무소를 대도시 밖에서 대도시로 전입함에 따라 대도시의 부동산을 취득(그 설립·설치·전입 이후의 부동산 취득을 포함)하는 경우
> ② 대도시에서 공장을 신설하거나 증설함에 따라 부동산을 취득하는 경우

종전 규정	통합 취득세
종전 등록세만 3배 중과	표준세율 × 3배 - 중과기준세율(2%)의 2배

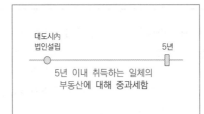

5년 이내 취득하는 일체의 부동산에 대해 중과세함

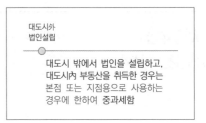

대도시 밖에서 법인을 설립하고, 대도시内 부동산을 취득한 경우는 본점 또는 지점용으로 사용하는 경우에 한하여 중과세함

세율의 적용
(「지방세법」 제16조)

① 토지나 건축물을 취득한 후 5년 이내에 해당 토지나 건축물이 다음 각 호 어느 하나에 해당하게 된 경우에는 해당 각 호에서 인용한 조항에 규정된 세율을 적용하여 취득세를 추징한다.

> 1. 제13조 제1항에 따른 본점이나 주사무소의 사업용 부동산(본점 또는 주사무소용 건축물을 신축하거나 증축하는 경우와 그 부속토지만 해당한다)
> 2. 제13조 제1항에 따른 공장의 신설용 또는 증설용 부동산
> 3. 제13조 제5항에 따른 골프장, 고급주택 또는 고급오락장
> ➔ 종전 취득세 중과 규정에 대한 세율 적용

④ 취득한 부동산이 취득한 날부터 5년 이내에 제13조 제2항에 따른 과세대상이 되는 경우에는 같은 항의 세율을 적용하여 취득세를 추징한다.

09 취득세 중과세대상인 '대도시 내 지점'의 개념
(2014두4023, 2014. 6. 26.)

사실관계

(1) A법인은 2007. 6. 27. 경기 여주군에 본점을 두고 체육시설업 등을 목적사업으로 하여 설립된 법인이다.

(2) A법인은 2011. 8. 11. 대도시인 인천 서구에 있는 골프장 용지와 건물 등을 취득하고 소유권이전등기를 마쳤다.

(3) A법인은 2011. 8. 11. B개발 주식회사와 골프장에 대하여 보증금 30억원에 차임은 감정평가금액으로 하고, 기간은 A법인의 취득일부터 5년으로 하는 임대차계약을 체결하였다가, 2011. 8. 26. 위 임대차계약을 실효시키고 B개발에게 골프장의 운영관리를 위탁하는 내용의 운영관리위탁계약을 체결하였다.

(4) 과세관청은 A법인이 B개발을 통하여 골프장을 자신의 사업 또는 사무를 처리하기 위한 지점으로 사용하고 있다고 보아 골프장 용지와 건물의 취득에 관하여 취득세를 중과세하는 처분을 하였다.

(5) 한편, 운영관리위탁계약에 의하면 A법인이 골프장의 운영에 대한 일체의 권리와 의무를 B개발에 위탁하여 B개발이 전적으로 책임을 지고 골프장을 운영·관리하도록 규정되어 있으며, A법인은 골프장에 임의로 출입할 수 없고 오직 보전상태의 검사 또는 새로운 임차인의 참관 등을 위한 특별한 목적이 있는 경우에 한하여 B개발의 협조를 얻어 출입할 수 있다.

쟁점

해당 사업장 인적 시설에 대한 지휘·감독권을 가지고 있지 아니한 경우에도 지점으로 볼 수 있는지 여부

결론

(1) A법인이 종전에 없던 새로운 사무실을 설치한 것이 아니라 골프장 용지와 건물을 취득하여 그 명의만 A법인 앞으로 바꾸어 존속하게 된 것이므로 「지방세법」 제13조 제2항 제1호 등에서 정한 취득세 중과세대상이 될 수 없다.

(2) 위탁자가 수탁자에게 관리위탁을 한 후 부동산의 관리·운영에 관하여 전혀 관여하지 않는 경우에는 위탁자의 지점 또는 분사무소로 볼 수 없다. 즉, 지점을 설치한 것으로 볼 수 없다.

주요근거

「지방세법」상 취득세 중과세대상이 되는 '지점 또는 분사무소'는 「법인세법」·「부가가치세법」 또는 「소득세법」의 규정에 의하여 등록된 사업장으로서 그 명칭 여하를 불문하고 인적·물적 설비를 갖추고 계속하여 당해 법인의 사무 또는 사업이 행하여지는 장소를 말하고, 여기서 말하는 인적 설비는 당해 법인의 지휘·감독 하에 인원이 상주하는 것을 뜻할 뿐이고 그 고용형식이 반드시 당해 법인에 직속하는 형태를 취할 것을 요구하는 것은 아니다.

유사판례

C법인(비영리법인)은 숙박시설 부분에 관하여 호텔업 등을 위한 사업자등록을 갖추었으며 그에 관한 회계도 구분하였고, 비록 D법인에 호텔업무를 관리위탁하였으나 C법인은 호텔영업에 관한 업무와 회계에 광범위하게 관여하고 감독할 수 있었으므로, C 법인은 부동산 중 숙박시설 부분에 관하여 각종 물적 설비를 갖추고 D법인의 직원들을 지휘·감독함으로써 그 인적 설비까지 갖추어 호텔업 등의 사업을 계속적으로 행하였다고 봄이 상당하다. 따라서 C법인이 분사무소를 실질적으로 새롭게 설치하였다고 보아 그에 관한 취득세(구 등록세)를 중과한 것은 적법하다. (2008두18496, 2011. 6. 10.)

---

10 명의신탁주식 환원의 간주취득세 과세대상 여부
(2018두49376, 2018. 11. 9.)

사실관계

(1) 甲은 1997. 1. 13. 설립된 A주식회사의 대표이사이다.

(2) 甲은 A주식회사의 설립 및 유상증자 당시 A주식회사의 주식 합계 11,400주를 인수하여 A주식회사의 직원인 乙에게 명의신탁하였다가, 2014. 12. 24. 위 명의신탁을 해지한 다음, 2015. 12. 30. 위 주식에 관하여 자신 명의로 명의개서를 마쳤다.

(3) 그런데 과세관청은 A주식회사에 대하여 지방세 세무조사를 실시한 결과 'A주식회사의 과점주주인 甲이 2015. 12. 30. 乙로부터 위 주식을 취득하여 주식지분이 40.0%에서 59.0%로 증가하였고, 그로 인하여 甲과 특수관계인이 보유한 주식지분율 합계가 81.0%에서 96.97%로 15.97% 증가되었다'고 판단하였다. 참고로 「지방세기본법」상 회사의 대표이사와 그 직원은 특수관계인에 해당하지 아니한다.

(4) 이에 과세관청은 2017. 6. 28. 'A주식회사 소유의 취득세 과세물건의 장부가액에 甲의 지분율 증가분 15.97%를 곱한 금액'을 과세표준으로 하여 甲에게 취득세를 부과하였다.

(5) 한편 乙이 A주식회사의 주주총회에 참석하는 등 해당 주식에 관한 주주권을 행사하였음을 인정할 만한 증거는 전혀 없다.

쟁점

명의신탁주식의 환원이 간주취득세 과세대상이 되는지 여부

결론

乙은 주식의 인수 과정에서 명의를 대여해 준 자에 불과하고, 위 주식에 관한 권리를 실질적으로 행사하는 지위에 있었던 것은 甲이므로, 위 주식에 관하여 甲 명의로 명의개서를 마친 2015. 12. 30. 전후로 甲의 주식 소유비율은 동일하여, 위 명의개서가 「지방세법」에서 말하는 과점주주의 주식 비율이 증가된 경우에 해당한다고 할 수 없다.

주요근거

실질과세의 원칙 중 「지방세기본법」이 규정하고 있는 실질귀속자 과세의 원칙은 소득이나 수익, 재산, 거래 등의 과세대상에 관하여 귀속 명의와 달리 실질적으로 귀속되는 자가 따로 있는 경우에는 형식이나 외관을 이유로 귀속 명의자를 납세의무자로 삼을 것이 아니라 실질적으로 귀속되는 자를 납세의무자로 삼겠다는 것이다. 그리고 법인의 과점주주에 대하여 그 법인의 재산을 취득한 것으로 보아 취득세를 부과하는 것은 과점주주가 되면 해당 법인의 재산을 사실상 임의처분하거나 관리·운용할 수 있는 지위에 서게 되어 실질적으로 그 재산을 직접 소유하는 것과 크게 다를 바 없다는 점에서 담세력이 있다고 보기 때문이므로, 취득세의 납세의무를 부담하는 과점주주에 해당하는지 여부는 주주명부상의 주주 명의가 아니라 그 주식에 관하여 의결권 등을 통하여 주주권을 실질적으로 행사하여 법인의 운영을 지배하는지 여부를 기준으로 판단하여야 한다. 따라서 과점주주의 주식 비율이 증가되었는지 여부 역시 주주권을 실질적으로 행사하는 주식을 기준으로 판단하여야 한다.

또한 과세관청의 입장으로 해석하면, 설립 당시 자신의 명의로만 취득하면 간주취득세 납세의무를 부담하지 않는데, 명의신탁하였다가 그 후 이를 반환받은 경우에는 납세의무가 성립한다는 결론이 나온다. 이는 설립 당시나 명의신탁 해지 시나 실제 소유주주의 변동이 없음에도 불구하고 단지 형식적으로 명의변경이 있다는 이유로 납세의무를 지우게 되는 것이어서 부당하다.

1. 간주취득세 납세의무자

비상장법인의 주식을 취득함으로써 과점주주가 되거나, 지분이 증가한 과점주주이다. 단, 설립 시 과점주주는 제외한다.

2. 간주취득세 과세대상

비상장법인의 과점주주가 됨으로써 실질적으로 취득하게 된 취득세 과세대상 물건(부동산, 차량, 기계장비 등)이 과점주주 간주취득세의 과세대상이다.

3. 간주취득세 세율

과점주주의 주식취득은 취득세 과세대상 물건의 등록이 없으므로, 종전 취득세율과 동일하게 중과기준세율(2%)을 적용한다.

4. 간주취득세 과세표준

과점주주에 대한 납세의무 성립시점에서 당해 법인이 소유하는 취득세 과세대상 물건의 장부상 총가액에서 주식소유비율 또는 소유주식증가비율을 곱한 금액이다.

5. 납세의무 성립시기

과점주주의 간주취득세는 과점주주가 된 때 또는 지분비율이 증가한 때 납세의무가 성립한다. 과점주주가 되는 때는 특별한 사정이 없는 한 사법상 주식 취득의 효력이 발생한 날을 의미한다.

11 경영정상화계획이행을 위한 과정에서 증가한 지분이 간주취득세 과세대상인지 여부 (2018두44753, 2018. 10. 4.)

사실관계

(1) 甲은 A법인 대표이사인 乙의 처이다.

(2) A법인의 주채권은행인 한국산업은행은 사업부진 등으로 A법인의 재무구조가 악화되자 2010. 5. 11. 구 「기업구조조정 촉진법」에 따라 A법인을 '부실징후기업'으로 분류하고 경영정상화를 위한 협의를 진행하였다. A법인은 2010. 11. 11. 구 「기업구조조정 촉진법」의 "채권금융기관협의회에 의한 채권금융기관 공동관리"에 해당하는 기업구조개선작업(워크아웃)을 신청하였다.

(3) 이에 따라 개시된 워크아웃 절차에서 A법인에 대한 채권금융기관협의회는 2011. 3. 14. A법인의 기존 주주가 보유하고 있는 보통주에 대하여 5 : 1 비율로 무상감자하고, 전환상환우선주는 보통주로 전환 후 5 : 1 비율로 무상감자하며, 재무적 투자자이자 대주주인 주식회사 B뱅크벤처스, C인베스트먼트 주식회사, 국민연금, D벤처조합 등의 투자자들이 주주총회 의결권행사 위임장을 경영정상화계획 이행을 위한 특별약정 체결 이전에 제출하지 않을 경우 워크아웃 절차를 중단하기로 하는 내용 등의 의안을 가결하였다.

(4) 투자자들이 협의회의 요구를 거부하자, 甲은 협의회의 위와 같은 요구사항이 이행되지 않음으로써 A법인에 대한 워크아웃 절차가 중단될 것을 우려하여 2011. 4. 15. 투자자들이 보유하고 있던 A법인의 보통주와 전환상환우선주 합계 1,183,766주를 매수하였고, 이에 따라 A법인의 과점주주인 甲과 그의 특수관계자들의 주식보유비율이 59.96%에서 76.2%로 16.24%p 증가하였다.

(5) 甲과 그의 특수관계인들은 2011. 4. 22. 한국산업은행에 "현재 보유하고 있는 주식 전부에 대한 양도, 담보설정 및 소각 등 처분에 관한 일체의 권한을 한국산업은행에게 일임한다"는 내용의 주식포기각서, 주식처분위임장 및 주주총회 의결권행사 위임장을 각 작성하여 교부하였다.

(6) 이에 따라 협의회와 A법인, 주채권은행인 한국산업은행은 "경영정상화계획 이행을 위한 특별약정"을 체결하였다. 위 약정에 의하면, 이 사건 회사의 대주주인 乙은 본인 소유의 A법인 주식에 대하여 주요주주 동의서, 경영권포기각서, 주식포기각서, 주식처분위임장, 주주총회 의결권행사 위임장 등의 내용을 성실히 준수하며 이 사건 협의회의 결의에 따라 요구되는 사항은 즉시 이행하여야 한다.

(7) 한편 A법인은 워크아웃 절차에 따라 경영정상화를 위하여 주요 사업을 전환하고 자산 매각을 추진하였으나 결국 경영정상화에 실패하였고, 이에 협의회는 2013. 1. 31. A법인에 대한 공동관리를 중단하기로 결의하였다. 이후 A법인은 2013. 3. 8. 파산신청을 하였다.

(8) 그런데 과세관청은 A법인의 과점주주인 甲이 A법인의 주식을 추가로 취득하여 주식보유비율이 증가하였음을 이유로 간주취득세를 부과하였다.

| 쟁점 | 취득 후 발생한 사정에 의해 실질적으로 주주권을 행사할 수 없는 경우도 지배권이 실질적으로 증가하였다고 볼 수 있는지 여부 |

| 결론 | 甲이 A법인 주식을 취득함으로써 그 주식 비율의 증가분만큼 회사의 운영에 대한 지배권이 실질적으로 증가하였다고 보기는 어렵다. 간주취득세 납세의무 제도의 의의와 취지 및 실질과세의 원칙에 비추어 보더라도, **지배권의 실질적 증가 여부는 해당 주식 취득 전후의 제반 사정을 전체적으로 고려하여 종합적으로 판단하여야 한다.** 이 점에서 고등법원이 'A법인 주식의 취득시점을 기준으로 그 취득분만큼 지배력이 증가되었다면서 그 후 甲이 그 주식포기각서 등을 제출하였다는 사정은 이미 성립한 납세의무에 어떠한 영향을 미칠 수 없다'고 판단한 것은 옳지 않다. |

과점주주 간주취득세

1. 「지방세법」

법인의 주식 또는 지분을 취득함으로써 「지방세기본법」에 따른 과점주주가 되었을 때에는 그 **과점주주가 해당 법인의 부동산 등**(법인이 「신탁법」에 따라 신탁한 재산으로서 수탁자 명의로 등기·등록이 되어 있는 부동산 등을 포함)**을 취득**(법인 설립 시에 발행하는 주식 또는 지분을 취득함으로써 과점주주가 된 경우에는 취득으로 보지 아니함)**한 것으로 본다.**

2. 주요판례

(1) 법인의 과점주주에 대하여 그 법인의 재산을 취득한 것으로 보아 취득세를 부과하는 것은 과점주주가 되면 **해당 법인의 재산을 사실상 임의처분하거나 관리운용할 수 있는 지위**에 서게 되어 실질적으로 그 재산을 직접 취득하는 것과 다를 바 없으므로 그 과점주주에게 담세력이 있다고 보기 때문이다. 그러므로 간주취득세 납세의무를 부담하는 과점주주에 해당하는지 여부는 주주명부상의 주주 명의가 아니라 그 주식에 관하여 의결권 등을 통하여 주주권을 실질적으로 행사하여 법인의 운영을 지배하는지 여부를 기준으로 판단하여야 한다. (2011두26046, 2016. 3. 10.)

(2) 간주취득세 납세의무를 지는 과점주주는 지분율 50% 초과라는 **형식적 요건**과 주주권을 실질적으로 행사하여 법인의 운영을 지배하는 자라는 **실질적 행사요건**을 모두 충족하여야 한다. 이 때 취득세 납세의무를 부담하는 과점주주에 해당하는지 여부는 주주명부상의 주주 명의가 아니라 그 주식에 관하여 의결권 등을 통하여 주주권을 실질적으로 행사하여 법인의 운영을 지배하는지 여부를 기준으로 판단하여야 한다. (2011두28714, 2015. 1. 15.)

(3) 취득세의 납세의무를 부담하는 과점주주는 형식적 요건을 갖추어야 할 뿐만 아니라 당해 과점주주가 법인의 운영을 실질적으로 지배할 수 있는 지위에 있음을 요하지만, 이 때 법인의 운영을 **실질적으로 지배할 수 있는 지위**라 함은 실제 법인의 경영지배를 통하여 법인의 부동산 등의 재산을 사용·수익하거나 처분하는 등의 권한을 행사하였을 것을 요구하는 것은 아니고, 소유하고 있는 주식에 관하여 의결권행사 등을 통하여 **주주권을 실질적으로 행사할 수 있는 지위**에 있으면 족하다고 할 것이다. (2006두19501, 2008. 10. 23.)

12 과점주주의 실질적 소유권 행사와 간주취득세
(2015두3591, 2019. 3. 28.)

사실관계

(1) A법인은 아파트를 건축하는 사업을 시행하려던 회사이고 B건설은 이의 시공사이다. A법인은 아파트 건축사업 승인이 지연되어 대출금의 이자를 지급하지 못하는 등 경영난을 겪고 있었다. 이에 A법인의 주주들은 회사의 부도를 막기 위하여 위 대출금 채무를 연대보증한 B건설에 사업 부지와 B법인의 경영권을 양도하기로 하였다.

(2) A법인의 주주 甲(지분율 50%), 乙(지분율 30%), 丙(지분율 20%)은 자신들이 소유하던 A법인의 주식을 B건설에 양도하기로 하는 내용의 사업권양도·양수에 관한 합의서와 주식양도·양수계약서 초안을 작성하였다.

(3) 그런데 B건설은 사업권 양도·양수 합의 과정에서 우발채무 발생 등의 문제가 생길 것을 우려하여 甲에게 乙과 丙 소유의 B법인 주식을 일단 甲 명의로 양수한 다음 甲 단독 명의로 A법인 주식을 B건설에 다시 양도해 줄 것을 요구하였고, 甲은 그에 따라 乙과 丙으로부터 A법인 주식을 양수하여 **A법인 주주명부상 甲을 100% 주주로 기재**한 다음 그로부터 6일이 지난 후 그 지분 전부를 B건설에 양도하였다.

쟁점

주식을 제3자에게 양도하는 과정에서 주주권 행사의 의사 없이 일시적으로 기존 주식을 취득한 것에 불과하여 실질적으로 해당 법인의 운영을 지배할 수 없는 경우 과점주주 간주취득세 과세대상 해당 여부

결론	주주명부에 과점주주에 해당하는 주식을 취득한 것으로 기재되었다고 하더라도 그 주식에 관한 권리를 실질적으로 행사하여 법인의 운영을 지배할 수 없었던 경우에는 간주취득세를 부담하지 않는다.

주요근거

1. 과점주주

「지방세법」은 과점주주의 간주취득세에 관하여 '법인의 주식을 취득함으로써 과점주주가 되었을 때에는 그 과점주주가 해당 법인의 부동산 등을 취득한 것으로 본다'고 정하고 있다. 여기에서 과점주주란 주주 1명과 그의 특수관계인 중 대통령령으로 정하는 자의 소유주식의 합계가 해당 법인의 발행주식 총수의 100분의 50을 초과하면서 그에 관한 권리를 실질적으로 행사하는 자를 말한다.

2. 제한적 해석

과점주주는 해당 법인의 재산을 사실상 임의처분하거나 관리·운용할 수 있는 지위에 있게 되어 실질적으로 그 재산을 직접 소유하는 것과 다르지 않다고 보아 위와 같은 조항을 둔 것이다. 그러나 이미 해당 법인이 취득세를 부담하였는데 그 과점주주에 대하여 다시 동일한 과세물건을 대상으로 간주취득세를 부과하는 것은 이중과세에 해당할 수 있기 때문에, 모든 과점주주에게 간주취득세를 부과해서는 안 되고 의결권 등을 통하여 주주권을 실질적으로 행사하여 법인의 운영을 사실상 지배할 수 있는 과점주주에게만 간주취득세를 부과하는 것으로 위 조항을 제한적으로 해석하여야 한다. 따라서 주주명부에 과점주주에 해당하는 주식을 취득한 것으로 기재되었다고 하더라도 그 주식에 관한 권리를 실질적으로 행사하여 법인의 운영을 지배할 수 없었던 경우에는 간주취득세를 낼 의무를 지지 않는다고 보아야 한다.

사실관계

(1) K법인은 용산개발사업과 관련하여 A법인과 토지매매계약을 체결하고, 그 매매대금을 담보하기 위하여 B신탁에 토지를 신탁하였다.

(2) A법인은 신탁부동산을 담보로 매매대금을 지급하기 위해 대출을 받았다. 신탁계약에 따르면 계약이 해제될 경우 K법인은 기 지급받은 매매대금을 금융기관에 지급하고 소유권을 되찾아 올 수 있다.

(3) 용산개발사업이 백지화 되자, K법인은 A법인이 그 매매대금을 제 때 갚지 못한다는 이유로 계약을 해제하였고 이에 따라 토지의 소유권을 원상회복하게 되었다.

쟁점

부동산 매수자가 담보신탁한 신탁재산이 약정해제로 인하여 수탁자로부터 매도자인 수익자에게 원상회복의 방법으로 소유권이 이전된 경우 취득세 과세대상인지 여부

결론

(1) 해제권의 행사에 따라 부동산매매계약이 적법하게 해제되면 그 계약의 이행으로 변동되었던 물권은 당연히 그 계약이 없었던 상태로 복귀하는 것이므로, 매도인이 비록 그 원상회복의 방법으로 소유권이전등기의 방식을 취하였다 하더라도 특별한 사정이 없는 한 이를 새로운 취득으로 볼 수 없어 취득세 과세대상에 해당하지 않는다.

(2) 형식적으로 신탁재산을 수탁자로부터 수익자에게 이전하는 모든 경우를 취득세 과세대상으로 볼 수 없으며, 소유권 이전의 실질이 해제로 인한 원상회복의 방법으로 이루어진 경우에는 취득세 과세대상이 되지 않는다.

주요근거

1. 매수인

취득세는 재화의 이전이라는 사실 자체를 포착하여 거기에 담세력을 인정하고 부과하는 유통세의 일종이다. 따라서 일단 적법하게 취득한 다음에는 그 후 계약을 해제하여도 이미 성립한 조세채권에는 영향이 없다. 다만, 그러한 계약이 무효이거나 취소된 경우에는 처음부터 취득세의 과세대상이 되는 사실상의 취득행위가 있다고 할 수 없으므로 취득세 납세의무가 성립하지 않는다. (2011두27551 등)

이러한 경우 궁극적인 소유권을 취득한 바 없는 매수인에게 지나치게 가혹한 면이 있어, 관련 법률에서는 해당 취득물건을 등기·등록하지 아니하고 취득일부터 60일 이내에 계약이 해제된 사실이 화해조서, 인낙조서, 공정증서 등에 의하여 입증되는 경우에는 취득으로 보지 않는 규정을 두고 있다.

2. 매도인

부동산매매계약의 합의해제가 계약의 소급적 소멸을 목적으로 한 이상 위 합의해제로 인하여 매수인 앞으로 이전되었던 부동산에 대한 소유권은 당연히 매도인에게 원상태로 복귀되는 것이므로, 매도인이 비록 그 원상회복의 방법으로 소유권이전등기의 방식을 취하였다 하더라도 이는 지방세법에서 말하는 '부동산의 취득'에 해당하지 않는다. (2011두28714 등)

이러한 법리는 법정해제나 약정해제의 경우도 마찬가지이다. 합의해제가 새로운 계약으로 기존 계약을 소급적으로 소멸시키는 것에 비하여, 법정해제나 약정해제는 계약 체결 당시부터 특정한 사유 발생에 따른 해제권 행사가 예정되어 있는 것이라는 점을 고려하면, 오히려 조세법률관계의 안정성에 미치는 영향이 더 적을 것이며, 그 실질을 재매매로 볼 여지도 없다.

---

14 주거용 오피스텔의 취득세 납세의무
(2017헌바363, 2020. 3. 26.)

사실관계

(1) 甲은 수원시에 있는 A오피스텔의 구분건물을 취득하였다. 甲은 위 오피스텔이 '업무시설'임을 전제로 「지방세법」이 정하는 바에 따라 과세표준에 '1천분의 40'의 세율을 적용한 취득세를 신고 · 납부하였다.

(2) 甲은 2016년 3월경 위 오피스텔이 주거시설에 해당한다고 주장하며, 「지방세법」 제11조 제1항 제7호 나목의 세율(1천분의 40)이 아니라 같은 항 제8호의 유상거래를 원인으로 취득 당시의 가액이 6억원 이하인 주택에 관한 세율(1천분의 10)이 적용되어야 한다는 이유로 취득세 경정청구를 하였으나, 관할구청장은 이를 모두 거부하였다. 甲은 관할구청장의 위 거부처분에 불복하여 2016. 6. 17. 조세심판을 청구하였지만, 2016. 9. 1. 그 심판청구가 기각되었다.

(3) 甲은 그 소송 계속 중인 2017. 5. 15. 유상거래를 원인으로 취득한 주택에 적용되는 취득세율에 관한 구 「지방세법」 제11조 제1항 제8호에 대해 **위헌법률심판제청을 신청**하였다. 당해 법원은 2017. 7. 11. 甲의 청구를 모두 기각하였다. 甲은 2017. 7. 31. 이 사건 헌법소원심판을 청구하였다.

쟁점

주거용 오피스텔에 대해 주택의 취득세율이 적용되는지 여부

결론

심판대상조항이 오피스텔 취득자의 주관적 사용 목적 내지 의사를 고려하지 않았다고 하더라도 그것만을 이유로 조세평등주의에 위배된다는 결론에 이를 수는 없다. 따라서 주거용 오피스텔에 대해 주택의 취득세율이 적용될 수는 없다.

주요근거

(1) 심판대상조항을 포함한 구 「지방세법」 제11조 제1항 제8호는 유상거래를 원인으로 한 주택의 취득에 적용하는 표준세율에 관한 조항이다. 이처럼 표준세율을 따로 정한 것은 그동안 일정요건 아래 주택 유상취득에 관한 취득세를 경감하였던 종전의 「지방세법」 내지 「지방세특례제한법」 조항에 연원을 둔 것으로, 심판대상조항의 입법목적은 **주택 유상거래에 따른 취득세 부담을 완화하여 주거안정 및 주택거래 정상화 내지 활성화를 도모하기** 위한 데에 있다.

(2) 주택과 오피스텔은 그 법적 개념과 용도에서부터 차이가 있다. 건축법령상 오피스텔은 '업무를 주로 하며, 분양하거나 임대하는 구획 중 일부 구획에서 숙식을 할 수 있도록 한 건축물'로서 주택과 달리 일반업무시설에 해당한다. 「주택법」도 주택과 오피스텔을 개념상 구별하고 있다.

(3) 주택과 오피스텔은 국토계획법령 · 건축법령 · 주택법령 등 관련 법령을 바탕으로 한 서로 다른 내용의 법적 규율대상이라는 점에서도 차이가 있다. 예를 들면 주택과 오피스텔은 「국토의 계획 및 이용에 관한 법률」에 따라 건축이 허용되는 용도지역과 규모 등이 상이하다. 오피스텔의 경우 주거지역에서의 건축이 제한되는 반면 상업지역 등에서의 건축은 폭넓게 허용되며, 비교적 완화된 용적률과 건폐율을 적용받을 수 있다. 오피스텔은 노대(발코니) 설치가 허용되지 않고, 사무구획별 전용면적이 85제곱미터를 초과하면 바닥난방이 제한되는 등 건축기준이 주택의 그것과 다르다.

(4) 위와 같은 주택과 오피스텔에 관한 규율의 차이는 주택과 달리 오피스텔의 주기능이 '업무'에 있다는 것에 기인한다. 주택과 오피스텔은 그 법적 개념과 주된 용도가 다름으로 말미암아, 건축기준, 관리방법 · 기준, 공급 · 분양 절차 등 여러 가지 주요 사항에 관한 규율에서 구별되는 것이다. 아울러 주택과 오피스텔의 취득세율 체계는 우리나라의 주거 현실이나 주거 정책과도 긴밀히 맞물려 있다고 할 수 있다. 오피스텔에 대한 사회적 수요가 꾸준히 이어지고 있다고는 하지만, 국토교통부가 매년 발표하는 '주거실태조사' 통계보고서 등 자료에 따르면 아파트 등 「주택법」상 주택이 오피스텔과 비교하여 여전히 큰 비율을 차지하고 있음이 확인된다. 이러한 사정에 비추어 볼 때, 심판대상조항이 그 본래 법적 용도와 달리 사실상 주거로 사용하려는 목적 아래 오피스텔을 취득한 경우에 대해서도 그대로 적용되어야 한다고 볼 수는 없다.

PART 7 지방세법

해커스 판례세법

(5) 그 밖에도 청구인들은 재산세, 양도소득세 등 일부 다른 세목과 관련하여 오피스텔의 사실상 사용 용도를 반영하여 과세가 이루어지는 경우가 있다는 점을 이유로 심판대상조항이 조세평등주의에 위배된다고 다투었다. 그러나 재산세, 양도소득세 등과 취득세는 그 과세목적은 물론 납세의무자, 과세시기 등 구체적 과세요건을 모두 달리하므로, 다른 일부 세목의 과세방법에 터 잡아 곧 심판대상조항의 위헌성을 문제 삼을 수는 없다. 입법자가 오피스텔의 사실상 용도와 관계없이 주택과 오피스텔을 구별하여 그 취득세에 관한 세율 체계를 달리 규정한 것을 두고 비합리적이고 불공정한 조치라 할 수 없으며, 현저히 자의적이라고 보기 어렵다. 심판대상조항이 오피스텔 취득자의 주관적 사용 목적 내지 의사를 고려하지 않았다고 하더라도 그것만을 이유로 조세평등주의에 위배된다는 결론에 이를 수는 없다.

관련 법령

1. 부동산 취득의 세율(「지방세법」 제11조)

① 부동산에 대한 취득세는 제10조의 과세표준에 다음 각 호에 해당하는 표준세율을 적용하여 계산한 금액을 그 세액으로 한다.

1. 상속으로 인한 취득
   가. 농지: 1천분의 23
   나. 농지 외의 것: 1천분의 28
2. 제1호 외의 **무상취득**: 1천분의 35. 다만, 대통령령으로 정하는 비영리사업자의 취득은 1천분의 28로 한다.
3. 원시취득: 1천분의 28
5. 공유물의 분할 또는 「부동산 실권리자명의 등기에 관한 법률」 제2조 제1호 나목에서 규정하고 있는 부동산의 공유권 해소를 위한 지분이전으로 인한 취득(등기부등본상 본인 지분을 초과하는 부분의 경우에는 제외한다): 1천분의 23
6. 합유물 및 총유물의 분할로 인한 취득: 1천분의 23
7. 그 밖의 원인으로 인한 취득
   가. 농지: 1천분의 30
   나. 농지 외의 것: 1천분의 40
8. 제7호 나목에도 불구하고 유상거래를 원인으로 주택…을 취득하는 경우에는 다음 각 목의 구분에 따른 세율을 적용한다. …
   가. 취득 당시 가액이 6억원 이하인 주택: 1천분의 10
   나. 취득 당시 가액이 6억원을 초과하고 9억원 이하인 주택 … (일정 계산식)
   다. 취득 당시 가액이 9억원을 초과하는 주택: 1천분의 30

2. 법인의 주택 취득 등 중과(「지방세법」제13조의2)

① 주택(제11조 제1항 제8호에 따른 주택을 말한다. …)을 유상거래를 원인으로 취득하는 경우로서 다음 각 호의 어느 하나에 해당하는 경우에는 제11조 제1항 제8호에도 불구하고 다음 각 호에 따른 세율을 적용한다.

1. 법인(「국세기본법」제13조에 따른 법인으로 보는 단체, 「부동산등기법」제49조 제1항 제3호에 따른 법인 아닌 사단·재단 등 개인이 아닌 자를 포함한다)이 주택을 취득하는 경우: 제11조 제1항 제7호 나목의 세율을 표준세율로 하여 해당 세율에 중과기준세율의 100분의 400을 합한 세율
   ⊃ 4% + 2% × 4배 = 12%

2. 1세대 2주택(대통령령으로 정하는 일시적 2주택은 제외한다)에 해당하는 주택으로서 … 조정대상지역에 있는 주택을 취득하는 경우 또는 1세대 3주택에 해당하는 주택으로서 조정대상지역 외의 지역에 있는 주택을 취득하는 경우: 제11조 제1항 제7호 나목의 세율을 표준세율로 하여 해당 세율에 중과기준세율의 100분의 200을 합한 세율 ⊃ 4% + 2% × 2배 = 8%

3. 1세대 3주택 이상에 해당하는 주택으로서 조정대상지역에 있는 주택을 취득하는 경우 또는 1세대 4주택 이상에 해당하는 주택으로서 조정대상지역 외의 지역에 있는 주택을 취득하는 경우: 제11조 제1항 제7호 나목의 세율을 표준세율로 하여 해당 세율에 중과기준세율의 100분의 400을 합한 세율
   ⊃ 4% + 2% × 4배 = 12%

② 조정대상지역에 있는 주택으로서 대통령령으로 정하는 일정가액 이상의 주택을 제11조 제1항 제2호에 따른 무상취득을 원인으로 취득하는 경우에는 제11조 제1항 제2호에도 불구하고 같은 항 제7호 나목의 세율을 표준세율로 하여 해당 세율에 중과기준세율의 100분의 400을 합한 세율을 적용한다. 다만, 1세대 1주택자가 소유한 주택을 배우자 또는 직계존비속이 무상취득하는 등 대통령령으로 정하는 경우는 제외한다. ⊃ 4% + 2% × 4배 = 12%

3. 주택 수의 판단 범위(「지방세법」제13조의3)

제13조의2를 적용할 때 다음 각 호의 어느 하나에 해당하는 경우에는 다음 각 호에서 정하는 바에 따라 세대별 소유 주택 수에 가산한다.
1. 「신탁법」에 따라 신탁된 주택은 위탁자의 주택 수에 가산한다.
2. … 조합원입주권…은 해당 주거용 건축물이 멸실된 경우라도 해당 조합원입주권 소유자의 주택 수에 가산한다.
3. … 주택분양권 … 은 해당 주택분양권을 소유한 자의 주택 수에 가산한다.
4. 제105조(재산세 과세대상)에 따라 주택으로 과세하는 오피스텔은 해당 오피스텔을 소유한 자의 주택 수에 가산한다.

15 취득세 신고납부기한
(2017두47403, 2020. 10. 15.)

사실관계

(1) 甲은 청주시 흥덕구에 있는 17필지 토지 및 건물을 매수한 후 법무사를 통해 청주지방법원에 이 사건 부동산에 관한 소유권이전등기신청서를 제출하였고, 위 신청은 2015. 6. 3. 18:21경 접수되었다.

(2) 甲은 그 다음 날인 2015. 6. 4. 과세관청에게 이 사건 부동산에 관한 취득세 등을 신고ㆍ납부하였다.

(3) 과세관청은 이 사건 부동산에 관한 소유권이전등기신청서의 접수 다음 날에야 관련 취득세 등이 납부된 사실을 확인하고, 2016. 5. 25. 甲에게 취득세 관련 일반무신고가산세 등을 부과하는 이 사건 처분을 하였다.

쟁점

(1) 구 「지방세법」상 등기 또는 등록을 하기 전까지의 의미

(2) 구 「지방세법 시행령」 제35조가 무효인지 여부

결론

(1) "등기 또는 등록을 하기 전까지"는 "등기 또는 등록의 신청서를 등기ㆍ등록관서에 접수하는 날까지"로 해석할 수밖에 없다.

(2) 입법 취지와 관련 조항 전체를 유기적ㆍ체계적으로 살펴볼 때 모법의 위임을 벗어난 것으로 볼 수 없다.

주요근거

(1) 구 「지방세법」 제20조 제4항은 "재산권과 그 밖의 권리의 취득ㆍ이전에 관한 사항을 공부에 등기하거나 등록하려는 경우에는 등기 또는 등록을 하기 전까지 취득세를 신고납부하여야 한다"라고 규정하고 있다. 위 조항 중 "등기 또는 등록을 하기 전까지"의 의미에 관하여 구 「지방세법 시행령」 제35조는 "법 제20조 제4항에 따른 등기 또는 등록을 하기 전까지는 등기 또는 등록의 신청서를 등기ㆍ등록관서에 접수하는 날까지로 한다"라고 규정하고 있다.

(2) 그리고 구 「지방세법」 제21조는 취득세 납세의무자가 구 「지방세법」 제20조 제4항이 정한 취득세 신고ㆍ납부기한까지 취득세를 신고 또는 납부하지 아니하는 경우 과세관청이 가산세를 징수하는 내용을 포함하고 있다. 그런데 甲의 주장과 같이 구 「지방세법」 제20조 제4항의 "등기 또는 등록을 하기 전까지"를 "등기 또는 등록절차가 완료되는 날까지"로 보는 경우, 재산권 등의 이전 등을 등기 또는 등록하려는 경우의 취득세 신고ㆍ납부기한은 등기 또는 등록절차가 완료되는 날

이 되는데, 그 등기 또는 등록절차는 취득세가 납부되지 아니한 상태에서는 완료될 수 없으므로(등기 관련 법률에 따른 것임), 결국 과세관청이 구「지방세법」제21조에 근거하여 구「지방세법」제20조 제4항이 정한 취득세 신고·납부기한의 미준수로 가산세를 징수하는 경우는 존재할 수 없게 된다. 따라서 구「지방세법」제20조 제4항의 "등기 또는 등록을 하기 전까지"는 "등기 또는 등록의 신청서를 등기·등록관서에 접수하는 날까지"로 해석할 수밖에 없다.

(3) 법률의 시행령은 그 법률에 의한 위임이 없으면 개인의 권리·의무에 관한 내용을 변경·보충하거나 법률에 규정되지 아니한 새로운 내용을 정할 수는 없지만, 시행령의 내용이 모법의 입법 취지와 관련 조항 전체를 유기적·체계적으로 살펴보아 모법의 해석상 가능한 것을 명시한 것에 지나지 아니하거나 모법 조항의 취지에 근거하여 이를 구체화하기 위한 것인 때에는 모법의 규율 범위를 벗어난 것으로 볼 수 없으므로, 모법에 이에 관하여 직접 위임하는 규정을 두지 않았다고 하더라도 이를 무효라고 볼 수는 없다.

관련 법령

1. 신고 및 납부(「지방세법」 제20조) ⊃ 개정 전

> ④ 제1항부터 제3항까지의 신고·납부기한 이내에 재산권과 그 밖의 권리의 취득·이전에 관한 사항을 공부(公簿)에 등기하거나 등록[등재(登載)를 포함]하려는 경우에는 등기 또는 등록을 하기 전까지 취득세를 신고·납부하여야 한다.

2. 등기 · 등록 시의 취득세 납부기한(「지방세법 시행령」 제35조)

> 법 제20조 제4항에 따른 등기 또는 등록을 하기 전까지는 등기 또는 등록의 신청서를 등기·등록관서에 접수하는 날까지로 한다. ⊃ 2019. 2. 8. 삭제됨

3. 신고 및 납부(「지방세법」 제20조) ⊃ 개정 후

> ④ 제1항부터 제3항까지의 신고·납부기한 이내에 재산권과 그 밖의 권리의 취득·이전에 관한 사항을 공부(公簿)에 등기하거나 등록[등재(登載)를 포함한다. 이하 같다]하려는 경우에는 등기 또는 등록 신청서를 등기·등록관서에 접수하는 날까지 취득세를 신고·납부하여야 한다.

제3장 등록면허세

01 취득을 원인으로 등기가 이루어진 후 등기의 원인이 무효로 밝혀진 경우 등록면허세 납세의무 성립 여부 (2017두35684, 2018. 4. 10.)

사실관계

(1) 거주자 甲은 乙의 대리인을 자처하는 丙으로부터 乙 소유의 임야를 매수하여 잔금지급일인 2014. 9. 22. 소유권이전등기를 마쳤다.

(2) 그런데 乙의 자녀 丁이 丙이 작성한 위임장이 위조된 것이므로 甲과 乙의 매매계약은 무효라는 주장을 하여 2015. 6. 5. 승소판결을 받았다. 이후 甲은 임야의 소유권이전등기를 말소하였다.

(3) 이후 甲은 이 판결을 근거로 과세관청에 이미 납부한 취득세 등을 환급해 줄 것을 청구하였다.

(4) 과세관청은 이 사건 소유권이전등기가 원인무효라 하더라도 그 등기의 경료로 등록면허세 및 지방교육세 납세의무는 성립되었다고 보아, 종전 취득세(2%)에 해당하는 분만을 환급하고 종전 등록세(2%)분은 환급하지 않았다.

쟁점

원인무효인 취득에 대해 취득세 납세의무는 없더라도 등록면허세 납세의무는 있는지 여부

결론

2010년 이후 개정된 「지방세법」에 따라 취득을 원인으로 등기가 이루어진 후 등기의 원인이 무효로 밝혀져 취득세 과세대상에 해당하지 않는 경우에 별도로 등록면허세 납세의무가 새롭게 성립하는 것은 아니다. 따라서 납세의무자의 경정청구를 받아들여야 한다.

주요근거

1. 관련 연혁

「지방세법」은 2010. 3. 31. 전부 개정되면서 세목 체계를 간소화하기 위해 종래 등록세 중 취득과 관련된 과세대상을 취득세로 통합하고 나머지 과세대상에 대하여는 별도의 세목인 등록면허세를 신설하였다.

2. 등록면허세의 과세대상인 등록의 범위

등록면허세의 과세대상인 등록은 '재산권과 그 밖의 권리의 설정·변경 또는 소멸에 관한 사항을 공부에 등기하거나 등록하는 것'으로 한다. 다만, '취득을 원인으로 이루어지는 등기 또는 등록'을 제외하고 있다.

3. 등록면허세 제외대상이 적법한 취득 등기에 제한되는지 여부

등록면허세 제외대상인 취득을 원인으로 이루어지는 등기 등을 제외하면서 법률상 유효한 취득을 원인으로 한 등기에 한정하고 있지는 않다. 따라서 등기의 원인이 무효인 경우라도 등록면허세의 과세대상인 등록에서 제외되는 이른바 '취득을 원인으로 이루어지는 등기'에 해당한다.

4. 조세법률주의

현행 취득세가 종전 취득세와 등록면허세를 통합한 것으로서, 취득세는 부담하지 않더라도 등록면허세는 부과되어야 한다고 과세관청은 주장하지만, 이는 다음과 같은 이유로 조세법률주의 원칙에 위배된 주장이다.

(1) 등록면허세의 신고납부기한을 등록을 하기 전까지로 규정하고 있는 것으로 볼 때 무효인 등기의 경우 '사후적'으로 등록면허세의 과세대상이 되는 것을 예정하지 않는다.

(2) 등록면허세 과세대상인 등록에 취득을 원인으로 이루어진 등기 등이 무효가 되는 경우를 열거하고 있지 않다.

등록면허세 납세의무자

다음 중 어느 하나에 해당하는 자는 등록면허세를 납부할 의무를 진다.

> ① 등록을 하는 자
> ② 면허를 받는 자(변경면허를 받는 자를 포함한다). 이 경우 납세의무자는 그 면허의 종류마다 등록면허세를 납부하여야 한다.

등록

등록이란 재산권과 그 밖의 권리의 설정·변경 또는 소멸에 관한 사항을 공부에 등기하거나 등록하는 것을 말한다. 다만, 제2장(취득세편)에 따른 **취득을 원인으로 이루어지는 등기 또는 등록은 제외**하되, 다음 중 어느 하나에 해당하는 등기나 등록은 포함한다.

> ① 광업권 및 어업권의 취득에 따른 등록
> ② 외국인 소유의 취득세 과세대상 물건(차량, 기계장비, 항공기 및 선박만 해당한다)의 연부 취득에 따른 등기 또는 등록
> ③ 「지방세기본법」에 따른 취득세 부과제척기간이 경과한 물건의 등기 또는 등록
> ④ 취득세 면세점에 해당하는 물건의 등기 또는 등록

---

02 대도시 전입에 따른 등록면허세 중과세할 때 종전 등록면허세 공제 가능 여부 (2017두31538, 2019. 1. 10.)

사실관계

(1) 수도권과밀억제권역 밖의 지역인 인천 연수구 송도동에서 설립된 A법인은 2011. 4. 15. 수도권과밀억제권역에 소재한 인천 남동구 구월동으로 본점을 이전하였다.

(2) 본점 이전 당시 A법인은 경제자유구역개발사업 실시계획(주택건설에 관한 계획)을 승인받았는데, 본점 이전에 관한 법인등기를 마친 뒤인 2012. 2. 17.에 이르러서야 「주택법」에 따른 주택건설사업 등록을 하였다. **주택건설사업은 대도시 중과 제외 업종에 해당**하고 경제자유구역개발사업 등 사업승인이 있으면 국토해양부에 등록할 수 있다.

(3) 한편, 과세관청은 「지방세법」 제28조 제2항에 따라 본점 이전에 따른 등록면허세를 중과하였다.

쟁점

(1) 주택건설사업의 등록을 마치지 않았더라도 경제자유구역개발사업 실시계획의 승인을 받고 동시에 주택건설사업에 필요한 요건을 갖춘 경우 중과세 제외 업종으로 볼 수 있는지 여부

(2) 등록면허세 중과세가 적용되는 경우 종전 법인 설립 및 증자에 관한 법인등기 당시 납부했던 등록면허세를 공제할 수 있는지 여부

결론

(1) 실제로 국토해양부에 주택건설사업 등록을 하지 않은 이상, 중과세 배제 업종에 해당한다고 볼 수 없다.

(2) '법인 설립 및 자본 증가에 관한 종전의 법인등기에 대하여 이미 납부한 등록면허세의 세액'을 '그 후 이루어진 본점 이전에 관한 법인등기에 대하여 중과세율을 적용한 등록면허세의 세액'에서 공제할 수는 없다.

주요근거

1. 등록면허세 중과

대도시 밖에 있는 법인의 본점이나 주사무소를 대도시로 전입함에 따른 등기에 대하여 세율을 적용함에 있어, 그 전입을 법인의 설립으로 보아 법인설립에 관한 세율을 기초로 중과세율을 적용하도록 하고 있다. 이때 일반적인 본점 또는 주사무소의 이전에 관한 법인등기 세율인 건당 75,000원 대신, 영리법인을 설립한 경우에 적용되는 세율인 '불입한 주식금액이나 출자금액 또는 현금 외의 출자가액의 1천분의 4'의 100분의 300이 적용된다.

다만 대도시에 설치가 불가피하다고 인정되는 업종으로서 대통령령으로 정하는 대도시 중과 제외업종에 대하여는 중과세율이 배제되나, 대도시 중과 제외업종으로 법인등기를 한 법인이라도 업종의 변경 내지 추가 등에 따라 중과세율이 적용될 수 있는데, 대도시 중과세 제외업종 중 하나가 「주택법」에 따라 국토해양부에 등록된 주택건설사업이다.

본점 이전 당시 「주택법」의 주택건설사업등록에 필요한 요건을 모두 갖추고 있었다고 하더라도, 실제로 국토해양부에 주택건설사업 등록을 하지 않은 이상, 그와 같은 사정만으로 「지방세법 시행령」 제26조 제1항 제3호에서 규정한 바와 같이 주택건설사업을 국토해양부에 등록한 것과 동등하게 평가할 수 없다.

> 조세법률주의의 원칙상 과세요건이거나 비과세요건 또는 조세감면요건을 막론하고 조세법규의 해석은 특별한 사정이 없는 한 법문대로 해석할 것이고 합리적 이유 없이 확장해석하거나 유추해석하는 것은 허용되지 아니하며, 특히 감면요건규정 가운데에 명백히 특혜규정이라고 볼 수 있는 것은 엄격하게 해석하는 것이 조세공평의 원칙에도 부합한다. (97누 20090 등)

2. 기납부세액 공제 여부

등록면허세의 신고 및 납부에 관하여 정하고 있는 「지방세법」에서는 '등록을 하려는 자는 과세표준에 세율을 적용하여 산출한 세액을 등록을 하기 전까지 신고하고 납부'하도록 하면서, '등록면허세 과세물건을 등록한 후에 해당 과세물건이 중과세 적용대상이 되었을 때에는 대통령령으로 정하는 날부터 30일 이내에 중과세율을 적용하여 산출한 세액에서 이미 납부한 세액(가산세는 제외한다)을 공제한 금액을 세액으로 하여 신고하고 납부'하도록 하고 있다.

그러나 법인을 설립하고 자본을 증가할 당시 그러한 법인 설립 및 자본 증가에 관한 법인등기에 대하여 등록면허세를 납부한 후, 그 법인의 본점을 대도시로 전입함에 따라 그러한 본점 이전에 관한 법인등기에 대하여 중과세율을 적용하여 등록면허세를 납부하게 되었다고 하더라도, '법인 설립 및 자본 증가에 관한 종전의 법인등기에 대하여 이미 납부한 등록면허세의 세액'을 '그 후 이루어진 본점 이전에 관한 법인등기에 대하여 중과세율을 적용한 등록면허세의 세액'에서 공제할 수는 없다.

등록면허세는 **취득을 원인으로 이루어지는 등기 또는 등록을 제외**한 재산권과 그 밖의 권리의 설정·변경 또는 소멸에 관한 사항을 공부에 등기하거나 등록하는 경우에 **등기 또는 등록이라는 단순한 사실의 존재를 과세대상**으로 하여 그 등기 또는 등록을 받는 자에게 부과하는 세금이다. (2017두35684 판결 등)

「지방세법」 제28조 제1항은 각 호에서 각 등록면허세의 과세대상인 각 등록에 대한 일반적인 세율을 정하고 있는데, 제6호 가목은 영리법인의 설립 및 자본 증가 등에 관하여, 라목은 본점 등의 이전에 관하여 별도로 규정하고 있다. 대도시의 인구집중 억제 및 환경보존 등을 위하여 마련된 「지방세법」 제28조 제2항과 제3항은 「지방세법」 제28조 제1항 각 호에서 들고 있는 각 등록면허세 과세대상 중 제6호 등에 규정한 등기에 대하여 중과세율을 적용하는 경우를 정하고 있을 뿐이다. 즉, 「지방세법」 제28조 제2항 제2호에서 '전입을 법인의 설립으로 보아 세율을 적용한다'는 의미는 등록면허세 중과세대상인 법인등기에 대하여 중과세제도의 취지에 부합하도록 그 세율의 적용에 관하여만 본점 등의 전입을 법인의 설립으로 보도록 하는 것이다. 따라서 「지방세법」 제28조 제2항 제2호의 규정에 따라 그 세율의 적용에 관하여는 본점 등의 전입을 법인의 설립으로 본다고 하더라도, '본점 이전에 관한 법인등기'가 '법인설립에 관한 법인등기'로 간주되거나 위 각 법인등기에 관한 등록면허세 과세대상이 동일한 것으로 간주되는 것이 아니다.

「지방세법」 제30조 제2항은, 등록면허세 과세물건을 등록한 후에 '해당 과세물건'이 사후적으로 「지방세법」 제28조 제2항에 따른 중과세율의 적용대상이 되었을 때에, 이를 적용하여 산출한 세액에서 이미 납부한 등록면허세의 세액을 공제한 금액을 세액으로 하여 신고·납부하는 것이다.

법인의 대도시 내 전입등기와 법인의 설립 및 증자에 따른 등기는 같은 과세물건이 아니므로 종전 법인 설립 시 납부한 등록면허세를 전입 시 기납부세액으로 공제할 수 없다.

| 관련 법령 | ## 1. 세율(「지방세법」 제28조) |

① 등록면허세는 등록에 대하여 제27조의 과세표준에 다음 각 호에서 정하는 세율을 적용하여 계산한 금액을 그 세액으로 한다.

1. 부동산 등기
   가. 소유권의 보존 등기: 부동산 가액의 1천분의 8

...

6. 법인 등기
   가. 상사회사, 그 밖의 영리법인의 설립 또는 합병으로 인한 존속법인
      1) 설립과 납입: 납입한 주식금액이나 출자금액 또는 현금 외의 출자가액의 1천분의 4
      2) 자본 증가 또는 출자 증가: 납입한 금액 또는 현금 외의 출자가액의 1천분의 4

      ...

   라. 본점 또는 주사무소의 이전: 건당 11만2천5백원
   마. 지점 또는 분사무소의 설치: 건당 4만2백원

② 다음 각 호의 어느 하나에 해당하는 등기를 할 때에는 그 세율을 제1항 제1호 및 **제6호에 규정한 해당 세율**…의 100분의 300으로 한다. 다만, 대도시에 설치가 불가피하다고 인정되는 업종으로서 대통령령으로 정하는 업종("대도시 중과 제외업종")에 대해서는 그러하지 아니하다.

1. 대도시에서 법인을 설립(설립 후 또는 휴면법인을 인수한 후 5년 이내에 자본 또는 출자액을 증가하는 경우를 포함한다)하거나 지점이나 분사무소를 설치함에 따른 등기
2. 대도시 밖에 있는 법인의 본점이나 주사무소를 대도시로 전입(전입 후 5년 이내에 자본 또는 출자액이 증가하는 경우를 포함한다)함에 따른 등기. 이 경우 전입은 법인의 설립으로 보아 세율을 적용한다.

2. 대도시 법인 중과세의 예외(「지방세법 시행령」 제26조)

① 법 제13조 제2항 각 호 외의 부분 단서에서 "대통령령으로 정하는 업종"이란 다음 각 호에 해당하는 업종을 말한다.

…

3. 「해외건설촉진법」에 따라 신고된 해외건설업(해당 연도에 해외건설 실적이 있는 경우로서 해외건설에 직접 사용하는 사무실용 부동산만 해당한다) 및 「주택법」 제4조에 따라 국토교통부에 등록된 주택건설사업(주택건설용으로 취득한 후 3년 이내에 주택건설에 착공하는 부동산만 해당한다)

…

6. 「유통산업발전법」에 따른 유통산업, 「농수산물유통 및 가격안정에 관한 법률」에 따른 농수산물도매시장·농수산물공판장·농수산물종합유통센터·유통자회사 및 「축산법」에 따른 가축시장.

④ 법 제13조 제4항에서 "대통령령으로 정하는 임대가 불가피하다고 인정되는 업종"이란 다음 각 호의 어느 하나에 해당하는 업종을 말한다.

➲ 대통령령으로 정하는 임대가 불가피하다고 인정되는 업종에 대하여는 직접 사용하는 것으로 본다. (「지방세법」 제13조 제4항)

…

2. 제1항 제6호의 유통산업, 농수산물도매시장·농수산물공판장·농수산물종합유통센터·유통자회사 및 가축시장(「유통산업발전법」 등 관계 법령에 따라 임대가 허용되는 매장 등의 전부 또는 일부를 임대하는 경우 임대하는 부분에 한정한다)

관련 판례

「유통산업발전법」의 내용에 비추어 보면, 「유통산업발전법」에 따라 임대가 허용되는 매장이 「유통산업발전법」에서 정한 대규모점포에 한정된다고 볼 수 없다. 따라서 특별한 사정이 없는 한 유통산업에 제공되는 매장 일부가 제3자에게 임대되었다는 이유만으로 해당 부분에 대하여 중과세율에 따른 취득세가 부과되어야 한다고 볼 수도 없다. 「유통산업발전법」의 입법 취지는 유통산업에 대한 지원을 확대하고 규제를 완화하여 유통산업의 경쟁력을 강화하고, 특히 유통산업 중 대다수를 차지하는 중소유통기업의 자생적인 경쟁력 강화 노력을 지원함으로써 유통산업의 효율적인 진흥과 균형 있는 발전을 꾀하는 데 있다. 만일 대규모점포 등 개설자가 매장을 임대하는 경우만 「유통산업발전법」에 따라 허용되는 임대로 보아 중과세율이 적용되지 않도록 하고 대규모점포 등 개설자가 아닌 자의 임대에 대해서는 이와 달리 중과세율을 적용한다면, 이는 입법취지에 어긋날 뿐만 아니라 조세형평에도 반한다. (2019두39918, 2019. 9. 10.)

01 주택조합이 조합원용 주택의 사실상 소유자인지 여부
(2014두2980, 2016. 12. 29.)

사실관계

(1) A재건축조합은 2007. 3. 8. 서울 강남구에 아파트 8개동 275세대 및 지하 1층, 지상 5층인 부대복리시설 1개동 규모의 공동주택을 재건축하여 준공인가 전 사용허가를 받았다.

(2) 동호수 추첨 등에 대한 조합원들 간의 분쟁이 있어, 조합원들은 법원으로부터 배정된 주택에 잠정적으로 입주하는 것을 허가 받은 후, 아파트에 관한 분양대금을 모두 납부하고 해당 아파트에 입주하였다.

(3) 과세관청은 사용승인 이후부터 조합원들이 소유권보존등기를 마치기 전까지 기간 동안 A주택조합이 아파트의 사실상 소유자라고 보아 A주택조합에 2007년분 재산세를 부과하였다.

쟁점

주택조합이 조합원용 주택에 대한 재산세 납세의무자인 '사실상 소유자'에 해당하는지 여부

결론

주택조합은 특별한 사정이 없는 한 조합원용 주택에 관한 재산세 납세의무자인 사실상 소유자에 해당하지 아니한다.

또한, 재산을 일시 관리하는 자는 사용자에도 해당하지 아니한다. 재건축조합은 조합원들이 아파트를 분양받기로 확정될 때까지 잠정적으로 이를 관리하고 있을 따름이어서, '사용자'에 해당하지 않는다.

주요근거

1. 사실상 소유자

재산세 과세기준일 현재 재산을 사실상 소유하고 있는 자는 재산세를 납부할 의무가 있다. 여기서 재산세 납세의무자인 '사실상 소유자'라 함은 공부상 소유자로 등재한 여부를 불문하고 해당 재산에 대한 **실질적인 소유권을 가진 자**를 말한다.

2. 취득세의 경우

취득세에 관하여 지역조합, 직장조합, 재건축조합 등을 포함한 주택조합의 조합원용 주택이 신축되는 경우에 주택조합이 아니라 그 조합원이 취득세 납세의무자에 해당한다.

따라서 주택조합이 그 조합원용으로 취득하는 조합주택용 부동산은 그 조합원이 취득한 것으로 본다. 이는 **주택조합을 취득세 납세의무자인 '사실상 취득자'에서 제외한** 것이다.

3. 재산세의 경우

여기에 재산세의 수익세적 성격을 보태어 보면, 주택조합은 특별한 사정이 없는 한 조합원용 주택에 관한 재산세 납세의무자인 '사실상 소유자'에 해당하지 아니한다. 따라서 조합원용으로 배정되어 조합원들이 취득할 것으로 예정되어 있었고 실제로 조합원들이 입주하여 소유권보존등기까지 마친 아파트에 관하여 재건축조합을 그 재산세 납세의무자인 사실상 소유자로 볼 수는 없다.

재산세 납세의무자

1. 사실상 소유자를 알 수 있는 경우

재산세 과세기준일 현재 재산을 사실상 소유하고 있는 자는 재산세를 납부할 의무가 있다. 다만, 다음 중 어느 하나에 해당하는 경우에는 해당 다음의 자를 납세의무자로 본다.

> ① 공유재산인 경우: 그 지분에 해당하는 부분(지분의 표시가 없는 경우에는 지분이 균등한 것으로 본다)에 대해서는 그 지분권자
> ② 주택의 건물과 부속토지의 소유자가 다를 경우: 그 주택에 대한 산출세액을 건축물과 그 부속토지의 시가표준액 비율로 안분계산한 부분에 대해서는 그 소유자

2. 사실상 소유자를 알 수 없는 경우

재산세 납세의무자는 사실상 소유자임에도 불구하고 재산세 과세기준일 현재 다음 중 어느 하나에 해당하는 자는 재산세를 납부할 의무가 있다.

---

① 공부상의 소유자가 매매 등의 사유로 소유권이 변동되었는데도 신고하지 아니하여 사실상의 소유자를 알 수 없을 때에는 공부상 소유자
② 상속이 개시된 재산으로서 상속등기가 이행되지 아니하고 사실상의 소유자를 신고하지 아니하였을 때에는 주된 상속자
③ 공부상에 개인 등의 명의로 등재되어 있는 사실상의 종중재산으로서 종중소유임을 신고하지 아니하였을 때에는 공부상 소유자
④ 국가, 지방자치단체, 지방자치단체조합과 재산세 과세대상 재산을 연부(年賦)로 매매계약을 체결하고 그 재산의 사용권을 무상으로 받은 경우에는 그 매수계약자
⑤ 「신탁법」 제2조에 따른 **수탁자의 명의로 등기 또는 등록된 신탁재산의 경우에는 제1항에도 불구하고 같은 조에 따른 위탁자**(「주택법」에 따른 지역주택조합 및 직장주택조합이 조합원이 납부한 금전으로 매수하여 소유하고 있는 신탁재산의 경우에는 해당 지역주택조합 및 직장주택조합을 말함). 이 경우 **위탁자가 신탁재산을 소유한 것으로 본다.**
⑥ 「도시개발법」에 따라 시행하는 환지 방식에 의한 도시개발사업 및 「도시 및 주거환경정비법」에 따른 정비사업(재개발사업만 해당한다)의 시행에 따른 환지계획에서 일정한 토지를 환지로 정하지 아니하고 체비지 또는 보류지로 정한 경우에는 사업시행자
⑦ 외국인 소유의 항공기 또는 선박을 임차하여 수입하는 경우에는 수입하는 자

---

3. 소유권 귀속이 불분명하여 사실상 소유자를 확인할 수 없는 경우

재산세 과세기준일 현재 **소유권의 귀속이 분명하지 아니하여** 사실상의 소유를 확인할 수 없는 경우에는 그 **사용자**가 재산세를 납부할 의무가 있다.
➡ 동 판례에서 재건축조합은 '사용자'에 해당하지 않는다.

참조판례

A도시개발조합이 甲 소유의 토지에 도시개발사업 실시계획인가 및 환지계획인가를 받아 환지예정지 지정공고를 한 경우 甲이 환지예정지의 사실상 소유자로서 재산세 납세의무자이다. (2016두56790, 2017. 3. 9.)

환지예정지가 지정되면 종전 토지의 소유자는 환지예정지 지정의 효력발생일로부터 환지처분이 공고되는 날까지 사용하거나 수익할 수 있는 권리만 제한될 뿐, 환지예정지에 대하여 종전과 같은 내용의 권리를 행사할 수 있다. 즉, 사실상 처분권은 인정된다.

02 등기명의신탁에서 재산세 납세의무
(2018다283773, 2020. 9. 3.)

사실관계

(1) 망인 甲은 1989년경부터 학원을 운영하였다. 甲은 동생 乙 및 매도인과 X토지에 관하여 3자 간 명의신탁약정에 따라 乙 명의로 소유권이전등기를 마쳤다.

(2) 乙은 甲의 사망 후 2012년부터 2016년까지 X토지에 대한 재산세를 납부하였다.

(3) 甲의 상속인들은 乙을 상대로 X토지들에 관한 소유권이전등기의 말소를 구하는 소송을 제기하여 승소하였다.

(4) 甲의 상속인은 이 사건에서 乙에게 X토지의 매수자금과 취득세 등 각종 취득비용을 부당이득으로 반환할 것을 청구하였고, 이에 대하여 乙은 X토지 부분의 재산세 납부에 따른 부당이득반환청구권을 상속인들의 부당이득반환청구권과 상계한다고 주장하였다.

쟁점

3자 간 등기명의신탁에서, 명의수탁자가 재산세를 납부한 경우 명의신탁자에 대하여 부당이득반환청구권을 가지는지 여부

결론

명의신탁자인의 상속인들은 X토지의 사실상 소유자로서 재산세를 납부할 의무가 있다. 따라서 부동산 등기명의자인 명의수탁자가 자신에게 부과된 재산세를 납부하였다고 하더라도 명의신탁자가 재산세 납세의무를 면하는 이득을 얻었다고 보기 어렵다. 그 결과 명의수탁자는 명의신탁자에게 납부한 재산세액 상당액에 대한 부당이득반환청구권을 갖지 못한다.

주요근거

(1) 재산세 납세의무를 부담하는 '재산을 사실상 소유하고 있는 자'는 공부상 소유자로 등재된 여부를 불문하고 당해 토지나 재산에 대한 **실질적인 소유권을 가진 자**를 의미한다(2010두4964 판결 등). 명의신탁자가 소유자로부터 부동산을 양수하면서 명의수탁자와 사이에 명의신탁약정을 하여 소유자로부터 바로 명의수탁자 명의로 해당 부동산의 소유권이전등기를 하는 3자 간 등기명의신탁의 경우 명의신탁자의 매수인 지위는 일반 매매계약에서 매수인 지위와 근본적으로 다르지 않으므로(2014두43110 전원합의체 판결), 명의신탁자가 부동산에 관한 매매계약을 체결하고 매매대금을 모두 지급하였다면 재산세 과세기준일 당시 그 부동산에 관한 소유권이전등기를 마치기 전이라도 해당 부동산에 대한 실질적인 소유권을 가진 자로서 특별한 사정이 없는 한 그 재산세를 납부할 의무가 있다.

(2) 명의수탁자에 대한 재산세 부과처분은 **특별한 사정이 없는 한 위법한 것으로 취소되지 않은 이상 유효한 처분**이고, 과세관청이 명의수탁자에게 재산세를 부과하여 명의수탁자가 이를 납부한 것을 두고「민법」제741조에서 정한 '**법률상 원인 없이**' 명의신탁자가 이익을 얻었거나 명의수탁자에게 손해가 발생한 경우라고 보기는 어렵다.

(3) 명의수탁자는 항고소송으로 자신에게 부과된 재산세 부과처분의 위법을 주장하거나 관련 부동산의 소유권에 관한 판결이 확정됨을 안 날부터 일정 기간 이내에「지방세기본법」제50조 제2항 제1호의 **후발적 사유에 의한 경정청구**를 하는 등의 방법으로 납부한 재산세를 환급받을 수 있다. 따라서 명의수탁자가 위법한 재산세 부과처분을 다툴 수 없어(다투지 않아) 재산세 납부로 인한 손해가 발생하고 이를 회복할 수 없게 되더라도 이러한 손해는 과세처분에 대한 불복기간이나 경정청구기간의 도과 등으로 인한 것이라고 볼 수 있다. 설령 과세관청이 명의신탁자에게 해당 부동산에 대한 재산세 부과처분을 하지 않게 됨으로써 결과적으로 명의신탁자가 재산세를 납부하지 않게 되는 이익을 얻게 되더라도 이것은 사실상 이익이나 반사적 이익에 불과할 뿐이다.

01 지방세 비과세 적용 후 추징사유의 해석
(2012두26678, 2013. 3. 28.)

사실관계

(1) 甲은 2007. 5. 16. 종교사업에 사용하기 위해 X부동산을 취득한 후 관할 지방자치단체에게 비과세신청을 하여 승인을 얻었다. 참고로 현행 법률은 감면 규정이다.

(2) 甲은 2010. 4. 25. 주식회사 乙에게 X부동산을 임대차 계약한 후, 2010. 5. 14. 이를 인도하였다.

(3) 지방자치단체는 X부동산을 수익사업에 사용하였다는 이유로 甲에게 취득세를 부과하였다.

(4) 한편, 당시 시행되는 법률에 따른 취득세 비과세 사후관리규정에 따른 추징사유는 다음과 같다.

> ㉠ 대통령령이 정하는 수익사업에 사용하는 경우
> ➔ 현행 법령 5년 이내 수익사업에 사용하는 경우
> ㉡ 취득일부터 1년(종교단체는 3년) 이내에 정당한 사유 없이 그 용도에 직접 사용하지 아니하는 경우
> ㉢ 그 사용일부터 2년 이상 그 용도에 직접 사용하지 아니하고 매각하거나 다른 용도로 사용하는 경우 그 해당 부분에 대하여 취득세를 부과함

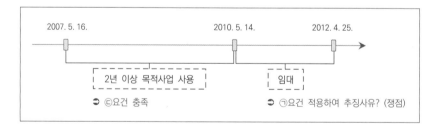

쟁점

㉠의 경우 수익사업에 사용하기만 하면 언제든 취득세 부과가 가능할 것처럼 보인다. 반면, ㉢의 경우 2년 이상만 사용하면 취득세 비과세가 유지되는 것으로 판단된다.

따라서 핵심 쟁점은 ㉠사유를 독립된 부과사유로 보아 수익사업에 사용하기만 하면 부과사유가 있다고 볼 것인지, 아니면 ㉠, ㉡, ㉢사유 상호 간의 관계를 유기적·체계적으로 보아 2년 이상만 공익사업 용도로 사용하면 부과사유에 해당하지 않는 것인지이다.

학설

과세 긍정설	과세 부정설
조세법률주의의 원칙상 「지방세법」의 용도구분에 의한 비과세는 특례규정으로서 엄격하게 해석할 필요가 있는데, 「지방세법」 제107조 단서 등은 부과사유 하나하나를 열거하고 있으므로 문언 그대로 ㉠사유는 독립된 부과사유로 보아야 한다.	조세법률주의가 지향하는 법적 안정성 및 예측가능성을 해치지 않는 범위 내에서 입법 취지 및 목적 등을 고려한 합목적적 해석을 하는 것은 불가피하다. 각 사유를 종합해 보면, 최소 2년을 고유사업에 사용하면 부과사유로 삼지 않겠다는 것임을 쉽게 알 수 있다.

결론

(1) '수익사업에 사용하는 경우'란 취득 후 그 목적사업에 전혀 사용함이 없이 수익사업에 사용하는 경우를 의미한다.

(2) 따라서 甲이 비록 이 사건 부동산을 수익사업에 사용하였다고 하더라도 이 사건 부동산을 2007. 5. 16.부터 2010. 5. 14.까지 종교사업에 2년 이상 직접 사용하여 비과세의 요건을 충분히 갖춘 이상, 지방세에서 정한 취득세의 비과세요건을 충족하였다고 보아야 한다. (과세부정설)

현행 법률

참고로, 현행 법률은 5년 이내 수익사업에 사용한 경우를 추징사유에 포함하도록 하여 분쟁의 소지를 제거하였다. 현행 법률상 지방세 감면의 일반 사후관리사항은 크게 다음의 세 가지 경우로 유형화할 수 있다.

> ① 수익사업 요건: 취득 후 5년 이내 수익사업에 사용하는 경우
> ② 유예기간 내 사용개시 요건: '취득 후' 1년(종교단체의 경우 3년) 이내 정당한 사유 없이 그 용도에 직접 사용하지 않는 경우
> ③ 의무사용기간 요건: '사용일'로부터 2년 이상 그 용도에 직접 사용하지 않고 매각하거나 다른 용도로 사용하는 경우

관련 판례1	「고등교육법」에 따른 학교를 경영하는 자 등이 해당 사업에 사용하기 위하여 취득하는 부동산에 대하여는 취득세를 면제하되, 수익사업에 사용하는 경우 등에는 그 해당 부분에 대하여 면제된 취득세를 추징한다. 학교를 경영하는 자가 학교용지로 취득한 토지를 일시 임대한 것을 두고 수익사업에 사용하였는지 여부가 쟁점이 된 사건이 있었는데 다음과 같은 이유로 법원은 학교법인이 감면받은 취득세를 추징하는 판결을 하였다.

임대 토지의 면적이 상당한 규모였으며, 각 임대차계약에 따른 월 차임도 합계 600만원으로서 임대계약 당시 향후 2년 동안 총 1억 3,900만원의 수입이 예상되어 있었고, 학교법인이 임차인 3명과 각 임대차계약을 체결한 점, 비영리사업자가 취득세 등이 면제된 부동산을 원래의 공익적 목적이 아닌 다른 목적으로 사용하는 것은 법이 예외적으로 허용하고 있는 혜택의 범위를 넘어서는 결과가 될 수 있는 점 등을 종합하여보면, 학교법인이 임대 토지를 위와 같이 임대한 것은 '수익사업'에 사용하는 경우에 해당한다. (2015두35888, 2015. 5. 14.)

관련 판례2	'유예기간 내에 사용개시 요건'과 관련하여 취득세 등을 감면받은 법인이 일정 기간 안에 고유목적사업 등에 직접 사용한 것인지에 대하여 쟁점이 된 사건이 있다.

토지의 취득일부터 1년이 되기 이전에 토지 위에서 유치원을 신축하기 위한 착공 신고를 지방자치단체 측에 하였다고 하더라도, 그러한 사정은 유치원이 토지 위에서 유치원을 신축·개원하기 위한 준비단계에 불과하고, 토지를 현실적으로 유치원으로 사용하기 위한 용도에 직접 사용한 것이라고 보기는 어렵다. 따라서 착공신고만 한 것으로는 직접 사용한 것이라고 보기 어렵다. 다만, 유치원이 건설사 등과의 분쟁으로 인하여 토지의 취득일로부터 1년 이내에 본래의 용도에 사용하지 못한 것에는 정당한 사유가 있다 할 것임에도 이를 과세처분하는 것은 위법하다. (2014두7749, 2014. 8. 11.)

02 지방세 비과세 규정에서 '유료'의 의미
(2019다277270, 2021. 11. 25.)

사실관계

(1) 용산구는 X토지를 도시근린공원(어린이공원)으로 공원대장에 등재하고, 1997. 7. 도시계획사업 실시계획인가 고시를 거쳐 1998. 1. 12. 공원조성사업을 완료하여 현재까지 어린이공원 부지로 이용하고 있다.

(2) 甲은 2007. 10. 5. X토지에 관하여 2007. 8. 2. 매매를 원인으로 소유권이전등기를 마쳤다.

(3) 서울특별시 용산구청장은 甲에게 X토지에 관하여 2012. 9. 10. 12,082,470원, 2013. 9. 10. 12,099,670원, 2014. 9. 10. 12,151,200원의 재산세를 각 부과하였고, 甲은 위 각 과세처분 무렵 재산세를 납부하였다.

(4) 甲은 2016. 11. 1. 용산구청에 대하여 X토지 중 일부에 관하여 임료 상당 부당이득금의 지급을 청구하는 별소를 제기하여 원고 일부 승소판결이 확정되었다.

관련 법령

비과세(「지방세법」 제109조)

② 국가, 지방자치단체 또는 지방자치단체조합이 1년 이상 공용 또는 공공용으로 사용하는 재산에 대하여는 재산세를 부과하지 아니한다. 다만, 유료로 사용하는 경우에는 재산세를 부과한다.

쟁점

부당이득금을 지급받을 권리가 있다는 판결이 확정되기 전에도 '유료'로 사용하고 있다고 볼 수 있는지 여부

결론

甲이 사용수익권을 포기하거나 무상사용을 허락한 바 없다. 따라서 甲은 국가 등에 대해 부당이득반환청구권을 보유하고 있으므로, 이는 유료로 사용하는 경우에 해당하여 재산세 비과세 조건을 충족하지 않았다.

판단근거

① 「지방세법」 제109조 제2항은 국가, 지방자치단체 또는 지방자치단체조합이 1년 이상 공용 또는 공공용으로 사용하는 재산에 대하여는 재산세를 부과하지 아니하되, 유료로 사용하는 경우에는 재산세를 부과하도록 정하고 있다. 위 규정의 취지와 법문에서 유료의 개념에 아무런 제한을 가하지 아니한 점 등에 비추어 보면, 여기서 '유료로 사용하는 경우'라 함은 어떤 명목으로든 해당 토지의 사용에 대하여 대가가 지급되는 경우를 말하고, 그 사용이 대가적 의미를 갖는다면 그 사용기간의 장단이나, 그 대가의 지급이 1회적인지 또는 정기적이거나 반복적인 것인지를 묻지 아니한다. (2010두4964)

② 토지의 소유자가 국가 등으로부터 토지의 점유·사용에 따른 부당이득금을 지급받았다면 위 규정에서 정한 '유료로 사용하는 경우'에 해당한다고 보아야 한다. 나아가 토지의 소유자가 국가 등에 대하여 토지의 점유·사용에 따른 부당이득반환청구권을 가지고 있다면, 그 부당이득반환청구권을 행사하거나 부당이득금을 지급받지 않았더라도 이와 마찬가지로 보아야 한다.

③ 토지를 소유하고 있다면 재산세가 부과되는 것이 원칙이고, 예외적으로 토지가 공용 또는 공공용에 무상으로 제공되는 경우 재산세가 비과세되는 것이다. 토지의 소유자가 사용대가 상당을 지급받을 권리를 보유하는 경우까지 예외적인 비과세 혜택을 부여할 이유가 없다.

④ 효율적인 과세행정을 위해서는 재산세 과세대상이 명확해야 한다. 토지의 소유자가 국가 등에 대하여 토지의 점유·사용에 따른 부당이득반환청구권을 행사하였는지, 나아가 부당이득금을 지급받는지 여부 등에 따라 재산세 과세대상인지 여부가 달라진다고 볼 수는 없다.

⑤ 토지의 소유자가 국가 등에 대하여 토지의 점유·사용에 따른 부당이득반환청구권을 가지고 있다는 이유로 재산세가 부과된 이후 그 부당이득금의 반환을 구하는 소송에서 패소한다면, 토지의 소유자로서는 후발적 경정청구 등을 통하여 구제를 받을 수 있다.

cpa.Hackers.com

해커스 판례세법

회계사 · 세무사 · 경영지도사 단번에 합격! 해커스 경영아카데미
cpa.Hackers.com

PART 8

조세특례제한법

제1장 중소기업에 대한 조세특례

01 중소기업 유예제도
(2016두56240, 2017. 1. 25.)

사실관계

(1) A법인이 2012 사업연도 말 B법인의 주식 80%를 취득함으로써, A법인과 B법인은 구 「중소기업기본법 시행령」상의 관계기업에 해당하게 되었다.

(2) A법인은 2012 사업연도에 최초로 매출 1천억원을 초과하였으나, 중소기업으로 보는 유예기간의 적용을 받게 되므로 중소기업으로 보고 세액공제 및 감면을 적용하여 법인세를 신고하였다.

(3) 이에 과세관청은 A법인과 B법인의 매출액을 반영하여 계산한 관계기업 매출액이 1천억원을 초과하므로 중소기업으로 보는 유예기간의 적용이 배제된다는 이유로 A법인의 법인세를 증액·경정하는 부과처분을 하였다.

(4) 한편, 「조세특례제한법」 관련 부칙규정에 따르면, 중소기업 검토 시 신설된 관계기업기준은 2012년 1월 1일 최초로 개시하는 과세연도분부터 적용하며, 신설규정에 대한 중소기업 유예기준은 따로 두지 않았다.

쟁점

(1) 관련 부칙에서 중소기업 유예기준을 별도로 두지 않은 경우에도 중소기업 유예기준을 적용할 수 있는지 여부

(2) 납세자의 신뢰에 반하는 법률의 개정이 있을 때 경과규정을 두지 않는 것이 소급과세금지원칙에 위배되는 것인지 여부

결론

(1) A법인은 2012 사업연도부터 관계기업기준에 따라 중소기업이 아니며, 이 경우 유예기준을 적용받을 수 없으므로 중소기업의 세제상 혜택을 유지할 수 없다. 따라서 과세관청의 증액·경정처분은 적법하다.

(2) 세법이 납세자에게 불리하게 개정되면서 관련 법률의 부칙에서 경과규정을 두지 않았더라도 납세의무가 성립된 당시에 시행되는 신법에 따라 과세하는 것은 소급과세금지원칙에 반하지 않는다.

사안의 분석

1. 일반적인 유예기준

매출액 기준 등에 의해 최초로 중소기업에 해당하지 않게 된 기업은 중소기업유예기준을 적용받아 최초로 사유가 발생한 날이 속하는 과세연도와 그 다음 3개 과세연도까지는 중소기업으로 본다. 사안에서 A법인은 관계기업기준에 관한 법률규정이 신설되지 않았다면 중소기업 유예기준을 적용받을 수 있다.

2. 관계기업에 해당하는 경우

관계기업 매출액 기준에 의해 중소기업 요건을 충족하지 못하게 된 기업은 관련 부칙에서 유예기준을 별도로 두고 있지 않아, 유예기준을 적용받을 수 없다. 사안에서 A법인은 신설된 법률에 따른 중소기업에 해당하지 않으며, 관련 부칙에서 유예기준을 적용하고 있지 않기 때문에 유예기준을 적용받을 수 없다.

소급과세금지

세법이 납세자에게 불리하게 개정되면서 부칙에서 경과규정을 두지 않은 경우에도 납세자의 기득권을 보호할 필요가 있는지에 관하여, 판례는 설령 납세자의 신뢰에 반하는 법률의 개정이 있더라도 납세의무가 성립된 당시에 시행되는 개정 후 법률에 따라 과세하는 것은 소급과세금지원칙에 반하지 않는다고 하였다. 사안에서 A법인이 2012년부터 최초로 관계기업규정을 적용받게 되어 중소기업에 해당하지 않게 되었고 이에 관한 유예규정을 별도로 두지 않더라도 이는 소급과세금지원칙에 반하지 아니한다.

비교판례

2012년 개정 「조세특례제한법 시행령」은 '관계기업에 속하는 기업'에 대한 규정을 두어 중소기업의 요건으로 새로 규정하면서도, 이미 유예기간 중에 있는 기업이 '관계기업에 속하는 기업'에 해당하여 중소기업 요건을 충족하지 못하는 경우에 유예기간이 실효되는지 여부에 대하여는 아무런 규정을 두고 있지 아니하였다. 법원은 2012년 개정 「조세특례제한법 시행령」은 '중소기업'과 '유예기간 중에 있는 기업'을 구분하여 사용하고 있는데, 문언에 비추어 '중소기업 요건을 충족하지 못하더라도 유예기간을 적용하지 아니하는 사유'에 대하여 정한 규정을 가지고 이미 진행 중이던 유예기간의 실효규정으로까지 해석하기는 어렵다고 하였다. 즉, 판례는 유예 중에는 별도의 중소기업 판정이 필요 없이 중소기업으로 본다. 만일, 유예기간 중에 중소기업을 배제하고자 한다면 법문에 별도로 유예기간 중인 기업에 대한 배제사유가 있어야 할 것이라고 판단하였다. (2016두33902, 2016. 8. 29.)

1. 중소기업 유예기간

최초로 사유가 발생한 날이 속하는 과세연도와 그 다음 3개 과세연도까지는 중소기업으로 본다. 유예기간이 경과한 후에는 과세연도별로 중소기업 여부를 판단한다.

➲ 유예기간 적용 횟수는 최초 1회에 한하여 적용함

2. 유예사유

① 졸업기준(자산총액 5,000억원 이상)에 해당되는 경우
② 규모기준(업종별 매출액)을 초과하는 경우
③ 실질적 독립성 중 관계기업매출액 기준을 충족하지 못하는 경우
    ➲ 현행 신설규정(2015. 1. 1.부터 적용)

유예제도의 취지가 **중소기업의 규모성장에 따른 급격한 세부담 증가를 완화**하기 위한 것이므로, 업종요건이나 독립성요건을 충족(관계기업 제외)하지 못하는 경우에는 원칙적으로 유예사유가 되지 아니한다.

3. 유예 배제사유

중소기업이 다음 중 어느 하나의 사유로 중소기업에 해당하지 아니하게 된 경우에는 유예기간을 적용하지 아니하고, 유예기간 중에 있는 기업에 대해서는 해당 사유가 발생한 날이 속하는 과세연도부터 유예기간을 적용하지 아니한다.

➲ 잔존 유예기간 소멸

① 「중소기업기본법」의 규정에 의한 중소기업 외의 기업과 합병하는 경우
② 유예기간 중에 있는 기업과 합병하는 경우
③ 실질적 독립성 요건(관계기업 매출액의 중소기업기준 요건은 제외)을 갖추지 못하게 되는 경우
④ 창업일이 속하는 과세연도 종료일부터 2년 이내의 과세연도 종료일 현재 중소기업기준을 초과하는 경우

요약

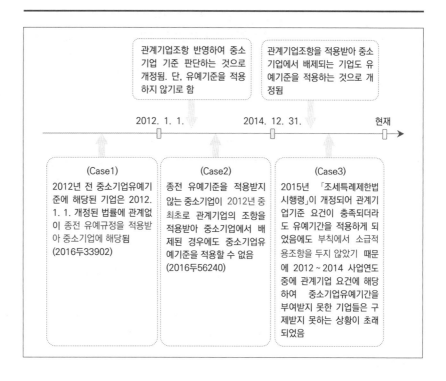

관계기업조항 반영하여 중소기업 기준 판단하는 것으로 개정됨. 단, 유예기준을 적용하지 않기로 함

관계기업조항을 적용받아 중소기업에서 배제되는 기업도 유예기준을 적용하는 것으로 개정됨

2012. 1. 1.　　　　2014. 12. 31.　　　　현재

(Case1)
2012년 전 중소기업유예기준에 해당된 기업은 2012. 1. 1. 개정된 법률에 관계없이 종전 유예규정을 적용받아 중소기업에 해당됨 (2016두33902)

(Case2)
종전 유예기준을 적용받지 않는 중소기업이 2012년 중 최초로 관계기업의 조항을 적용받아 중소기업에서 배제된 경우에도 중소기업유예기준을 적용할 수 없음 (2016두56240)

(Case3)
2015년 「조세특례제한법 시행령」이 개정되어 관계기업기준 요건이 충족되더라도 유예기간을 적용하게 되었음에도 부칙에서 소급적용조항을 두지 않았기 때문에 2012 ~ 2014 사업연도 중에 관계기업 요건에 해당하여 중소기업유예기간을 부여받지 못한 기업들은 구제받지 못하는 상황이 초래되었음

---

02 | 소기업 경과기준
(조심2018서4799, 2019. 1. 24.)

사실관계

(1) 정부는 2016. 1. 1.부터 적용되는 개정세법에 따르면 소기업이 고용을 늘리더라도 세제지원이 유지될 수 있도록 소기업기준을 개정하였다. 즉, 종전 규정은 인원수 등을 감안하였지만 2016. 1. 1. 이후부터는 매출액만을 기준으로 변경하였고, 업종별 매출액 기준도 함께 개정하였다.

(2) 한편, 개정 「조세특례제한법 시행령」 부칙 제2조에서 2016. 1. 1. 이후 개시하는 과세연도부터 적용한다고 규정하고 있으며, 부칙 제22조에서 종전 규정에 따라 소기업에 해당하는 기업이 개정법률 시행 이후 개정규정에 따른 소기업에 해당하지 아니하게 된 경우 2019. 1. 1.이 속하는 과세연도까지 소기업으로 보도록 경과규정을 두고 있었다.

(3) A법인은 2015년 당시 적용되던 법률에 따라 소기업에 해당하지 않았으며, 2016년 개정된 법률에 따라 판단하여도 소기업에 해당하지 않았다.

(4) 그러나 2016년부터 적용되는 신설 매출액 기준을 소급하여 A법인의 2015년 매출액에 적용해 볼 경우, A법인은 2015년에는 소기업에 해당한다. 이에 A법인은 2016년에 소기업 유예기준에 따라 소기업 감면율을 적용받아야 한다고 주장하였다. 즉, 2016. 1. 1. 현재의 매출액은 2015년 말을 기준으로 산정하고, 유예기준에 따라 2016년 이후 소기업으로 보아야 한다고 주장하였다.

쟁점

개정 전 소기업기준에 따르면 2015년 귀속 사업연도에 소기업에 해당하지 않던 기업이 개정세법을 소급적용하여 2015년 귀속사업연도에 소기업에 해당한다면, 2016년 귀속사업연도에 소기업 유예기준을 적용받을 수 있는지 여부

판단

중소기업특별세액감면 적용 시 종전 「조세특례제한법 시행령」(예 매출액 200억원 미만, 상시 종업원 50명 미만)이나 개정 「조세특례제한법 시행령」(예 매출액 300억원 이하) 둘 중 어느 규정을 적용하더라도 매출액 기준을 초과하여 소기업에 해당하지 아니하므로 개정 「조세특례제한법 시행령」 부칙 제22조의 적용대상에 해당하지 아니한다.

유사사례

B법인의 경우 2016년 1월 1일이 속하는 2016 사업연도 귀속 매출액을 기준으로 볼 때, 개정규정에 의해서도 계속 소기업에 해당하므로, 「조세특례제한법 시행령」 부칙 제22조 조항(종전 규정에 따라 소기업에 해당하는 기업이 개정법률 시행 이후 개정규정에 따른 소기업에 해당하지 아니하게 된 경우 2019. 1. 1.이 속하는 과세연도까지 소기업으로 본다)을 적용받는 경우에 해당하지 않아 동 경과조치를 적용받을 수 없는 것이고, 이러한 경우에는 과세연도 단위로 소기업 해당 여부를 판단하는 것이 타당하므로, 2017 사업연도 귀속 매출액을 기준으로 볼 때 B법인은 「조세특례제한법 시행령」에 따른 소기업에 해당하지 않아 해당 사업연도에 같은 법 제7조의 중소기업특별세액감면을 적용받을 수 없다. (조심2018중3062, 2019. 2. 19.)

03 창업의 의의
(2020두41948, 2020. 10. 15.)

사실관계

(1) A산업은 레미콘, 아스콘 생산 및 판매업을 하는 회사이다. 甲은 A산업 대표이사이자 최대주주였던 사람으로, 아내 乙과 사이에 丙을 자녀로 두고 있다.

(2) 甲은 2013. 7. 20.경 2018년경까지 A산업 대표이사로 재직하면서 A산업 및 B회사에서 '회장' 직함을 사용하였다.

(3) 丙은 교사 생활을 하다가 2013. 8. 21.부터 2014. 1. 22.까지 甲으로부터 30억 원을 증여받아 B회사를 설립하였다. 甲은 B회사의 사내이사 및 감사로 등기되어 있다. 丙과 함께 2014. 1. 20.부터 2016. 6. 15.까지 B회사의 대표이사로 등기된 丁은 2013. 10. 1.부터 2017. 9. 30.까지 甲과 함께 A산업 대표이사로도 등기되어 있었다.

(4) 2017. 12. 31.을 기준으로 甲의 가족들이 주주인 회사는 몇 개 더 있다.

(5) B회사는 2013. 8. 26. 설립 후 공장을 신축하고 기계를 설치하여 2014년 말경 영업을 시작하였다. 당시 B회사는 C산업 주식회사로부터 레미콘 생산에 필요한 BP-210 플랜트 등 기계설비를 구입하였는데, 위 회사는 B회사 설립 전인 2013. 7. 2. BP-210 플랜트 제작 설치 계약에 관한 견적서를 A산업에 제출하였다.

(6) 2014. 12. 31. 이전에 작성된 B회사 내부결재 서류 중 丙이 최종 결재권자로서 서명한 서류는 없다. B회사의 내부결재 서류인 2014. 5. 15. 환경인허가 관련 기안지(비점오염 설치신고 및 아스콘 재생라인 대기 배출 신고를 의뢰할 업체 및 계약 금액을 결정하는 내용이다)에는 기안자가 당시 A산업 소속 직원으로 기재되어 있고, 甲이 '회장'으로서 최종 결재를 하였다. B회사의 2014년 7월분, 2015년 7월분 급여대장에도 윤◇규가 '회장'으로서 최종 결재를 하였다.

(7) B회사 설립 후 2017. 3.까지 취득세 신고, 회계서류 작성 및 자금집행 등 B회사의 모든 회계업무는 함안에 있는 A산업 사무실에서 A산업 전무이사가 담당하였다.

(8) B회사는 「조세특례제한법」상 창업에 관계되는 각종 세제지원(증자 시 등록면허세, 지방교육세 면제, 기계장비, 차량 취득에 대한 취득세 면제 등)을 받았다.

PART 8 조세특례제한법

해커스 편래세법

| 쟁점 | 「조세특례제한법」상 창업 배제사유가 과세요건 명확주의에 위배되는지 여부 |

> **「조세특례제한법」 제6조**
> ⑩ 제1항부터 제9항까지의 규정을 적용할 때 다음 각 호의 어느 하나에 해당하는 경우는 창업으로 보지 아니한다.
> 4. 사업을 확장하거나 다른 업종을 추가하는 경우 등 새로운 사업을 최초로 개시하는 것으로 보기 곤란한 경우

| 결론 | 과세요건 명확주의에 반한다고 볼 수 없다. |

주요근거

1. 원고(B회사)의 주장

구 「조세특례제한법」의 문언상 '사업 확장'의 주체가 되는 기존기업은 창업중소기업이라고 해석하는 것이 타당함에도, 과세관청은 창업중소기업이 아닌 창업중소기업과 특수관계에 있는 법인까지 사업 확장 주체가 되는 기존 기업으로 확장해석하고 있다. 구 「조세특례제한법」은 사업을 확장하거나 다른 업종을 추가하는 주체가 누구인지 분명하게 알기 어려워 과세요건 명확주의에 위반되므로, 구 「조세특례제한법」에 따라 B회사가 창업중소기업이 아니라고 본 이 사건 처분은 위법하다.

2. 법원의 판단

(1) 과세요건 명확주의에 반하는지는, 납세자 입장에서 어떠한 행위가 과세요건인 당해 문구에 해당하여 과세대상이 되는 것으로 예견할 수 있을 것인가, 당해 문구의 불확정성이 행정관청의 입장에서 자의적이고 차별적으로 법률을 적용할 가능성을 부여하는가, 입법 기술적으로 보다 확정적인 문구를 선택할 것을 기대할 수 있을 것인가 하는 등의 기준에 따라 종합적인 판단을 요한다.

(2) 창업중소기업에 관하여 구 「조세특례제한법」은 그 의미를 "수도권과밀억제권역 외의 지역에서 창업한 중소기업"으로 정의하는 한편, "합병·분할·현물출자 또는 사업의 양수를 통하여 종전의 사업을 승계하거나 종전의 사업에 사용되던 자산을 인수 또는 매입하여 같은 종류의 사업을 하는 경우"(제1호 본문), "거주자가 하던 사업을 법인으로 전환하여 새로운 법인을 설립하는 경우"(제2호), "폐업 후 사업을 다시 개시하여 폐업 전의 사업과 같은 종류의 사업을 하는 경우"(제3호), "사업을 확장하거나 다른 업종을 추가하는 경우 등 새로운 사업을 최초로 개시하는 것으로 보기 곤란한 경우"(제4호)를 창업의 범위에서 제외하고 있는데, 그 취지는 새로운 사업을 최초로 개시함으로써 원시적인 사업 창출 효과가 있는 경우에만 구 「조세특례제한법」에 따른 세액 감면혜택을 주려는 데 있다.

(3) 이러한 관련 규정의 내용과 문언 및 그 입법취지, '사업 따위를 처음으로 이루어 시작함'이라는 '창업'의 사전적 의미(「중소기업창업 지원법」 제2조 제1호 역시 '창업'을 '중소기업을 새로 설립하는 것'으로 정의하고 있다) 등을 종합하여 보면, 구 「조세특례제한법」은 '구 「조세제한특례법」 제6조 제1항의 요건을 갖춘 새로운 중소기업 등이 설립되었더라도, 해당 중소기업 등이 하고자 하는 사업이 새로운 사업이 아니라 **기존에 다른 개인이나 법인이 하던 사업의 확장이나 업종 추가에 불과한 경우 등에 해당하여 위 중소기업이 새로운 사업을 최초로 개시하는 것으로 보기 어려운 경우에는 이를 창업으로 보지 않는다**'라는 취지임이 분명하다. 따라서 납세자 입장에서 어떠한 행위가 위 규정에 해당하는지를 예견하기 어렵다거나, 그 문언의 불확정성이 행정관청에 자의적 법 적용 가능성을 부여하여, 위 규정이 과세요건 명확주의에 반한다고 볼 수 없다.

(4) 한편 설립된 중소기업이 하고자 하는 사업이 새로운 사업인지 아니면 기존 사업의 확장이나 업종 추가 등에 불과한지는 해당 중소기업의 설립 경위, 기존에 사업을 영위하던 개인 또는 법인과 신설 중소기업의 출자자 구성, 전자가 후자의 설립이나 운영에 관여한 정도, 양자가 운영하는 사업의 유사성과 관련성, 양자 사이의 거래 현황과 규모 및 인적·물적 설비를 공유하는 정도 등을 종합하여 판단하여야 한다. 이처럼 구 「조세특례제한법」 제6조 제6항 제4호를 해석함에 있어 중요한 것은 '사업' 자체가 새로운 것인지 여부이고, 사업 확장과 업종 추가 또는 중소기업 신설 주체가 누구인지는 '새로운 사업'인지를 판단하는데 있어 참작할 요소에 불과하다. 따라서 위 규정이 사업 확장이나 업종 추가 주체를 명시하지 않았다는 이유로 과세요건 명확주의에 반한다고 볼 것도 아니다.

01 연구인력개발비 이월세액공제 경정청구대상 여부
(2019두62352, 2020. 4. 9.)

사실관계

(1) 소프트웨어 개발 및 판매 등을 목적으로 설립된 A법인은 기업부설연구소의 설립을 인정받아 연구소를 운영하여 왔다. A법인은 2012 사업연도부터 2016 사업연도까지 매월 연구소에서 근무하는 직원들에 대하여 「근로자퇴직급여 보장법」에 따른 확정기여형 퇴직연금보험료를 지출하였다.

(2) A법인은 2017. 10. 23. 과세관청에게 퇴직연금보험료는 구 「조세특례제한법」 제10조 제1항의 연구·인력개발비 세액공제대상인 인건비에 해당함에도, 2012 내지 2016 사업연도의 법인세 과세표준 및 세액신고 시 연구·인력개발비 세액공제를 과소하게 적용하여 법인세를 과다하게 납부하였으므로 2012 내지 2016 사업연도 연구·인력개발비 세액공제액 977,989,300원을 추가하여 2012 사업연도 법인세는 **이월세액공제액을 39,475,260원 증액**하고, 나머지 179,617,700원을 환급하여 주며, 2013 내지 2016 사업연도는 **이월세액 공제액을 합계 798,371,600원 상당 증액하여 달라는 내용의 경정청구**를 하였다.

쟁점

이월세액공제 증액 경정청구가 가능한지 여부

결론

이월세액공제액의 증액 경정청구는 「국세기본법」에서 정한 '신고하여야 할 과세표준 및 세액을 초과하는 때'에 해당한다거나, '신고하여야 할 결손금액 또는 환급세액에 미달하는 때'에 해당한다고 볼 수 없다. 따라서 이월세액공제 증액 경정청구는 가능하지 않다.

주요근거

1. 경정청구사유

「국세기본법」에 따르면, 과세표준신고서에 기재된 과세표준 및 세액이 세법에 따라 신고하여야 할 과세표준 및 세액을 초과하거나, 과세표준신고서에 기재된 결손금액 또는 환급세액이 세법에 따라 신고하여야 할 결손금액 또는 환급세액에 미치지 못하는 경우에 신고한 과세표준 및 세액의 결정 또는 경정을 청구할 수 있다.

이월세액공제액은 차기 이후 산출세액에서 감액하는 것을 말하므로 당해 사업연도의 '과세표준 및 세액'에는 영향이 없다.

2. 인건비

다음과 같은 점에서 DC형 퇴직연금보험료는 R&D 세액공제대상 인건비에 해당한다고 봄이 타당하다. 다만, 현행 「조세특례제한법」은 DC형 퇴직연금보험료도 연구 및 인력개발비 세액공제대상에서 **제외**하였다.

(1) 연구원들에게 지출한 DC형 퇴직연금보험료는 지출 사업연도의 비용으로 인정받을 수 있고, 보험료 상당의 금원은 각 연구원들에게 확정적으로 귀속된다.

(2) DC형 퇴직연금보험료는 해당 사업연도의 연구 및 인력개발에 직접적으로 대응하여 실제로 지출된 비용인 바, 적정한 기간 손익 계산을 위해 비용을 추산한 것에 불과한 퇴직급여충당금과는 그 성격을 달리한다.

(3) DC형 퇴직연금보험료는 퇴직을 원인으로 근로자에게 지급된 금원이 아니라 지출 시점에 이미 연구원에게 확정적으로 귀속되어 재직 중인 근로자에게 이미 지급된 금원에 해당하는 점 등을 종합하면, DC형 퇴직연금보험료는 「소득세법」상 퇴직소득에 해당한다고 볼 수 없다.

관련 법령

경정 등의 청구(「국세기본법」 제45조의2 제1항)

① 과세표준신고서를 법정신고기한까지 제출한 자 및 제45조의3 제1항에 따른 기한후과세표준신고서를 제출한 자는 다음 각 호의 어느 하나에 해당할 때에는 최초신고 및 수정신고한 국세의 과세표준 및 세액의 결정 또는 경정을 법정신고기한이 지난 후 5년 이내에 관할세무서장에게 청구할 수 있다. 다만, 결정 또는 경정으로 인하여 증가된 과세표준 및 세액에 대하여는 해당 처분이 있음을 안 날(처분의 통지를 받은 때에는 그 받은 날)부터 90일 이내(법정신고기한이 지난 후 5년 이내로 한정한다)에 경정을 청구할 수 있다.
1. 과세표준신고서 또는 기한후과세표준신고서에 기재된 **과세표준 및 세액**(각 세법에 따라 결정 또는 경정이 있는 경우에는 해당 결정 또는 경정 후의 과세표준 및 세액을 말한다)이 세법에 따라 신고하여야 할 과세표준 및 세액을 **초과할 때**
2. 과세표준신고서 또는 기한후과세표준신고서에 기재된 **결손금액 또는 환급세액**(각 세법에 따라 결정 또는 경정이 있는 경우에는 해당 결정 또는 경정 후의 결손금액 또는 환급세액을 말한다)이 세법에 따라 신고하여야 할 결손금액 또는 환급세액에 **미치지 못할 때**

01 정치자금의 반환
(2013두7384, 2016. 2. 18.)

사실관계

(1) 甲은 H정당에 비례대표선출을 약속받고 특별당비 명목(「정치자금법」에 따른 것이 아님)으로 약 32억원의 금전을 정당에 지급하였다.

(2) 이에 대해 H정당과 甲은 32억원을 차용한 것에 불과하고 그 금전을 다시 반환하였으므로 증여세 과세대상이 아니라고 주장하면서, 증여재산 반환규정에서 금전을 제외한 것이 위헌이라는 주장을 하였다.

쟁점

증여재산 반환 시 증여세를 부과하지 않는 규정에서 금전만을 제외한 것이 조세평등원칙, 과잉금지원칙 등을 위배한 것인지 여부

결론

과잉금지원칙을 위배한 것으로 볼 수 없다. 따라서 증여세를 부과한 처분은 적법하다.

관련 법령

1. 정치자금의 손금산입특례 등(「조세특례제한법」 제76조)

① 거주자가 「정치자금법」에 따라 정당에 기부한 정치자금은 세액공제 또는 소득공제하거나 손금에 산입한다.

② 제1항의 규정에 의하여 기부하는 정치자금에 대하여는 상속세 또는 증여세를 부과하지 아니한다.

③ 제1항에 따른 정치자금 외의 정치자금에 대하여는 「상속세 및 증여세법」 제12조 제4호·제46조 제3호 및 다른 세법의 규정에 불구하고 그 기부받은 자가 상속 또는 증여받은 것으로 보아 상속세 또는 증여세를 부과한다.

2. 증여세 과세대상(「상속세 및 증여세법」 제4조 제4항)

수증자가 증여재산(금전은 제외)을 당사자 간의 합의에 따라 제68조에 따른 증여세 과세표준 신고기한 이내에 증여자에게 **반환하는 경우**(반환하기 전에 제76조에 따라 과세표준과 세액을 결정받은 경우는 제외)에는 **처음부터 증여가 없었던 것으로 보며**, 제68조에 따른 증여세 과세표준 신고기한이 지난 후 3개월 이내에 증여자에게 반환하거나 증여자에게 다시 증여하는 경우에는 그 반환하거나 다시 증여하는 것에 대해서는 증여세를 부과하지 아니한다.

**금전 제외
입법취지**

증여받은 금전은 증여와 동시에 본래 수증자가 보유하고 있던 현금자산에 혼입되어 수증자의 재산에서 이를 분리하여 특정할 수 없게 되는 특수성이 있어 현실적으로 '당초 증여받은 금전'과 '반환하는 금전'의 동일성 여부를 확인할 방법이 없고, 또한 금전은 그 증여와 반환이 용이하여 증여세의 신고기한 이내에 증여와 반환을 반복하는 방법으로 증여세를 회피하는 데 악용될 우려가 크다. 따라서 과세행정의 능률을 높이고 증여세 회피시도를 차단하기 위하여, 증여세의 신고기한 이내에 반환한 경우 처음부터 증여가 없었던 것으로 보도록 하는 대상에서 금전을 제외한 것이다.

---

02 해운소득과 비해운소득의 분류
(2014두43301, 2017. 8. 29.)

사실관계

(1) A법인은 1984년경 선박 5척을 취득하면서 그 피담보채무인 B은행 대출채무(만기 2010년)를 인수하였다.

(2) A법인은 1995년경 위 선박을 모두 매각하였으나, 대출채무를 상환하지 않았다. 따라서 B은행으로부터 다른 담보를 제공할 것을 요구받게 되어 금융채권 및 정기예금을 담보로 제공(질권설정)하게 되었다.

(3) 이후 A법인은 2006 내지 2010 사업연도에 질권설정자산에서 발생한 이자소득 합계 6억원을 해운소득으로 계상하였다.

(4) 이에 과세관청은 이자소득을 비해운소득으로 재분류하여 익금에 산입하였다.

쟁점

선박의 취득과 관련하여 제공된 담보자산에서 발생한 이자소득을 선박의 취득과 관련이 있는 직접적인 소득으로 볼 것인지 여부

결론	선박 매각 후 대출채무의 유지는 선박의 취득을 위한 것이라고 보기 어려우므로, 질권설정자산에서 발생한 이자소득은 선박의 취득과 직접적인 관련이 없어 해운소득에 해당하지 않는다.

주요근거

1. 해운기업의 과세특례

법령상 요건을 갖춘 해운기업은 외항운송소득과 관련된 소득인 해운소득에 대하여 그 외의 비해운소득과 구분하여 선박표준이익을 계산하는 방식으로 법인세 과세표준을 산정할 수 있다. 외항해상운송활동과 연계된 활동 중 하나인 선박의 취득·유지·관리 및 폐기와 관련된 활동으로 인한 소득을 해운소득으로 포함하고 있다.

2. 엄격해석의 원칙(비과세 또는 감면규정의 해석)

조세법률주의 원칙상 과세요건이나 비과세요건 또는 조세감면요건을 막론하고 조세법규의 해석은 특별한 사정이 없는 한 법문대로 해석할 것이고, 합리적 이유 없이 확장해석하거나 유추해석하는 것은 허용되지 아니하며, 특히 감면요건규정 가운데 명백히 특례규정이라고 볼 수 있는 것은 엄격하게 해석하는 것이 조세공평의 원칙에도 부합한다.

A법인은 선박을 매각하면서도 그 피담보채무인 대출채무를 그대로 유지하기로 하여 질권설정자산을 은행에 담보로 제공한 것에 불과하고, 이러한 선박 매각 후의 대출채무 유지는 선박의 취득을 위한 것이라고 보기 어려우므로, 이자소득은 선박의 취득과 직접적인 관련성이 없어 해운소득에 해당하지 않는다고 봄이 타당하다. ➲ 해운소득의 범위를 제한적으로 해석

관련 내용

해운기업의 과세표준 산식

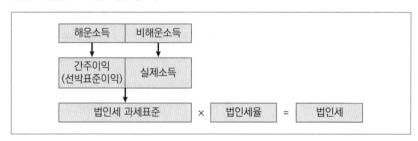

제4장 | 간접국세과세특례와 과세표준양성화를 위한 조세특례

01 매입자 납부특례에 따라 매입자가 납부한 과오납세액에 대한 환급 청구권은 매입자에게 귀속됨 (2018두51997, 2018. 11. 15.)

사실관계

(1) 甲은 'AA금속자원'이라는 상호로 고철 및 철스크랩 등의 도·소매업에 종사하고 있다.

(2) 甲의 관할세무서장은 甲의 사업장에 대한 세무조사를 실시한 결과, 甲이 2014년 2기, 2015년 1기의 과세기간 동안 실물 거래 없이 허위의 매출세금계산서를 발행하였음을 확인하였다.

(3) 관할세무서장은 이를 이유로 2014년 2기분 공급가액 전액, 2015 1기분 공급가액 중 합계 약 170억원을 감액하고, 관련 부가가치세 매출세액 중 약 17억원을 감액하는 내용의 부가가치세 경정결정을 하였다.

(4) 甲은 2016. 3. 23. 관할세무서장에게 「조세특례제한법」 제106조의9 매입자납부특례규정에 의하여 납부된 2014년 2기 및 2015년 제1기 부가가치세의 환급을 구하는 취지의 경정청구를 하였으나, 관할세무서장은 2016. 5. 31. 이를 거부하였다.

과세관청의 거부처분 이유

「조세특례제한법」 매입자납부특례규정에 따라 실제 납부자는 甲이 아니라 관련 제품을 공급받은 자(매입처)이다. 따라서 甲은 관할세무서장의 부과처분으로 인하여 권리 또는 이익의 침해를 당한 자에 해당한다고 볼 수 없어 부과처분의 취소를 구할 수 없다.

본안 전 판단

「국세기본법」 제51조 제1항, 제52조 등의 규정은 환급청구권이 확정된 국세환급금 및 가산금에 대한 내부적 사무처리 절차로서 과세관청의 환급절차를 규정한 것일 뿐, 그 규정에 의한 국세환급금(가산금 포함) 결정에 의하여 비로소 환급청구권이 확정되는 것은 아니므로, 국세환급금 결정이나 이 결정을 구하는 신청에 대한 환급거부결정 등은 납세의무자가 갖는 환급청구권의 존부나 범위에 구체적이고 직접적인 영향을 미치는 처분이 아니어서 항고소송의 대상이 되는 처분이라고 볼 수 없다.

주문	2014년 2기분 부가가치세 및 2015년 1기분 부가가치세 중 17억원에 관한 경정청구 거부처분에 대한 취소청구를 **각하한다.**

입법취지

1. 전단계세액공제법(원칙)

부가가치세는 생산 및 유통의 각 단계에서 생성되는 부가가치에 대하여 부과되는 조세로서 「부가가치세법」상 부가가치세의 납세의무를 부담하는 자는 재화나 용역을 공급하는 사업자이지만, 사업자는 재화나 용역을 공급받는 자로부터 부가가치세를 거래징수 하여야 하고, 이때 사업자가 납부하여야 할 납부세액은 매출세액에서 매입세액 등을 공제하여 계산되어(전단계세액공제법), 결국 부가가치세의 부담은 최종소비자에게 전가된다.

2. 매입자 부가가치세 납부특례

그런데 구리 스크랩 등과 같은 특수한 재화의 경우 거래징수한 부가가치세를 납부하지 않고 폐업하여 세금을 탈루하는 일명 '폭탄사업자'가 광범위하게 나타나자, 부가가치세 매출세액포탈을 방지하기 위하여 구리 스크랩 등 거래에 있어서 매입자가 부가가치세를 납부하는 내용의 특례규정이 신설되었다.

이 제도는 조세탈루방지와 조세징수편의 등의 목적을 달성하기 위하여 특정 과세대상(구리 스크랩 등)에 관하여는 공급자(매출자)가 매입자로부터 거래징수하여 부가가치세를 납부하는 대신 매입자에게 직접 부가가치세를 납부하도록 예외를 규정한 것이다.

운용방법

구리 스크랩 등 사업자는 「부가가치세법」에도 불구하고 부가가치세를 공급받는 자로부터 징수하지 아니하여 거래징수의무가 면제되고, 구리 스크랩 등 사업자가 구리 스크랩 등을 다른 구리 스크랩 등 사업자로부터 공급받았을 때에는 구리 스크랩 등 거래계좌를 사용하여 구리 스크랩 등의 가액은 공급한 사업자에게 입금하고, 부가가치세액은 국세청장이 지정한 자에게 입금하여야 한다.

조세법률관계

1. 의무

매입자의 경우 은행의 관리를 거쳐 관할세무서장에게 직접 부가가치세액을 납부할 실질적인 의무를 부담한다.

2. 불이익

만일 이를 이행하지 않을 경우 해당 거래로 인한 부가가치세액을 매입세액으로 공제받지 못하고 구리 스크랩 등을 공급받은 날의 다음 날부터 부가가치세액을 입금한 날까지의 기간에 대하여 대통령령으로 정하는 이자율을 곱하여 계산한 금액을 입금하여야 할 부가가치세액에 가산하여 징수되는 등의 불이익을 받는다.

3. 조세법률관계

매입자가 부가가치세액을 납부하는 것은 「조세특례제한법」규정에 따라 매입자와 관할세무서장(국가)에 형성된 조세법률관계에 따라 매입자 자신의 의무를 이행한 것이다.

4. 납세의무자

부가가치세액을 납부한 매입자는 부가가치세액에 관한 단순한 담세자라기보다 '납세의무자'로 볼 수 있는 바, 이때 '납세의무'란 「조세특례제한법」규정에 따라 형성된 것이다.

관련 법률의 개정

개정된 「조세특례제한법」은 공급받은 자가 입금한 부가가치세액 중 잘못 납부하거나 초과하여 납부한 금액은 「국세기본법」에도 불구하고 공급받은 자에게 환급하여야 한다고 규정하고 있다.

위 신설 규정의 취지는 매입자 납부특례에 따라 구리 스크랩 등을 공급받은 자가 입금한 부가가치세액 중 잘못 납부하거나 초과하여 납부한 금액은 공급받은 자에게 환급하도록 명확하게 규정한 것으로서, 매입자 납부특례에 따라 매입자가 납부한 과오납세액에 대한 환급청구권은 매입자에게 귀속됨을 명확히 한 확인적 규정이다.

02 거주용 오피스텔의 부가가치세 과세 여부
(2020두43289, 2021. 1. 14.)

사실관계

(1) 甲은 2013년 인천 부평구 소재 지하 2층·지상 14층 규모의 오피스텔 건물을 짓고 분양했다. 이 과정에서 甲은 건물을 구성하는 각각의 오피스텔이 부가가치세가 면제되는 85㎡ 이하 국민주택이므로 면세대상이라고 판단, 부가가치세를 신고하지 않았다.

(2) 그러나 관할세무서는 오피스텔이 주택에 해당하지 않는다고 보고 부가가치세 4억 5000여만원을 부과했다. 甲은 이에 불복해 소송을 제기하였다.

쟁점

공부상 용도가 업무시설임에도 불구하고 실질적인 주택으로 설계·건축된 국민주택 규모 이하 주거용 오피스텔의 공급이 부가가치세 면세대상에 해당하는지 여부

결론

공급 당시 건축물의 용도가 업무시설인 오피스텔은 그 규모가 국민주택 규모 이하 여부와 관계없이 국민주택에 해당한다고 볼 수 없다.

주요근거

(1) 「조세특례제한법」 제106조 제1항 제4호(이하 '이 사건 면세조항'이라고 한다)에 의하면 '대통령령으로 정하는 국민주택'의 공급에 대하여는 부가가치세가 면제된다. 그 위임에 따른 「조세특례제한법 시행령」은 국민주택을 「주택법」에 따른 국민주택 규모'라고 정하고 있다. 그리고 「주택법」은 '국민주택 규모'를 주거전용면적이 1호 또는 1세대당 85제곱미터 이하인 주택으로 정하고 있다.

(2) 또한 「주택법」에서 '주택'을 '세대의 구성원이 장기간 독립된 주거생활을 할 수 있는 구조로 된 건축물의 전부 또는 일부 및 그 부속토지'로 정의하면서 이를 '단독주택'과 '공동주택'으로 구분하고, 이와 별도로 '준주택'을 '주택 외의 건축물과 그 부속토지로서 주거시설로 이용 가능한 시설 등'으로 정의하면서, '준주택'의 하나로 오피스텔'을 포함하고 있다.

(3) 한편 ① 「조세특례제한법」 제95조의2 제1항의 위임에 따라 근로자의 종합소득세액에서 공제되는 월세액의 범위를 정한 「조세특례제한법 시행령」 제95조 제2항, ② 같은 법 제96조 제1항의 위임에 따라 소형주택 임대사업자에 대한 세액감면이 적용되는 임대주택의 범위를 정한 같은 법 시행령 제96조 제2항 제2호, ③ 같은 법 제97조의6 제1항의 위임에 따라 임대주택 부동산투자회사의 현물출자자에 대한 과세특례가 적용되는 '임대주택용으로 사용되는 부분'의 범위를 정한 같은 법 시행령 제97조의6 제2항 제1호, ④ 같은 법 제99조의2 제1항의 위임에 따라 취득자에 대한 양도소득세 과세특례가 적용되는 신축주택 등의 범위를 정한 같은 법 시행령 제99조의2 제1항 제9호 등은 이 사건 면세조항의 위임에 따른 같은 법 시행령 제106조 제4항 제1호가 '주택'이라고만 규정한 것과 달리, '주택'에 「주택법 시행령」규정에 따른 오피스텔' 또는 '주거에 사용하는 오피스텔'을 명시적으로 포함하여 규정하고 있다.

(4) 조세특례제한법령의 다른 규정에서 이 사건 면세조항 등과 달리 '오피스텔' 또는 '주거에 사용하는 오피스텔'이 '주택'에 포함된다고 명시하고 있는 점과의 균형 등을 종합하면, 특별한 사정이 없는 한 공급 당시 공부상 용도가 '업무시설'인 '오피스텔'은 그 규모가 「주택법」에 따른 국민주택 규모 이하인지 여부와 관계없이 이 사건 면세조항의 '국민주택'에 해당한다고 볼 수 없다. 즉 공급하는 건축물이 관련 법령에 따른 '오피스텔'의 요건을 적법하게 충족하여 공부상 '업무시설'로 등재되었다면, 그것이 공급 당시 사실상 주거의 용도로 사용될 수 있는 구조와 기능을 갖추었다고 하더라도 이를 「건축법」상 '오피스텔'의 용도인 '업무시설'로 사용할 수 없는 것은 아니므로, 위와 같은 경우 이 사건 면세조항의 적용대상이 될 수 없는 '오피스텔'에 해당하는지 여부는 원칙적으로 공급 당시의 공부상 용도를 기준으로 판단함이 타당하다.

03 다중주택을 허가받지 않고 임의로 변경하여 그 실질이 다가구주택에 해당하는 경우 부가가치세 면세 여부 (2020두42637, 2021. 1. 28.)

사실관계

(1) 甲은 2007. 4. 27.경 주택신축판매업의 사업자등록을 마친 자로서, 2014. 8. 4. 관할관청의 건축허가를 받아 연면적 328.82m² 규모의 지상 3층 다중주택(20호)(이하 '이 사건 주택'이라고 한다)을 신축하여 2015. 6. 17. 사용승인을 받고 2015. 7. 9. 이 사건 주택에 관하여 소유권보존등기를 마쳤다.

(2) 이 사건 주택의 지상 1층은 6개 호실, 지상 2, 3층은 각 7개 호실로 이루어져 있는데, 1층의 바닥면적은 111.94m², 2, 3층의 바닥면적은 각 108.44m²이다. 그리고 이 사건 주택에는 다가구주택이 아닌 다중주택을 기준으로 3대의 주차가 가능한 부설주차장이 설치되어 있다.

(3) 甲은 이 사건 주택을 보유하면서 임대하다가, 이를 乙에게 매도하고 2016. 12. 7. 이 사건 주택에 관하여 2016. 10. 26.자 매매를 원인으로 한 소유권이전등기를 마쳐 주었다(이하 '이 사건 주택의 공급'이라고 한다). 이 사건 주택의 공급 당시 이 사건 주택의 각 호실에는 도시가스나 인덕션 레인지 등 취사시설이 설치되어 있었는데, 이는 사용승인 이후 甲이 각 호실을 임대할 때마다 별도로 설치된 것이었다.

(4) 甲은 2017. 1. 24. 폐업일을 2016. 10. 31.로 하여 폐업신고를 하면서, 이 사건 주택의 공급이 「조세특례제한법」 제106조 제1항 제4호(이하 '이 사건 면세조항' 이라고 한다)에 따른 부가가치세 면제대상이라고 보고 이에 대한 부가가치세를 신고하지 않았다.

> 참고 | 甲은 소송 도중 폐업을 주장하였으나, 법원은 사업활동으로서 반복하여 부동산 매매를 하는 이상 주택을 매도할 때까지도 주택신축판매업 사업자의 지위를 유지한다고 보았다. 또한 甲은 주택임대업에 사용하던 자산을 우연히 또는 일시적으로 공급한 것으로 주장하였으나, 법원은 임대보증금을 승계하는 방법으로 더 적은 초기자금으로 다중주택을 매수할 수 있도록 한 방편에 불과하다고 보았다.

관련 법령

① 세법은 수도권 및 비수도권 도시지역은 전용면적 85m² 이하, 비수도권 읍면지역은 전용면적 100m² 이하의 주택을 '국민주택'으로 정하여 그 공급에 대하여 부가가치세를 면제한다. 국민주택 공급을 지원하기 위해서이다. 여기서 **주택의 전용면적은 공동주택과 다가구주택은 가구당 전용면적이 기준이 되나, 다중주택은 주택 전체의 전용면적을 기준으로 판단한다.**

② 「건축법」상 다가구주택은 19세대 이하가 거주할 수 있는 3층 이하, 바닥면적 660m² 이하의 주택으로서, 독립된 주거형태로 욕실과 취사시설을 각 세대마다 갖출 수 있는 주택을 말한다.

③ 다중주택도 여러 사람이 장기간 거주할 수 있는 구조로 되어 있는 3층 이하, 바닥면적 330m² 이하의 주택이나, 각 실별로 욕실만 설치할 수 있고 취사시설은 설치할 수 없다.

쟁점	다중주택으로 건축허가를 받은 후 용도변경의 허가 없이 사실상 다가구주택의 용도로 개조한 경우 부가가치세 면세를 적용받을 수 있는지 여부

쟁점

다중주택으로 건축허가를 받은 후 용도변경의 허가 없이 사실상 다가구주택의 용도로 개조한 경우 부가가치세 면세를 적용받을 수 있는지 여부

판단근거

이 사건 주택은 '다중주택'으로 건축허가 및 사용승인을 받은 다음 용도변경의 허가 없이 임의로 각 실별로 취사시설을 설치한 것에 불과하고 공부상 용도 역시 '다중주택'이므로, 이 사건 규정의 '다가구주택'에 해당한다고 볼 수 없다(나아가 이 사건 주택은 총 20개 호실로 이루어져 있어, 건축법령에 따른 다가구주택 요건 중 '19세대 이하가 거주할 수 있을 것'을 충족하지 않는다는 점 등에서도 이 사건 규정의 '다가구주택'으로 볼 수 없다). 따라서 이 사건 면세조항의 적용과 관련하여 이 사건 주택의 규모가 「주택법」에 따른 국민주택 규모 이하인지 여부는 **가구당 전용면적이 아닌 전체 주거전용면적을 기준으로** 판단하여야 하는데, 이 사건 주택의 전체 주거전용면적은 「주택법」에 따른 국민주택 규모의 상한인 $85m^2$를 초과함이 명백하므로, 결국 이 사건 주택은 이 사건 면세조항의 '국민주택'에 해당하지 않는다고 봄이 타당하다.

결론

세법상의 다가구주택에 해당한다고 볼 수 없으므로, 가구당 전용면적이 아닌 **주택 전체 주거전용면적을 기준으로 국민주택 규모 이하인지 여부를 판단하여야 한다**. 따라서 부가가치세 면세를 적용받을 수 없다.

비교판례

단독주택으로 건축허가를 받아 신축·분양한 다가구용주택의 건물 구조나 용도 등이 실질적으로 「주택법」 소정의 다세대주택과 같은 경우에는 그 규모가 「주택법」상의 국민주택 규모에 해당되는 경우 부가가치세 면세대상이 된다(93누7075, 전원합의체). 이처럼 과거 전원합의체 판례는 실질에 비추어 세대별 규모에 따라 국민주택인지 여부를 판정해야 한다는 입장이었다. 이는 국민주거 안정을 도모하는데 기인한 것으로 보인다.

그러나 최근 주거용 오피스텔 사건(2020두43289), 발코니 공사 사건(2014두40036) 등에서 볼 수 있듯이 「건축법」상 규제를 세법이 무시할 수 없다는 입장에서, 「건축법」 및 「주택법」과 세법을 통일적으로 해석하고 있는 경향이 있다.

현행법령

부가가치세 면제 등(「조세특례제한법 시행령」 제106조)

④ 법 제106조 제1항 제4호에서 "대통령령으로 정하는 국민주택 및 그 주택의 건설용역"이란 다음 각 호의 것을 말한다.

> 1. 「주택법」 제2조 제1호에 따른 주택으로서 그 규모가 같은 조 제6호에 따른 국민주택규모(기획재정부령으로 정하는 다가구주택의 경우에는 가구당 전용면적을 기준으로 한 면적을 말한다) 이하인 주택 (2021. 2. 17. 개정)

01 자경농지 연간 감면 한도
(2021두57889, 2022. 3. 11.)

사실관계

(1) 거주자 甲은 2017. 6. 20. 매수인과 사이에 X임야와 A토지와 B토지 전체에 대하여 매매대금을 14억 3,000만원으로 정한 매매계약을 체결하면서 그 대금지급이나 소유권이전등기만을 분할하여 달리하기로 하여 양도하는 내용의 일괄계약을 체결하였다.

(2) 甲은 2017. 9월 7억 1,500만원을 먼저 수취한 뒤 2017. 11. 30. 관할세무서장에게 'X임야 및 A토지를 7억 1,500만 원(X임야 300만원, A토지 7억 1,200만원)에 양도'하였음을 원인으로 한 2017년 귀속 양도소득세를 신고하면서, 「조세특례제한법」 제69조 제1항 본문, 제133조 제1항 제1호 **자경감면 연간한도에 따른 1억원의 세액감면을 신청**하는 한편 위 감면을 적용한 68,844,284원을 납부하였다.

(3) 甲은 2018. 1. 31. 남은 금액을 수취하고 2018. 3. 31. 관할세무서장에게 'B토지를 7억 1,500만 원에 양도'하였음을 원인으로 한 2018년 귀속 양도소득세를 신고하면서, **자경감면 연간한도에 따른 1억원의 세액감면을 신청**하는 한편 위 감면을 적용한 72,821,218원을 납부하였다.

(4) 관할세무서장은 2019. 5. 17.부터 2019. 6. 5.까지 甲에 대한 세무조사를 실시한 후, 甲의 A토지와 B토지의 양도는 그 경제적 실질이 하나의 거래에 해당한다고 보아 2019. 7. 1. **甲에게 자경감면을 1회만 적용하여** 2018년 귀속 양도소득세를 경정·고지하였다.

쟁점

토지에 대한 매매를 별개의 거래들로 볼 것인지, 아니면 그 경제적 실질 내용에 따라 일괄하여 하나의 거래로 볼 것인지 여부

| 관련 법리 | ① 여러 개의 계약이 체결된 경우에 그 계약 전부가 하나의 계약인 것과 같은 불가분의 관계에 있는 것인지 여부는 계약체결의 경위와 목적 및 당사자의 의사 등을 종합적으로 고려하여 판단하여야 할 것이다. |

② 「국세기본법」에서 제14조 제3항(실질과세원칙)을 둔 취지는 과세대상이 되는 행위 또는 거래를 우회하거나 변형하여 여러 단계의 거래를 거침으로써 부당하게 조세를 감소시키는 조세회피행위에 대처하기 위하여 그와 같은 여러 단계의 거래 형식을 부인하고 실질에 따라 과세대상인 하나의 행위 또는 거래로 보아 과세할 수 있도록 한 것으로서, 실질과세의 원칙의 적용 태양 중 하나를 규정하여 조세공평을 도모하고자 한 것이다.

③ 그렇지만 한편 납세의무자는 경제활동을 할 때에 동일한 경제적 목적을 달성하기 위하여 여러 가지의 법률관계 중의 하나를 선택할 수 있고 과세관청으로서는 특별한 사정이 없는 한 당사자들이 선택한 법률관계를 존중하여야 하며, 또한 여러 단계의 거래를 거친 후의 결과에는 손실 등의 위험 부담에 대한 보상뿐 아니라 외부적인 요인이나 행위 등이 개입되어 있을 수 있으므로, 여러 단계의 거래를 거친 후의 결과만을 가지고 그 실질이 하나의 행위 또는 거래라고 쉽게 단정하여 과세대상으로 삼아서는 아니 된다.

판단

甲은 B토지에 대하여 양도소득세 감면한도액 초과를 회피하기 위한 형식적인 계약을 체결한 것에 불과하다. 따라서 각 토지의 **양도시기는 B토지의 최종 잔금청산일인** 2018. 1. 31.이고, 그에 따라 연간 1회의 양도소득세 감면만 적용되어야 한다.

해커스 판례세법

회계사 · 세무사 · 경영지도사 단번에 합격! **해커스 경영아카데미**
cpa.Hackers.com

부록

색인

색인

ㄹ

ㅁ

ㅂ

2023 최신 판례 및 개정세법 반영

해커스
판례세법

개정 5판 1쇄 발행 2023년 6월 2일

지은이	원재훈
펴낸곳	해커스패스
펴낸이	해커스 경영아카데미 출판팀

주소	서울특별시 강남구 강남대로 428 해커스 경영아카데미
고객센터	02-537-5000
교재 관련 문의	publishing@hackers.com
학원 강의 및 동영상강의	cpa.Hackers.com

ISBN	979-11-6999-162-9 (13320)
Serial Number	05-01-01